Clemente

DATE DUE   OCT 0 6

Clem

La pasión y el carisma del último héroe del béisbol

ATRIA BOOKS

ente

David Maraniss

Traducción de Vicente Echerri

NEW YORK · LONDON · TORONTO · SYDNEY

ATRIA BOOKS

1230 Avenue of the Americas
New York, NY 10020

ISBN-13: 978-0-7432-9472-0
ISBN-10:   0-7432-9472-6

Primera edición en rústica de Atria Books Julio 2006

10 9 8 7 6 5 4 3 2 1

ATRIA BOOKS es un sello editorial registrado de Simon & Schuster, Inc.

Impreso en los Estados Unidos de América

Para obtener información respecto a descuentos especiales en ventas al por
mayor, diríjase a *Simon & Schuster Special Sales* al 1-800-456-6798 o a la siguiente dirección electrónica: business@simonandschuster.com.

Para Elliott Maraniss,

mi admirable papá,

el simpático zurdo

de la Abraham Lincoln High

Índice

Las buenas acciones nos ennoblecen,
somos los hijos de nuestros propios hechos.

—MIGUEL DE CERVANTES

Clemente

La memoria y el mito

LOS SONIDOS HABITUALES DEL BÉISBOL MODERNO, EL impacto de los bates de aluminio que marcan el murmullo constante de una multitud, podían oírse desde la calle a media cuadra de distancia. Es casi al atardecer de un domingo de febrero, encapotado y lloviznoso, en Carolina, Puerto Rico. En el estadio tiene lugar un juego, la Escuela Deportiva contra Bayamón. Nada especial, tan solo unos adolescentes jugando a la pelota, como lo hacen todas las tardes, y en eso el jardinero derecho de la Deportiva recoge un *hit* y dispara un cañonazo a segunda: bajo, veloz y recto a la almohadilla. Los grupos de hombres que se apiñan en las gradas, conversando, riéndose, jugando a las cartas, apenas prestándole atención al juego, o así parece, se avivan de repente, movidos por un recuerdo colectivo. Todos los fuegos son un mismo fuego, escribió el novelista Julio Cortázar. Y todos los brazos son el mismo brazo. El tiro del jardinero derecho les ha hecho recordar al original, al brazo insuperable de quien el estadio lleva el nombre: Roberto Clemente.

Afuera del estadio, próximo a la calle, se levanta un cenotafio de treinta pies de largo y siete y medio pies de alto. Es lo más cercano a una lápida sepulcral para el hijo predilecto de Carolina. En sus tres paneles, el escultor José Buscaglia ha grabado el *via crucis* de los treinta y ocho años de Roberto Clemente en esta tierra. En el panel de la izquierda, Roberto es un bebé, sostenido en los brazos de su madre en el barrio de San Antón, y a su padre se le ve trabajando en los cañaverales cercanos. En el panel de la derecha, Clemente pasa de la grandeza a la leyenda, primero, siendo galardonado por los tres mil *hits*, luego su espíritu es recibido por una imagen de la muerte en las aguas del Atlántico, y finalmente su viuda sostiene la tarja de su ingreso en el Pabellón de la Fama del béisbol. Pero el panel del centro es el más revelador. Allí, entre varias escenas de Clemente en las que se le ve batear, correr, recoger, lanzar, visitar hospitales y consolar a los enfermos y a los pobres, aparece de pie, solo y majestuoso, sosteniendo un cordero.

La memoria y el mito se entremezclan en la historia de Clemente. A pesar de llevar más de tres décadas de muerto, sigue vivo en la conciencia deportiva, mientras otros atletas aparecen y desaparecen, y esto sucede a pesar del hecho de que él desempeñó toda su carrera en relativa oscuridad, lejos de los fabricantes de mitos de Nueva York y de Los Ángeles. Cuarenta escuelas públicas, dos hospitales y más de doscientos parques y estadios de pelota llevan su nombre, desde Carolina, Puerto Rico, donde nació, hasta Pittsburg, Pensilvania, donde jugaba. En el mundo de los objetos memorables del béisbol, la demanda de cualquier cosa de Clemente sólo le sede el puesto a Mickey Mantle, y es mucho mayor que la de Willie Mays, Hank Aaron, Juan Marichal o cualquier otro de los jugadores reconocidos negros o latinos. Si bien fue extraordinario, Clemente no fue el más grande de los que haya jugado este deporte; no obstante, había algo en él que lo elevaba en su propio ámbito. Gran parte de ello tiene que ver con la manera en que murió. Era joven y pereció en un accidente de aviación. Su cadáver se perdió en el mar y nunca lo encontraron. Estaba en una misión caritativa, y había dejado a su familia en la noche de fin de año para acudir en ayuda de personas desconocidas. En español, "clemente" significa misericordioso. Algo tenía que ver también con su apariencia y su modo de jugar en el terreno de béisbol, el número 21, perfectamente tallado en su uniforme de los Piratas, una imagen de solemne belleza, con su mentón desafiante y sus ojos conmovedores; y mucho más aún tenía que ver con la manera en que vivió. En una expresión de santidad, su pueblo le puso un cordero en los brazos, pero él no fue un santo, y ciertamente no fue dócil. Era un tipo inquieto, apuesto, sentimental, inestable, tierno, serio, desprendido, obsesionado, sensible, contradictorio y apasionadamente orgulloso de todo lo que tenía que ver con su isla nativa, incluido el mismo. Para usar las palabras del poeta puertorriqueño Enrique Zorrilla, lo que ardía en los ojos de Roberto Clemente era "el fuego de la dignidad".

1

Lo de nunca acabar

ERA BASTANTE MÁS DE MEDIANOCHE EN MANAGUA, Nicaragua, y Roberto Clemente no podía dormir. No dormir de noche era parte de su rutina, la misma dondequiera que fuese. En su apartamento de Chatham West en Pittsburg, en su casa en lo alto de la colina en Río Piedras, Puerto Rico, en el avión del equipo durante los vuelos nocturnos que lo llevaban de un lugar a otro del país, en los hoteles donde se hospedaba cuando andaba de gira en Chicago, en San Luis o en Cincinati —en cada uno de los cuales tampoco podía dormir. Podría encontrar descanso antes del amanecer, debajo de las mantas, con el aire acondicionado al máximo y las cortinas corridas y pegadas a la pared para que ninguna luz pudiera penetrar en un verdadero cuarto oscuro. O podría dormitar en el trabajo después del almuerzo, en alguna estancia subterránea del estadio, fresca y lóbrega. En los viejos tiempos del Forbes Field, con frecuencia se escabullía de sus compañeros antes de un juego y se tomaba una siesta dentro de la sede del club vacía de los Pittsburg Steelers, el equipo de fútbol americano. El lanzador zurdo Juan Pizarro, su compatriota y ocasional compañero de equipo, lo encontró allí una vez y comenzó a llamarlo *Old Sleepy Head*.

Las horas entre la una y las cinco de la mañana eran otro asunto. Rara vez le entraba sueño durante ese tiempo, y si por casualidad se quedaba dormido, despertaba sobresaltado por una pesadilla. En un mal sueño que lo había obsesionado recientemente, se escondía debajo de una casa, sintiendo que un grave peligro lo amenazaba. En otro, estaba en un avión que se estrellaba. Su mujer, Vera, sabía de todas estas pesadillas recurrentes. Sabía que él estaba atento a los presagios y que creía que moriría joven.

3

Esa noche, el 15 de noviembre de 1972, Vera se encontraba en su casa en Puerto Rico con sus tres hijos varones, y en unos días se reuniría con Roberto en Managua. Hasta entonces, él estaba por su cuenta en el Hotel InterContinental de esa ciudad. Su amigo, Osvaldo Gil, tenía la habitación contigua y, a insistencia de Clemente, mantenían las puertas abiertas entre los dos cuartos de manera que pudieran entrar y salir. Tarde en la noche, empezaban a conversar. Roberto reducido a sus calzoncillos de pata, que era todo lo que usaba en su cuarto del hotel: a los treinta y ocho años su esculpido torso de caoba aún evocaba a un bailarín de ballet de categoría mundial, con hombros musculosos, de los cuales descendía un busto armónico que se iba reduciendo hasta concluir en una cintura estrecha de treinta pulgadas, la misma talla que tenía de adolescente, y muñecas robustas, y manos tan mágicas que decían que tenían ojos en las puntas de los dedos.

En Estados Unidos a los dos hombres los habrían definido por la raza, uno negro y el otro blanco; pero ambos se consideraban tan solo puertorriqueños. Conversaban de béisbol y de sus esperanzas para su equipo en el vigésimo campeonato mundial aficionado que habría de comenzar en Nicaragua a las doce de ese mismo día. Abogado y veterano de la guerra de Corea, Gil era presidente de la Federación de Béisbol Aficionado de Puerto Rico y había convencido a Clemente a que viniera con él y dirigiera el equipo. Puerto Rico había quedado en tercer lugar la última vez, y Gil pensaba que todo lo que necesitaban era un empujón para sobrepasar a los equipos favoritos de Cuba y Estados Unidos y tal vez ganar el oro. Clemente podría lograr ese salto.

Habían pasado tantas cosas desde que Gil había visto por primera vez a Clemente más de veinte años antes. En ese entonces, Roberto todavía estaba en la escuela secundaria, destacándose con el equipo Los Mulos de Juncos a la cabeza de la liga de béisbol aficionada de Puerto Rico. La mayoría de la gente que lo había visto jugar conservaba un recuerdo imborrable, y Gil se remontaba al comienzo: se sentó en las gradas del parque en Carolina y observó a este muchacho lanzar una línea desde lo último del jardín central, la pelota parecía desafiar las leyes de la física cobrando velocidad como si zumbara hacia el cuadro y navegara por encima de la cabeza del tercera base hacia las gradas. Hasta un tiro impreciso de Roberto Clemente era una memorable obra de arte.

De allí siguieron dieciocho temporadas en las grandes ligas, todas con los Piratas de Pittsburg, dos campeonatos de la Serie Mundial, cuatro títulos de bateo y un premio al jugador más valioso (JMV), doce guantes de oro como jardinero derecho, encabezando la liga en asistencias en cinco temporadas y —con un doblete por el centro mismo en el estadio de los Tres Ríos en su último turno al bate de la temporada de 1972— exactamente tres mil *hits*. La vehemencia deslumbrante de la manera de jugar de Clemente había subyugado a toda la gente del béisbol. Más que ser simplemente otro atleta talentoso, era una figura incandescente que había querido convertirse en un símbolo de Puerto Rico y de toda América Latina, despejando el camino para las oleadas de jugadores de béisbol hispanohablantes que emigraban al norte para jugar en las grandes ligas. Y él no había terminado aún. Al final de las dos últimas temporadas, había hablado de retirarse; pero aún le quedaban, por lo menos, dos años por delante.

Clemente no jugaría en el jardín derecho para este equipo. Estaba en Nicaragua tan solo como mánager. Durante las sesiones de práctica en Puerto Rico, había subrayado la distinción al presentarse vestido de civil. El trabajo no era nuevo para él, había dirigido a los senadores de San Juan en la temporada de béisbol invernal, pero entonces sus jugadores eran profesionales, entre ellos algunos de las grandes ligas, y éstos eran jóvenes aficionados. Resultaba obvio para Gil que Clemente comprendía los problemas que podrían presentarse. Era tan diestro y aportaba tal determinación al juego que podría llegar a esperar lo mismo de todo el mundo, lo cual no era realista. No obstante, él era Roberto Clemente, ¿y quién no lo querría liderando al equipo puertorriqueño contra el resto del mundo?

La vida sencilla de un pelotero consiste en comer, dormir, tontear, jugar. Muchos atletas transitan por la vida inconsciente de todo lo demás, pero Clemente era más que eso. Tenía una inteligencia inquieta y siempre estaba pensando acerca de la vida. Tenía una respuesta para todo, su propia mezcla de lógica y superstición.

Si quieres conservarte delgado, le dijo a Gil, no bebas agua hasta dos horas después de haber comido arroz, para que la comida no se expanda en tu estómago. Si quieres conservar el pelo, no te duches con agua caliente; ¿por qué crees que escaldan a los pollos en tanques de agua hirviente antes de desplumarlos en las granjas avícolas? Si estás en baja y quieres salirte del letargo, procura tirarle a la bola por lo menos tres veces cada vez que vayas al bate. Con un total de por lo menos doce intentos en cuatro turnos al bate por juego, todo lo que necesitas es una bola buena para conectar un *hit*. Así de sencillo: para salir de la mala racha, tienes que tirarle a la pelota. Y todo no era cuerpo y béisbol. Clemente también podía hablar de política, en la cual se sentía un populista, a favor de los pobres. Sus héroes eran Martin Luther King Jr. y Luis Muñoz Marín, el Franklin D. Roosevelt de su isla. Lamentaba la desigual distribución de la riqueza y decía que no entendía como había personas que podían almacenar millones en bancos mientras otros estaban hambrientos. El presidente del equipo, exhausto, tuvo que excusarse o el mánager habría seguido hablando hasta el amanecer.

A la mañana siguiente antes del desayuno, ya Roberto Clemente estaba en el vestíbulo, poniendo en práctica su modesto plan particular de distribución de las riquezas. Había pedido en la cafetería que le diesen un cartucho de monedas a cambio de un billete de 20 dólares, y ahora estaba a la búsqueda de gente pobre. Un anciano bajito que llevaba un machete le recordaba a don Melchor, su padre. Un muchacho sin zapatos le recordaba a Martín el Loco, un personaje de su natal Carolina. Cuando estaba en casa, Clemente salía a buscar a Martín y le daba paseos en su Cadillac e intentaba comprarle zapatos, pero el Loco estaba tan acostumbrado a andar descalzo que no podía soportar tener nada en los pies. "Martín el Loco no es ese loco", cantarían los puertorriqueños. A los necesitados que ahora encontraba en Managua, Clemente les preguntaba *¿Cómo te llamas? ¿Para quién trabajas? ¿Cuántos son en tu familia?* Luego les entregaba algunas monedas, dos, tres o cuatro, hasta que se le vaciaba el cartucho. Eso se convirtió en otro hábito, cada mañana, semejante a la noche de insomnio.

El InterContinental, una moderna pirámide sin alma que se levantaba en la falda de una colina que domina la vieja ciudad centroamericana, se vio animado por una notable serie de visitantes esa semana. No sólo Clemente y sus jugadores estaban quedándose allí, sino también los equipos de China y Japón, Alemania Occidental e Italia, Brasil y El Salvador, Honduras y Panamá, Cuba y Costa Rica, Guatemala y la República Dominicana, los Estados Unidos y Canadá. Luego estaba también Miss Universo, Kerry Anne Wells de Australia, que había ganado su corona días antes en el certamen celebrado en Puerto Rico y había cruzado el caribe hasta Nicaragua al mismo tiempo que Clemente, provocando un tumulto en el Aeropuerto Internacional Las Mercedes cuando "dos personas que son noticia en cualquier parte del mundo", como lo puso un reportaje de *La Prensa,* llegaban y posaban para los fotógrafos en el salón de los visitantes distinguidos. Las fotos muestran a Clemente con una camisa de cuello inmenso, del tamaño de las alas de un terodáctilo, en tanto la belleza de la señorita Wells, que decían "sobrepasaba todas las palabras", entusiasmaba a los fanáticos que estaban "mirándola de pies a cabeza y piropeándola de la manera más florida" —una descripción amable de una verdadera silbatina. También en el mismo hotel estaba entonces Howard Hughes, el multimillonario recluso que había escogido Managua como su último oscuro escondite. Hughes ocupaba todo el séptimo piso en una *suite* lujosa, pero podría muy bien haber estado en otro sistema solar. Los jugadores de béisbol oyeron decir que se encontraba allí, pero nunca pudieron verlo. El cuento es que él se autosecuestraba en su refugio fantasmal, con las cortinas corridas, y pedía sopa de vegetales al servicio de habitaciones mientras miraba en cueros películas de James Bond. No había monedas para la gente de parte del Sr. Hughes.

Hacia el final de la mañana del día quince, Clemente y su equipo puertorriqueño salieron del InterContinental para participar en las ceremonias de apertura en el Estadio Nacional. Era una combinación de espectáculo olímpico, delirio futbolístico y pompa militar, todo orquestado por el hombre fuerte de Nicaragua, Anastasio Somoza Debayle, cuya familia poseía gran parte del país y dirigía las instituciones. Por lo pronto, obligado por la constitución a ceder la presidencia a otra persona, al menos nominalmente, Somoza controlaba el gobierno desde su puesto como comandante supremo de las fuerzas armadas. También daba la casualidad que era el presidente del comité organizador del torneo de béisbol, que le ofrecía la oportunidad de complacerse en una gloria generada por él mismo. *Novedades,* un periódico que servía a sus intereses, declaró que la presencia del general Somoza "le dio un apoyo y lustre formidables al evento y confirmó la popularidad del líder de la mayoría nicaragüense".

Los fanáticos estaban mucho más enardecidos por ver a Clemente, y descubrir si el mediocre equipo nicaragüense, con las mismas esperanzas negativas de los puertorriqueños, podría enfrentarse allí con los cubanos, una rivalidad deportiva intensificada por Somoza y Fidel Castro, el yin y el yang, derecha e izquierda, de los dictadores latinoamericanos. La locura del béisbol se apoderó de Managua luego que treinta mil personas abarrotaron el estadio y la multitud que no cupo se derramó por las calles aledañas, sólo para mirar las ceremonias de apertura y el juego preliminar entre Italia y El Salvador. Especuladores del mercado negro se habían hecho de vastos segmentos de asientos en todas las secciones del estadio y estaban revendiéndolos hasta por ochenta córdobas, casi el triple del precio establecido. Somoza y su mujer, Hope Portocarrero de Somoza, asistían desde el palco presidencial, no lejos de Miss Universo. Se encendió una antorcha, que simbolizaba la esperanza de que el béisbol se convirtiera oficialmente en un deporte olímpico, y luego comenzó la procesión, al frente de la cual iban los funcionarios de la Federación Internacional de Béisbol Aficionado, seguidos por los gimnastas bamboleándose y haciendo maromas, y hermosas mujeres en trajes típicos empujando carritos de madera, y los miembros de las ligas infantiles inundaron el terreno, dieciséis equipos de nueve miembros, cada uno de ellos llevando el uniforme de uno de los países que participaban en el torneo.

Luego de que la banda militar visitante de la Guardia Nacional de Panamá tocara los himnos patrióticos, Somoza, vestido en un traje deportivo claro y una gorra del equipo de béisbol nicaragüense, descendió de su estrado y se adentró en el terreno. Subió al montículo del lanzador a las 12:10, mientras una colmena de reporteros, fotógrafos y camarógrafos de la televisión se acercaba al tiempo que el comandante levantaba la mano derecha y saludaba, agradeciendo el aplauso del público. La mayor atención no estaba dirigida a él sino al plato donde había aparecido un bateador derecho que, procedente del *dugout,* se estiraba el cuello y se posicionaba en el cajón de bateo. Era Roberto Clemente, en uniforme completo. Todo el mundo quería una foto con él. Llevó quince minutos despejar la multitud. Finalmente, Somoza agarró la pelota y la lanzó hacia el plato. Su periódico calificó el tiro de apertura de "formidable". Edgard Tijerino, un pequeño y osado reportero deportivo de *La Prensa*, el periódico de oposición de Pedro Chamorro, hizo un reportaje menos elogioso. "Obviamente", reportó Tijerino, "fue un mal tiro".

Por suerte para Somoza, Clemente no abanicó el aire con el bate. Le gustaba batear lo que otros llamarían bolas malas —*no son malas si yo las bateo*, diría— y tenía la costumbre de practicar el bateo de líneas rectas que sacaba del cuadro como si fueran balas.

Clemente se prendió de la gente y de los paisajes de Nicaragua. Disfrutaba recorrer los puestos del mercado central y bajar por las callecitas laterales donde escogía blusas y vestidos bordados para Vera hechos de las telas más finas. Tenía las manos de un artesano y un gusto por el arte colorido. Pero nunca tuvo mucha suerte con el béisbol en Nicaragua. Había visitado Managua una vez antes, a principios de febrero de 1964, cuando Nicaragua fue el anfitrión de la serie interamericana del béisbol de invierno. Clemente llevaba a los Senadores de San Juan, que estaban repletos de jugadores de las grandes ligas, entre ellos sus amigos Orlando Cepeda, extraordinario bateador que jugaba de jardinero izquierdo, José Antonio Pagán de torpedero y el lanzador zurdo Juan Pizarro; pero no pudieron ganar el campeonato, y el perdurable recuerdo de ese viaje fue el de un fanático que lanzaba desde las bancas del jardín derecho un lagarto garrobo semejante a una iguana y a Clemente que empalideció del susto.

Este viaje no fue mejor. El equipo puertorriqueño comenzó con triunfos convincentes contra China y Costa Rica, pero luego se portó torpemente el resto del tiempo, perdiendo frente a Estados Unidos y Cuba e incluso frente a los nicaragüenses que prevalecieron 2–1 en un encuentro de once entradas, debido en gran medida a la brillante ejecutoria de su lanzador, un diestro que terminaría después en las grandes ligas, llamado Dennis Martínez. El equipo no estaba bateando y Clemente se sentía cada vez más frustrado. ¿Cómo podía no batear un equipo dirigido por Roberto Clemente? Desde el *dugout*, él vio a un bateador en el círculo de espera que recorría las graderías en busca de muchachas bonitas.

—¡Olvídate de las mujeres, mira al *pitcher!* —le gritó.

A uno de sus mejores bateadores lo poncharon y tiró el casco al suelo y lo rompió. Por el resto del partido, Clemente se mantuvo apuntando al montículo y diciendo:

—Allí está el *pitcher* que te ponchó. Con él es con quien tienes que estar molesto, no con el casco.

Al jardinero Julio César Roubert, que estaba pasando por una mala racha con cero *hits* en diecisiete veces al bate, Clemente lo invitó a desayunar en el InterContinental para hablar de bateo.

—Roubert —dijo el mánager, repitiéndole la teoría que le había expuesto a Osvaldo Gil la noche antes— ¿quién crees tú que tiene más chances de batear la pelota, el bateador que abanica tres veces o el que abanica una sola vez?

—El que lo hace tres veces —dijo Roubert.

—¡Entonces abanica tres veces! —le ordenó Clemente.

Después de las primeras derrotas, retendría a Gil despierto para hablar de los errores cometidos y cómo enmendarlos. Gil terminaría excusándose para dormir unas pocas horas, pero Clemente no podía descansar. Encontraba al chofer del grupo y le pagaba para que lo llevara una y otra vez a través de las oscuras calles de la ciudad hasta el amanecer. Eso paró cuando Vera llegó, pero el insomnio continuó. Su viejo amigo de Puerto Rico y de las grandes ligas, Víctor Pellot Power, conocido en Estados Unidos como Vic Power, el elegante primer bate de los Indios de Cleveland de fines de los años cincuenta a principios de los sesenta, había venido también para servir de entrenador. En Puerto Rico, entrenador es un término que se le da a un instructor de rudimentos del deporte. Habiendo sido por mucho tiempo el mánager del Caguas en la liga invernal, Power tenía más experiencia dirigiendo un equipo de béisbol que Clemente, pero también tuvo sus propios problemas en Managua. Había ido a un restaurante en busca de una típica comida nicaragüense, y se le había atorado una espina en la garganta mientras comía lo que se suponía era un pescado sin espinas. El incidente dio lugar a dos viajes al hospital y, a sugerencia de un médico local, a comerse una libra de bananas, lo cual no lo ayudó mucho. Sintiéndose incómodo por la desagradable espina, Power no podía dormir más que Clemente. Temprano cada mañana, padeciendo juntos en el vestíbulo, leían los periódicos y hablaban de béisbol.

Power y Clemente eran hermanos de muchas maneras. Ambos eran carismáticos, negros, puertorriqueños, de modestos orígenes y talentosos jugadores de béisbol con un estilo inimitable. El movimiento pendular del bate de Power en el plato, a la espera de la pelota, con el bate colgando verticalmente hacia el suelo, oscilándolo con soltura hacia primera base con una sola mano, eran tan distintivo como los giros de cuello que hacía Clemente y la manera que tenía de colocar el guante como un cesto para agarrar la bola, y las curvas al cuadro lanzadas desde abajo. Cada uno tenía un orgullo violento, pero el de Clemente siempre estaba a la vista, ardiendo en sus ojos, resonando en su pecho, mientras Power sabía ocultarlo con sonrisas, una risa estruendosa y una respuesta característica a cualquier cosa que la vida le ponía en el camino: "*Ohhhh, baby*".

A Power parecía resultarle más fácil el tratar con la gente, lo cual lo hacía un mánager más agradable.

—Tú quieres que todo el mundo juegue como tú juegas —le advertía Power a Clemente—. Para dirigir béisbol tienes que saber lo que tienes, cómo corren, cómo batean, qué clase de temperamento tienen tus jugadores. Tienes que saber quién es Mickey Mantle y quién es Billy Martin, el arrebatado compañero de Mantle en los Yanquis.

Clemente sabía sobre todo quién no era Clemente. Una mañana, leyendo *La Prensa,* se sorprendió al ver una columna de Edgard Tijerino en que describía un tiro desde el jardín hecho por el cubano Armando Capiró, "que era capaz de hacer sonrojar a Clemente". Tijerino sugería un duelo de brazos ["de escopetas"] entre los dos. Esto ofendió a Clemente, la sola noción de que alguien, mucho menos un aficionado, pudiera tener un brazo que él envidiara. Horas después, en el estadio, vio a Tijerino antes de que empezara el juego y le mandó a decir que fuera a verlo al *dugout.* Era el primer encuentro del comentarista deportivo nicaragüense con Clemente, pero la escena le habría resultado familiar a muchos periodistas norteamericanos que habían cubierto sus juegos a lo largo de los años. Después que los Piratas ganaron la Serie Mundial de 1971, Clemente declaró que la furia que había traído consigo se había disipado al final, purgada por una serie que le había permitido demostrar su grandeza ante el mundo. Pero algo de su tendencia a la soberbia era inmutable.

—Oye, ¿por qué diablos comparaste mi brazo con el de Capiró? —le dijo abruptamente al periodista, sin poder ocultar su molestia—. Yo tiro desde la esquina del jardín derecho en el gigantesco estadio de los Piratas para sacar *out* al corredor en tercera, y con Pete Rose deslizándose para anotar una carrera. No hay comparación. Tienes que ser más cuidadoso.

Tijerino intentó argüir, explicarse, pero terminó diciendo que Clemente tenía la razón. Esa noche, cuando Gil entró en el cuarto del hotel de Clemente, lo encontró en sus *shorts,* como era habitual, pero molesto todavía.

—¿Por qué hiciste eso? —le preguntó Gil. Él no podía entender por qué Clemente se sentía compelido a regañar a un periodista local por algo tan trivial.

—Cuando dicen que Babe Ruth conectó más de setecientos jonrones, yo me callo la boca —le explicó Clemente, queriendo decir que él no era un jonronero—. Pero cuando hablan de lanzar la pelota, no puedo quedarme con la boca cerrada.

Días después, sentado en el vestíbulo con Vic Power temprano por la mañana, Clemente leyó algo más de Tijerino que lo sacó de quicio. La República Dominicana había derrotado a Puerto Rico 4–1 el día anterior, y en un máximo esfuerzo por describir la brillantez del lanzador dominicano, Tijerino había escrito: "Roberto Rodríguez, en una noche inspirada, estaba en camino de ponchar al mismísimo Roberto Clemente…" Tijerino estaba en el palco de la prensa esa noche cuando su colega, Tomás Morales, le dijo que bajara al terreno porque el mánager puertorriqueño quería hablar con él.

Cuando Tijerino se acercó, Clemente lo increpó severamente:

—Yo bateo contra Roberto Rodríguez a mano limpia.

Es decir, que podía golpear la pelota del muchacho sin un bate.

Dicho en términos beisbolísticos, ya Tijerino le había pasado dos bolas a Clemente sin que éste bateara, pero su relación no terminó. Tal vez la única cosa que molestaba a Clemente más que ser subestimado o incomprendido era que no le dieran la oportunidad de expresarse. Él tenía mucho que decir, y en Nicaragua, Edgard Tijerino era la mejor manera de decirlo. Una noche Clemente invitó al cronista a su cuarto del hotel InterContinental para una amplia entrevista. Clemente lo recibió con pantalones blancos y una camisa de seda floreada. Vera estaba sentada cerca. "El diálogo con Roberto fue agitado esa noche", diría Tijerino después.

Conversaron de por qué los Piratas perdieron frente a los Rojos en las semifinales de ese año, luego de haber ganado la Serie Mundial la temporada anterior, y acerca de cuál de los dos equipos campeones de los Piratas era mejor, el de 1960 o el de 1971. Clemente dijo que los Piratas en 1972 tenían realmente más jugadores talentosos que en cualquiera de esos dos años. Luego el tema giró hacia el tratamiento de los peloteros latinos. Clemente reprendió a Tijerino por sus torpes comparaciones. Él tenía un objetivo más lejano, la prensa norteamericana.

—La ataco enérgicamente porque desde que el primer latino llegó a las grandes ligas lo discriminaron sin piedad —le dijo Clemente—. No importaba que el pelotero latino fuera bueno, por el mero hecho de no ser norteamericano lo marginaban… Tienen una abierta preferencia por los norteamericanos. Hay jugadores mediocres que reciben una inmensa publicidad, mientras a las verdaderas estrellas no las destacan como merecen. —Para ilustrar el punto, Clemente no mencionó su larga lucha por obtener reconocimiento, sino que se refirió a Orlando Cepeda, su compatriota puertorriqueño, y a Juan Marichal, dominicano, dos astros del béisbol que ahora luchaban al final de sus carreras y cuyas fallas les parecían más interesantes a los escritores norteamericanos que sus talentos—. Nadie puede mostrarme un lanzador mejor que Marichal en los últimos cincuenta años —agregó Clemente.

Tijerino estuvo de acuerdo en términos generales, pero creía objetivamente que Sandy Koufax era mejor que Marichal.

—Koufax fue un *pitcher* de unos cinco años —respondió Clemente—. Marichal tiene una notable regularidad. Él es un *pitcher* de siempre. El problema consiste en que a Marichal nunca lo han juzgado correctamente.

Clemente tomaba todo con mucha seriedad y no cedía, Tijerino escribió después. "Conversar con Clemente es lo de nunca acabar".

Durante sus viajes con los Piratas por los Estados Unidos, Clemente había adquirido el hábito de visitar niños enfermos en las ciudades de la liga nacional. Sus visitas a hospitales rara vez las publicaban, pero los niños enfermos parecían estar al tanto de ellas en todas partes. Antes de cada viaje, Clemente revisaba el voluminoso correo que recibía en la casa club y hacía un fajo especial para las cartas de los niños de las ciudades donde los Piratas estaban a punto de ir. Una mañana en Nicaragua, llevó a Osvaldo Gil y a unos cuantos jugadores a visitar el Hospital El Retiro. Allí conocieron a Juan Parrales, un niño de doce años en silla de ruedas: en las vías del tren había perdido una pierna y se había mutilado la otra.

Clemente podía parecer sombrío, reservado y cauteloso respecto a dejar que se le acercaran extraños, con un orgullo que bordeaba en la arrogancia. En Puerto Rico, algunos lo consideraban vanidoso.

—¡Nadie compra a Roberto Clemente barato! ¡Yo tengo mi orgullo! ¡Yo soy un héroe de mi pueblo! —había proclamado un día a mediados del verano de 1967 en el estadio Shea mientras rechazaba airado la oferta de una compañía fílmica de pagarle cien dólares para que bateara en una triple matanza para una escena de *The Odd Couple*. Pero él también era intuitivo, estaba preparado para hacer conexiones y si algo lo conmovía reaccionaba profunda e inmediatamente y te aceptaba como parte de su familia. No importaba quién tú fueras para el resto del mundo —un contador judío, un repostero griego, un cartero negro, un adolescente tímido, un vagabundo puertorriqueño descalzo— si Clemente veía algo, respondía. La familia era todo para él. Cuando vio a Julio Parrales se arrodilló junto a su silla de ruedas y le dijo que para el próximo torneo mundial él sería el cargabates del equipo. "No te preocupes, vamos a ayudarte", le prometió, y luego se volvió hacia Gil y le dijo que tenían que recaudar 700 dólares que le permitirían a Parrales caminar con unas prótesis. Cada jugador del equipo puertorriqueño contribuiría con 10 dólares, los cubanos donarían 50, y Clemente proporcionaría el resto. Pero antes de irse del hospital,

Clemente dijo que él vería a Parrales en el *dugout* la próxima vez que estuviera en Nicaragua.

Las calles de Managua estaban de fiesta cuando llegó diciembre, un espíritu de celebración intensificado por tres semanas de buen béisbol y la proximidad del festival de la Gritería de María y de la temporada de Navidad. Los dotados cubanos ganaron el campeonato, al obtener una decisiva victoria contra los norteamericanos en entradas adicionales, pero su única derrota había sido contra los nicaragüenses, un glorioso tumulto que provocó una noche enloquecida de fuegos artificiales, disparos de fusil y cornetas de autos en las calles repletas de gente. No hubo ninguna celebración para el equipo puertorriqueño, que quedó en el montón, derrotando tan solo a equipos de países que no tenían ninguna tradición beisbolera. Gil pensaba que Clemente podría estar tan molesto que nunca querría volver a dirigir un equipo, pero pareció justamente lo contrario. Clemente le dijo que tendrían que hacerlo mejor la próxima vez, como si diera por seguro que él regresaría como mánager.

Clemente tendría que consultarle a su esposa al respecto, sin duda. Conversaba con ella antes de decidir la mayoría de las cosas, o así le parecía a Gil. "Le pides demasiado consejo a tu mujer", le dijo Gil una noche. Clemente decía que él confiaba en ella porque era serena, tranquila, sosegada y con mejor olfato que él para determinar si alguien era digno de confianza. En cualquier caso, dijo por fastidiar a Gil, el comentario refleja el tipo de estereotípico sexismo machista que ha mantenido la gente a través de la historia.

—La manera en que tú piensas de las mujeres es lo mismo que ocurrió en las grandes ligas con los jugadores negros —le señaló Clemente— Temían que si dejaban entrar a jugadores negros, ocuparían su lugar. Ustedes piensan de ese modo con respecto a las mujeres.

Un día en la ciudad vieja, Clemente visitó una tienda de maletas y compró un maletín hecho de piel de cocodrilo. La agarradera era truculenta; diseñada con la cabeza de un cocodrilito. De regreso al hotel, Vic Power se rió de buena gana de la compra de su amigo. A Clemente le preocupaba que el maletín pareciera demasiado femenino y dijo que le quitaría la cabeza de cocodrilo. "No", le dijo Power, "déjala como está, tal vez sea de buena suerte". Unos días después, a sugerencia de Vera, los Clemente hicieron un viaje a Granada sobre el gran lago Nicaragua. Al entrar en un restaurante de la antigua ciudad colonial, Roberto se encontró con otro desconocido con quien se conectó de inmediato. Se trataba de un mono araña entrenado que saludaba a los clientes según entraban en el establecimiento.

—Ése es el mono que necesitamos —le dijo Clemente a Vera. Ella sabía que él hablaba en serio. Antes de salir de Río Piedras, le había prometido a Ricky, su hijo más pequeño, que regresarían de Nicaragua con un mono mascota para él. Clemente encontró al propietario y le dijo que quería el mono. Pero el dueño estaba renuente a separarse de él.

—Lo que usted quiera, póngale precio —insistió Clemente—. Necesito ese mono.

Se cerró el trato y él se marchó con un nuevo miembro de la familia, un primate conocido de ahí en adelante como Teófilo Clemente.

Clemente voló de regreso a Puerto Rico el 8 de diciembre con tantos regalos que tuvieron que llamar a un chofer para que transportara los bultos desde el aeropuerto. El mono para Ricky, el maletín con la cabeza del cocodrilito y los vestidos y las blusas para Vera, presentes para sus padres y sus tres hijos, Robertito, Luisito y Richy, y para los hermanos, sobrinas, sobrinos y amigos. Uno de sus regalos más preciados era una hamaca roja y blanca que trajo para Rafael Hernández Colón del Partido Popular Democrático. Para la alegría de Clemente, el joven liberal, protegido de Luis Muñoz Marín, acababa de ser electo gobernador del Estado Libre Asociado. El rojo y el blanco eran los colores de su partido y de la bandera puertorriqueña. A Clemente lo habían invitado a desempeñar un papel importante en las ceremonias de la inauguración que tendrían lugar dentro de unas pocas semanas en el Viejo San Juan, pero luego de pensarlo muy bien, declinó respetuosamente, siguiendo el consejo de Osvaldo Gil, que también apoyaba a Hernández Colón, pero quien le dijo que el favorecer a un partido podría innecesariamente alienar a la mitad de los fanáticos de béisbol de Roberto.

Todo parecía andar muy bien. Vic Power se comió un jugoso bistec y de repente el problema de la espina que le molestaba en la garganta desapareció. Clemente montó a su familia en el carro para un viaje a ver a sus padres en la casa que él les había comprado en la calle Nicolás Aguayo en el barrio El Comandante, en Carolina. Todos los niños entusiasmados, el gran pelotero lleno de júbilo, sus dedos mágicos al volante, una armónica Horner, sujeta al cuello por una abrazadera, susurraba y gemía en sus labios, y el miembro más reciente de la familia, el rabudo Téofilo, chillando, bailando al son de la música y retozando sobre los hombros y piernas de los pequeños mientras el Cadillac El Dorado rodaba por las calles del pueblo de Roberto Clemente.

2

De dónde vino Momen

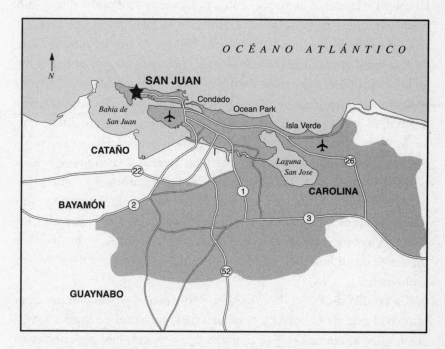

HA LLOVIDO MUCHO DESDE ENTONCES, COMO DICE EL
refrán. Era el verano de 1934, una época de constante calor y privaciones en Puerto Rico. Doce millas al sureste de la ciudad capital de San Juan, en un barrio rural de Carolina llamado San Antón, una familia numerosa estaba a punto de recibir a un nuevo miembro. El hogar de Melchor y Luisa Clemente estaba ya bastante lleno. Luisa tenía dos hijos adolescentes, Luis y Rosa Oquendo, de un primer marido que murió y la dejó viuda bastante joven, y ella y Melchor habían procreado otros cuatro hijos: Osvaldo, Justino, Andrés y Anairis. También

vivían con ellos tres primos en la casa de madera de cinco cuartos en la carretera 887, y algunos obreros cañeros paraban todos los días en la casa para comer. Cuando su madre salió embarazada de nuevo, Anairis, la niña más pequeña, anunció que ella quería tener un hermanito, pero tenía además otro deseo. Esperaba que saliera blanco. En la tarde del sábado 18 de agosto nació el bebé, Roberto Clemente Walker, a quien no tardaron en presentárselo a Anairis:

—Aquí está, es un poco oscurito.

Esta anécdota se ha contado, entre risas, a lo largo de siete décadas. El color de la piel es algo que se tiene en cuenta en Puerto Rico —allí existe el racismo—, pero tiende a ocultarse y a silenciarse, con una historia que difiere mucho a la de Estados Unidos. Cuando Roberto nació en Carolina, ciudadano norteamericano por nacimiento, ninguna ley en la isla prohibía a personas de diferentes colores comer en el mismo restaurante, dormir en el mismo hotel, o enamorarse y casarse. En el transcurso de los cinco años que siguieron a su nacimiento, luego que se formara una liga invernal de béisbol profesional, una cantidad de talentosos jugadores de las ligas negras, excluidos del béisbol organizado en Estados Unidos, fueron contratados para jugar para los Senadores de San Juan y los Cangrejeros de Santurce y fueron celebrados como estrellas por los puertorriqueños de todas las edades y colores. La elite de San Juan y Ponce tendía a ser blanca y presumía de su herencia española, pero ser "un poco oscurito" no era excluyente.

La familia de Luisa, los Walkers, provenían de Loiza, el próximo pueblo al este de Carolina y el núcleo de la negritud de la isla. Esclavos fugitivos, conocidos por cimarrones, se escondieron del ejército español en los densos y pantanosos manglares de la costa atlántica, y formaron allí su propia comunidad. En el folclore puertorriqueño, hay una historia que dice que al abolirse la esclavitud en 1873, un mensajero que llevaba la noticia a Loiza fue muerto enfrente de un gran árbol, y durante años después de este hecho el árbol dejaba caer pedazos de papel en forma de hojas, piezas de un rompecabezas que los ex esclavos intentaron en vano unir para descifrar el mensaje de la libertad. Para Luisa, el mensaje podía encontrarse en su iglesia bautista y en su himno preferido que se lo enseñó a todos sus hijos: *La vida es nada. Todo se acaba. Sólo Dios hace al hombre feliz.*

Melchor Clemente ya tenía 51 años cuando nació su hijo más pequeño. Había crecido en Gurabo, llamada la ciudad de las escaleras, en las estribaciones montañosas del interior, al sur de Carolina. En muchos sentidos, él era un hombre del siglo anterior. La esclavitud había terminado sólo diez años antes de su nacimiento. Durante su infancia, y hasta que cumplió quince años en 1898, Puerto Rico estuvo bajo la dominación española. Su familia eran agricultores pobres y trabajadores cañeros de sangre negra y taína. Si bien la familia de Luisa se había convertido de católica en bautista siendo ella una niña, Melchor era "no muy católico", como más tarde lo describiría su hijo Justino. Esto significaba que no era particularmente religioso, aunque su nombre de pila provenía de los tres reyes, Melchor, Gaspar y Baltasar, reverenciados en Puerto Rico como los magos del relato de Navidad. El don de Melchor Clemente no fue oro, incienso o mirra, sino azúcar: trabajaba como capataz de una compañía procesadora de caña de azúcar, la Central Victoria.

El azúcar llevaba entonces casi cuatro siglos como el rubro principal de la economía de Puerto Rico. El primer ingenio azucarero se construyó en 1523, sólo tres décadas después de que Colón llegara a la isla en su segundo viaje al Nuevo Mundo. El año en que Clemente nació se produjo en Puerto Rico más azúcar que nunca antes, sobrepasando el millón de toneladas, sin embargo la industria estaba en franca decadencia. Todo conspiraba contra ella: devastadores huracanes, precios más bajos de los competidores mundiales, deplorables condiciones de trabajo en los campos y proteccionismo de parte del Congreso de EE.UU. En un esfuerzo por ayudar ese año a los plantadores continentales, los legisladores en Washington, tratando a Puerto Rico como una colonia que podían manipular a voluntad, aprobaron una ley que limitaba las exportaciones, imponía mayores tributos y les pagaba bonos a los hacendados para que no plantaran caña de azúcar. Los empleos seguían existiendo, pero el trabajo era por temporada e impredecible, y a la mayoría de los obreros les pagaban por debajo del salario de jornada completa. Un estudio mostraba que en 1934 los cortadores de caña, que realizaban el trabajo más agotador, promediaban un salario de 5,76 dólares semanales. Los capataces llevaban a su casa el doble de esa cantidad, pero eso aún dejaba a Melchor Clemente con poco más de un dólar a la semana para cada miembro de su extensa familia.

Para los estándares de Carolina en la era de la gran depresión, los Clemente no eran pobres. Tenían comida, casa, electricidad, ropa y zapatos. El agua de lluvia para beber se recogía en una cisterna situada en el techo de la cocina. Todo en el interior era sencillo: camas de hierro, un baño, construido de concreto; las paredes blancas y desnudas, los muebles de madera y pajilla (hojas de maíz trenzadas). Los dormitorios atestados, algunos niños dormían en la sala. Cuando tenían suficiente edad, diez o doce, los niños ganaban centavos llevando pailas de agua fría a los trabajadores en el cañaveral, que se extendía detrás de la casa. Luisa aportaba algún dinero adicional cosiendo y haciendo almuerzos para los trabajadores de Melchor. Un cuarto del frente de la casa servía como tienda de víveres del vecindario donde vendían arroz, huevos, leche, harina de trigo y, los fines de semana, carne. Luisa era una mujer de porte señorial, correcta, que sabía leer y solía leer su Biblia, siempre bien vestida, y no era gruesa, aunque tenía hombros y brazos musculosos con los cuales podía levantar desde una carretilla el cadáver de una res acabada de matar y cortarla en pedazos. (Una poderosa mano derecha fue algo que su hijo heredó de ella. Cuando la gente luego le preguntaba a él sobre esos tiros asombrosos e inspiradores que lanzaba desde el jardín derecho, siempre diría, *deberían ver a mi madre*. A los ochenta años, ella todavía podía lanzar una pelota desde el montículo al plato).

Los primeros años de Roberto se vieron ensombrecidos por la tragedia. Él era aún un bebito cuando Anairis murió a causa de espantosas quemaduras. Luisa Clemente tenía dos fogones en la casa, uno en la cocina, para las comidas de la familia, y uno más grande afuera en el patio, donde cocinaba para los trabajadores cañeros. El fogón de afuera quemaba leña dentro de un agujero construido con tres grandes piedras. Una tarde de un día de trabajo, cuando sólo las mujeres y los niños estaban en la casa, Anairis estaba jugando cerca del fogón y una lata de gasolina se derramó en el fuego y las llamas le prendieron su

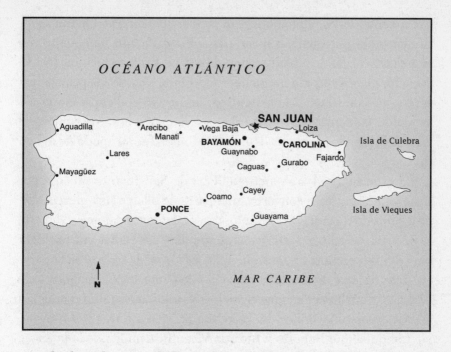

vestido de seda. Luisa la llevó al hospital municipal de Carolina y se quedó con ella día y noche. La pequeña Anairis murió tres días después, con quemaduras que abarcaban el 90 por ciento de su cuerpo. El hospital envió a un hombre al Central Victoria para darle a Melchor la triste noticia. El nombre del mensajero era Flor Zabala, que no significaba nada en ese momento, pero con el tiempo resultaría ser una gran coincidencia. Era el padre de la futura esposa de Roberto, una mujer que él no llegaría a conocer hasta dentro de treinta años.

Primero la perdida de un marido, y ahora de una hija. Luisa intentaba esconder su dolor, pero a veces, tarde en la noche, su hijo Justino la veía llorando sola cuando pensaba que nadie la veía. Roberto era demasiado niño para conocer a su hermana, pero por décadas después de su muerte, ella permaneció con él. *Ella está aquí*, diría él, *yo puedo sentir a Anairis a mi lado*. Ella era parte del misticismo de su vida. Clemente vivía obsesionado por el fuego. Era demasiado pequeño para haber podido ayudar a su hermana, pero años después, cuando tenía doce años, salvó a un hombre que había sufrido un accidente en Carolina: atravesó la carretera y lo sacó de los restos de su auto incendiado.

Desde pequeño, Roberto tenía su propio modo de hacer las cosas.

Era meditabundo, inteligente y no podían apresurarlo. Quería saber el cómo y el por qué. Su frase más común era "un momentito, un momentito", cuando era interrumpido o le pedían que hiciera algo. Él decía *un momentito* tan a menudo que Flora, una de las primas mayores, que con frecuencia lo cuidaba, le abrevió el dicho y empezó a llamarlo "Momen". Para su familia, sus amigos puertorriqueños, en la escuela y en los terrenos de pelota, Momen fue su apodo de ahí en adelante.

La extensión del área metropolitana de San Juan terminaría por alcanzar a Carolina y convertir gran parte de ella en una mezcolanza de talleres de reparaciones de autos y tienditas; pero entonces, durante la infancia de Roberto en los años treinta y cuarenta, era un lugar muy diferente, moroso y bucólico. La asfixia de la vida urbana parecía muy remota. Frente a la casa de Clemente había un huerto de naranjos, y en dirección opuesta, detrás de ellos, un camino conducía a los inmensos cañaverales. La carretera 887 tenía muy poco tránsito, tan tranquila que Roberto y Ricardo Vicenti, su amigo de la infancia, que vivía enfrente cerca de los naranjos, pasaban gran parte de su tiempo jugando improvisadas variaciones de béisbol en la calle polvorienta. El béisbol era el deporte favorito de Roberto, su obsesión desde muy temprana edad.

—Cuando yo era un niñito, lo único que solía hacer era jugar pelota todo el tiempo —recordaba Clemente durante una entrevista décadas después—, con una pelota de papel, con una pelota de goma, con una pelota de tenis.

A veces la pelota era una lata vacía de habichuelas o salsa de tomates o una tosca esfera hecha de cuerdas y trapos viejos. A menudo hacían como que jugaban a la pelota valiéndose de una escoba como bate y de la tapa de una botella como pelota. Pero siempre era béisbol. Rosa Semprit, una vecina que pasaba junto a la casa de Clemente camino a la escuela, recuerda que siempre que veía a Roberto afuera estaba lanzando algo; incluso si estaba solo, estaba haciendo rebotar una pelota contra la pared.

No tenía mucho más que hacer un muchacho en el barrio de San Antón. Las playas del Atlántico estaban a diez millas al norte, y El

Yunque, la exótica selva tropical, se levantaba a quince millas hacia el este. En un día claro, la brisa traía el olor del salitre de una dirección y las montañas eran visibles en la otra; pero sin un automóvil ambas cosas, mar y montaña, quedaban demasiado lejos. Por muchos años, el único viaje a la playa de toda la familia era el 4 de julio, cuando gran parte del vecindario iba en una caravana de autobuses a pasar el día entero en Isla Verde. En cuanto al entretenimiento local, las películas se proyectaban en una pared dentro de una casa de campo que quedaba al final de la calle. Los niños asistían en grupos y se sentaban en unos duros bancos de madera, riéndose de las películas granulosas, unas cuantas de Hollywood, pero la mayoría en español y producidas en México, filmes cortos en blanco y negro protagonizados por el comediante Cantinflas.

Los adultos iban andando al trabajo. Melchor era un transeúnte cotidiano a lo largo de los caminos que se extendían al fondo de la casa: un hombre pequeño con sombrero de paja y machete, recorriendo millas de una sola tirada hacia los campos al oeste o hacia la planta procesadora al norte, cabalgando ocasionalmente en una yegua vieja. En los últimos años, llevaba también un revólver .38 y un transistor de radio dondequiera que fuera. Los radios eran un signo familiar. Melchor era un hombre de hábitos, como su hijo. Contábase que se comía precisamente ocho huevos cocidos al día. Se iba desde el amanecer hasta después que anochecía, de manera que sus hijos no lo vieron mucho, aunque Roberto, de adulto, hablaba con nostalgia de reuniones familiares que incluían a Melchor. Él creció —dijo Clemente en una ocasión—, "con gente que en verdad tuvo que luchar". Su madre nunca fue al teatro, nunca aprendió a bailar. "Pero aun de la manera en que solíamos vivir, yo era muy feliz, porque mis hermanos y mi padre y mi madre, acostumbrábamos a reunirnos de noche y nos sentábamos a hacer chistes y a comer lo que tuviéramos para comer. Y esto era algo maravilloso para mí". Justino, su hermano mayor, a quien en la familia llamaban Matino, tenía un recuerdo menos amable. Su padre era amoroso, pero también estricto, y castigaba a los muchachos con una fusta. Melchor les daba a sus hijos un consejo respecto a la violencia: "No le peguen a nadie, pero tampoco dejen que nadie les pegue. Prefiero verlos en la cárcel que en una caja". Había una tradición de duelos en Carolina que se remontaba al siglo XIX y que se reflejaba en uno de sus viejos apodos, el pueblo de los tumbabrazos.

El viejo no sabía nada de béisbol. El deporte había llegado a la isla procedente de Cuba antes de que los marines desembarcaran en julio de 1898, pero de joven, Melchor nunca tuvo tiempo para eso, y ni siquiera llegó a saber nunca los rudimentos del juego. En una ocasión, mirando jugar desde las gradas, sintió pena por su hijo que tenía que correr todo el tiempo alrededor de las bases después de batear una pelota, mientras a la mayoría de los otros bateadores les permitían regresar al banco y sentarse después de correr a toda velocidad hasta primera base. Pero Roberto no fue el primero ni el único Clemente en amar el deporte. Matino, que era siete años mayor, jugó primera base en la liga de aficionados más importante, era buen jardinero y un bateador de líneas temible. Roberto admiraba a su hermano mayor, y siempre insistió en que Matino era el mejor pelotero de la familia, pero progresó demasiado pronto, justo cuando la segregación en el béisbol profesional en Estados Unidos era más intensa. Su carrera se interrumpió de todos modos cuando se alistó en el ejército norteamericano en octubre de 1950 y prestó servicio por tres años, incluidos nueve meses en Corea con la Compañía C del 10° Batallón de Ingenieros de la 3ra. División de Infantería. Matino fue el primer instructor de béisbol de Momen, y conservó ese papel, ofreciéndole asesoramiento y consejo mucho después de que su hermanito se hubiera convertido en una estrella de las grandes ligas.

El béisbol era el deporte dominante de la isla, seguido por el boxeo, las carreras de caballo, el campo y pista, el *volleyball* y el baloncesto. El fútbol, sin duda el deporte más popular en el resto de América Latina, no había prosperado en Puerto Rico, otra señal de la poderosa influencia de los Estados Unidos. Este país parecía remoto para el joven Clemente, y el béisbol aún más inalcanzable, pero él seguía religiosamente el juego de la liga de invierno en Puerto Rico. En la zona de San Juan, las lealtades estaban divididas entre los Senadores de San Juan y los Cangrejeros de Santurce, una división que de muchas maneras era un reflejo de la que había en Nueva York entre los Yanquis y los Dodgers. Los Cangrejeros eran más animosos, idolatrados por los taxistas, los empleados de hoteles, los obreros fabriles y, al igual que los Dodgers, contaban con muchos negros entre sus seguidores. Josh Gibson, estrella de las Ligas Negras, jugó para Santurce en los primeros años, seguido por Roy Campanella, Ray Dandridge, Willard Brown y Jim (Junior) Gilliam, cuyo alcance en segunda inspiró a los fanáticos de los Cangrejeros a llamarlo el Mar Negro. Clemente creció animando a los Senadores de San Juan, pero su lealtad se formó a partir de su admiración ciega por Monte Irvin, el elegante jardinero del San Juan. El color de Irvin le impidió ingresar en las ligas mayores durante la mayor parte de su carrera hasta 1949, cuando los Gigantes lo contrataron, pero fue una estrella para las Águilas de Newark en las Ligas Negras durante una década antes de eso, y acabó en la liga invernal puertorriqueña durante varias temporadas a mediados de los cuarenta, cuando Clemente pasaba de los once a los quince, años formativos para cualquier fanático del béisbol.

Los Senadores y los Cangrejeros jugaban en el mismo estadio, el Sixto Escobar (nombrado así por un campeón de boxeo de peso gallo), justo al lado del océano en Puerta de Tierra, la estrecha franja de terreno que conduce al Viejo San Juan. Conforme a la manera de funcionar de la liga de invierno, sólo había tres juegos a la semana, uno el sábado y un doble juego el domingo. Irvin dijo más tarde que disfrutaba jugar allí por la belleza de la isla, el horario más pausado, el entusiasmo de los fanáticos, la competencia de primera categoría y, sobre todo, el hecho de que "nos trataban mucho mejor allí que en los Estados Unidos". Si un negro americano bateaba un jonrón importante, los fanáticos podían pasar un sombrero por las gradas para una improvisada colecta en beneficio del jugador. Cuando salían a comer por el viejo San Juan o por la hileras de restaurantes del Condado, eran tratados como celebridades y les ofrecían comidas por cuenta de la casa.

Cuando podía, Momen tomaba el autobús en Carolina los fines de semana para holgazanear con muchos otros chicos en los alrededores del Sixto Escobar. Juan Pizarro, que vivía mucho más cerca, próximo a la avenida Loiza en Santurce, nunca tenía dinero para entrar, pero se trepaba en lo alto de una palma para ver el juego. Clemente a veces conseguía un cuarto con su padre. Usaba diez centavos para el autobús y quince centavos para el boleto. Su meta era estar allí lo suficientemente temprano para ver a Monte Irvin aparecer en medio de la multitud cuando se dirigía al juego. "Nunca me atreví mucho, ni siquiera quería mirarlo a la cara", recordaba Clemente, "pero cuando él pasaba, yo me volvía para mirarle porque lo idolatraba". Sólo por el hecho de estar allí, merodeando, a pesar de lo tímido que era, Clemente llegó finalmente a hacer amistad con Irvin. E Irvin se cercioraba de que su joven fan entrara a ver el juego, aun sin tener boleto. "Yo acostumbraba a darle mi maleta para que él la llevara al estadio y así él podía entrar gratis", recordaba Irvin. Desde un asiento en la gradería descubierta, Clemente estudiaba todo sobre su héroe: cómo se veía en uniforme, cómo caminaba, cómo corría, cómo bateaba y especialmente cómo lanzaba. Más de medio siglo después, todavía delgado, distinguido, canoso, Irvin podía recordar claramente esa relación discipular. "Sí, yo le enseñé a Roberto a lanzar", dijo Irvin. "Desde luego, él enseguida me sobrepasó".

Por la época en que tenía quince años, Clemente se destacaba como torpedero en una liga de *softball* con un equipo patrocinado por Sello Rojo, una firma envasadora de arroz. Él era veloz, tenía un cañón por brazo y una fuerza sorprendente para ser un adolescente delgaducho. Sello Rojo tenía de entrenador a Roberto Marín, un vendedor de arroz que se convirtió en su protector en el béisbol. Para el próximo año, Clemente estaba también jugando duro, sobre todo como jardinero, para Los Mulos de Juncos, el primer equipo de aficionados de Carolina, y ocasionalmente participaba en eventos de pista y campo en la escuela secundaria Julio Vizcarrando Coronado, corriendo los 440 metros y lanzando la jabalina. Aunque sólo la lanzó unas cuantas veces, la jabalina se convirtió en un símbolo icónico en la mitología de Clemente. Representaba su naturaleza heroica, ya que la jabalina se asocia con las fiestas olímpicas. En un nivel más práctico le sirvió para explicar más tarde la potencia de su brazo al lanzar.

La ex mujer de Marín, María Isabel Cáceres, enseñaba historia y educación física en la escuela secundaria y también estaba a la mira de Clemente. Cáceres desarrolló una amistad con su alumno que se fue profundizando con los años, pero sus primeras impresiones se mantuvieron. El primer día de clases, cuando ella invitó a los estudiantes a elegir sus asientos, Roberto se situó sin llamar la atención en la última fila. Hablaba bajito cuando lo llamaban y no levantaba la vista. Pero "a pesar de su timidez", escribió más tarde "y de la tristeza de sus ojos, había algo conmovedoramente atractivo en él".

Mientras Cáceres advertía la tristeza en los ojos de Roberto, Marín se concentraba en sus destrezas en el béisbol. Como un perro de presa que buscaba talentos para el Santurce, le pasó la voz al propietario de los Cangrejeros, Pedrín Zorrilla, conocido afectuosamente como el Big Crab. Zorrilla había crecido en Manatí, al oeste de San Juan, y aún pasaba mucho tiempo allí. Siempre estaba moviéndose por la Isla, en busca de algún juego de pelota, a la caza de talento. En el otoño de 1952, Marín le dijo que la próxima vez que los Juncos vinieran a jugar en Manatí, había un muchacho en que Zorrilla tenía que fijarse para su club profesional. Zorrilla garabateó el nombre en una tarjeta y se lo guardó en el bolsillo. Unos pocos días después, estaba en las tribunas viendo un juego. Primero, vio a un jugador de los Juncos pegar una línea contra la cerca a 345 pies de distancia, volar en torno a primera y hacer un perfecto deslizamiento en segunda. Más tarde en el juego, mientras conversaba con algunos amigos en las bancas, advirtió cuando el mismo jugador corría a toda velocidad hacia la cerca, atrapaba la bola en lo último del jardín del centro y hacía un tiro perfecto a segunda para sorprender fuera de base al corredor de primera y sacarlo *out*.

—Ese chico, ¿cómo se llama?

—Roberto Clemente —fue la respuesta.

—¿Clemente?

Zorrilla se escarbó el bolsillo de su camisa y sacó la tarjeta. Era el nombre que él había escrito a sugerencia de Roberto Marín.

Cuando comenzó la temporada de 1952, el 15 de octubre, el cangrejero más joven, acabado de contratar por Big Crab, era Roberto Clemente, de apenas dieciocho años, y todavía en la escuela secundaria. Lo contrataron por 40 dólares semanales, y todo lo que tenía que hacer era aprender a batearle a una bola serpentina, baja y afuera.

Menos de un mes después, el sábado 6 de noviembre, los Dodgers de Brooklyn llevarían a cabo pruebas de aptitud en el Sixto Escobar. Estaba presente uno de los principales buscadores de talento de Brooklyn, Al Campanis, que ese invierno dirigía al club Cienfuegos en Cuba. Clemente fue uno de entre casi setenta jugadores presentes en la prueba, y el que obviamente descolló, lanzando balas desde el centro a tercera y marcando un tiempo excelente en la carrera de las sesenta yardas.

—Si el hijo de su madre puede sostener un bate en las manos, voy a contratar a este tipo —dijo Campanis antes de que Clemente entrara al cajón de bateo.

En el montículo estaba uno de los más hábiles y experimentados lanzadores de Zorrilla, José "Pantalones" Santiago. Clemente bateó líneas por todo el campo. En el informe oficial de Campanis para el Brooklyn, puede leerse lo que sigue:

INFORME DEL *SCOUT*

Club **SANTURCE**   Liga **PUERTORRIQUEÑA**   Pos. **JARDINERO**

Edad **18**

Estatura **5'11"** Peso **175**

Batea a la derecha.

Tira a la derecha

Nombre	**ROBERTO CLEMENTE**	
Brazo	**A+ BUEN TIRO**	Puntería **A**
Fildeo	**A BUENO PARA ESTA ETAPA**	Reflejos **A**
Bateo	**A VIRA LA CABEZA, PERO**	
	VA MEJORANDO	Fuerza **A+**
Velocidad	**+**	Corriendo **A**

¿Hay talento? **SÍ** ¿Tiene futuro? _____ ¿Como relevo? _____ Darle seguimiento _____ Condición Física (Corpulencia, Tamaño, Agilidad, etc.) **CORPULENTO. BUEN TAMAÑO—**

BUENA AGILIDAD

Comentarios: **CUANDO MADURE SERÁ UN HOMBRE CORPULENTO. ESTUDIA SECUNDARIA PERO JUEGA CON SANTURCE. POSEE TODO LO QUE SE NECESITA Y LE GUSTA JUGAR. ¡ES UN EXCELENTE PROSPECTO! LE ESCRIBIÓ AL COMISIONADO PIDIENDO PERMISO PARA JUGAR EN LAS PROFESIONALES.**

Firmado:

AL CAMPANIS

Clemente era "el mejor atleta en calidad de agente libre que yo jamás hubiera visto", diría Campanis mucho después. En ese tiempo el béisbol era todo para Roberto, pero aunque él había pedido permiso para jugar, todavía no estaba listo para firmar un contrato. El fenómeno estaba todavía en la escuela secundaria, aunque no en la Julio Vizcarrando, que no le permitía asistir a la escuela y practicar y jugar para Santurce al mismo tiempo. Se trasladó para el Instituto Comercial de Puerto Rico en Hato Rey, un vecindario que quedaba a medio camino entre su casa y el estadio. Habrían de pasar quince meses entre el momento en que Campanis lo descubrió y el momento en que Clemente firmó formalmente un contrato con una organización de las grandes ligas. Para entonces, ya había obtenido su diploma de la escuela técnica, y estaba haciéndolo un poco mejor con la curva baja y afuera, y sólo tenía diecinueve años. La vida le brindaba toda suerte de oportunidades: la única tristeza de su vida estaba asociada a una novia que lo dejó porque su familia pensaba que él tenía la piel demasiado oscura.

A través de toda su vida, Clemente solía rendir tributo a los que lo habían antecedido. Bendiciones para sus padres, diría él, y para sus mayores, y para sus hermanos. Por el camino que emprendió hacia el béisbol del Norte, varios otros habían transitado antes que él. Los tres reyes, en cierto sentido, eran Hiram Bithorn, Luis Olmo y Vic Power. Bithorn fue el primero, luego Olmo y Power al final, pero antes que Clemente, y allanando el camino para él debido a las distinciones de color que entonces se hacían en Estados Unidos y que no se tenían en cuenta en la Isla.

Clemente tenía siete años cuando Hiram Bithorn, un lanzador derecho, se convirtió en el primer puertorriqueño en jugar en las ligas mayores. Bithorn se estrenó con los Cachorros de Chicago el 21 de abril de 1942, frente a los Piratas de Pittsburg, cinco años antes de que Jackie Robinson rompiera la barrera del color. Que Bithorn tuviera la piel blanca tenía poca importancia para los fanáticos en San Juan, donde él había jugado a favor y en contra de los americanos Josh Gibson, Monte Irvin y Roy Campanella y los grandes puertorriqueños

Pedro Cepeda y Pancho Coimbre, todos los cuales tenían la piel oscura. Pero sí era de gran importancia para los hombres que dirigían el béisbol organizado en los Estados Unidos. Esa era la única razón (la de ser blanco) por la cual lo habían dejado jugar.

Bithorn era grande y corpulento, un gigante jovial y estrella de tres deportes en su natal Santurce, destacándose en baloncesto y *volleyball,* así como en el montículo. En el primer artículo sobre él en el *Chicago Tribune* le llamaban un "novato curioso", haciendo notar que sus padres provenían de Dinamarca y que le gustaba el pastel y el helado en el desayuno. El cronista deportivo de San Juan creía que él era "un poco, si no chiflado, al menos diferente", según Eduardo Valero, que cubrió a Bithorn para *El Imparcial.* Valero recordaba la ocasión en que Bithorn salió del *dugout* con un paraguas cuando los árbitros se demoraron en suspender el juego por causa de la lluvia. Bill Sweeney, que lo había dirigido en las Estrellas de Hollywood en la Liga de la Costa antes de que lo contrataran los Cachorros, decía que la clave para hacer que Bithorn ganara era gritarle en español siempre que intentara lanzar bolas resbaladizas y tenedores. "Díganle que bote la lentitud a la basura y le dé con todo. Tendrán que gritarle varias veces en cada juego, pero él ganará con la recta alta", aconsejaba Sweeney. La pálida apariencia de Bithorn no sirvió para librarlo de los estereotipos étnicos. Un cronista de Chicago, resaltando lo mismo que Sweeney, dijo que el problema con Bithorn era que "lanzar velozmente al parecer no apelaba a su concepción de la astucia latina". La prensa americanizó su primer nombre, que se pronunciaba "Iram", convirtiéndolo en el familiar "Hi".

Los Cachorros también tenía un receptor novato de Cuba ese año, Chico Hernández, y juntos, él y Bithorn, formaron la segunda batería latina en la historia de las ligas mayores, un cuarto de siglo después de que el primer dúo de lanzador y receptor de los cubanos Adolfo Luque y Miguel Hernández jugara para los Bravos de Boston. En un momento durante la temporada, Bithorn y Chico Hernández decidieron prescindir de las señas manuales y simplemente pedir y recibir las instrucciones en alta voz en español, suponiendo que ninguno de los bateadores contrarios podrían enterarse. Eso funcionó bien hasta que los Gigantes se dieron cuenta y enviaron como instructor de banquillo al mismísimo Adolfo Luque.

El mánager de los Cachorros, Jimmy Wilson, se decía que tenía una "debilidad" por Bithorn, fascinado igualmente por sus tentativas en inglés y su disposición a discutir con Leo Durocher de los Dodgers. Durante su temporada como estudiante de segundo año en 1943, los Cachorros tenían aún más razones para querer a Bithorn. Se había convertido en un lanzador de primera categoría, uno de los mejores de la Liga Nacional. Lanzó 249,2 entradas ese año, ganó ocho juegos, el cuarto lugar en la liga, y si bien había perdido doce juegos, tenía un promedio de 2,60 carreras limpias y había lanzado siete blanqueadas completas. Cuando terminó la temporada y Bithorn regresó a San Juan, le hicieron un recibimiento de héroe en el aeropuerto, llevándolo en triunfo por las calles en un convertible y haciéndole entrega de las llaves de la ciudad. Cuando le pidieron que dijera una palabras, Bithorn se negó, diciendo que preferiría enfrentarse a Mel Ott. Ese momento de gloria, en la tarde del 26 de octubre de 1943, resultaría ser la cumbre de su carrera.

Un mes después, mientras piloteaba en la liga de invierno para el San Juan, Bithorn recibió un notificación del servicio militar obligatorio y decidió alistarse en la armada de EE.UU. Prestó servicios por dos años completos y salió como un hombre diferente. Cuando llegó de vuelta a Chicago para las últimas semanas de la temporada de 1945, dijeron que no estaba en condiciones de jugar con "un brazo lamentable y una cintura excesivamente opulenta". También tenía trastornos mentales. Su hermano, Waldemar Bithorn, dijo que Hiram había sufrido una depresión nerviosa. En cualquier caso, sus habilidades disminuyeron y poco después su carrera en las grandes ligas se acabó también. Los Cachorros lo eliminaron en 1946, y luego lo cogieron y lo soltaron los Piratas de Pittsburg y los Medias Blancas de Chicago. Después de lo cual fue dando traspiés por las menores, en Oakland y Nashville, y sus perspectivas se deterioraron a partir de ahí. Para 1951 estaba de árbitro en la Liga Pionero Clase C en la costa occidental, y luego se fue al sur para intentar volver a lanzar en México.

Cuatro días después de la Navidad de 1951, Bithorn se hospedó en un hotel de El Mante en el nordeste de México. Según cuenta su familia, se dirigía a la Ciudad de México para recoger a su madre. El gerente del hotel, W. A. Smith, recordaba que Bithorn llegó a las tres de la mañana, y cuando fue a irse al día siguiente le contó que no tenía más que un dólar. Smith le dijo a Bithorn que se olvidara del pago, pero en lugar de eso Bithorn salió a la calle e intentó vender su auto. Un policía local, Ambrosio Castillo, lo detuvo para interrogarlo. El policía actuó como si intentara inspeccionar el registro del auto, pero probablemente lo quería confiscar para quedárselo. En cualquier caso, el encuentro terminó violentamente. Castillo le hizo varios disparos a Bithorn, que resultó gravemente herido y murió luego de que lo trasladaran a un hospital en Ciudad Victoria que quedaba a ochenta y cuatro millas de distancia por un camino abrupto. Los médicos del lugar dijeron que podría haber sobrevivido si lo hubieran tratado a tiempo. Castillo pretextó haber actuado en defensa propia, que Bithorn lo golpeó e intentó escapar. Adujo también que las últimas palabras de Bithorn después de los disparos fueron "¡soy miembro de una célula comunista en una misión importante!" Pero la historia de Castillo terminó por venirse al suelo y lo enviaron a la cárcel por homicidio.

Las noticias de la muerte de Hiram Bithorn llegaron a su país la víspera de Año Nuevo de 1951. El 31 de diciembre... Entonces y después, ese sería el día más negro en la historia de Puerto Rico y del béisbol. Los mexicanos lo enterraron en una fosa común, hasta que la familia y todo Puerto Rico protestaron por lo que consideraban un ultraje. Hicieron exhumar el cadáver y lo colocaron en un doble ataúd cerrado para el viaje de regreso a Puerto Rico. Antes de que fuera sepultado de nuevo el 13 de enero de 1952, colocaron el catafalco en el terreno del Sixto Escobar y miles de fanáticos pasaron a presentarle sus respetos, incluidos los miembros de su antiguo equipo, los Senadores de San Juan, que jugaron por el resto de la temporada con crespones negros en las mangas. Bithorn había muerto solo y en la miseria, un desconocido en tierra extraña, pero su desolado fin se transformó una vez que su cadáver llegó a suelo puertorriqueño. Se convirtió en una leyenda, un rey en la mitología del béisbol de la Isla —y todos los que vinieron después de él a jugar a los Estados Unidos, entre ellos Roberto Clemente, que comenzó su carrera profesional en el Sixto Escobar el mismo año del entierro de Bithorn, conocía su historia como la del primero en recorrer ese camino.

Un año después de que Bithorn hiciera su debut con los Cachorros, a Luis Olmo lo llamaron de la Triple A, del equipo de los Royals de Montreal para jugar para los Dodgers de Brooklyn. Como el segundo rey en la peregrinación al norte, su experiencia también sirvió como contexto para la posterior llegada de Clemente. Olmo se incorporó a un nutrido grupo de jardineros en Brooklyn, en el cual ya estaban Augie Galan, Paul Waner, Dixie Walker, Joe Medwick y Frenchy Bordagaray, pero el talento del puertorriqueño le hizo ganar cada vez más tiempo de juego, hasta que para 1945 se había convertido en una estrella del equipo, con un promedio de bateo de .313, encabezando la Liga Nacional en triples, con trece, e impulsando 110 carreras. Al igual que Bithorn, Olmo creció jugando béisbol en un lugar donde el color de la piel no era tenido en cuenta. Pero aunque lo consideraban blanco en Estados Unidos, y lo dejaron jugar allí antes de que levantaran la barrera racial, no se libró del aguijón del prejuicio. Algo extraño sucedió durante la temporada de 1945 que él nunca olvidaría. Tal como lo recuerda sesenta años después, estaba bateando más de .370 en julio, usando un pesado bate negro. Él consideraba que el bate era su vara mágica, aunque no era nada especial. Lo había comprado en una farmacia cerca del apartamento que él y su esposa, Emma, alquilaron en el No. 55 de Ocean Avenue en Brooklyn. Un día en el *dugout* de Ebbets Field, el mánager Leo Durocher, cogió el bate negro, dijo que era demasiado pesado y lo partió en dos. ¿Por qué? Durocher podía ser explosivo, pero distaba de ser racista y estaba obsesionado con hacer lo que fuera para ganar. Sin embargo, mirando retrospectivamente Olmo sólo podía encontrar una razón que le diera sentido:

—No querían que yo tuviera una buena temporada. Querían que Dixie Walker me ganara cuando yo estaba bateando más que él.

Ésa no era la primera vez que Olmo se sentía discriminado por ser puertorriqueño. En 1942, jugando para Richmond en la Triple A, su mánager, Ben Chapman, hacía constantemente inspecciones nocturnas, pero sólo inspeccionaba a Olmo. A Olmo le parecía que Chapman estaba determinado a sorprenderlo con una mujer, aunque esto nunca sucedió. Cuando se acabó la temporada, aunque Olmo encabezaba el equipo en la mayoría de las categorías ofensivas y se destacaba como jardinero, Chapman le dio el reconocimiento de jugador más valioso del equipo a otra persona: él mismo. Unos años después, cuando Jackie Robinson rompió la barrera del color y Chapman demostró estar entre los racistas más virulentos del béisbol de las grandes ligas, a Olmo no lo tomó por sorpresa.

Como cosa irónica, fue Branch Rickey, el benefactor de Jackie Robinson, quien más perjudicó a Olmo luego de su temporada excepcional en 1945. Su salario ese año era de 6.000 dólares, y luego de su juego estelar él pidió un aumento de 3.000. Rickey, que era entonces el gerente general del Brooklyn, le ofreció 500 dólares adicionales, pero esto no era un aumento en absoluto, sino más bien el equivalente al bono de 500 dólares que la habían dado a todos los otros jugadores del equipo menos a él. "Lo tomas o lo dejas", le dijo Rickey, que era conocido como el hombre más ducho y más tacaño del béisbol. Olmo lo dejó. Decidió jugar en una liga nueva que los hermanos Vásquez habían comenzado en México en competencia directa con las mayores.

—Estaban pagando buen dinero en México —recuerda Olmo—. Me pagaban 20.000 dólares, más del triple de lo que me ofrecía Rickey.

Atraídos por mayores salarios, y carentes de poder de negociación propio en esa era, más de dos docenas de peloteros se fueron de Estados Unidos para jugar en México. Por ese desfachatado acto de independencia, todos fueron suspendidos del béisbol durante cinco años. Las ligas de invierno de Puerto Rico y Cuba tenían un acuerdo con las mayores, de manera que los jugadores fueron excluidos de esas ligas también. Cuando la liga mexicana dejó de funcionar en 1947, los jugadores itinerantes tuvieron que irse a mendigar en Venezuela, Canadá y en una liga alternativa en Cuba. Después de tres años, les levantaron las suspensiones y Olmo regresó a las mayores, junto con Sal Maglie. Se reincorporó a los Dodgers a tiempo para jugar en la Serie Mundial de 1949 contra los Yanquis, donde se convirtió en el primer puertorriqueño en pegar un jonrón en una serie mundial. Esto se produjo en la novena entrada contra Joe Page, seguido casi enseguida por otro cuadrangular del gran receptor negro Roy Campanella, antiguo compañero de Olmo en San Juan. Después de la temporada, a Olmo lo vendieron a los Bravos de Boston. Jugó dos años en Boston, luego uno en la Triple A de Milwaukee, y con eso se acabó su carrera en los Estados Unidos.

Olmo fue recibido como otra leyenda del béisbol cuando regresó a Puerto Rico. Se mantuvo jugando hasta bien entrado en la mediana edad, uniéndose a Momen Clemente en el jardín del Santurce un invierno y dirigió también varios equipos y estuvo a la búsqueda de nuevos talentos para los Bravos, que se habían mudado a Milwaukee en 1953. Era un *scout* de primer orden, que le llevó a los Bravos dos talentosos jóvenes puertorriqueños, Juan Pizarro y Félix Mantilla, y estuvo a punto de captar a un tercero, Clemente.

Cuando los puertorriqueños representan la historia de los tres reyes magos, uno de los reyes tiene la piel oscura. En la historia del béisbol, ése sería Víctor Pellot Power. Tres años mayor que Clemente, Power fue contratado por un club de las mayores varios años antes que Clemente, y se convirtió en el primer negro puertorriqueño en jugar en la Liga Americana. Power creció en Arecibo, al oeste de San Juan, aunque la historia de su familia se remonta a los esclavos de las vecinas islas de St. Thomas y St. John. Su padre, al igual que Melchor Clemente, sabía poco de béisbol e intentó disuadirlo de jugar, pero murió de tétano cuando Víctor tenía trece años. Tres años después, con apenas dieciséis años, a Power lo consideraron un prodigio del béisbol, que jugó en la liga invernal puertorriqueña para los Criollos de Caguas, un club que durante décadas vendría a invernar al país.

Su nombre solo es una lección de sociología. Pove era el apellido original de su madre, pero en su juventud, en los primeros tiempos del dominio norteamericano, a los niños puertorriqueños les enseñaban en inglés, y un maestro cambió la "v" por la "w" y agregó una "r", convirtiendo así el apellido de su madre en "Power". En Puerto Rico, en todo caso, era conocido por Pellot, puesto que éste era el apellido de su padre, tal como Roberto Clemente Walker lo llamaban Roberto Clemente, no Roberto Walker. Pero durante su primer año en el norte, jugando en Canadá, a Power lo presentaron en un estadio del Québec francófono de un modo que provocó la risa y la burla de las bancas. Él se preguntaba si la gente se estaba riendo por ser él negro, hasta que alguien le dijo que su nombre sonaba como algo obsceno en francés popular —*pelote* significa el que manosea o mima a las mujeres. De ahí en adelante, cuando no estaba en Puerto Rico, él se hacía llamar Power. Fue cosa de los cronistas deportivos llamarle Vic, así como muchos llamaron a Roberto Bob o Bobby. Y de esto surgió la creación de Vic Power.

La transición social de Puerto Rico al Estados Unidos continental fue más difícil para Power de lo que había sido para Bithorn o para Olmo. "Aquí todos estábamos juntos", recordaba él tiempo después en San Juan, hablando de personas de diferentes colores. "Íbamos juntos a la escuela. Bailábamos juntos. Un montón de puertorriqueños negros se casaron con mujeres blancas. Cuando llegué allí —a Estados Unidos— no sabía qué hacer". Lo que él hizo, a menudo, fue valerse de su humor como un escudo para protegerse de un discriminación verdaderamente humillante. Sus anécdotas acerca de cómo se enfrentó al racismo en el Sur se han convertido en parte de la tradición popular del béisbol, que reflejan con precisión las condiciones sociales de Estados Unidos en los años cincuenta, incluso si algunas pudieran considerarse apócrifas. Cuando una camarera le dijo que en su restaurante no "servían negros", queriendo decir que no atendían a los negros, Power le respondió "eso es perfecto, yo no como negros. Yo sólo quiero algo de arroz y habichuelas". Detenido por un policía al cruzar una calle cuando estaba encendida la señal de "no cruzar", Power le explicó que él creía que las señales de tránsito eran sólo para blancos, al igual que todos los otros avisos. No había nada divertido en la segregación que obligó a Power a dormir en una habitación encima de una funeraria que sólo atendía a negros durante el entrenamiento de primavera en Plant City, Florida, porque no le permitieron quedarse en el mismo hotel que sus compañeros de equipo blancos. Pero, al pasar el tiempo, él trasformó la escena en una comedia negra, "la gente me pregunta lo que aprendí de la experiencia, y les digo que dos cosas: que los muertos no roncan y que no salen de allí. Porque yo los estaba esperando arriba con un bate, *oh, baby*. En Puerto Rico creemos que los muertos pueden salir. Yo tenía un poquito de miedo".

Junto con la grosera segregación contra el negro en el Sur, Power tuvo que lidiar con una forma más sutil de prejuicio durante su carrera en el béisbol: las normas subjetivas de los Yanquis de Nueva York. De 1951 a 1953, mientras jugaba para clubes sucursales de los Yanquis en Syracuse y Kansas City, Power fue uno de los mejores peloteros de las ligas menores. Durante dos años, fue el único pelotero negro de su equipo, y al tercer año se le unió el receptor Elston Howard. Pero Power estaba listo para las mayores antes de que los Yanquis estuvieran listos para recibirlo. Se corría la voz de que lo consideraban demasiado ostentoso y socialmente atrevido para convertirse en el primer negro con el uniforme de los Yanquis. Los funcionarios del equipo estaban renuentes a contratar un jugador que manejaba un Cadillac, oía jazz, salía con mujeres blancas y no tenía ningún temor de mostrar su desbordante personalidad.

Power se comportaba igual lo mismo dentro que fuera del terreno. Su estilo en primera instancia era desenvuelto. Jugaba lejos de la almohadilla, siempre llegaba allí a tiempo y atrapaba la pelota con una sola mano. Era un método que él había usado eficazmente desde sus días en los juegos de invierno en Caguas, cuando su mánager, nada menos que Luis Olmo, lo suspendió por diez días por rehusar cumplir instrucciones y atrapar la bola con las dos manos. Olmo finalmente cedió y así hicieron todos los entrenadores de ahí en adelante, pero no sin algunas protestas. "Me llamaban un farolero, pero era simplemente la manera en que yo lo hacía", recordaba Power. "Les decía 'si los tipos que inventaron el juego hubieran querido que uno cacheara con ambas manos le habrían dado a uno dos guantes, y yo sólo tengo uno' ". Su modo característico de mover pendularmente el bate mientras esperaba un lanzamiento tenía que ver tanto con la substancia como con el estilo.

—Yo tenía una debilidad, y la debilidad era que no podía batear la bola baja y adentro —explicaría él tiempo después—. Ahora bien, ¿cómo iba a superar eso? Lo que tenía que hacer era mantener el bate ahí, abajo y adentro, y moverlo hacia atrás y hacia delante, y la gente diría, cuidado, se trata de un bateador de bola bajas, y me lanzaría por arriba. *Oh, baby.* Eso era psicología".

Luego de una tercera temporada estelar en las menores, cuando Power bateó .331 e impulsó 109 carreras para llegar al tope de la sucursal, los Yanquis agotaron las racionalizaciones para mantenerlo en las menores. Pero decidieron promover en su lugar a Elston Howard, reservado y modesto, más al estilo de los Yanquis —o al menos más de lo que al parecer ellos querían de un jugador que no fuese blanco. Aunque la organización proyectaba una imagen pública de dignidad y refinamiento, los Yanquis de esa época tenían su parte de fiesteros escandalosos. Con su inmutable ingenio sarcástico, Power advirtió la contradicción:

—Decían que no me llamaban porque yo salía con mujeres blancas. Y yo les dije, "caramba, no sabía que las mujeres blancas fueran tan malas. De haberlo sabido, no hubiera salido con ellas". Les dije que tenían un pelotero en la organización, un pelotero blanco, que salía con mujeres negras. Y me preguntaron quien era el tipo. Era Billy Martin. Él era blanco, italiano, y salía con mujeres negras. Cuando me preguntaron por qué yo decía eso, les respondí "porque le cambio dos de mis mujeres negras por una de sus blancas".

El 16 de diciembre de 1953, antes de que tuviera la oportunidad de jugar primera base en el estadio de los Yanquis, a Power lo cambiaron a los Atléticos de Filadelfia.

Hiram Bithorn ya estaba muerto para entonces. Luis Olmo había terminado su carrera en las mayores y estaba de regreso en Puerto Rico y en busca de jugadores para el Milwaukee. Los Bravos esperaban que Olmo los ayudara a contratar a un chico de diecinueve años de Carolina que jugaba en el jardín para los Cangrejeros de Santurce.

Cinco equipos de las grandes ligas expresaron algún interés en Roberto Clemente: los Bravos, los Dodgers, los Cardenales, los Medias Rojas y los Gigantes. Era improbable que Boston realmente lo quisiera, considerando que ellos no tenían jugadores negros (y en efecto fue el último equipo de la Liga Americana en integrarse al contratar en 1959 a Pumpsie Green). San Luis también era una posibilidad marginal, pero Nueva York, Brooklyn y Milwaukee eran pretendientes serios. Todos tenían conexiones. Los Bravos estaban representados por Olmo, que jugaría en los Cangrejeros con Clemente y que había sido una de las estrellas de su niñez. Los Gigantes disfrutaban de una estrecha relación con Pedrín Zorrilla, el dueño del Santurce, y su lista de la liga mayor incluía a Monte Irvin, el ídolo de la infancia de Clemente. Los Dodgers decían tener acaso la relación más íntima con Santurce —Al Campanis visitaba frecuentemente la casa de Zorrilla— y además eran conocidos en Puerto Rico por tratar justamente a los jugadores negros, muchos de los cuales habían estado en los juegos de invierno de la isla. Cuando se llegó a las licitaciones, los Bravos ofrecieron el bono mayor. La mayoría de las historias hablan de 25.000 a 35.000 dólares, aunque Olmo dijo después que había sido aún más. Pero el dinero no lo era todo. "Él era muy leal a Pedrín y no lo aceptaría", recuerda Olmo. Si la lealtad era un factor, de igual importancia era el deseo de Clemente de jugar en Nueva York, donde tenía amigos y parientes en la gran comunidad puertorriqueña que podría hacerlo sentir como en casa.

Eso dejaba a los Gigantes y a los Dodgers. Cualquier contrato por encima de 6.000 dólares catalogaría a Clemente como un jugador bonificado, lo cual significaba que un equipo tendría que protegerlo en la nómina de una liga mayor o exponerse a perderlo en un sorteo suplementario luego de su primer año en las menores. Los Gigantes, acaso por creer que Clemente necesitaba al menos un año de maduración, mantuvieron su oferta por debajo de la línea del bono. Tom Sheehan, que buscaba talentos para ellos, esperaba que Clemente firmara por un bono de 4.000 dólares y comenzara en una clase A en Sioux City, Iowa. Leo Durocher, el mánager de los Gigantes, racionalizó después la baja licitación de este modo: "le hicimos una oferta por debajo del límite de bonificación de 6.000 dólares para que él pudiera ir a las menores y madurar allí. Intentamos hacer lo que era mejor para Clemente, pero los Dodgers… le pusieron más dinero enfrente y usted sabe lo que un muchacho de esa edad hace cuando el dinero se convierte en un factor".

Lo que los Dodgers le pusieron enfrente —un bono de 10.000 dólares y un salario de 5.000 el primer año— fue mucho menos de lo que le ofrecieron los Bravos, pero suficiente para cerrar el trato. Clemente quería jugar para los Dodgers. Él no tenía manera de saber que ellos, por otra parte, tenían un motivo encubierto al contratarlo. En sus cálculos privados, aunque los informes que habían recibido sobre Clemente eran extraordinarios, compartían la evaluación de los Gigantes de que él todavía no estaba listo para las mayores. Su plan era enviarlo a su principal sucursal en Montreal. Por mucho que codiciaran a Clemente, parte de su misión era sencillamente mantenerlo alejado de los Gigantes. "No queríamos que los Gigantes tuvieran a Willie Mays y a Clemente en el mismo jardín y se convirtieran en la gran atracción en Nueva York", dijo más tarde Buzzie Bavasi, ejecutivo de los Dodgers. De todas maneras fue un trato ventajoso para nosotros". Un trato ventajoso que las prácticas raciales de la época contribuían a acrecentar. A los bonificados blancos los contrataban por un promedio de seis veces más que a sus homólogos negros y latinos.

El 19 de febrero de 1954, con sus hijos Roberto y Matino (que acababa de regresar del ejército) y Pedrín Zorrilla a su lado, Melchor Clemente envió un telegrama a Matt Burns, al Brooklyn Baseball Club, 215 Montague Street, Brooklyn, New York:

FIRMARÉ UN CONTRATO EN NOMBRE DE MI HIJO, ROBERTO CLEMENTE, PARA LA TEMPORADA DE 1954 POR EL SALARIO DE 5.000 DÓLARES POR LA TEMPORADA, MÁS UN BONO DE 10.000 DÓLARES PAGADERO PREVIA ACEPTACIÓN DEL PRESIDENTE DE LA ASOCIACIÓN NACIONAL. FIRMARÉ EL CONTRATO CON EL CLUB MONTREAL DE LA LIGA INTERNACIONAL. FIRMADO MELCHOR CLEMENTE, PADRE. ROBERTO CLEMENTE, HIJO.

Una semana después el contrato se dio a conocer en un informe cablegráfico de la UP: "Los Royals de Montreal han contratado a Roberto Clemente, un jugador negro bonificado de Puerto Rico, informó hoy el director general Guy Moreau". Clemente jugaría jardín central para los Royals, agregaba el informe, "si Sandy Amorós, el mejor bateador de la liga en 1953, se pasara a los Dodgers". Pero más que el telegrama o el anuncio público, la verdadera señal de la nueva categoría de Clemente se produjo cuando Hillerich & Bradsby, fabricantes de los bates Louisville Slugger para el béisbol organizado, registraron al nuevo bonificado y se pusieron en contacto con él para indagar sobre sus necesidades de equipo. Sus primeros bates fueron variaciones de un modelo Stan Musial, clasificado en la planta central de Louisville como M-117. La firma grabada en ellos dice *Momen Clemente*.

3

Sueño de gesta

ANTES DE QUE MOMEN SE FUERA DE SU CASA PARA IR
a jugar béisbol en el Norte, Don Melchor le hizo un regalo de despedida: un elegante sombrero de ala, y el hijo le dio las gracias al padre por no tener el valor de decirle que odiaba los sombreros de caballero. Sus hermanos mayores Andrés y Matino sabían como él se sentía y lo provocaron con el tema del sombrero mientras lo llevaban al aeropuerto de San Juan, donde tomaría un vuelo para la Florida, la primera escala en su migración beisbolera. Mientras viajaban de Carolina al aeropuerto, Roberto iba manoseando el sombrero y de repente lo tiró por una de las ventanillas. Sus hermanos se quedaron pasmados. Aun sabiendo lo mal que le caía, le preguntaron por qué lo había tirado en lugar de dárselo a alguien que lo necesitara. Él no era así; el no era botarate ni irreflexivo. Roberto explicó que él no quería tener problemas con su padre. "Imagínense nada más que me hago famoso y que la persona a quien le di el sombrero le dice a todo el mundo que ése era mi sombrero", dijo. "Papá me mata". Y así fue como él dejó la Isla: sin sombrero, pensando en la fama.

Es difícil de imaginar un debut más deslumbrante que su primer juego unas pocas semanas después como jugador de los Dodgers de Brooklyn. CLEMENTE MARCA EL PASO DE LOS ROYALS PARA GANAR, reza el titular luego de la apertura del entrenamiento de primavera para los Royals de Montreal de la Liga Internacional Triple A. La nota cablegráfica fechada en Vero Beach el 1 de abril de 1954, describía a Clemente como un "jugador puertorriqueño bonificado de 18 años" —ya él tenía 19— y resaltaba que junto con dos sencillos él había logrado una de las hazañas más conmovedoras en el béisbol, batear y correr a su manera y anotarse un jonrón dentro del terreno. En la pizarra de anotaciones del *Montreal Gazette,* los números indicaban que él había bateado quinto, que había conectado tres *hits* en cuatro turnos al bate, había impulsado dos carreras, había sacado *out* a un corredor desde el jardín, era el único titular de los Royals en jugar nueve entradas, y se movió defensivamente del centro a la izquierda al final del juego en que derrotaron a lo civiles 12–2.

El equipo contrario, compuesto de ex militares que esperaban los asignaran a los clubes sucursales de los Dodgers, estaba ciertamente por debajo del calibre de la Liga Internacional. Esto ocurría, después de todo, en abril, el Día de los Inocentes. ¿De qué otra manera explicar que el afortunado primer partido de Clemente fuera menos una prefiguración de las cosas que habrían de ocurrir ese año que un cruel atisbo de falsas esperanzas? Sólo tres veces más en toda la temporada aparecería él en titulares o fotografías que reseñaran los juegos de los Royals, y una de esas fue una foto en el momento de torcerse un tobillo. Lo trataban más como a un crío que como a un jugador bonificado, protegido del mundo, con frecuencia escondido en el *dugout.* Ocho años antes, Jackie Robinson se había incorporado a estos mismos Royals en Montreal en su camino a Brooklyn, y cada uno de sus movimientos había sido analizado por la prensa deportiva según él transformaba el béisbol para siempre. La llegada de Clemente pasó virtualmente inadvertida. Su mánager, Max Macon, evaluaba públicamente al equipo y sus deficiencias casi a diario, quejándose del inepto fildeo del primera base, la falta de fuerza en general; sus esperanzas de que el club matriz le enviara algún talento de veras, pero ni una palabra sobre las posibilidades de Clemente.

Momen era el jugador más joven de los Royals. Era además el único puertorriqueño y al comienzo de la temporada uno de los dos negros y de los dos hispanohablantes. El otro era Chico Fernández, un siore de 22 años que venía de La Habana. Encima de todo eso, durante el entrenamiento de primavera en Florida, se enfrentó por primera vez a la segregación racial con la que siempre chocaba cuando salía del campamento de los Dodgers (*Dodgertown*), donde le dieron un cuarto y tres comidas al día. Incluso dentro del complejo de Vero Beach, advirtió cómo a los negros empleados de servicio los montaban en autobuses y los sacaban de *Dodgertown* antes del anochecer. Separado del tibio abrigo de su familia en Carolina, Clemente se sentía aislado en un ambiente ajeno y a veces hostil, una condición que acentuó su timidez. En el terreno de juego, si le daban una oportunidad, era audaz, impetuoso, memorable, pero ahora la mayoría de los días lo mantenían oculto, y lo que la gente veía se parecía más al reticente jovencito de ojos tristes que se sentaba en el fondo del aula de Mrs. Cáceres, cabizbajo, el primer día de la clase de historia.

La Liga Internacional de Béisbol estuvo a la altura de su nombre en 1954. A diferencia de la Serie Mundial de las grandes ligas, que se limitaban a un solo país en el mundo, esta liga era innegablemente internacional. "Nunca había habido una liga como ésta", afirmaba el columnista Tom Meany en *Collier's* luego de pasar la primera parte de la temporada viajando con los Royals y algunos de los otros clubes. "Todo lo que un pelotero necesita para ser admitido en la Liga Internacional es batear una curva y dormir poco. También ayuda si tiene nociones de español, una pizca de francés, afición por los viajes en avión y el proceso digestivo de una anaconda". Los ocho equipos incluían tres de Canadá: Montreal, los Atléticos de Ottawa y los Maple Leafs de Toronto, propiedad de Jack Kent Cooke; así como las Alas Rojas de Rochester, los Chiefs de Syracuse, y los Bisontes del estado de Nueva York, y dos franquicias de expansión que se agregaron en esa temporada: los Virginians de Richmond y los Cuban Sugar Kings de La Habana. La inclusión del equipo de Cuba, donde el béisbol era un pasatiempo nacional como en Estados Unidos, creó un alboroto en los círculos deportivos, sin que faltaran comentaristas que contemplaran el día en que La Habana presentaría un equipo en las mayores. Aunque ese día nunca llegó, la presencia de los Sugar Kings en la Liga Internacional sirvió como un hito anticipado en el proceso de latinización del béisbol norteamericano, una tendencia que se haría cada vez más pronunciada, década tras década, por el resto del siglo veinte.

Llamar a la LIB una liga menor era de algún modo engañoso. Había estado presente durante setenta y una temporadas, remontándose a 1884, lo cual la hacía más antigua que la Liga Americana, que se estableció en 1900. Y su cantera de talento, en una época cuando a los negros y los latinos empezaban a darles una oportunidad, y cuando sólo había dieciséis equipos en las ligas mayores, era mucho más rica que la de las ligas menores de décadas posteriores. Sólo los Maple Leafs de Toronto se jactaban de una nómina que incluía veintidós jugadores con experiencia de grandes ligas. Cada uno de los ocho equipos tenía acaso siete u ocho jugadores que habrían estado en las mayores de haber surgido durante la era de expansión en la generación siguiente. Los clubes de la Liga Internacional tenían sus propias tradiciones e identidades que no siempre respondían a sus distantes jefes. Jugaban un calendario de 154 juegos, igual que las mayores, y según Harry Simmons, secretario de la liga, viajaban en avión el 75 por ciento del tiempo. Incluso llegaban a hacer sus movidas personales de vez en cuando, pero no eran independientes. El diario recordatorio de eso era el uniforme del Montreal, con el nombre del club garabateado sobre el de "Dodger" en letra cursiva azul. La condición del equipo aún dependía en gran parte de las decisiones de Walter O'Malley, el dueño de los Dodgers, y sus socios beisbolistas en Brooklyn.

Uno de esos hombres acababa de ser promovido de Montreal luego de llevar a los Royals al campeonato de la serie mundial juvenil en 1953. Walter Alston era ahora el piloto novato de los Dodgers. Su tercera base, Don Hoak, también había hecho el salto a Brooklyn, junto con el jardinero Sandy Amorós, que había encabezado la Liga Internacional en bateo el año anterior con un promedio prodigioso de 353 puntos. Amorós, cubano, había continuado su ritmo de bateo con los Dodgers durante toda la primavera, llamando la atención de los cronistas deportivos de Nueva York. Dan Parker, del *New York Mirror,* alteró la pronunciación de su apellido, moviendo el acento de la última a la penúltima sílaba (aduciendo "licencia poética No. 345-0B") para que se ajustara a una parodia de "That's Amore", *"Es del Brooklyn un as, triunfará, ya verás, ¡es Amorós! Los fanáticos van, a marcarle el compás, ¡es Amorós!"*

La única persona que no estaba "marcándole el compás" a Amorós daba la casualidad que era la más importante: el mánager Alston. Dink Carroll, columnista del *Montreal Gazette,* resaltaba astutamente que "Wally Alston no está particularmente entusiasmado con Amorós, por una razón o por otra". La razón, Carroll sospechaba, era que Alston creía que había visto una falla fatal en su bateador estrella durante la temporada de 1953 con los Royals: cuando le lanzaban una recta pegada, parecía salirse del plato y le tenía miedo a la pelota por el resto del juego. Esto llevó a Carroll a la conclusión de que independientemente de lo bien que jugara, Amorós estaría pronto de regreso en Montreal, que era lo mismo que, egoístamente, querían los fanáticos de los Royals.

Amorós aún estaba en Brooklyn cuando los Royals, luego de una semana de jugar chapuceramente y de tener lluvia en el camino, abrieron en su sede la serie contra el Syracuse, el último día de abril en el Delormier Downs, su estadio miniatura. Era un agradable día primaveral, con los fanáticos disfrutando del sol de la tarde por el lado de la primera base. El alcalde de Montreal, Camillien Houde, lanzó la primera bola, y los Fusileros de Montreal tocaron los himnos, y asistió el mayor número de espectadores que se reuniera para una apertura desde 1946 (el brillante debut de Jackie Robinson). El periódico del día anterior no había incluido a Clemente en la planeada alineación de apertura; pero allí estaba él, vistiendo el No. 5, a paso vivo hacia el jardín central. Esta era la repetición de la apertura de Vero Beach —Momen en su mejor forma y un triunfo de 8 a 7 a favor de los Royals. Bateó en quinto lugar, conectó tres de las cuatro veces que fue al bate, impulsó una carrera, ejecutó un toque de sacrificio fundamental para establecer la carrera ganadora en la décima entrada e "hizo algunas filigranas en el jardín central", reportó Lou Miller, el cronista del *Gazette*.

Después de los primeros cuatro juegos, Clemente estaba liderando el equipo en bateo, habiendo conectado cuatro *hits* en ocho turnos al bate. Luego volvió a desaparecer. Amorós había sido despachado de vuelta desde Brooklyn, tal como Dink Carroll había predicho, y Gino Cimoli había llegado como resultado de un trato con la organización de los Cardenales, y los veteranos Dick Whitman y Jack Dempsey Cassini presionaban por tiempo de juego —y de repente el jardín se llenó y Clemente se convirtió en el excedente. Hubo algunos comentarios entonces y después sobre el carácter racial de la situación. Algunos han afirmado que la razón por la que los Dodgers rehusaron proteger a Clemente, el bonificado, manteniéndolo en el club de la liga mayor todo el año, era que el equipo ya había alcanzado su cupo de jugadores negros. Los Dodgers tenían a Jackie Robinson, Roy Campanella y Junior Gilliam como titulares en el terreno, y a Don Newcombe y Joe Black en el montículo. Había una gran dosis de verdad en la sospecha que existían entonces cuotas no declaradas, pero otra realidad del béisbol tenía una conexión con la historia. Sandy Amorós, el negro cubano, estaba indiscutiblemente por delante de Clemente en la escala de Brooklyn, luego de su extraordinario año en la pelota de la Triple A. Fue Amorós, más que Clemente, quien sufrió las consecuencias de la cuota implícita, puesto que él tenía más probabilidades de ser el cuarto negro en la alineación de los Dodgers. La primera injusticia fue su descenso de rango, y luego su traslado a Montreal que dejó menos lugar para Clemente.

Las razones por las que Clemente no obtendría mucho tiempo de juego en Montreal era también una mezcla de práctica de béisbol sobre el terreno y duplicidad de la gente de arriba. ¿Quién sabe cuánto él habría jugado si hubiera sido blanco y no un bonificado? Si bien no eran excepcionalmente talentosos, Whitman y Cassini eran veteranos curtidos con un poco de experiencia en las ligas mayores. Whitman, entonces de treinta y tres años, había jugado para los Dodgers antes de la guerra, y había pasado cuatro años con la 83ra División de Infantería, llegando a ganar una Estrella de Bronce y un Corazón Púrpura en la batalla de las Ardenas. Nada en la Liga Internacional lo asustaba. Cimoli podía enardecerse por unos pocos días y llevar él solo al club a la victoria. Montreal tenía una tradición de primeros lugares, una expectativa de triunfo, e incluso si los Royals eran un equipo de ligas menores, ganar era cuando menos tan importante como desarrollar prospectos bisoños.

Cualquier urgencia que la organización del Brooklyn tuviera para desarrollar a Clemente se veía frenada por dos nociones aparentemente contradictorias, que sin embargo obraban independientemente contra el joven bonificado. Los Dodgers querían ocultarlo, pero también se daban cuenta de que ocultarlo era imposible y que cualquier cosa que hicieran con él sólo sería para el beneficio de algún otro equipo que lo reclutara. Su razonamiento era ilógico, sus acciones indiferentes, pero las órdenes eran que jugara sólo de vez en cuando.

Max Macon, el mánager, negaba que le hubieran dado instrucciones de a quién poner a jugar, pero pocos tomaban esa afirmación en serio. Glenn Cox, un lanzador del equipo, decía que los jugadores siempre saben lo que pasa con otros jugadores, y para todos ellos era obvio que Clemente era algo especial y merecía más tiempo. "Macon cumplía órdenes, y eso era así" dijo Bob Watt, que servía de secretario ambulante para los Royals. "Siempre que divisábamos un buscador de talento en las bancas, ése sería el fin de Clemente por ese día. Él nunca tenía la oportunidad de demostrar lo que podía hacer". El criterio en Brooklyn, reconoció tiempo después Buzzie Bavasi, era más o menos así: "puesto que vamos a perderlo de todos modos en el sorteo, ¿por qué dedicar tanto tiempo desarrollándolo en beneficio de otro? Usábamos a otros jugadores y Clemente aparecía sólo como defensa en la última entrada o jugaba esporádicamente".

Clemente y Chico Fernández, el torpedero cubano, vivían en una casa de huéspedes en la avenida Delormier a pocas cuadras del estadio, en el mismo lugar donde Walter Alston se había quedado el año anterior. Ninguno de ellos tenía auto, pero podían ir caminando al trabajo, y recorrer la ciudad en el tranvía 3A que subía y bajaba la avenida. Sus cuartos estaban en la mitad francesa de la ciudad, y la viuda que regenteaba la casa no hablaba ni español ni inglés. Su hija estaba empezando a aprender inglés y sabía menos que Clemente, que había estudiado inglés en la escuela secundaria, pero que rara vez lo usaba en Puerto Rico. Él podía entender el idioma mejor de lo que lo hablaba. Fernández se había aprendido suficientes frases en inglés durante los dos años que llevaba jugando pelota en Estados Unidos para servir de intermediario. Cuando Amorós se les unió en mayo, el esfuerzo se duplicó. Amorós apenas si intentaba hablar o entender el inglés. Si Max Macon, que sabía un poquito de español por haber jugado un año en la liga invernal cubana, tenía algo importante que transmitirle a Amorós, utilizaba a su torpedero, como lo hacían también los cronistas deportivos. Fernández se acordaba de Amorós como "un jugador del carajo". Pero a quien "le tenía sin cuidado" el comunicarse.

La casa de huéspedes ofrecía camas pero no comidas. A partir del momento en que se despertaban, los jugadores tenían que buscar donde comer. Todas las mañanas terminaban haciendo el mismo desayuno juntos, y pedían el mismo menú. *"Ham and eggs"*, decía Fernández. *Ham and eggs*, repetía Clemente como un eco. Si había restaurantes cubanos o mexicanos en Montreal, nunca los encontraron. De vez en cuando se aparecían por los clubes del centro. Por cualquier escala que mida la tolerancia racial, el Montreal de 1954 estaba más cerca de Puerto Rico que de la Florida. Con su reputación cosmopolita había sido la lógica elección como la ciudad donde Jackie Robinson rompería la barrera del color en el béisbol organizado. Pero en modo alguno estaba exenta de prejuicios. Clemente se amistó con una joven francocanadiense y le regaló unos boletos para que viniera al juego, pero no se los dejó a su nombre porque no estaba seguro de cómo la tratarían. Luego que se acabó el partido, cuando salieron a conversar fuera del estadio, una vieja los criticó por socializar. Durante el primer mes de Clemente en Montreal, varios artículos en la *Gazette* documentaban las frustraciones de Charles Higgins, un albañil de treinta y un años, padre de tres hijos y veterano del ejército canadiense en la segunda guerra mundial, a quien le habían negado vivienda cuarenta propietarios por ser negro.

Fernández había visitado las ciudades de Norte América anteriormente, pero para Clemente todo lo que se encontraba en el camino era nuevo. Antiguos hoteles, comidas, acentos, de lo que la gente se reía, de lo que se ofendía, la situación embarazosa de tener que separarse de sus compañeros de equipo en Richmond para ir a dormir al otro extremo de la ciudad. En el Hotel Powers, en Rochester, Clemente se acercó al secretario itinerante del equipo en el vestíbulo y le pidió amablemente un préstamo. *¿Para qué necesitas dinero?*, le preguntó Bob Watt. Clemente le dijo que quería comprarse una afeitadora, una Remington eléctrica. Watt lo estuvo fastidiando, pero le dio el dinero. *Un chico tímido*, pensó Watt. *Silencioso. Nunca molestó a nadie.*

Por lo general, Clemente y Fernández se sentían apesadumbrados por estar lejos de su país, dondequiera que estuvieran: por el pollo y los plátanos fritos y las frijoles negras y el sofrito y el cerdo condimentado, pero sólo uno de los dos estaba frustrado. Fernández estaba jugando la posición de siore todos los días, haciendo buenas jugadas. "Max estaba enloquecido conmigo", dijo refiriéndose al mánager que lo había entrenado en Miami dos años antes. Si Macon estaba loco por Clemente, nunca lo demostró. No jugar y no ser elogiado eran cosas tan nuevas para él como el idioma y el ambiente. "Él era bueno, pero al igual que yo, estaba desesperado por jugar", diría Fernández tiempo después. "Y puesto que no jugaba, se sentía realmente molesto por eso. Es triste. Cuando estás en algún lugar por seis meses y no juegas, eso es malo. Y él no estaba jugando".

De noche, Clemente se sacaba todas sus frustraciones. Parecía que siempre que tenía una oportunidad de jugar y jugaba bien, Macon lo sentaba. Una vez lo sustituyó con un bateador emergente con las bases llenas en la primera entrada. Él se molestó tanto que tiró el bate al terreno. Fernández intentó explicarle. Ante todo, le dijo, había tantos jugadores buenos en el sistema del Brooklyn que resultaba difícil para todos. Rocky Nelson, Norm Larker, Jim Gentile, todos ellos se habían apilado en la primera base porque los Dodgers tenían a Gil Hodges. Además, Fernández sabía que tenía a Pee Wee Reese bloqueándole el camino, y existía el fenómeno Don Zimmer allá en St. Paul. *Lo mismo pasa en el jardín,* le dijo Momen. Y era obvio que alguien en Brooklyn no quería que él jugara. *Max tiene que hacer lo que el club matriz le diga.* Clemente hablaba de regresar a Puerto Rico. Fernández le dijo que eso sería un gran error. Ninguno de ellos podía dormir mucho. Ambos estaban consumidos por la pasión del béisbol. Si Fernández no bateaba, su mente se llenaba de preocupaciones sobre su inactividad. Si bateaba, se quedaba despierto ansiando que llegara su próximo turno al bate. En su imaginación, practicaba abanicando el bate desde su nueva posición, una y otra vez, la posición medio agachada que había desarrollado durante el invierno en Cuba. Clemente sólo quería entrar en la alineación.

Luego de un primer mes mediocre, los Royals empezaron a tener nuevamente una apariencia formidable para fines de mayo. Todo un complemento de veteranos vino a reforzar la alineación, liderados en el plato por Amorós y el macetero Rocky Nelson, que había sido excluido por los Indios de Cleveland. Delormier Downs, con su pequeño pórtico a la derecha, estaba hecho para el rechoncho jonronero zurdo, que había roto un récord de treinta y cuatro cuadrangulares en 1953. Para fortalecer el cuerpo monticular, habían enviado a Ed Roebuck y Tom Lasorda de Brooklyn, y Joe Black, batallando con los Dodgers, también se encontraba en camino. Lasorda había perdido su puesto en el gran club cuando los Dodgers activaron a otro bonificado que, a diferencia de Clemente, mantenían en la nómina de veinticinco hombres de la liga mayor y no intentaban esconderlo en Canadá.

Se trataba del lanzador zurdo Sandy Koufax. Clemente era el fantasma del equipo, tan metido en el *dugout* que ni siquiera pudo lucirse cuando los Sugar Kings llegaron a Montreal para su primera visita de cinco juegos.

El club de La Habana estaba repleto de jugadores cubanos y piloteado por el cubano Reggie Otero. Jugaron muy bien durante la serie, burlándose de los dos cubanos en los Royals, Fernández y Amorós; que jugaban con muchos de ellos en Cuba durante el invierno. Un constante flujo de obscenidades iba y venía en español, todo ello incomprensible para los árbitros de la Liga Internacional. A mitad del juego del jueves 27 de mayo, Amorós estaba en el plato y, aunque no pudo contener a tiempo el bate al tirarle a un *strike*, el árbitro cantó la jugada como una bola. Otero salió corriendo del *dugout*, furioso, insistiendo que Amorós sí le había tirado a la bola, que no había parado el bate, lo que constituía un *strike*. Después de lo que se describió como un intercambio de sugerencias "que distaban de ser amables" entre el bateador y el mánager del equipo contrario, los ánimos se mantuvieron caldeados por el resto del juego.

Cuando se terminó, según la reconstrucción que hizo Dink Carroll de la confrontación en su columna de la *Gazette*, los Sugar Kings tenían que pasar a través del *dugout* de los Royals para dirigirse a la casa club. Al tiempo que Mike Guerra, el receptor del Habana, pasaba junto a los Royals, notó que Macon y Rocky Nelson estaban montando guardia en frente de Amorós.

—¿Qué hacen, tratan de protegerlo? —preguntó Guerra.

—¿Por qué no te metes en tus asuntos? —le respondió Macon.

Guerra respondió dándole a Macon un puntapié en la espinilla.

Macon le devolvió un puñetazo a Guerra en la nariz, y se liaron a golpes hasta que los separaron. Más tarde, mientras los Sugar Kings estaban empacando para el viaje de regreso a su hotel, Guerra y el mánager Otero se quedaron de pie junto al autobús para volver a confrontar a Macon, pero éste se escabulló por una puerta del estadio.

Diez días después, los Royals emprendieron su primer viaje a La Habana. Como parte del acuerdo que Roberto Maduro, el propietario de los Sugar Kings, había hecho para obtener su franquicia, los otros siete equipos pagaban su viaje hasta Richmond, la ciudad más al sur de la liga en el territorio continental de Estados Unidos, y los Reyes del Azúcar subsidiaban sus vuelos desde ahí. Se trazó el calendario de tal manera que los equipos jugaran una serie contra los Virginianos de camino a Cuba. Bien entrada la noche del sábado 5 de junio, cansados y hambrientos, los Royals tomaron un autobús en el Parker Field para el aeropuerto de Richmond. Frustrados al descubrir que el restaurante del aeropuerto ya estaba cerrado, Macon dividió al equipo en dos grupos para que salieran a forrajear comida en las cafeterías cercanas. Pero a los cuatro peloteros de piel oscura, Clemente, Amorós, Fernández y Joe Black (que se había incorporado al equipo esa semana), les negaron el servicio en las cafeterías, de manera que Macon fue y compró sandwiches y leche para ellos. Luego de varios retrasos, el vuelo fletado salió para Miami a la 1:45 de la mañana. Aterrizó al amanecer, y de allí hubo otro retraso de tres horas antes del salto de cincuenta y ocho minutos al aeropuerto de Rancho Boyeros en La Habana. Cuando Clemente y sus exhaustos compañeros de equipo llegaron muertos de fatiga a la recepción del Hotel Nacional a las 9:30, Macon les informó que tenían tres horas para descansar antes de que el bus saliera rumbo al estadio a un doble juego dominical. No que a Clemente le importara mucho. Él no podía dormir de ningún modo, y era improbable que jugara.

"Nos van a llamar los sonámbulos de Montreal", dijo Dixie Howell, el veterano receptor y entrenador de los Royals. De algún modo, los *zombies* del Norte se las arreglaron para empatar, ganando a duras penas el segundo juego, gracias al tubey de Joe Black, Amorós, Cimoli, Whitman y Cassini compartieron deberes en el jardín, y el bonificado nunca salió del banco. El público del Gran Estadio era numeroso y entusiasta: veinte mil fanáticos silbando, insultando a los árbitros, coreando "¡Sol, Sol, Sol, Sol, *Baby!*" al insistente ritmo de tambores de conga y marimbas. En el palco de la prensa, los cronistas tomaban tazas de café cubano y bajaban botellas de cerveza del "indio tuerto" (Hatuey) mientras miraban al terreno y más allá a la antigua ciudad que se anegaba en evanescentes tonos de amarillo y marfil. Nada inusual para Clemente y los jugadores latinos, ni para sus compañeros angloamericanos que habían jugado en las ligas de invierno. Tommy Lasorda, un cómico nato, llegó incluso a deleitar a la multitud al moverse un poco al ritmo de la música antes de subir al montículo. Pero para aquellos que experimentaban el béisbol del caribe por primera vez, todo parecía exótico y un poquito peligroso, reforzando los estereotipos. "El fanático cubano es completamente extrovertido y hace de todo, menos entender bien el juego de pelota", observaba Dink Carroll luego de su primer día en el estadio. "Después de observarlos por un rato, es fácil creer un párrafo que leímos en una publicación local: en Cuba la gente habla de dos cosas: política y béisbol. Éstos son temas apasionados que con frecuencia dan lugar a discusiones violentas' ".

Butch Bouchard, un jugador de hockey canadiense y restaurador de Montreal que viajó al sur con el equipo para tomarse unas vacaciones, bromeaba que si los cubanos se metían en el hockey, "no quedaría nadie vivo cuando terminara el partido".

Cuando Mickey McGowan, cronista del *Montreal Star,* advirtió una agitación en el público luego de que hicieran un anuncio por los altoparlantes, preguntó sin poder contenerse: "¿Qué sucede? ¿Un llamado a las armas?"

Tom Meany, de *Collier's* fue encargado de explicarle que era simplemente el anuncio de un premio para los niños que asistieran al doble juego del domingo siguiente.

Walter O'Malley, el dueño de los Dodgers, estaba presente también. Después de ver la impresionante actuación de Joe Black, se saltó el resto de los juegos para irse a pescar en el golfo con Bud Holman, su compinche de la aerolínea Eastern. No era un mal lugar para vagabundear por unos días. El Hotel Nacional, asentado sobre una colina que domina el caribe verdeazul, era todo confort y holgura, la buena vida, con dos piscinas, arbustos florecidos, campo de golf, cuartos de alto puntal con ventiladores y aire acondicionado, ron, cerveza y hermosas mujeres. Una noche, después del juego, Rocky Nelson entró por el vestíbulo mordiendo un habano y acarreando a sus compañeros para jugar póker. Engancharon a Max Macon y le drenaron la billetera hasta que se quedó prácticamente sin dinero. Según Glenn Cox, el mánager regresó de su asiento a la mesa, sostuvo su último billete de 10 dólares y gritó "¡ustedes no van a coger éste!" y se fue al baño y lo tiró al inodoro y descargó. Luego dijo: *se acabaron las apuestas de póker cuando estemos de viaje.*

La Habana no era el país de Momen, pero se le parecía bastante. Incluso había un castillo del Morro, que se proyecta hacia el mar, una fortaleza muy semejante al Morro de la punta del Viejo San Juan. Clemente se hizo amigo del hombre orquesta de los Sugar Kings (publicista, anunciante radial, director de promociones y secretario itinerante), el gregario Ramiro Martínez. Fue Martínez quien acuñó el logotipo de los Sugar Kings, un personaje cómico que tenía la figura de una pelota de béisbol y se llamaba Beisbolito. También salió con la idea de hacerle publicidad al nuevo equipo sobrevolando La Habana en un avión y lanzando miles de *costureros* que simulaban cajitas de fósforos con la imagen de Beisbolito en la tapa. Años más tarde, después que Fidel Castro tomó el poder en Cuba y la franquicia del béisbol se fue a Nueva Jersey, Martínez se establecería en Puerto Rico y mantendría su estrecha amistad con Clemente, a quien llamaba "la más alta personalidad que haya conocido en mi vida". Al principio, él lo conocía tan solo como un joven talentoso y retraído. Para Clemente, el momento más notable del viaje fue cuando Chico Fernández lo recogió en el hotel y se lo llevó a su casa: la gran familia, las bromas y las risas, la madre haciendo una comida casera: todo le recordaba a Carolina.

De los seis juegos de la serie, los Royals ganaron tres, perdieron dos y empataron uno. El último juego se quedó sin anotaciones cuando hubo que suspenderlo para que los Royals pudieran tomar su avión de regreso a Montreal. Joe Black había lanzado nueve blanqueadas más. A lo largo de toda la serie, Clemente nunca jugó. Se dijo que había demasiados buscadores de talento en La Habana.

Los buscadores de talento y los funcionarios del béisbol siempre estaban rondando el circuito de la Liga Internacional. Una semana después de que los Royals regresaron de la Habana, Andy High, un hombre del personal de los Dodgers, visitó Montreal para evaluar a los jugadores. Se rumoreaba que otra organización había ofrecido a los Dodgers 150.000 dólares por Amorós. "No es difícil de creer", le dijo High a la prensa de Montreal. Los jefes del béisbol en Brooklyn no habían entregado a Amorós, insistió él. No creían que él valía mucho como defensor, y su brazo era débil, pero ciertamente podía golpear bien la pelota. Duke Snider también se había demorado en llegar a las mayores, señaló High.

Los cronistas le preguntaron por Don Hoak, el ex Royal que comenzaba como tercera para los Dodgers en lugar del lesionado Billy Cox. High no tuvo más que alabanzas. "Hoak es un jugador dinámico", dijo, "y estará en la alineación mientras batee". También les gustaba la manera en que enfrentaba los roletazos lentos y los fildeaba con aquellas manazas. Sin embargo, Cox siguió siendo el mejor receptor tercera base de la liga, aunque él fuera incoloro y retrocediera demasiado para fildear los roletazos más fuertes.

¿Qué pasa con Chico Fernández? ¿Podría batear alguna vez en las grandes ligas?

—Chico no batea demasiado —dijo High— Supongo que ustedes han notado que él ha cambiado su estilo de bateo este año. Se está agachando. Eso es algo que adquirió en la liga invernal en Cuba. Recuerdo que lo estaba observando con Fresco Thompson en el entrenamiento de esta primavera en Vero Beach. La primera vez que vino al plato y se agachó, Fresco dijo "jo, jo, ¡miren eso! Tenemos un nuevo bateador". Pero él hace grandes jugadas en el terreno. No les enseñamos a los jóvenes peloteros a ir detrás de una pelota con una mano; lo hacen por sí mismos. Pero están aptos para hacer esas jugadas que parecen imposibles porque practican de esa manera.

Hubo más comentarios sobre Don Zimmer y Moose Moryn, prospectos de los Dodgers en St. Paul. Ni una palabra acerca de Roberto Clemente. Mejor no poner su nombre en los periódicos.

Un mes después, luego de un largo viaje, los Royals regresaron a su sede y se encontraron a Buzzie Bavasi y Al Campanis, dos hombres de la dirigencia de los Dodgers, esperando por ellos. Durante la escala final en Toronto, Max Macon había sido expulsado del juego por tercera vez ese año, y estaba a punto de ser suspendido y multado por casi irse a las manos con el árbitro de *home* Carlisle Burch. Pero Bavasi y Campanis tenían otras preocupaciones. Los Dodgers no iban para ninguna parte, perdidos en el torbellino de Willie Mays y sus Gigantes. A Tommy Lasorda acababan de llamarlo de nuevo para que ayudara en el pitcheo, y estaban otra vez en busca de Joe Black. También les preocupaban las frustraciones de sus jugadores latinos. Amorós estaba desalentado, Fernández se preguntaban si alguna vez tendría una oportunidad, y Clemente quería regresar a casa.

Fue Campanis quien primero descubrió a este talento poco común durante esas pruebas de aptitud en el Sixto Escobar dos años antes y quien había marcado a Momen para la grandeza. ¿Cómo podría ser grande si no jugaba? *No te vayas,* lo instó Campanis. *Confía en nosotros. Tendrás tu oportunidad.* A la noche siguiente, en un juego desafortunado en que los Royals perdieron 22–4, Clemente fue incorporado en la alineación en la segunda entrada, reemplazando a Whitman, y obtuvo dos *hits* en tres turnos al bate. Jugó algunas veces más durante esa serie contra los Maple Leafs, pero luego, cuando Bavasi y Campanis se fueron, volvió al banco.

El empeño de esconder a Clemente del mundo, o más específicamente del sótano de los Piratas de Pittsburg, que tendrían la primera selección en el sorteo suplementario al final de la temporada, resultó inútil. Branch Rickey, que dirigió la organización de los Dodgers durante la mayor parte de los años cuarenta, se había mudado a Pittsburg a principio de los cincuenta, donde había luchado para sacar un patético club de Piratas del sótano de la Liga Nacional. Aunque no habían logrado ningún éxito notable a nivel de las grandes ligas como para mostrarlo, Rickey empezaba a acumular talento, con la ayuda de dos estupendos *scouts* que habían venido con él de Brooklyn, Clyde Sukeforth y Howie Haak. Tenían personalidades opuestas: Sukeforth era un modesto, eficiente y amable señor de Nueva Inglaterra; Haak (que se pronunciaba Jeik) era un adicto al béisbol prodigiosamente blasfemo que mascaba tabaco desde el momento en que se levantaba y que podía tener un taco en la boca mientras se comía un revoltillo. Pero ellos eran dos de los mejores evaluadores de talento que había en el deporte.

Con el profundo conocimiento que Rickey tenía de los Dodgers y de su sistema, y con sus escuchas yendo adonde él los necesitara, no había manera de que un prospecto como Roberto Clemente, rondando por ahí, listo para ser sorteado al final del año, fuera a pasar inadvertido. En varias ocasiones durante el verano, Rickey despachó a Sukeforth y luego a Haak para que le informaran sobre el bonificado de Montreal.

Según la historia que Sukeforth contara después, él inspeccionó a los Royals durante la serie contra Richmond. Observar a Clemente jugando en el jardín durante la práctica, cuando soltó un asombroso tiro tras otro, y en el plato durante la práctica de bateo, cuando se mantuvo disparando toletazos a través del cuadro, era suficiente. Poco importaba que Macon mantuviera a Clemente en el banco.

Antes de irse de la ciudad, Sukeforth se acercó al mánager del Montreal y le dijo

—¡Cuídanos al muchacho!

—Estás bromeando. Ustedes no quieren a ese chico —apuntó Macon.

—Ahora bien, Max. Te he conocido durante muchos años —dijo el buscador de talento, reconviniendo suavemente a Macon— estamos a punto de quedar de últimos y obtener la primera opción del sorteo. No dejes que nuestro chico se meta en líos.

No mucho después, Rickey envió a Haak a Montreal para comprobarlo. Haak, con su vientre de cervecero, su cabellera cana y grasienta peinada hacia atrás, y los pantalones que constantemente se le rodaban por culpa de un trasero plano, manejó hasta Montreal sin hacer escala en su viejo y ruidoso carrito con una escupidera junto al asiento del chofer. Él no habría conducido a ninguna parte por ver a nadie, y se le conocía por ser capaz de captar a un jugador en un minuto o dos, ya fuese a su favor o en contra. Como Haak contó la escena después en el delicioso libro de Kevin Kerrane de entrevistas a buscadores de talento beisbolero, *Dollar Sign on the Muscle*, Rickey le dio instrucciones de que observara a los Royals sin mencionarle específicamente a ningún jugador. "Yo sabía quién era, sin embargo. Otro buscador de talento de los Piratas [Sukeforth] ya había ido a Montreal y se había desecho en elogios conmigo acerca de este chico que los Dodgers tenían escondido allí... Cuando entré en el club del Montreal, saludé a Max Macon, el mánager, y me dijo 'hijo de puta, ¿qué estás haciendo aquí?' 'Vine a hablar contigo', le dije. Y él me contesta. '¡Eres un mentiroso de mierda. Estás aquí para ver a Clemente. Pues, bien, 'no vas a verlo jugar!' "

Macon mantuvo a Clemente de nuevo en el *dugout,* pero Haak maniobró mejor que él. Se reunió con Clemente después del juego y encontró al joven jardinero indeciso, furioso otra vez por haber sido confinado al banco. Con esa apertura psicológica, Haak le dijo a Clemente que debía [bip] quedarse donde [bip] estaba y quedarse [bip] callado, porque los [bip] Piratas [bip] lo querían. Los Dodgers no podrían [bip] apreciarlo, dijo Haak, pero el Sr. Rickey y los Piratas de seguro que [bip] lo harían. Y si ellos lo contrataban, él estaría jugando en el [bip] Forbes Field el próximo [bip] año.

Durante unas pocas semanas después de la visita de Haak, Clemente encontró más tiempo de juego en los tres jardines. El 14 de agosto, su foto apareció en los periódicos, pero no de la manera que él habría deseado. La fotografía mostraba al No. 5 en el momento de ponerlo en una camilla y sacarlo del campo luego que se torciera un tobillo al tropezar en un agujero cerca del montículo del lanzador mientras corría desde la izquierda al final de la sexta entrada. Resultó ser una dislocación menor, y él estaba ansioso de demostrarle a su mánager que podía correr sin problemas. Dos días después, ya estando de gira, volvió a integrar la alineación de apertura y su brazo de lanzador fue el titular después de un juego contra los Maple Leafs: EL TIRO DE CLEMENTE AYUDA A LOS ROYALS A DERROTAR AL TORONTO. He aquí el auténtico heraldo de las cosas que habrían de venir, la conmoción de un genuino momento Clemente. Él estaba jugando esa noche en el jardín derecho, su lugar natural. En la segunda parte de la novena entrada, con dos *outs,* y Connie Johnson del Toronto en segunda base, Ed Stevens conecta un sencillo a la derecha, Clemente lo intercepta agresivamente (él decía que tenía la habilidad de correr rápido y agachado al mismo tiempo) recoge la pelota corriendo y se catapulta en el aire al tiempo que dispara la pelota directamente al plato. Se acabó el juego.

Al fin del año, sus estadísticas eran magras. Partidos jugados: 87. Al bate: 148. Jonrones: 2. Impulsadas: 12. Pero todas las cifras decían menos que un simple tiro desde el jardín derecho que le puso fin a lo que de otro modo habría sido un juego de rutina a mediados de agosto.

Clemente jugó en varios equipos ganadores de béisbol durante su carrera, pero ninguno con mayor atractivo que al que se incorporó cuando regresó a Puerto Rico luego de esa frustrante temporada de 1954 en Montreal. Hasta el cargabates de la edición de la liga de invierno de ese año de los Cangrejeros de Santurce tenía un enorme talento. Era un adolescente patizambo y larguirucho llamado Orlando Cepeda, hijo del legendario Pedro Cepeda. Orlando, conocido más tarde como el Baby Bull, proseguiría en una carrera que lo llevaría al Pabellón de la Fama, pero ahora él se sentía contento de codearse con sus mayores. Todas las mañanas, durante la práctica en el Sixto Escobar, cuando los jardineros del Santurce practicaban embistiendo la pelota y lanzándola, Cepeda se situaba cerca del montículo del *pitcher* para coger sus tiros. ¿Quién estaba tirándole? Cincuenta años después, con voz impasible, él recordaba los nombres:

—Oh, un par de tipos. Willie Mays en el centro y Roberto Clemente a la izquierda o la derecha.

Mays y Clemente, juntos, correteando por el mismo jardín. Esa posibilidad fue la que llevó a los Dodgers a contratar a Clemente en primer lugar, al menos en parte: distanciarlo de Mays y de los Gigantes de Nueva York. Pero no había ningún problema en Puerto Rico, ninguna pesadilla para los Dodgers, sólo deleite para los fanáticos del béisbol. Momen estaba que ardía cuando regresó a su país, no tanto oxidado por falta de uso en Montreal como ansioso de jugar y de sobreponerse a la injusticia de su temporada solitaria y perdida. Si Mays fue el que atrajo la mayor atención del público, Clemente haría imposible que la gente no advirtiera que él también estaba allí.

Esto marcó la decimaséptima temporada del Santurce, y para Pedrín Zorrilla, el fundador y propietario, fue de muchas maneras la culminación del trabajo de una vida. Pedrín era el hijo de un poeta, el romántico apasionado Enrique Zorrilla, de Manatí, que amaba a su país y a su gente.

Extranjeros: abrid plaza
Que aquí el trovador riqueño
Va a cantar con noble empeño
Tierra, sangre, nombre y raza.

Pero él no tuvo tiempo para el béisbol y quería que su hijo tampoco tuviera nada que ver con él. El viejo poeta incluso envió a Pedrín a una escuela interna en los Estados Unidos con la intención de mantenerlo alejado de la vida disoluta de un atleta, pero no sirvió de nada. Manatí era un lugar de intelectuales, que presumía de su reputación como la Atenas de Puerto Rico. Allí la gente vivía para sus certámenes literarios, sus juegos florales. Pero cuando Pedrín tuvo su propio "sueño de gesta" (el título del poema más famoso de su padre), soñaba sólo con el béisbol. Comenzó los Cangrejeros sin dinero, formando un primer equipo que incluía a muchos de sus amigos, y a partir de ahí levantó una dinastía.

Con el transcurso de los años, Zorrilla había atraído a muchos grandes jugadores del Norte, pero ninguno con el glamour de las ligas mayores de Willie Mays, que menos de un mes antes de su llegada había llevado a los Gigantes de Nueva York a la victoria en la Serie Mundial contra los Indios de Cleveland —y que había grabado su imagen para siempre en la conciencia deportiva norteamericana con la elegante atrapada por encima de su cabeza y pegado a la cerca del jardín central de un formidable batazo de Vic Wertz. En un San Juan enloquecido por el béisbol, a Mays lo recibieron jubilosamente. Más de mil fanáticos lo estaban esperando bajo la lluvia en la mañana gris del sábado 16 de octubre cuando llegó al aeropuerto de Isla Grande, muchos de ellos incrédulos aún de que viniera, y una vez que de veras llegó, dudosos de que se quedaría. Rápidamente improvisaron estribillos de su saludo característico "*Say, Hey!*" y crearon su propia variación en español: " ¡Ole, mira!" Al igual que Clemente en Montreal, Mays se sentía triste en San Juan, odiando la sensación de vacío al regresar a su austero apartamento cerca del estadio. Pero él no se encontraba entre extraños. El mánager, Herman Franks, era el instructor de la tercera base para los Gigantes. El lanzador estrella del Santurce, el puertorriqueño Rubén Gómez, era también un compañero en los Gigantes, y varios negros americanos del equipo —el lanzador Sam Jones, el jardinero Bob Thruman y el tercera base Buster Clarkson— conocían a Mays del circuito itinerante.

Clemente admiraba a Mays, pero no lo adoraba. Prefería a otro jardinero negro de los Gigantes, a Monte Irvin, su héroe de la infancia. Algunos observadores supondrían que Clemente aprendió el fildeo en bandeja con Mays cuando jugaron juntos ese invierno. Pero no fue así. Clemente venía atrapando de este modo, con el guante hacia arriba en vez de hacia delante, desde los tiempos en que jugaba *softball*, un estilo común entre los jardineros puertorriqueños. Luis Olmo hacía ese tipo de atrapadas años antes de que Mays apareciera. Olmo sostenía el guante cerca del ombligo; Mays en las caderas, y Clemente ponía el guante aún más abajo. En los tiempos cuando Olmo empezó a jugar para los Cangrejeros ese invierno, el equipo tenía quizás la única batería de jardineros en todo el béisbol que empleaba la técnica de "bandeja" para atrapar la pelota. Pete Burnside, un lanzador del equipo, le diría más tarde al historiador del béisbol Thomas E. Van Hyning, que había percibido "una amistosa rivalidad" entre Mays y Clemente, quienes "trataban de deshacerse mutuamente en el terreno". Mays y Gómez, compañeros de equipo en los Gigantes, también se tenían, al parecer, un poco de rivalidad que desembocó en un encuentro bastante acalorado un día durante la práctica, incidente que Zorrilla se apresuró a restarle importancia por temor a que los apopléticos funcionarios de los Gigantes se apresuraran a sacar a Mays de la isla antes de que resultara lesionado.

A las once de la mañana del lunes 22 de noviembre, mientras los Cangrejeros favoritos estaban practicando en un día de asueto en Puerto Rico, los representantes de los dieciséis equipos de las ligas mayores se reunían en el cuarto 135 del Hotel Biltmore de Nueva York para lo que se conocía formalmente como la Reunión de Selección Regla 5 de las Mayores y las Menores. Éste era el sorteo de los jugadores de las ligas menores que no habían sido protegidos por los grandes clubes. El orden de selección por dos rondas iba del peor récord al mejor, comenzando con el peor equipo de la Liga Nacional, los Piratas de Pittsburg y concluyendo con el mejor equipo de la Liga Americana, los Indios de Cleveland. El hijo de Branch Rickey, Branch Rickey Jr., vicepresidente de club, estaba allí en representación de los Piratas. Llevaba en su maletín los informes de Sukeforth y Haak, así como detalladas instrucciones de su padre.

Ford Frick, comisionado del béisbol, puso en marcha el procedimiento y le pidió a los Piratas que hicieran su selección. Una "exclamación de sorpresa" recorrió el salón cuando Rickey Jr. anunció su primera elección: Roberto Clemente. Podría haber sido una sorpresa para los cronistas deportivos de las ligas mayores, que no sabían nada de él y se fijaron rápidamente en sus modestas cifras estadísticas en Montreal, pero era una elección obvia para los hombres del béisbol que se encontraban en el salón. Muchos de ellos reconocieron después que el joven puertorriqueño era el primer nombre de sus listas. Siempre resulta interesante, mirando en retrospectiva, examinar un grupo de nombres del pasado, en un momento de esperanza y de promesa, y ver si alguno sobrevivió al destino de olvido a que parecen condenados los atletas. Entre los otros peloteros escogidos ese día se contaban Mickey Grasso, Art Ceccarelli, Parke Carroll, Bob Spicer, Jim King, Vicente Amor, Glenn Gorbous, Jerry Dean, John Robert Kline, Joe Trimble, Roberto Vargas y Ben Flowers. Algunos de ellos pueden encontrarse en la *Encyclopedia del Béisbol.* Y luego estaba Clemente, que pasó a los Piratas por un mero bono de 4.000 dólares. "El puede correr y lanzar, y creemos que puede batear", le dijo Rickey Jr. a la prensa.

La tarjeta de alineación de Herman Franks para el Santurce estaba llena con cinco temibles bateadores: Mays, Clemente, Thurman (conocido como "Big Swish"), Clarkson (líder de equipo del RBI con sesenta-uno) y George Crowe (primera base que triunfó en las mayores en 1956): un grupo que llegó a ser llamado "la cuadrilla del pánico". Él también tenía al belicoso joven Don Zimmer en campocorto, a Valmy Thomas y Harry Chiti detrás del plato, y a las añejas estrellas locales Olmo y Pepe Lucas St. Clair provenientes del banco. "Siempre dije que era la liga de invierno más extraordinaria que equipo alguno hubiera reunido", recordaba Zimmer medio siglo después. "¿Puedes imaginarte a Mays, Clemente y Thurman en el jardín? Y a Orlando Cepeda merodeando por ahí, un muchachote a quien se le enredaban los pies por lo rápido que estaba creciendo". Al arrasar en el campeonato de la liga invernal, Mays, con un promedio de .395, era el jugador más valioso y un verdadero astro, pero Clemente brillaba casi con el mismo fulgor. Él bateó .344 y encabezó la liga en *hits* (noventa y cuatro) y en carreras anotadas (sesenta y cinco). Los Cangrejeros terminaron la temporada a mediados de febrero ganando la Serie Mundial del caribe que se celebró ese año en Caracas. Zimmer, Mays y Clemente fueron las estrellas en Venezuela, donde Clemente bateó dos triples, su especialidad, y donde anotó ocho carreras, incluida una de primera al plato en un sencillo de Mays para ganar el quinto juego. Zorrilla, el Big Crab, dijo que la vehemencia y el orgullo con que Clemente corrió las bases era algo que él nunca olvidaría.

Al final, no fue la conmovedora Serie del Caribe lo que Momen recordaría de ese invierno, sino otra serie de eventos que ocurrieron antes, en los últimos días de 1954. En el fin de semana después de Navidad, Santurce jugaba tres partidos en Ponce, más allá de las montañas, en la costa sur. Cuando el viaje se interrumpió, debido a una emergencia familiar, Clemente no tomaría el autobús del equipo para regresar a casa, sino que volvería en auto con sus hermanos, Andrés y Matino. El hermano mayor, Luis Oquendo, el primogénito de Luisa, maestro de escuela de treinta y ocho años, había estado padeciendo durante meses de terribles dolores de cabezas, convulsiones ocasionales y súbita pérdida de la visión. Luego de varios exámenes, los médicos diagnosticaron un tumor cerebral, aunque no estaban seguros de que fuese maligno. El 30 de diciembre, domingo, lo operaron del cerebro. Sus hermanos estaban aún en Ponce. Con Momen al volante, conduciendo el Pontiac azul 1954 que había comprado con su dinero del bono, salieron a toda velocidad hacia el norte para ver a Luis tan pronto el juego se acabó. A las once de la noche, mientras conducían a través de las oscuras calles montañosas de Caguas, justo al pasar frente a la escuela Gautier Benítez, otro carro entró a gran velocidad desde la intersección lateral, llevándose una luz roja, y chocó con ellos. Andrés y Matino salieron ilesos. Roberto sufrió una torsión del cuello y de la columna, pero insistió en que no necesitaba tratamiento. El auto tenía una abolladura en el frente pero aún podía andar, y pronto estaban de nuevo en la carretera.

Cuando llegaron al Doctor's Hospital de Santurce, las noticias eran desoladoras. El tumor de Luis era maligno y avanzado. Él estaba consciente, pero atontado cuando sus hermanos entraron en el cuarto. Momen encendió las luces, pero Luis dijo que quería estar a oscuras. Murió al día siguiente, al mediodía. La fecha era el 31 de diciembre.

4

El residuo del proyecto

RIDICULIZAR A LOS PIRATAS DE PITTSBURG FUE UNO
de los placeres más elementales del pasatiempo nacional en la primera
mitad de los años cincuenta. *Los bufones del béisbol,* los llamó la
revista *Life.* "Las atrocidades que cometieron bajo apariencia de béisbol de grandes ligas fueron monstruosas", escribió Marshall Smith.
"Los *pitchers* de los Piratas lanzaban la bola en la dirección general del
plato y se agachaban. Los bateadores de los Piratas ignoraron las señas
tan despreocupadamente como perdían pelotas. La defensa de los
Piratas era tan gentil que el equipo le daba a la oposición de cuatro a
cinco *outs* por entrada. Los cronistas acusaron a los Piratas de correr a
las bases con la cabeza entre los brazos". Cuando el mánager de una
de las primeras ligas de béisbol quería asustar a uno de sus jugadores
que no tenía un buen rendimiento, lo amenazaba con mandarlo a Pittsburg. Los Piratas estaban destinados al sótano todos los años; la única
ansiedad la provocaba el adivinar cuántos juegos atrás iban a terminar.
En 1952, cuando fueron acusados de tener un equipo de enanos, jugadores del cuadro tan pequeños que las bolas les pasaban por encima
en dobletes, quedaron cincuenta y cuatro juegos y medio detrás de los
Dodgers de Brooklyn. Todo esto lo supervisaba Branch Rickey, el estimado gerente general del Pittsburg.

En Pittsburg, algunos escépticos decían que Wesley Branch Rickey
finalmente había encontrado la horma de su zapato —o algo peor, que
empezaba a sentirse indiferente hacia el juego. Por más de cuatro
décadas, desde que se graduara de la Escuela de Derecho de Michigan y se dedicara a dirigir béisbol, Rickey, un erudito presbiteriano
de Lucasville, Ohio, había sido considerado como el único auténtico

genio del deporte. Red Smith, el cronista de Nueva York, lo llamaba
"un gigante entre pigmeos". Antes de venir a dirigir a los desventurados Piratas en 1950, a la curtida edad de sesenta y nueve, había levantado a los dos clubes de la Liga Nacional más destacados del siglo,
primero el *Gashouse Gang* de San Luis, y después lo que habría de
convertirse en el *Boys of Summer* de Brooklyn. Su lugar en la historia
estaba garantizado por un solo acto de audacia, romper la barrera
del color con el contrato de Jackie Robinson, pero podía contar con
mucho más. Era como un signo de respeto que llegara a ser conocido
como el Mahatma. Era calmo y calculador en sus transacciones, meticuloso con sus récords, formal y elocuente en su discurso, tacaño con
su dinero, siempre curioso e innovador, brutalmente agudo en sus
evaluaciones e igualmente interesado en la disposición psicológica
de un jugador como en su capacidad de aprender un elusivo deslizamiento lateral.

Todos los acontecimientos en el mundo del Sr. Rickey podían ser
estudiados, categorizados y explicados. Las cosas buenas no le caían a
la gente o a los clubes de béisbol por accidente. Él era un hombre de
dichos, y su frase más famosa le sirve de colofón a este pensamiento:
"las cosas que valen la pena por lo general no ocurren por casualidad.
La suerte es un hecho, pero no debe ser un factor. La buena suerte es
lo que queda después que la inteligencia y el esfuerzo se han combi-
nado de la mejor manera. La negligencia o la indiferencia o la falta de
atención usualmente se revisan desde un asiento infortunado. La ley
de causa y efecto y de causalidad funcionan ambas de la misma manera
con inexorable exactitud. *La suerte es el residuo de un proyecto*".

¿Y cuál era su proyecto para los Piratas? "El club de Pittsburg
estaba en el último lugar y no por accidente o circunstancia". Dijo
Rickey cuando se hizo cargo de él, y el que mejoren no dependerá de
la suerte. Él duplicó el número de afiliados de la liga menor y comenzó
a surtirlo de jugadores jóvenes, subrayando así su creencia de que, en
béisbol, el modo más seguro de obtener calidad era a través de la cantidad. Gastó lo que a sus ojos era una suma gigantesca (900.000 dólares) en prospectos, la mayoría de los cuales fracasaron. Se esforzó en
limpiar el equipo de jugadores populares que en su opinión nunca
podrían llevar a los Piratas a un campeonato, Ralph Kiner fue el

primero entre ellos. Kiner, el macetero lento que ganó cuatro títulos de jonrón seguidos, no sólo era querido en Pittsburg sino que también era un compañero de cacería de patos de John Galbreath, el propietario del equipo. Pero Rickey estaba tan determinado a cambiarlo que le escribió a Galbreath una carta de ocho páginas a un solo espacio el 25 de marzo de 1952 en la cual le presentaba "veinticuatro razones por las cuales Ralph Kiner era inútil para los Piratas de Pittsburg". Antes de un año, Kiner estaba en los Cachorros. Y con hombres de visión tan aguda como el *scout* Haak y el entrenador Sukeforth, Rickey desplumaba de jóvenes jugadores a otros clubes, ninguno de ellos más importante, mirado a largo plazo, que el jardinero de veinte años Roberto Clemente.

En la mitología que más tarde envolvió la historia de Clemente, hay una escena que usualmente se cuenta en la que Rickey le da la bendición al principio de su carrera. Supuestamente tuvo lugar en el juego de la liga de invierno en Puerto Rico en 1953. Según este relato, contado primero por los cronistas de San Juan y repetido a través de los años, Rickey descubrió a Momen en un juego del Santurce, se quedó maravillado por sus destrezas, lo llamó para conversar, le hizo unas cuantas preguntas y terminó la entrevista diciéndole al joven que encontrara una chica y se asentara en el negocio del béisbol porque estaba destinado a ser una superestrella. Pero Rickey era un inveterado archivador de memorandos y virtualmente después de todos los juegos que presenciaba, Ken Blackburn, su asistente personal, mecanografiaba las observaciones que le dictaba y sus notas personales. Y los documentos apuntan hacia un relato menos entusiasta.

Con Blackburn a su lado como ayudante de campo, Rickey voló al sur en enero de 1955 para hacer un recorrido en busca de talentos a través de Cuba y Puerto Rico (que en las transcripciones de Blackburn a menudo aparecía escrito del modo en que Rickey lo pronunciaba: Puerto *Rica*). En Cuba, el 18 y 19 de enero, Rickey presencia dos juegos entre La Habana y Cienfuegos. Sus notas muestran que se quedó impresionado por dos jóvenes jugadores de la cadena de los Cardenales de San Luis, especialmente por Don Blasingame, "...un pelmazo en el plato. Debe ser el que mejor aprovecha las bases por bolas, y su fuerza es amplia. No es débil en ningún aspecto", y por Ken Boyer, "el mejor jugador a primera vista que me encuentro en mucho tiempo. Boyer de nombre… Nunca haraganea. Tiene manos grandes y sabe qué hacer con ellas… Es un bateador de líneas de lujo. Los cronistas aquí están deshaciéndose en elogios del jardinero Bill Virdon, diciendo, en efecto, unánimemente, que Virdon es el mayor jugador que ha estado jamás en Cuba, etc. etc. Yo tomaría a Boyer". Con el arribo de esos tres jugadores, concluyó Rickey, todo lo que los Cardenales necesitaban era un lanzador de alto vuelo que se enfrentara a los Dodgers, los Gigantes y los Bravos.

La próxima semana se encontraba en San Juan, asistiendo a un partido en el Sixto Escobar entre el Santurce y el Ponce. Llevaba su propia tarjeta de anotaciones y le dictaba sus notas del juego a Blackburn, aunque se quejaba de que "los dignatarios lo estaban perturbando tanto durante el juego" que sus notas no eran tan sagaces como de costumbre. "El equipo de Ponce está dirigido por Joe Schultz Jr. y el de Santurce por Herman Franks —dos chicos que subieron conmigo", así comenzó Rickey su memorando sobre el partido. Schultz y Franks eran dos viejos receptores que habían jugado para los Cardenales. "Me he entrevistado con ambos muchachos, y Schultz va a desayunar conmigo por la mañana".

Luego, uno a uno, Rickey analizó a todos los jugadores que había visto en ambos equipos. Sus comentarios sobre los Cangrejeros fueron con frecuencia acerbamente críticos. Luis Olmo, observó él, "batea para López y parece perezoso, pasado de peso, indiferente, incompetente". (Es bueno recordar que Rickey y Olmo habían tenido un pelea a mediados de los cuarenta, cuando Olmo, insultado por la oferta de salario que le hizo Rickey después de su mejor temporada con los Dodgers, se pasó a una recién creada Liga Mexicana). Willie Mays no jugaba en esa ocasión: descansaba para las semifinales de la liga invernal, que habían de comenzar dentro de unos días. La evaluación más a profundidad de Rickey la hizo sobre el joven que se movía de la izquierda al centro, Roberto Clemente. Él debe haberle pedido a los dignatarios que se fueran siempre que Clemente entraba en acción.

Dos meses antes, los Piratas habían hecho de Clemente la primera selección en el sorteo de la Regla 5. Él era propiedad del Pittsburg, y obligado por regla a permanecer con el club principal en 1955. Por el contenido de las notas de Rickey, se desprende que ésta era la primera vez que veía a Clemente jugar. El lenguaje no se corresponde a la leyenda de Rickey observando a Clemente en 1953 y diciéndole que estaba destinado al superestrellato. Él vio unas cuantas cosas que le gustaron en el joven jugador, pero resaltó más las fallas. El memo comenzaba:

Supongo que debe tener por lo menos 6 pies de estatura, pesar unas 175 libras, bateador diestro, muy joven. Me han hablado con mucha frecuencia de su velocidad. Estoy sumamente desencantado con eso. Su forma de correr es mala, definitivamente mala, y en base a lo que vi esta noche, sólo está un poquito por encima de la velocidad de carrera promedio de las grandes ligas. Tiene una bonita manera de lanzar. Lanza la bola y realmente tiene éxito. Sin embargo, corre con la pelota siempre que hace un tiro y eso está mal.

Rickey tenía su propio vocabulario de buscador de talentos. Uno de sus términos de béisbol preferidos era "aventura". A este respecto, conforme a sus criterios, Clemente no era Willie Mays.

No se aventura en absoluto en las bases, toma una delantera comparativamente pequeña y, al parecer, no se le ocurre tomarse un receso. Puedo imaginar que nunca en su vida ha robado una base con su destreza o su inteligencia. Puedo suponer que si lo ha hecho, fue porque lo empujaron a hacerlo.

Más tarde, Rickey creyó haber visto la misma timidez en el terreno:

El rasgo más decepcionante de Clemente es no aventurarse: desaprovechar la oportunidad. Tuvo por lo menos dos oportunidades esta noche de hacer una buena jugada. Simplemente esperó por el rebote. Espero que se luzca más para mí mañana por la noche cuando Santurce juegue con San Juan —el partido final de la temporada regular y el campeonato de la ciudad de San Juan está en juego. Tal vez este muchacho se destaque en ese partido.

Cuando Clemente estaba bateando, Rickey encontró más que admirar. Con el frío distanciamiento de un tasador de ganado, reportó:

Su forma en el plato es perfecta. El bate sale y entra en una buena posición para darle fuerza. No hay la más ligera vacilación o movimiento en sus manos o brazos y el extremo más grueso del bate está completamente quieto cuando la pelota sale de la mano del lanzador: muy parejo. Su zancada es corta y su postura es buena para empezar y termina bien en lo que respecta a su cuerpo. No encuentro razón por la cuál no debiera convertirse un gran bateador. Sin embargo, yo no lo clasificaría ni siquiera como un posible jonronero.

A partir de sus observaciones en San Juan, Rickey llegó a una frustrante conclusión. Creía que el bonificado que él se había llevado de los Dodgers no estaba preparado para el gran momento:

No creo que él pueda aportar nada a un club de las grandes ligas en 1955. Es sencillamente una lástima que no pudiera haber pasado su primer año en una liga de clase B o C y luego este año podría haberle sacado mucho provecho a un segundo año como regular, digamos en una clase A. En 1956 podría ser canjeado por el Pittsburg, sólo si se aseguran primero las *dispensas* para que lo puedan canjear, y las dispensas probablemente no puedan asegurarse. De manera que estamos trabados con él —trabados ciertamente, hasta el momento en que él pueda realmente ayudar a un club de las mayores.

Hay que tener presente varias cosas cuando se leen esas evaluaciones críticas de Clemente hechas unos pocos meses antes del primer juego de su carrera en las grandes ligas. Primero, aunque Rickey era astuto, cometía errores. Tres años antes de que compilara su informe sobre Clemente había declarado, luego de observar a un lanzador de la liga menor de los Piratas llamado Ron Necciai: "Han existido sólo dos jóvenes lanzadores que estaba seguro estaban destinados a la grandeza, simplemente porque tenían la recta más eficaz que un bateador pueda enfrentar. Uno de esos muchachos era Dizzy Dean. El otro es Ron Necciai". Todos los amantes del béisbol conocen a Dizzy Dean. Necciai ganó exactamente un solo juego en las ligas mayores. Segundo, pese a esos raros entusiasmos, Rickey tendía a fijarse en las faltas de un jugador, y era inmisericorde al hacerlo. De Tony Bartirome, un prospecto en 1955, escribió: "un bateador insignificante. Nunca irá a las mayores". (Tal vez Rickey se había olvidado, pero él había llamado brevemente a Bartirome, un jugador de 5 pies 9 pulgadas de estatura, para que jugara 135 juegos en primera base en 1952 como parte del cuadro "enano"). Un prospecto de lanzador llamado Jackie Brown tuvo suerte de no ver la evaluación privada que Rickey hizo de él: "Brown nació prematuramente, y nunca adelantó. No creo que haya tenido nunca una idea. Nunca ha relatado un solo incidente de su vida, nunca ha contado una historia de su vida, nunca se ha reído a carcajadas en su vida. Profundizar en un asunto quedaría al margen de su comprensión". ¿Podría Rickey ser aún más cruel? Sí. En otro informe anotó que Brown "padece también de verrugas rectales".

Debe decirse que el informe de Rickey sobre Clemente no era completamente inexacto. Clemente sí tenía un estilo torpe de correr y parecía un poquito más veloz de lo que realmente era. Si bien nunca robó muchas bases, estaba considerado, no obstante como un hábil corredor de bases y entusiasmaba a los fanáticos con sus carreras de primera a tercera y de segunda al plato. La predicción de que se convertiría en "un gran bateador" resultó una grave subestimación. En cuanto a fuerza, Rickey tuvo al menos la mitad de la razón. Clemente nunca fue un gran jonronero, aunque ocasionalmente podía batear verdaderos cañonazos, y con frecuencia impulsaba la bola pegada a la cerca por donde le era más difícil a los jardineros fildearla, con el fin de lograr dobles y triples. En base a las estadísticas de Clemente en 1955 y en los próximos años, la evaluación de Rickey de que necesitaba unos cuantos años más de maduración quedan dentro del terreno de lo debatible. Pero donde Rickey resultó más errado fue en su conclusión de que el juego de Clemente carecía de aventura. Era cierto que él no robaba muchas bases, pero suponerlo tímido es una apreciación descabellada. Clemente en el terreno, corriendo a toda velocidad y deslizándose sobre la hierba para hacer una atrapada; entre bases, con las piernas volando, y agitando los brazos violentamente mientras corría luego cada roletazo, o desbocándose de primera a tercera; en el plato, amenazando al lanzador de que le batearía la pelota por el mismo centro sin tomar en cuenta por donde la lanzara: todo en su juego evocaba un sentido de aventura. Un hecho esencial que Rickey parecía ignorar cuando escribió su informe es que Clemente había sufrido un accidente automovilístico menos de un mes antes y todavía estaba teniendo problemas del cuello y de la espalda que lo afectarían intermitentemente por el resto de su vida.

A su regreso a Pittsburg luego de su misión en busca de talento en el Caribe, Rickey hizo escala en Fort Myers, una ciudad de la costa del Golfo en la Florida en que se acondicionaba un nuevo campo de entrenamiento para su club de Pittsburg. Los Piratas habían sido vagabundos de primavera en los años del reinado de Rickey, mudándose de San Bernardino en 1952 a La Habana en 1953 a Fort Pierce en 1954; pero ahora estaban dispuestos a asentarse. La Cámara de Comercio de Fort Myers los había reclutado con una oferta tentadora. Había un estadio nuevo y una casa club en Terry Park, construidos con 80.000 dólares de fondos municipales y del condado. Había una garantía de los empresarios locales de dos mil boletos para la temporada de la Liga de la Toronja por un valor de 30.000 dólares. Y había una flota de nuevos Pontiacs de parte de Al Gallman, comerciante local de automóviles y fomentador del béisbol, para el uso de los funcionarios del club. Los líderes de la ciudad enviarían incluso varios cientos de ciudadanos a Pittsburg para el Día de Fort Myers durante la temporada regular y llenarían el jardín del Forbes Field con un remolque, tirado por un tractor, lleno de cocos gratis. Podría parecer poco en comparación con los desesperados incentivos que las ciudades de la Florida le darían a los equipos de las ligas mayores décadas después, pero era bastante para lograr lo que se proponían en 1955. El único posible inconveniente en que los funcionarios de los Piratas podían pensar era que no había ningún hipódromo de primera clase en las cercanías para los caballos purasangre del Sr. Galbreath.

Rickey llegó a Terry Park en la mañana del 29 de enero para encontrarse con otra leyenda del béisbol que lo aguardaba.

—Dios te bendiga, Connie —le dijo a manera de saludo—. Me alegro mucho de verte.

Se trataba de Connie Mack Sr., que había dirigido a los Atléticos de Filadelfia por medio siglo, desde 1901 hasta 1950, y quien ahora tenía 92 años. Los Atléticos se habían adiestrado en Fort Myers a fines de los años veinte, y Mack aún pasaba los inviernos allí con su hijo. Era quizás la única persona viva que conocía más béisbol que Branch Rickey, y había venido al parque para mostrárselo a su compatriota. Juntos, el Mahatma y el Tremendo Táctico, con cien años de experiencia beisbolística entre los dos, pero ambos vestidos como banqueros, inspeccionaron la casa club, el cuadro y las cercas (profundas, a 360 pies por la línea de primera y tercera, y a 415 por el centro para dar la sensación del espacioso Forbes Field del Norte). Rickey se quedó bien impresionado por la suavidad del terreno del cuadro y por el verde lujuriante del jardín, y decidió que el equipo debería salir del diamante principal y jugar en el terreno de práctica por unas cuantas semanas, al menos hasta que llegara el propietario Galbreath. La casa club cumplía con sus precisos requisitos. Él dijo que era mejor que la mayoría de las casas clubes de las mayores, y que estaba particularmente satisfecho con la elección del color para el salón de las duchas, un tono de verde pálido que consideraba bueno para la moral.

Luego del breve recorrido, las dos venerables autoridades del béisbol se sentaron a conversar al sol. Len Harsh, el joven editor deportivo del periódico local, el *News-Press* de Fort Myers, se encontraba de pie cerca de ellos, asombrado por los dos grandes hombres, y atento a su conversación. Rickey y Mack conversaban como dos viejos excéntricos que lo habían visto todo. Quién había perdido más en el desplome de Wall Street de 1929. Los picos y valles de sus respectivas carreras. Mack había terminado sus años de béisbol en un valle, luego de un rosario de temporadas perdidas por los otros campeones Atléticos, y ahora Rickey esperaba evitar el mismo destino. Al término de la conversación, invitó a Mack a lanzar la primera bola en la apertura de la pretemporada, luego se fue a pescar en alta mar con un médico local. Regresaría al nevado Pittsburg por diez días para poner los asuntos del equipo en orden antes de volar de nuevo al sur para disfrutar del sol y del estreno del estadio.

Los cronistas deportivos que cubrían a los Piratas estaban a la espera de Rickey cuando regresó a Pittsburg. Estaban ansiosos de noticias acerca de su viaje de exploración, especialmente de su evaluación del joven Pirata que estaba desbaratando la liga invernal para el Santurce. "¿Era Clemente tan bueno como se decía?", preguntó Jack Hernon del *Pittsburgh Post-Gazette*. Sin entrar en el preciso análisis crítico de su informe, Rickey se expresó en términos favorables, si bien dijo que no estaba seguro. "El muchacho es un gran prospecto, tal como me dijeron. Pero se debe recordar que sólo tiene veinte años y casi no compitió la temporada pasada en Montreal. Es un muchacho grande. Puede correr, lanzar y batear. Necesita pulirse mucho porque es un diamante en bruto. Podría resultar un fenómeno, pero no se puede asegurar. Podría 'lograrlo', pero tendrá muchísimo que hacer". Hernon escribió el artículo para su periódico y para el *Sporting News* antes de salir para Fort Myers con sus colegas, Al Abrams, el editor deportivo de *Post-Gazette*, Les Biederman de *The Press* y Chilly Doyle del *Sun-Telegraph*. Ninguno de los viejos llegaría a ser amigo de Roberto, y Hernon menos que nadie.

Clemente llegó a Fort Myers en los últimos días de febrero, fresco de su turno estelar con Willie Mays en la Serie del Caribe. Aunque era un novato, se reportó con los otros veteranos porque su lugar en la nómina estaba asegurado por su condición de haber sido sorteado por la Regla 5. Ésta era su segunda pretemporada en la Florida, donde imperaba la segregación, pero de muchas maneras resultó más difícil para él que su primer año en Dodgertown.

No había ningún dormitorio para el equipo, y mientras a los jugadores blancos los instalaron en el hotel Bradford del centro, a Clemente y a otros prospectos negros los llevaron a casas particulares en Dunbar Heights, un barrio negro situado después de la línea del ferrocarril al lado este del pueblo. Dunbar era un mundo aparte, y aunque algunas calles traseras estaban sin pavimentar y salpicadas de chozas que carecían de agua potable y electricidad, existía un bulliciosa clase mercantil negra a lo largo de la Avenida Anderson, donde los vecinos compraban víveres en B&B, comían en el café Clinton's y veían películas en el Teatro King. Muchas de las calles residenciales de Dunbar Heights tenían nombres de frutas. Clemente encontró un cuarto en la casa de Etta Power, viuda de Charley Power, que vivía en la calle Lime. Ésta y la calle siguiente, Orange, estaban repletas de niños que andaban detrás de Clemente siempre que él estaba en la barriada. La segregación del negro se apreciaba en todas partes: en las escuelas, las estaciones de gasolina, los hoteles, los restaurantes. Los jugadores blancos y sus familias descansaban en playas y piscinas a las que sus compañeros negros no podían ir. Hubo un partido de golf en el Fort Myers Country Club —Bob Rice, el secretario itinerante del equipo, casi mete la pelotita en el primer intento— pero a Clemente y a los Piratas negros no los dejaron jugar. Había una "noche de color" en la Feria del Condado de Lee cuando los residentes blancos se ausentaban.

Si los negros querían ver a los Piratas, los confinaban en su propia sección del pabellón de las gradas del Terry Park. Los baños y los bebederos del estadio tenían letreros que decían "Blancos" y "De color".

Antes del primer juego interno del equipo el 2 de marzo, Branch Rickey, con su característico lazo de óvalos y su sombrero de pajilla, les echó un largo discurso a los jugadores. Les dijo lo que se esperaba de ellos en el campo de entrenamiento, y sus aspiraciones para la temporada, y luego abordó brevemente las realidades raciales de Fort Myers. Éste era el Sur, les dijo. Todos ellos eran Piratas de Pittsburg, pero al salir de los límites del terreno, las condiciones escapaban al control del equipo. Dios sabe que es algo detestable, agregó, pero era sí. Aquí no habría ningún problema. Las señoras y los señores de Fort Myers eran ciudadanos pacíficos. Luego Rickey se fue de la casa club y se encaminó a los asientos del palco, que eran sólo sillas plegables, y ocupó su lugar en la primera fila en medio de una serie de luminarias que incluían a Connie Mack Sr., al propietario Galbreath y a Benjamin F. Fairless, quien estaba a punto de jubilarse como presidente de la United States Steel.

A un extremo lateral, en una sección acordonada para los parroquianos que no tenían piel blanca, Pat McCutcheon, el primero de los fanáticos de la Calle Orange en Dunbar Heights, encontró un asiento en las gradas y comenzó a alentar al equipo con su voz ronca y fuerte. Resultó ser que la mayoría de los aplausos y ánimos de ese día, de negros y blancos por igual, fueron para Clemente. En la sexta entrada, hizo un disparo a tercera que habría sacado *out* a un corredor si el tercera base hubiera estado listo. Luego en la séptima hizo dos atrapadas de cordón de zapato consecutivas, la primera un *out* automático, la segunda mientras se deslizaba grácilmente a su derecha, y dos mil fanáticos rugieron y se levantaron para ovacionar a Momen mientras galopaba hacia el *dugout* luego del tercer *out*. "El verlo a él en el entrenamiento de primavera nos estimuló a todos", dijo Bob Friend, el lanzador. "Después de todos los años de vacas flacas, tener un jugador con ese talento en nuestro equipo era lo máximo".

Hermoso tiempo, multitudes entusiastas, buen juego —todo parecía tan libre y fácil, pero por supuesto que no lo era. Fort Myers a mediados de los años cincuenta podría haber parecido sereno para los empresarios que lo gobernaban o para los cronistas deportivos de Pittsburg que lo visitaban ("un lindo pueblecito de Florida", escribió Al Abrams), pero para el joven Clemente la cultura imperante era una afrenta. En Puerto Rico, su familia rara vez hablaba de raza. No era un problema cuando él jugaba béisbol en la liga de invierno, pero aquí el tema era inevitable. Tres recuerdos de esa primera primavera en Fort Myers se le quedaron grabados. Recordaba la conducta sumisa de los jugadores negros que temían que pudieran despedirlos o enviarlos a las menores por el mínimo acto de autoafirmación. Recordaba la manera en que los negros debían quedarse en el autobús siempre que el equipo se detenía a comer en el camino. Y recordaba, o creía recordar, una descripción despectiva de él que había aparecido en el periódico local. Años después, en una entrevista reflexiva con Sam Nover, un radiodifusor de Pittsburg en quien él confiaba, Clemente dijo: "cuando comencé a jugar en 1955… siempre que leía algo acerca de los jugadores negros [los cronistas deportivos] tenían que hacer algún comentario sarcástico. Por ejemplo, cuando llegué a Fort Myers, había un periódico allí y el periódico anunció la llegada al pueblo de un

PETULANTE PUERTORRIQUEÑO. Ahora bien, esa gente no sabían nada de mí, pero sabían que yo era puertorriqueño, y tan pronto llegué al estadio me llamaron un petulante puertorriqueño".

No resulta claro dónde Clemente vio esa referencia despectiva. En un estudio de todas las ediciones del periódico de Fort Myers en 1955 desde antes de que abriera el campo de entrenamiento hasta que el equipo se dirigió al Norte, no aparece ningún artículo ni titular donde llamen a Clemente petulante. En su columna "Keeping Score", Len Harsh una vez lo llamó "un fogoso joven puertorriqueño" y en otra ocasión dijo que "tenía algunos bordes rugosos que debían suavizarse", pero a Harsh le gustaba Clemente y era invariablemente halagador. La primera página correspondiente a la edición del 22 de enero, que circuló más de un mes antes de que Clemente llegara, incluía dos artículos que menospreciaban a los puertorriqueños. LOCO PUERTORRIQUEÑO HACE CORRER A LOS AGENTES, decía el titular de la primera historia, acerca de un joven que provocó a la policía local a una persecución de alta velocidad a través del pueblo. El segundo artículo, con el titular de PROHIBIDA LA DESNUDEZ A LOS PUERTORRIQUEÑOS, informaba de que en el poblado agrícola de Immokalee, al sureste de Fort Myers, el alguacil había advertido que prohibía la costumbre de dejar que los bebés puertorriqueños anduvieran sin ropa. "Según la costumbre, traída de la Isla y practicada por mucho tiempo por antepasados españoles e indios, los trabajadores migratorios puertorriqueños han estado dejando que sus hijos chiquitos anden jugando por las calles desnudos como arrendajos", decía el informe. "el alguacil Joe Brown les dijo a los padres que los niños deberían usar delantales, pantalones cortos o al menos pañales. Él reconoció que en su pueblo natal de Tampa los niños cubanos andan sin ropa, pero sólo en los barrios latinos donde no hay objeciones". Ésta era la atmósfera social de la Florida en 1955, y Clemente la odiaba.

¿Podría haber sido un periódico de Pittsburg el que lo llamó petulante? Los archivos no muestran tal referencia allí tampoco, aunque algunas descripciones se le acercan. En una de sus columnas, Al Abrams escribió: "Desde el punto de vista del espectáculo y de atraer al público, este Clemente será el ticket perfecto del Forbes Field. El moreno puertorriqueño desempeñó bien su posición y corrió las bases como un conejo asustado. Parecía que siempre que levantábamos la vista estaba Roberto mostrando sus veloces talones y sus relucientes dientes blancos a los gritos estentóreos de los fanáticos de las gradas". Lo más probable es que Abrams fuera inconsciente de cuán cargadas de malevolencia podría parecerle a su personaje ese comentario, cuya intención era sólo la de hacerle un gran elogio, y ciertamente sin tratar de implicar que le disgustara el estilo de Clemente. Digamos que anduvo cerca, pero no había aún ningún "petulante". Tal vez un provocador desde la gradería o un comentarista deportivo después de un juego llamó a Clemente un *hot dog* por una cogida en bandeja y él combinó ese comentario oral con un artículo de periódico que no le gustó. En cualquier caso, se sentía profundamente perturbado por los estereotipos y se acercó a jugadores latinos más experimentados para ver cómo se sentían. Carlos Bernier y Lino Donoso, que intentaban establecerse en los Piratas, lo instaron a contener su ira. Su amigo Vic Power, que llegó a Fort Myers con los Atléticos de Kansas City, le contó un incidente en que el autobús del equipo había sido detenido por la policía y a Power lo habían sacado afuera porque había cogido una Coca-Cola de una estación de servicio que estaba junto a la carretera y que era sólo para blancos.

El mensaje, según Clemente era el mismo. "Me dicen 'Roberto, mejor mantén la boca cerrada porque te mandarán de vuelta'". Pero Clemente no quería quedarse callado. Su sentido de justicia se sobreponía a su innata timidez. "Eso es algo que me dije desde el primer día: 'soy del grupo de la minoría. Soy de la gente pobre. Represento a los pobres. Represento a la gente común de Estados Unidos. Luego, voy a hacer que me traten como a un ser humano. No quiero que me traten como a un puertorriqueño, o a un negro, ni nada semejante. Quiero ser tratado como una persona que viene a trabajar'. Toda persona que viene a trabajar, no importa de qué raza o color es, si hace el trabajo, debe ser tratado como los blancos".

Tanto como el deporte mismo, era el tema de la básica dignidad humana el que motivaba al *Pittsburgh Courier* en su intensa cobertura del estadio de los Piratas esa primavera. Con una sección deportiva llena de vitalidad, en que se destacaban las columnas de Wendell Smith y Bill Nunn Jr. y las caricaturas de Ric Roberts, el *Courier*, el semanario negro de Pittsburg, informaba sobre la integración del béisbol de las grandes ligas con una profundidad y una pasión que igualaban a cualquier otra publicación del país. Al Dumore, el corresponsal del periódico que informaba sobre los Piratas en Fort Myers, enviaba despachos regulares sobre los altibajos de los prospectos no blancos del equipo. En la jerga de los titulares de los periódicos negros de esa época, a estos jugadores con frecuencia los llamaban "bronceados". Junto con cuatro peloteros de las menores que habían estado en Fort Myers a principios de febrero para asistir a la escuela de adiestramiento del Sr. Rickey, había en el campo seis prospectos para las mayores ese año, la mayor cantidad en la historia del equipo: Curt Roberts, un segunda base, los lanzadores Lino Donoso y Domingo Rosello, y los jardineros Carlos Bernier, Román Mejías y Roberto Clemente.

Al corresponsal del *Courier* le parecía que, entre los seis, sólo Clemente tenía asegurado su puesto en el club. "Al anunciadísimo Roberto Clemente deben retenerlo un año entero como jugador escogido", afirmaba Dunmore en un informe sobre el entrenamiento firmado a principios de la primavera. Y conforme a sus observaciones, el juego del joven puertorriqueño merecía un trabajo en cualquier caso. "Clemente cumple todo lo prometido, sólo carece del lustre de las grandes ligas", escribió. El artista Ric Roberts, en su primer boceto de la primavera, dibujó "Rookies and Robins", una colección de prometedores novatos negros, siendo Clemente el primero entre ellos. Allí aparece él con el uniforme de los Piratas, en el momento en que lanza una bola a toda velocidad en el jardín derecho, con el típico globito en el que dice "¿EXTRA BASE? ¡NO!" Ciertamente ningún mote de "petulante" en el *Courier*.

Si los tipos del *Courier* estaban impresionados, el viejo Rickey seguía indeciso sobre la presea que le había quitado a los Dodgers. En la tarde del 23 de marzo, se sentó en el Parque Terry y se mantuvo escribiendo sin parar mientras los Piratas jugaban con los Medias Blancas de Chicago el Día del *Comerciante*. El día anterior, Clemente se había embolsillado su primer jonrón de la primavera, y contra los Medias Blancas había bateado dos sencillos y un triple. Pero Rickey estaba preocupado. Creía que la carrera de Clemente mejoraba luego de días de aprendizaje con el entrenador George Sisler, que le enseñaba a los novatos cómo hacer giros más agudos en la senda de las bases. Pero en el plato, observaba Rickey, Clemente parecía perder el equilibrio, rehuyendo la bola, intentando halarla demasiado. Podría ser una falla fatal, temía Rickey. "No me sorprendería si llegara el momento en que al Sr. Clemente sólo le permitieran jugar contra lanzadores zurdos. Cuando los *pitchers* de la Liga Nacional se enteren de esta espantosa debilidad en el lanzamiento por debajo del brazo, no va a lograr batear más". Le pidió a Sisler que hiciera funcionar su magia con Clemente en el plato.

La atención del *Courier* durante toda la primavera no se concentró en Clemente ni en la duda de si podría permanecer allí enfrentándose a diestros que lanzaran por el lado del brazo, sino en Curt Roberts y en las preocupaciones de si podría mantener su puesto como segunda base.

Roberts era otro de los veteranos del béisbol que pavimentaron el camino para Clemente, un linaje que comenzaba con sus compatriotas puertorriqueños Hiram Bithorn, Luis Olmo y Vic Power. Sólo un año antes, siete temporadas después que Jackie Robinson se uniera a los Dodgers, Curtis Benjamin Roberts hizo historia en Pittsburg al convertirse en el primer negro de los Piratas. Nadie más que el Sr. Rickey, el ingeniero de la integración del béisbol, había reclutado a Roberts, quien al igual que Robinson había jugado en la Liga Americana Negra para los Monarcas de Kansas City. Pero Roberts no era Jackie Robinson. Era un torpedero poco atractivo de Pineland, un pueblo maderero del este de Texas, con un guante hábil pero no gran cosa al bate. Registrado como de 5 pies 8 pulgadas de estatura, pero probablemente dos pulgadas más bajo cuando menos, Roberts jugó tres años en Denver con el club afiliado a los Piratas en las ligas menores. Durante su permanencia en las menores lo cambiaron de siore a segunda base, y su mánager Andy Cohen, que era judío y simpatizaba con la situación de los peloteros negros, le puso el apodo elogioso de "el hombrecito". Roberts tenía buen alcance, se destacaba en disparar roletazos, y encabezaba a los jugadores de segunda base en promedio defensivo y asistencias.

Por la época en que llegó a Pittsburg en 1954, Roberts había sido instruido por Rickey en la manera de sobrevivir en el ambiente deportivo que era predominantemente blanco, consejo que se reducía a tres palabras: ignore el insulto. Más fácil decirlo que hacerlo, por supuesto. Christine Roberts, la esposa del jugador, le dijo a Ed Bouchette, comentarista del *Pittsburgh Post-Gazette,* que cuando ella asistía a los juegos en Forbes Field oía constantes gritos de "¡tumben al negro!" y "¡Denle en la cabeza!" Resultaba tan desagradable que ella prefería sentarse en el nivel superior. "La gente que se sentaba al frente eran los peores. Querían estar seguros de que [Curt] los oiría". Pero ella nunca volvió a mirar a estos racistas. "Tenía que ignorarlos tal como Branch Rickey nos había dicho".

Roberts comenzó su carrera en las grandes ligas con un golpe de audacia. Con un cortante viento de abril que soplaba en el diamante mientras los Piratas hacían la apertura en su estadio por primera vez en sesenta y un años, le disparó un triple en su primer turno al bate al consumado diestro de los Filis Robin Roberts, que condujo a los asombrados Piratas a una inesperada victoria. Él continuó para empezar con 134 juegos ese año bajo la tutoría de Fred Haney, el mánager de los novatos, con resultados desiguales. En el terreno, algunos comentaristas locales dijeron que jugaba con mayor elegancia que cualquier segunda base de los Piratas en décadas. Pero en el plato su promedio era apenas de 232 puntos. Fue su incapacidad para batear la que lo llevó a batear por sobrevivir en el campo de entrenamiento de primavera de 1955, una lucha relatada en detalle por el *Courier.*

ROBERTS JUEGA PELOTA PESE A LOS RUMORES, reza uno de los primeros titulares del entrenamiento de primavera. "El alboroto que se produjo antes de la primavera acerca de Gene Freese con los Piratas no arredró al pequeño Curt Roberts en su empeño de retener su puesto del segunda base en el club. El caballerito del guante hábil ha sido fiel a sí mismo bateando roletazos directos a segunda", escribió el cronista Dunmore. Freese, que venía de Wheeling Virginia Occidental, considerado el traspatio sur de Pittsburg, era casi tan pequeño como Roberts (su apodo común era Augie, aunque sus compañeros de la universidad lo llamaban Microbio). Pero él tenía más potencia en el bate. Luego de destacarse en las menores con los Pelícanos de Nueva

Orleans, se apareció en el entrenamiento de primavera acompañado de una entusiasta publicidad. Tal como Dunmore describió a Freese, parecía "desesperado en su locura de coger el trabajo". También impresionó a Dick Groat, siore titular y callado líder del equipo, que acababa de regresar luego de dos años en el Ejército y quien invitó a Freese a mudarse con él. Roberts era "un tipo determinado que no se iba a rendir sin pelear", dijo Dunmore. En su próximo artículo con el titular de NUEVE *HITS* MÁS ES TODO LO QUE NECESITABA, Dunmore hacía notar que con esos nueve *hits* extras Roberts habría sido un bateador de .250 el año anterior en lugar de un "desafortunado .232" y no tendría que preocuparse de perder su puesto como titular. El propio Branch Rickey había dicho que "todo lo que Roberts tiene que hacer es batear .250".

¡Qué delgada línea entre el éxito y el fracaso fueron esos nueve *hits*, tal como Dunmore presentaba el dilema!: "Dieciséis veces los guantes del adversario le robaron los posibles *hits*. Cinco veces al principio le llamaron "muerto en base" cuando, en opinión de sus compañeros, le podrían haber dado el aprobado".

En el panorama más amplio del béisbol, la batalla por el puesto de segunda base en un equipo que perennemente ocupaba el último lugar no constituía una gran noticia. Pero desde la perspectiva del *Courier* y sus lectores, Curt Roberts y todas sus esperanzas y sufrimientos adquirían la categoría de un drama. "En Pittsburg la cuestión de Court, con referencia a su futuro inmediato, es tema de conversación en familia", escribió Dunmore. "Día por día crece la incertidumbre: ¿Jugó Curt ayer?" La incertidumbre crecía, si es que en alguna otra parte, en la redacción del *Courier* en la Avenida Centre del Hill District de Pittsburg, y tal vez en los barrios negros de otras ocho ciudades donde circulaban las ediciones del influyente semanario. Un día, Dunmore confrontó al mánager Haney acerca de la falta de tiempo de juego de Roberts. A su informe sobre la entrevista lo encabezaba este titular: LE PREGUNTAMOS A HANEY "¿POR QUÉ?" Haney explicó que batear no era la única debilidad que él veía en Roberts; cuestionó también la potencia de su brazo al hacer tiros desde el jardín. Luego Dunmore se acercó a los cronistas deportivos blancos —Hernon y Biederman y Chilly Doyle— y les preguntó por qué ignoraban a

Roberts: Los reporteros de Pittsburg, al presentarles el cargo de que ellos estaban "excluyendo a Roberts" —haciendo en inglés un juego de palabras *("freezing Roberts out")* con los apellidos de los que competían por la segunda base— dijeron que podían escribir poco acerca de un hombre que no veían jugar. Agregaron que incluso durante el invierno los Piratas se refirieron a Freese al discutir sus planes de primavera. Al final, Roberts integró la nómina regular de la temporada, pero perdió su puesto titular.

Desde la perspectiva del periódico negro, esto era desafortunado, pero sólo una batalla perdida en una guerra más grande por la equidad racial que se estaba ganando, si bien lentamente. En la misma edición que anunciaba el descenso del lanzador Lino Donoso a las Estrellas de Hollywood y el lugar de Roberts en el banco, el *Courier* tenía un artículo acompañado por una ilustración de Ric Roberts acerca de las ganancias económicas que los negros habían hecho en el béisbol. LE PAGARON A 45 ESTRELLAS BRONCEADAS LA SUMA DE $4.596.500, proclamaba el titular. El estudio que había hecho el periódico sobre los salarios de Jackie Robinson y de los cuarenta y cuatro jugadores negros que lo siguieron en las grandes ligas de 1947 a 1955 mostraba que les habían pagado una suma combinada de más de un millón y medio de dólares. Si Robinson se hubiera quedado con los Monarcas de Kansas City, calculaba el *Courier*, su paga total a lo largo de siete años no habría sido de más de 35.000 dólares. En cambio, con los Dodgers, había ganado un total de por lo menos 252.000 dólares. Detrás de Robinson en el rango del salario, en una lista que incluía jugadores negros activos y jubilados, estaban Larry Doby de los Indios, con 182.000 dólares; Roy Campanella de los Dodgers, 125.000; Satchel Paige de los Indios, 105.000; Luke Easter de los Indios, 103.000; Monte Irvin de los Gigantes, 97.000; Saturnino Orestes Arrieta Armas (Minnie) Minoso de los Medias Blancas, 77.000; Hank Thompson de los Gigantes, 76.000; Don Newcombe de los Dodgers, 73.000; Sam Jethroe de los viejos Bravos de Boston, 57.000 y Willie Mays de los Gigantes, 40.000. Los veintiocho veteranos entre los jugadores negros se esperaba que ganaran un total de 445.000 dólares en 1955. Si trece jugadores novatos se mantenían con sus clubes, el total podría ascender a 549.000 dólares.

Roberto Clemente no agregaba mucho al total. El 3 de febrero, mientras estaba todavía en San Juan, había firmado su primer contrato para las grandes ligas por 6.000 dólares.

Al comienzo de la década, los Piratas habían pedido paciencia. A los fans les dijeron que se trataba de un plan quinquenal. Luego vino la "Operación Barba Incipiente", el entrenamiento acelerado de jóvenes jugadores que todavía no estaban listos. Al acercarse la quinta temporada, Rickey empezó a sentir el cruel aguijón de los escépticos. "Disto de ser perfecto", escribió en un memo privado en su propia defensa. "No soy un dios del béisbol. Nunca he pretendido serlo. No exijo la perfección. Lejos de ello. Pero yo no soy un mal nacido y nunca lo seré. Ninguna serie de artículos de los cronistas deportivos de cualquier parte puede desviarme del trabajo inmediato ni mellar el filo de mi valor para hacer las cosas que creo deban hacerse para traer una gran equipo a esta ciudad. Cicerón tuvo su Catilina, Abraham Lincoln tuvo su Vallandigham, e incluso los individuos ordinarios como yo podemos tener detractores". Pero el futuro responderá a todos los críticos, decía Rickey. Y el futuro era ahora. Mil novecientos cincuenta y cinco, se jactaba él, sería el momento cuando "las campanas comenzarían a repicar mientras la carreta roja rodarú calle abajo. Será entonces cuando la gente de Pittsburg gritará, 'ies por George que esto es así!'"

En efecto, una vez que el equipo se fue al Norte, la quinta temporada del plan quinquenal del Sr. Rickey se acabó casi al empezar. Los Piratas perdieron su juego de apertura en Ebbets Field en Brooklyn y nunca se recuperaron. Simplemente se mantuvieron perdiendo, ocho derrotas consecutivas. Unos pocos partidos fueron reñidos. El puntaje total para los que abrieron con ocho contra los Dodgers, los Gigantes y los Filis fueron: contrarios: 54; Piratas, 16. La opinión de Rickey de que Clemente tendría problemas con los lanzadores diestros llego a oídos de Fred Haney, el mánager, que lo mantuvo en el banco al comienzo de la temporada, pese a lo productiva que había sido su primavera. No fue sino hasta el cuarto juego que Clemente hizo su debut, en la tarde del 17 de abril en el Forbes Field contra los Dodgers. Johnny Podres —un zurdo que más adelante le dio a Brooklyn su momento de mayor gloria al blanquear a los Yanquis en el séptimo juego de la Serie Mundial— estaba en el montículo cuando Clemente bateó una recta que rebotó por el lado izquierdo del cuadro. El torpedero Pee Wee Reese disparó la bola pero no pudo hacer una jugada a primera. Un roletazo sencillo en un juego perdido con un equipo lamentable; no había manera de saber entonces que algún día la gente consideraría ese *hit* como una pieza de la historia del béisbol.

En los camerinos debajo del viejo y húmedo Forbes Field, a Clemente le dieron una casilla al lado de otro novato, nada menos que Gene Freese. No había ninguna animosidad entre ellos, aunque Clemente creía que a Curt Roberts no le habían dado una justa oportunidad de conservar su trabajo de segunda base. A Freese le gustaba fastidiar a Clemente con las ratas que rondaban el costroso túnel entre la casa club y el *dugout*. "Eran mis mascotas allá en West Virginia", diría él, a sabiendas de que Clemente no podía soportar el verlas. Clemente y Freese ya se conocían. Habían competido uno contra el otro en la liga invernal de Puerto Rico. Freese había jugado para los Senadores de San Juan en 1954, y había formado parte del equipo estelar, donde conoció a Clemente y a Willie Mays. Uno de los momentos que más le enorgullecían, como reconocería décadas después, se dio antes del partido de las estrellas cuando varios jugadores tomaron parte en una carrera de sesenta yardas. No hubo ningún registro oficial del evento, pero según el relato de Freese, Hal Jeffcoat la ganó. George Freese, su hermano, que jugaba para Mayagüez, quedó en segundo lugar; él en tercero, y detrás de ellos estaban los rápidos del equipo de Santurce, Mays y Clemente. "Ellos parecerían veloces, pero en una carrera lineal los derrotamos".

Era típico de los equipos de Pittsburg de esa época que Freese fuese más conocido por una rareza. Tener a los hermanos Gene y George Freese en el mismo equipo era bastante poco común, pero los Piratas dieron un paso más: tenían también a Johnny y Eddie O'Brien, que no sólo eran hermanos, sino gemelos idénticos. Ningún equipo antes o después contó con la actuación de hermanos como los Piratas de 1955, aunque los Gigantes más tarde tendrían a los tres hermanos Alou. Además, los O'Brien añadieron otra curiosa dimensión. Si el equipo carecía de talento en béisbol, podía armar una poderosa escuadra de baloncesto. Los O'Brien, conocidos como los Mellizos Dorados, habían liderado a los Caciques de la Universidad de Seattle en el torneo de baloncesto de la Asociación Nacional de Atletas Colegiados (NCAA, por su sigla en inglés) en 1952 antes de que Bing Crosby, que era vicepresidente de la junta directiva de los Piratas, se los recomendara a Branch Rickey como jugadores de béisbol. (En una carta con membrete de Bing Crosby y un logotipo de Hollywood, el cantante le decía a Rickey: "Creo que estarás de acuerdo en que se desempeñan con gran colorido y uno de ellos tiene decididamente buenas condiciones y buen deslizamiento lateral"). Estaba también Dick Groat, el torpedero, que había sido un defensor del bando *All-American* en la Universidad de Duke. Y para una primera línea los Piratas podían enviar a Dick Hall y Nellie King, ambos de 6 pies 6 pulgadas (la estatura de un centro en esos tiempos) y a Dale Long de 6 pies 4 pulgadas. Todos buenos para una liga recreativa de invierno, pero no de mucho uso en Forbes Field.

Gene Freese, que jugaba segunda base y luego se movió a tercera, arrancó con un gran comienzo. Parecía que cualquier pelota que rebotaba de su bate caía frente a los jardineros. Clemente no resultó tan afortunado: luego de dos primeras semanas calientes comenzó bateando la bola directo al guante de alguien, haciéndole sentir tan frustrado que rompió varios cascos de bateo. Si un jugador blanco rompía un casco, era tenido por un impetuoso competidor; cuando Clemente lo hizo algunos compañeros de equipo y cronistas deportivos pensaron que era otra manifestación de alarde, como su técnica de "bandeja". Romper cascos era en parte una suerte para el tipo que mandaba. Le costaba dinero al equipo, pero Branch Rickey se lucraba con eso al mismo tiempo. Los cascos de bateo de fibra de vidrio y plástico fueron una de sus innovaciones, y Rickey y sus amigos y familiares eran dueños de una compañía, la American Baseball Cap Inc., que los fabricaba amparado en la Patente No. 2.698.434, emitida el 4 de enero de 1955. Más adelante, Clemente daría fe de la eficacia del casco). La impresión general en el camerino era que el chico puertorriqueño apenas sabía inglés porque no hablaba casi nunca y cuando lo hacía, con su suave voz de tenor, sus palabras tenían un acento muy marcado. Los cronistas deportivos locales, cuando lo citaban, deletreaban fonéticamente sus comentarios, una costumbre que lo enfurecía. Pero él estaba aprendiendo el idioma rápidamente en una amplia variedad de fuentes, que iban desde las amables boberías de los dibujos animados de la televisión a las agudas palabrotas del camerino.

Él llamaba a Freese, "Magoo", por Mr. Magoo, porque a Freese le gustaba hablar como el personaje cegato de los *cómics*.

—Eh, Magoo —le dijo de pronto un día en la casa club—. ¿Cómo es que tú, Magoo, te embasas con putos *hits*, y a mí me ponchan con rectas pa' *out*?

Freese tenía una respuesta:

—Tú tienes un número de mala suerte, Clemente.

Su número era el trece.

—Oye, ¡Hoolie! —Clemente llamó al asistente del camerino—. Consígueme otra camisa.

Posteriormente surgiría la leyenda de que Clemente había contado el número de letras de su nombre y sus dos apellidos, Roberto Clemente Walker, y que había usado la suma total para su nuevo número. Pero realmente fue obra del azar: el No. 21 estaba disponible.

Cada dos semanas durante la temporada, el *Courier* traía un cuadro especial con el título de "Lo que hacen", que listaba las estadísticas de bateo de los jugadores regulares negros de ambas ligas. Al cabo de mes y medio de temporada, el nombre de Clemente estaba entre los primeros diez bateadores de la lista del periódico. Su socio Vic Power ocupaba el primer lugar, al alcanzar rápidamente un promedio de .359 en Kansas City, seguido de cerca por Elston Howard, el hombre que los Yanquis escogieron para que fuera su primer jugador negro en lugar de Power. Roy Campanella estaba deshaciendo la Liga Nacional con diez jonrones y treinta y nueve carreras impulsadas. Y luego venía un trío cuyos nombres estarían vinculados muchas veces a lo largo de los años cuando se combinaron para formar un jardín estelar que no podría ser superado: Willie Mays de los Gigantes, Henry Aaron de los Bravos y Roberto Clemente de los Piratas. Momen había estado 134 veces al bate y tenía un promedio de .284 con tres jonrones y dieciséis carreras impulsadas. Estuvo bateando por encima de .300 hasta caer en la primera mala racha de su carrera.

Dos semanas después, luego de otra racha caliente, estaba jugando lo suficientemente bien para que el *Courier* desplegara un titular al tope de la página deportiva: CLEMENTE PUEDE LLEVAR LOS LAURELES DEL 'NOVATO DEL AÑO' A LOS PIRATAS. El artículo, escrito por el editor de deportes Bill Nunn Jr., destacaba que había sido "algo diferente" respecto a la temporada anterior: marcaba sólo la segunda vez desde que Jackie Robinson declaró que "un negro no ganaba ni el premio de la Asociación de Cronistas de Béisbol ni el de 'Novato del Año' de la Liga Nacional de Noticieros Deportivos. Robinson, Don Newcombe, Sam Jethroe, Willie Mays, Joe Black y Junior Gilliam los habían ganado todos en los últimos años. Luego venían Wally Moon de los Cardenales de San Luis, que derrotó a Hank Aaron y Ernie Banks en 1954. En Pittsburg, Nunn dijo, "Creen que podrían tener al hombre" para restaurar la tradición. "Roberto Clemente, un novato jardinero de 20 años que llegó a los Piratas por vía de la sucursal de Montreal de los Dodgers de Brooklyn, ha demostrado hasta ahora ser uno de novatos de más calidad de la liga. Él es la joya que muchos expertos dicen que puede llevar finalmente a los Piratas a obtener el oro que suelen ganar los equipos que terminan en la primera división. Aunque él sólo habla un poco de inglés chapurreado, no hay nada en el bateo que Clemente ha estado llevando a cabo que no lo ponga a un paso de encabezar la categoría cuando esto se dé a conocer. Al tiempo que esto se escribía, el veloz puertorriqueño bateaba un promedio respetable de 302 puntos. Y los Piratas, al mismo tiempo, ya estaban condenados con veinte juegos por debajo de los 500 puntos, con 21 y 41.

Una frase del entusiasta artículo de Nunn —"habla sólo un poco de inglés chapurreado"— reflejaba la precaria posición de Clemente en Pittsburg. Él era negro, pero como puertorriqueño hispanohablante quedaba de alguna manera separado de la comunidad negra nativa de Pittsburg, y aún más distante de la mayoría de sus compañeros de equipo blancos, separado por el idioma, la raza y la edad. Los Piratas podrían haber sido mediocres, pero eran en su mayoría gente cordial. Muchos de los solteros vivían en el mismo complejo de apartamentos e iban a los mismos bares. Ellos creían que Clemente era tímido y quería andar solo. No podían ver el mundo a través de sus ojos: el significado de su vida familiar en Carolina con don Melchor y doña Luisa y todos sus hermanos y primos mayores, el orgullo que él sentía por su Isla, el racismo real que había encontrado todos los días en la Florida, el aislamiento social de ser un muchacho negro de habla hispana en medio de hombres blancos mayores, hombres que parecían provenir de otro lugar y generación, incluido Sid Gordon, que nació cuando Estados Unidos entraba en la primera guerra mundial. Sólo unos cuantos eran hostiles; Elroy Face, el eficaz pitchercito tapón de tenedores y músico montañés, detestó a Clemente desde el principio. Jack Hernon, el cronista deportivo del *Post-Gazette,* por diversas razones, sentía lo mismo. La mayoría de los tipos eran cordiales, pero no obstante había una distancia. "Él era muy callado. Un caballero. Siempre cortés", dijo Nick Koback, un receptor novato, refiriéndose a Clemente. "A veces salía al terreno y fastidiaba conmigo. Decía: '¡Eh, tú: fuertote!' "

Pittsburg era un lugar que había superado notablemente los problemas raciales de Fort Myers, pero los negros, que según los datos del censo constituían aproximadamente un 16,7 por ciento de la población (menos que en la mayoría de las otras grandes ciudades del Norte) estaban en general confinados al Distrito Hill y a Homewood, y los intentos de mudarse fuera de esa zona a veces enfrentaban desagradables actos de resistencia. ¡VETE A LA COLINA! LE DICEN A FAMILIA NEGRA, anunciaba un titular del *Courier* ese verano sobre una nota acerca de la familia Sanford, Mahlon y Beatrice y su hija Mary de trece años, que fueron amenazados con violencia cuando se mudaron del Distrito Hill para una casa alquilada en el pueblo de Glenfield. En la puerta de la casa, donde unos vándalos habían roto unas ventanas, los Sanford encontraron una nota garrapateada que decía: *Negro: que la puesta del sol no te encuentre aquí. Tu lugar está en el Distrito Hill. No ensucies nuestro pueblo.* Clemente no tuvo que enfrentarse a groserías como ésas, pero al igual que Curt Roberts un año antes, oía chistes racistas que salían del banco de los equipos contrarios durante los juegos. Roberto tenía la misma urgente necesidad y el profundo sentido de identidad que Jackie Robinson, y le resultaba tan difícil como lo había sido para Robinson, seguir el consejo de Rickey de ignorar los insultos.

En los barrios obreros de la ciudad vieja aún había mucha resistencia a la integración, incluso en el terreno de pelota. Richard Peterson, que creció en el *South Side* de la ciudad y quien habría de llegar a ser profesor de inglés y ensayista de tono lírico sobre los deportes de Pittsburg, acababa de comenzar a jugar una posición de jardinero en su equipo de la escuela secundaria ese año y recordaba que estaba buscando a un jardinero de los Piratas para que fuera su nuevo héroe. Clemente habría sido ese héroe, excepto por su raza. "El único problema era Clemente mismo", diría Paterson medio siglo después en una columna del *Post-Gazette*. "Yo vivía en el *South Side*, en ese momento un barrio de gente elemental definido por sus enclaves étnicos, su mentalidad fabril y su profunda desconfianza de las minorías. Mi padre trabajador y sus socios bebedores de cerveza, si bien eran fanáticos intransigentes de los Piratas, creían que los peloteros negros estaban arruinando el béisbol, y yo era el hijo de mi padre. A mi infantil prejuicio contra los peloteros negros le sobraba respaldo".

El primer amigo de Clemente en Pittsburg fue Phil Dorsey, que trabajaba en la oficina de correos y había estado en una unidad de reserva del Ejército con Bob Friend, el *pitcher* abridor cuya personalidad le hacía honor a su nombre. Después que Friend le presentó a Clemente en la casa club luego de un juego, Dorsey lo llevó en su auto de regreso a su cuartito mal ventilado en el viejo hotel Webster Mays. Esto no tardó en convertirse en una rutina, en la que Dorsey, cuando no estaba trabajando, llevaba a Clemente, que no tenía automóvil, hasta el estadio y luego lo recogía, y también lo sacaba a comer. La vida de un pelotero incluye grandes espacios de tiempo libre, y Dorsey ayudaba a Clemente a llenarlos. Jugaban billar y póquer de a centavo la apuesta y comían comida china e iban al cine. A Clemente le gustaban las películas del oeste, y se aprendía frases enteras de memoria como una manera de aprender más inglés. (Años después, en la casa club horas antes de un juego, un compañero de equipo vio a Clemente frente a un espejo con un joven jugador latino, ayudando al recién llegado con el inglés haciéndole repetir una frase de *El llanero solitario*: *"You go into town, I'll meet you at the canyon"* (Entra en el pueblo, me encontraré contigo en el desfiladero).

Dándose cuenta de que Clemente se sentía incómodo en el hotel, un ambiente tan diferente de su vida hogareña en Puerto Rico, Dorsey encontró un apartamento que Clemente podía compartir con Román Mejías, el otro latino del club. Pero Mejías se quedaba levantado hasta tarde y hacía mucho ruido con los percheros cuando se quitaba la roja, y parte del edificio resultó ser un burdel. Finalmente, Dorsey instaló a Clemente con sus amigos Stanley y Mamie Garland, una pareja negra sin hijos que tenía una habitación disponible en su bonita casa de ladrillos rojos en el No. 3038 de la calle Iowa en las Alturas de Schenley, un vecindario negro de clase media, cuesta arriba desde la Universidad de Pittsburg. El Sr. Garland trabajaba en el correo con Dorsey, y su esposa tenía un puesto de supervisora en el Hospital General de Allegheny.

Los Garland le habían alquilado cuartos a estudiantes universitarios antes, pero nunca a un pelotero de las grandes ligas. Mamie Garland no se sentía muy cómoda con la idea. Roberto era joven, soltero y guapísimo. Las mujeres se empujaban por acercársele antes y después de cada juego, y uno de los papeles de Dorsey sería el de portera de las mujeres de Clemente. La Sra. Garland, antes de aceptar a Clemente, quería dejar sentado con toda claridad que no vendrían mujeres a la casa. Clemente le aseguró que a él no le gustaba divertirse en casa, que era callado y que siempre intentaba descansar. Era una persona muy apàcible, le dijo. Ella no tendría ningún problema con él. Al principio fue sólo un cuarto, nada más. Él saldría a comer fuera. Pero Mamie Garland era una buena cocinera, y los aromas que subían hasta el cuarto de él desde la cocina resultaban abrumadores. Un día, él le llenó el congelador con bisteques y otros cortes de carne que había traído de la carnicería. Son para usted, le dijo a la Sra. Garland, tal como ella recuerda la historia. Haga lo que quiera con ellos. Pero me gustaría comer con ustedes si no tienen inconveniente porque huelo esos bistecs que usted prepara. Agradecería mucho si me prepara uno. Por favor, uno de estos días, haga uno para mí. A partir de entonces, comió en la mesa con los Garland, y el vínculo se profundizó tanto que él los llamaría sus padres en Estados Unidos y ellos llegaron a tenerlo como su hijo.

Mirando al sur y cuesta abajo desde la ventana trasera de la casa de los Garland, más allá de las copas de los árboles, Clemente podía ver el rascacielo Pitt, la Catedral del Conocimiento, y a su derecha su catedral del béisbol, el Forbes Field, que estaba a sólo una corta aunque pendiente caminata por las calles torcidas. Al doblar la esquina en Adelaide estaba la casa de la hermana del cantante Billy Eckstine. Bill Nunn Jr., el editor deportivo del *Courier*, vivía a cuatro cuadras de distancia, en Finland, frente al depósito de agua del Parque Williams y, en la vecindad, en las calles Anaheim, Dakota, Bryn Mawr y Cherokee, vivían muchos de los negros de cierta posición, jueces, ministros y propietarios de clubes nocturnos. Un cuarto de milla descendiendo hacia el norte estaba la Avenida Centre, donde la redacción y la imprenta del *Courier* ocupaba media manzana en la esquina de la calle Francis, frente al YMCA, cuyas mesas de billar servían como centro social para el Distrito Hill, y después de eso venía la Avenida Wylie y un tramo ondulante de nightclubs que se extendían por tres cuadras en los alrededores de Crawford Grill No. 2, lugar que Jackie Robinson, Roy Campanella, Junior Gilliam y Don Newcombe visitaban cuando los Dodgers venían a la ciudad, y donde los músicos que actuaban los fines de semana incluían a John Coltrane, Mary Lou Williams y Art Blakey. El Crawford Grill había sido fundado por Gus Greenlee, que también era el dueño del club de béisbol los Crawfords de Pittsburg en la Liga Nacional Negra y que hizo su dinero con el juego de la bolita de la localidad junto con Boogie Harris, el hermano de Charles (Teenie) Harris, el talentoso fotógrafo del *Courier*.

El Pittsburg negro del que Clemente empezó a formar parte era un mundo pequeño y cerrado. Él se convirtió en una figura conocida en la Avenida Wylie, según Nunn, que andaba con los peloteros cuando no estaba en la oficina trabajando en el periódico; pero como negro puertorriqueño que hablaba otro idioma, Clemente estaba de algún modo al margen de la gente. La población latina de Pittsburg era entonces minúscula, menos de un 1 por ciento. "Creo que siempre fue duro para Clemente", recordaba Nunn. "Durante años en la comunidad negra hubo un poco de tensión con negros que provenían de otros países. No había puertorriqueños en Pittsburg con quienes hablar, no como en Nueva York. La cosa aquí eran fábricas de acero que no atraían a los trabajadores del Caribe". Nunn notó que cuando

Clemente salía con alguna mujer, su acompañante solía ser lo mismo blanca que negra. "Algunas de las mujeres negras sencillamente no lo entendían".

En 1955, sin ninguna ayuda del equipo de béisbol —al menos no todavía— la ciudad del acero emprendió lo que los líderes cívicos llamaron el Renacimiento de Pittsburg. El alcalde David Lawrence, con la cooperación de la elite empresarial, ya había impuesto algunas ordenanzas municipales para controlar las emisiones de humo a fin de purificar el aire de la ciudad que se había hecho tan espeso durante el frenesí industrial de la segunda guerra mundial que en una fotografía podían verse los autos andando a mediodía por la ciudad con las luces encendidas. Ahora estaban limpiando los ríos, despejando el terreno, demoliendo edificios y rehaciendo el centro y los barrios aledaños, para bien o para mal; mejor para algunos empresarios y comerciantes, mucho bueno para los residentes desplazados. Pittsburg era una ciudad de barrios, con una rica mezcla étnica. Se decía que cada grupo de inmigrantes tenía su propia colina y su periódico. Junto con los tres diarios y el *Courier* de propiedad negra, estaban también el *Criterion,* que era judío, el semanario polaco *Sokol Polski,* el italiano *Unione,* el *Nardoni Slovu* para los ucranianos y el *Daily* de los serbios.

Era sólo en el ápice que todo el mundo se parecía. Margaret Bourke-White, la gran fotógrafa de *Time-Life,* vino a Pittsburg y tomó una foto de los fabricantes y financieros que dirigían la ciudad a mediados de los años cincuenta. Ellos posaron dentro del Club Duquesne en la Sexta Avenida, algunos de pie, otros cómodamente sentados en butacas de cuero, con retratos de sucesivas generaciones de hombres de la familia Mellon que miraban desde la pared del fondo. Trajes grises y negros, corbatas oscuras, piernas cruzadas, manos arregladas, caras pulcras, cabellos peinados hacia atrás. Aquí estaba el poder de Pittsburg reunido para una sesión ejecutiva de lo que se conocía como la Conferencia de Allegheny: United States Steel, Pittsburgh Plate Glass Company, Westinghouse Electric Corporation, Mellon National Bank, Mine Safety Appliances Company, Allegheny Ludlum Steel Corporation, Aluminum Company of America, Consolidation Coal Company, Gulf Oil Corporation, H.J. Heinz Company, Jones & Laughlin Steel Corporation, Fisher Scientific Company, Duquesne Light Company, Oliver Tyrone Corporation, Carnegie Institute, Mellon Institute. En Pittsburg se hicieron fortunas de rango universal, la mayoría de ellas de los tiempos cuando a la región se le llamaba "el infierno sin tapa".

Un equipo de béisbol perdedor desempeñaba un papel insignificante en la economía de Pittsburg, pero era una de las pocas instituciones que todo el mundo en la ciudad podía respaldar. El viejo Forbes Field, construido en 1909 y nombrado por un general de la guerra de los Siete Años, era fácilmente accesible por autobús y por tranvía. Estaba localizado en el barrio de Oakland, en los límites de la Universidad de Pittsburg, a dos millas al este del centro por la Avenida Forbes. En la acera de enfrente, visible por encima de la cerca del jardín izquierdo, estaban los árboles del Parque Schenley, donde el municipio acababa de develar una nueva estatua de dieciocho pies de alto de Honus Wagner, torpedero durante los primeros diecisiete años del siglo, el primero y hasta entonces el más grande de todos los grandes piratas de Pittsburg. La mayoría de los 34.361 asientos del Forbes estaban al alcance de los obreros del acero así como de los ejecutivos. Las gradas a lo largo de la línea del jardín izquierdo costaban un dólar. La entrada general en las tribunas inferiores y superiores del jardín derecho costaba $1,40. El más caro de los paquetes de boletos por temporada, conocido como Plan E, que incluía asientos de palco a nivel del terreno para setenta y siete juegos más sesenta y seis de entrada general, era de 143 dólares. Estos precios casi bastaban para atraer a los espectadores, pero eso era algo que sólo un mejor equipo podría haber logrado. La asistencia en 1954 había sido la peor desde los años de la guerra, y 1955 estaba mostrando muy poca mejora, menos de medio millón para toda la temporada de juego en la sede.

Para aquellos que sí asistían, el novato estacionado en el jardín derecho valía por todo el show, ya estuviera bateando o en un eslom. Los equipos contrarios se mantenían intentando caerle encima y él

invariablemente lograba agotarles los *innings* mientras acumulaba dieciocho asistencias en el jardín. Bien entrado el verano, Monte Irvin, el
héroe de la infancia de Momen, fue vendido por los Gigantes a su club
de las menores en Minneapolis, en el momento en que su carrera
se acercaba a su fin. Para esa misma época, Clemente —molesto por
lesiones persistentes: la torcedora de la columna y del cuello debido
al accidente automovilístico, un tobillo adolorido, y un golpe en la
barbilla— cayó en una crisis que lo dejaría moviéndose con dificultad
en el plato por el resto de la temporada, y su promedio terminó por
disminuir a 255 puntos (con cinco jonrones y cuarenta y siete carreras
impulsadas). Los Piratas declinarían junto con él, consolándose sólo
en el hecho de que evitaron perder cien partidos. Pero había algo
en Clemente que trascendía los resultados. Sus pocos disimulados lanzamientos instantáneos y cogidas de cesto, lo duro que corría, y la
manera aún más dura en que lanzaba y los durísimos batazos que
pegaba, incluso el donaire con que llevaba el corte tradicional del uniforme blanco con mangas negras de los Piratas, todo esto era captado y
apreciado por los abonados que se sentaban en la línea del jardín derecho, y por las bandas de muchachos fanáticos y las familias que los
miraban desde las tribunas situadas encima del alto muro del jardín
derecho.

Desde el principio, se estableció un nexo entre Clemente y
muchos fans del béisbol, especialmente los muchachos. Si ellos no
estaban atados por prejuicios, si podían apreciar a Clemente tal como
era, él se los ganaba. Como Branch Rickey decía, la ley de causa y
efecto y la de causalidad operan ambas con la misma inexorable exactitud. Los cronistas deportivos casi siempre frustraban a Clemente;
ya sea que no podían ver su perspectiva o que él creía que ellos no
podían. El sistema, cualquiera que fuese, cualquier cosa que lo mantuviera sujeto, era lo que le molestaba. Ver que otra gente obtenía
más reconocimiento, lo sacaba de quicio. Los estereotipos de los
puertorriqueños lo enojaban. Que le dijeran donde no podía sentarse
o comer o dormir lo enfurecía. Todo eso lo encolerizaba tanto que
una vez se llamó a sí mismo un negro doble, recurriendo a la palabra
que tanto lo irritaba —*nigger*—. Pero los fans eran otra cosa. Como

un joven pelotero, solitario y vehemente, se sentía aliviado con los fanáticos y, después de los juegos, sin esposa ni hijos que atender, nada le gustaba más a Momen que quedarse de pie rodeado por extraños admiradores —*un momentito, un momentito*— y estar firmando su autógrafo con una suave y fluida letra cursiva en las tarjetas de anotaciones y en las pelotas de béisbol por todo el tiempo que ellos quisieran.

5

¡Arriba! ¡Arriba!

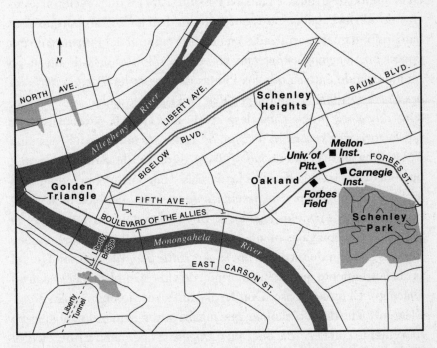

BOB PRINCE, EL COMENTARISTA DEPORTIVO QUE
narraba jugada por jugada los partidos de los Piratas para la radio y la
televisión, tenía un apodo para todo el mundo. Eso incluía a Prince
mismo, que era conocido en Pittsburg como "el Pistolero". No hay
acuerdo del por qué de ese sobrenombre; ya fuera descriptivo debido
a su estilo de narrar o —una historia igualmente probable— que sus
amigos comenzaron a llamarlo el Pistolero después que un marido
descontento le sacó una pistola por estar conversando con su mujer.
Con su voz profunda y áspera, su cara de tonto con espejuelos, sus

piernas enjutas, las horribles chaquetas deportivas a cuadros que usaba, el desenfado de quien se encuentra en su propio estadio, su agudo sentido del humor e inteligencia y un inagotable repertorio de nombretes, metáforas, maleficios, amuletos de la buena suerte y dichos idiomáticos, Prince no sólo era la voz de los Piratas, él era de muchas maneras su creador. Los equipos de béisbol viven en la imaginación pública, y los Piratas surgieron a la vida como primero los imaginó Bob Prince.

A su lado en la cabina de transmisión se encontraba Jim Woods, que en el mundo de Prince se llamaba Possum. Para los que crecieron escuchando a Prince, había frases que transcendían los clichés porque estaban profundamente arraigadas en el tejido cultural del Pittsburg de esa época. *Los tenemos completamente,* dicho sólo después de un juego reñido cuando parecía que los Piratas iban a perder. *Pueden darle un beso de despedida,* la manera peculiar de Prince de anunciar un jonrón. *¡Qué dulce es!,* proclamaba después de una victoria particularmente satisfactoria o de una racha de triunfos. Las bases no estaban llenas, sino *F.O.B.* (una abreviatura de *full of Bucs*), es decir "llena de bucaneros", que era otro modo de llamar a los Piratas. Una bola no era meramente un *foul,* sino un *foul por un pestañazo de un jején.* También tenía nombres pintorescos para los jugadores. Bill Virdon, que correteaba por el jardín central con gafas montadas al aire, era *Quail* (codorniz). Smoky Burgess, el rotundo receptor, era *Shake, rattle and roll.*[*] Vernon Law, el as del lanzamiento que era un mormón de vida ejemplar, era *Deacon* (el Diácono). El tercera base, Don Hoak, agresivo y temerario, era *Tigre.* El larguirucho de Bob Skinner, que jugaba jardín izquierdo y abanicaba suavemente con la zurda, era *Dog* o *Doggie.* El pequeño Elroy Face, el artista de los tenedores [los tiros ahorquillados] que tuvo una temporada imbateable en 1959, yendo de 18 a 1, era *El barón del Bulpen.* Él intentó llamar a Dick Groat, el capitán y torpedero No. 24, el *Dos docenas,* pero ese nombre nunca prendió. El jugador suplente Dick Schofield era *Ducky.* Y luego estaba Roberto Clemente.

Desde el principio, "el Pistolero" pareció apreciar a Clemente, al

---

[*] "Shake, rattle and roll" es tomado del estribillo de una famosa canción de los años cincuenta cuya traducción literal podría ser: "Muévete, vibra y rueda". (N. del T.).

principio como un animador de circo podría apreciar el virtuosismo de su más deslumbrante trapecista, y posteriormente con la admiración de un amigo. Existía una rara tensión entre los dos, como la había entre Clemente y muchos miembros de la prensa. Prince estaba entre los pocos que podían llamarle Bob o Bobby sin resentimiento. También lo llamaba Roberto bastante a menudo. Y cuando Clemente entró en las reservas de los Infantes de Marina de EE.UU., casi al final de la temporada de 1958 y siguió algún entrenamiento básico en la isla Parris con el pelotón 346 del 3er. Batallón de Reclutas, regresó para descubrir que Prince lo saludaba como el "Soldado Clemente". Pero siempre que Clemente se acercaba al plato, Prince lo animaba con una expresión que llegó a definir la relación entre ambos: *¡Arriba! ¡Arriba!*. Él se la había oído a Lino Donoso, un miembro hispanohablante del equipo y le gustó su sonido. La etimología se remonta al verbo latino que describe la acción de llegar a la orilla *(arribar)*. La doble erre vibraba en la lengua de Prince con una fluidez y un gusto exagerados.

A principios del invierno de 1960, al alborear la década de los sesenta, Prince y los Piratas y todos en el mundo del béisbol aún esperaban que Clemente arribara. A los veinticinco años de edad, y luego de cinco temporadas completas en las grandes ligas, seguía siendo un jugador con más promesas que resultados. Había bateado por encima de 300 puntos solamente una vez, durante su segunda temporada en 1956. Su tercer año había sido casi un completo derrumbe, lo incapacitaba una espalda y una columna vertebral que le dolían y alcanzó un magro promedio al bate de 253 puntos con treinta carreras impulsadas. Al término de la temporada de 1958 y en la pretemporada siguiente su carrera se había visto interrumpida por su entrenamiento en los Marines, y porque gran parte de ese tiempo lo estuvo molestando un dolor en el brazo derecho. Ya había jugado para tres directores —Fred Haney, Bobby Bragan y Danny Murtaugh— y temía que ellos hubieran malinterpretado su orgullo y su afán de perfeccionismo como una enfermedad fingida, y no se dieran cuanta cuánto él estaba padeciendo. En el terreno, era un jugador brioso —¡Arriba!—, sin embargo, los fríos números no eran impresionantes. En ninguna temporada había impulsado más de sesenta carreras ni había bateado más de siete jonrones. Incluso su brazo sorprendente en el jardín derecho

tenía un lado flaco; junto con un número elevado de asistencias y jugadas realmente notables, cometía demasiados errores. Todas estas deficiencias le habían sido señaladas por el gerente general Joe L. Brown
cuando le ofreció a Clemente un contrato de 27.500 dólares más bonos
para la temporada de 1960.

El 26 de febrero de 1960, luego de firmar el contrato para una sexta
temporada con los Piratas, Clemente le escribió a Brown una carta y la
incluyó con el acuerdo que devolvía a Pittsburg. La carta escrita a
máquina, redactada por Clemente en inglés, poco pulido aún pero
mejorando, era su respuesta a todas y cada una de las críticas.

> *Estimado Joe:*
>
> *He aquí el contrato de 1960.*
>
> *Quiero decirte que el año pasado yo jugué la mayor parte de la
> temporada enfermo. Sólo porque cuando decía que tenía el brazo
> lastimado nadie lo creía y jugué de esa manera hasta que casi pierdo
> el brazo. Creo que si alguien está enfermo usted debería saber si él
> puede jugar o no, pero conmigo es diferente. No puedo ver en qué
> situación estoy con el club de Pittsburg cuando digo que algo anda
> mal conmigo.*

Clemente había jugado menos partidos en 1959 (105) que en cualquier
año anterior. Murtaugh, que tomó posesión como mánager a mediados
de 1957, la peor temporada de Clemente, era un exigente irlandés que
quería que sus hombres jugaran de manera agresiva y no estaba interesado en explicaciones.

> *Muy bien, yo fui el jugador que cometió más errores. Puedo jugar
> como Skinner y cometer un error o ninguno, y como Virdon y no
> hacer tantas asistencias, y de esa manera yo estaría bien adelante
> también. No me cuente pues esos errores, porque jugando sin
> arriesgarse todos pueden apuntarse 1000 tantos.*

Clemente cometió trece errores en 104 juegos en el jardín derecho y
tuvo un promedio defensivo de sólo .949 en 1959. Su intento de con-
trastar su juego con el del jardinero izquierdo Bob Skinner y con el del

centro Bill Virdon no era del todo apropriado. Clemente tuvo diez asistencias en el jardín en 1959, por debajo de sus totales de años anteriores, mientras Skinner tuvo nueve asistencias y Virdon dieciséis. Si bien Skinner era a las claras menos aventurado en el terreno que Clemente, Virdon abarcaba tanto terreno y corría casi los mismos riesgos, no obstante tuvo un promedio defensivo de .979. La mayoría de los errores de Clemente provenían de tiros descontrolados, con frecuencia a la tercera base. Algunos fanáticos con asientos en los palcos de la tercera base traían guantes a los juegos con la esperanza específica de coger un tiro descarriado de Roberto.

> *Con respecto a las impulsadas, si bateo tercero puedo conseguir algo, pero no bateando de séptimo con nadie en base. Bien. Creo que eso es todo por ahora. Mi auto sale el 26 para Miami. Me gustaría recogerlo el 28 en Miami.*
> *Con mi mayor estimación.*
>
> *Roberto Clemente*

En 1954, cuando Momen dejó Puerto Rico para su primer entrenamiento de primavera, era aún un adolescente ingenuo, sano, feliz y hambriento de fama. Ahora, seis años después, regresaba al continente esforzándose por encontrar un cómodo equilibrio mental. El fuego que ardía en su interior era más intenso que nunca. Aún intentaba mostrarle al mundo la plena capacidad de su talento y de su carácter. Al tiempo que escribía esa carta a Brown, se sentía en las mejores condiciones físicas de su carrera y acababa de terminar una temporada estelar en la liga invernal puertorriqueña. Había bateado .334, por debajo tan solo de su amigo Vic Power, e impulsado cuarenta y dos carreras, tan solo ocho menos en las cuatro docenas de partidos que habían tenido durante todo el año anterior en Pittsburg.

El lento ascenso de Clemente y su aparente decisión a abrirse paso al fin en 1960 reflejan el frustrante y lento progreso del club de béisbol. Había pasado una década desde que Branch Rickey develara su plan quinquenal para que Pittsburg obtuviera un campeonato. Rickey había venido y se había ido, ya ni siquiera era un asesor del club. Había pasado los últimos años de la década del cincuenta obsesionado con una nueva idea —la creación de una tercera liga mayor, la Liga Continental, que nunca llegaría a cuajar pero que ayudaría a la expansión de las grandes ligas. Su sucesor fue Joe L. Brown, que había sido adiestrado por Rickey y que era el hijo amante del béisbol del comediante y actor Joe W. Brown. El joven Brown había estado obsesionado con el béisbol desde los once años cuando viajó y se adiestró con los Misiones de San Francisco y las Estrellas de Hollywood. A los veinte ya tenía su primer trabajo ejecutivo en Lubbock, en una liga de Clase D, y de allí dependiendo más del esfuerzo y del talento que de las conexiones que tenía con las celebridades para ascender en la escala, se convirtió en el gerente general de la Triple A de Nueva Orleáns y luego el sucesor de Rickey sólo después de un año entre los ejecutivos del gran club. Pese a admirar mucho el cerebro de Rickey, Brown se dio cuenta de que el Mahatma había fracasado en Pittsburg y que había que tomar un nuevo rumbo. Trajo a jugadores más experimentados y les pagó a todos mejor. "El Sr. Rickey era un tacaño con los salarios; si podía ahorrar mil o dos mil dólares, lo hacía", recordaba Brown. "Yo tomé la decisión de pagarles aún más de lo que merecían... Sentía que los jugadores debían tener a alguien que creyera en ellos, y una de las mejores maneras de mostrarle a un hombre que él vale es poniéndolo en su paga". Para 1960, luego de diez años de iniciado el programa de reconstrucción, la reconfiguración que Brown había hecho del plan de Rickey había finalmente moldeado un equipo balanceado que estaba listo para contender.

La adquisición de Virdon, proveniente del San Luis, en 1956, había solidificado el jardín, pero el trato fundamental ocurrió en enero de 1959 cuando Hoak, Burgess y el pequeño *pitcher* zurdo Harvey Haddix llegaron provenientes de los Rojos a cambio de John Powers, Jim Pendleton, Whammy Douglas y el macetero Frank Thomas. A Burgess no le gustaba correr y era adecuado detrás del plato, pero no podía batear por su torpor. Hoak, el prototipo del que ha vivido con rigor y juega con rigor, que se había casado con una cantante popular del oeste de Pensilvania llamada Jill Corey (su verdadero nombre era Norma Jean Speranza), surgió rápidamente como un líder del equipo y uno de los peloteros más populares del Pittsburg. Y Haddix se convirtió en el tercer hombre ideal en la rotación detrás de la pareja sólida como la roca de Law y Friend. Sobrepasando el aplastante récord de Face en 1959, el hito más sobresaliente de esa temporada, fue el juego perfecto de doce entradas de Haddix contra los Bravos en el Estadio del Condado de Milwaukee. Lew Burdette también le había dado una blanqueada a los Piratas por esas doce entradas, al tiempo que renunciaba a trece *hits*, y Haddix terminó perdiéndolo todo, perfección y partido, en la décima tercera cuando Hoak cometió un error en un roletazo de Félix Mantilla, Hank Aaron fue base por bolas intencionalmente y Joe Adcock elevó un jonrón entre el jardín central y el derecho. Haddix había lanzado posiblemente el mejor juego en la historia de las ligas mayores y tenía sólo una L para mostrarlo, así como un lugar seguro en los anales de la mala suerte. Pero el partido le trajo más noticias a los Piratas, que habían sido los olvidados de la Liga Nacional durante tanto tiempo. Luego de las deprimentes temporadas de 1956 y 1957, ahora estaban exigiendo atención, no sólo individualmente, sino como equipo. Quedaron en segundo lugar en 1958 y cuarto en 1959 y jugaron las dos temporadas en dieciséis partidos acumulativos más de 500 puntos. Al acercase la temporada de 1960, el Pittsburg parecía estar dispuesto a cumplir su promesa.

La temporada regular comenzó en el camino, con una serie improvisada en Milwaukee. Los Piratas la trataron más bien como un juego de exhibición, y perdieron 4 a 3 cuando Face dejó pasar un jonrón de dos carreras en la segunda parte de la octava. Clemente tuvo dos *hits* y una carrera impulsada, pero no fue suficiente. "No es un gran problema", dijo el Barón del *bullpen*, bromeando con que ya él había equiparado su pérdida total del año anterior. En el vuelo de regreso de Milwaukee, Dick Groat le dijo a la ronda de reporteros: "Este es un club de béisbol que hará sentir su presencia este verano —y ustedes pueden apuntarlo en sus cuadernos para que escriban un refrito hacia el fin de la temporada".

Dos días después, vino la apertura en el estadio del club, un partido de un día, que comenzó a la 1:30 P.M., un día laborable, jueves 14 de abril. El día y la hora no parecían tener mucha importancia para el Pittsburg trabajador; siempre que se jugaba un partido se llenaba el estadio. De muchas maneras, el primer juego que los Piratas tuvieron en su sede en la década del sesenta fue una escena del pasado del béisbol. Las tribus de empresarios con trajes grises y marrones; multitudes a la espera de los tranvías No. 64, 66 y 68 en la avenida Forbes; el amable predicador negro saludando a los asistentes cerca de la entrada de la tercera base, sermoneando sobre las bolsitas de maní pulcramente embasado que vende por un cuarto. No mucho después de que se abren las puertas a las once, una multitud que ha comprado los 34.064 asientos comienza a congregarse en el Forbes Field, saludada por una banda de *ragtime*, Benny Benack and the Iron City Six, quienes se han proclamado a sí mismos las mascotas musicales del club. Por primera ves los fanáticos de los Piratas oirán una tonada que habrá de convertirse en el himno del béisbol de la temporada.

Un rostro en la multitud que acude al juego de apertura en la sede, valiéndose del tranvía que viene de Squirrel Hill, fue el niño de doce años Howard Fineman. Era el hijo de Mort Fineman, un representante de venta de zapatos, que durante sus años universitarios se había asomado a los juegos de los Piratas en el estadio de abajo desde la eminencia del recinto de la biblioteca en el piso superior de la Catedral del Conocimiento de Pittsburg, y nieto del fan de los Piratas Max Fineman, el patriarca que a la edad de nueve años iba corriendo junto al desfile de béisbol que se dirigía hacia el nuevo Forbes Field para la Serie Mundial de 1909 y fue alzado por uno de los peloteros y llevado por el resto del camino en un convertible descubierto. El abuelo y el padre habían visto a los Piratas en momentos de gloria. El joven Fineman estaba listo para cuando le llegara su turno, y era el heraldo de un mejor porvenir; las insulsas palabras de la cantinela de Benny Benack se le pegarían por el resto de su vida: *Nada los podrá parar, a los Bucs, a los Bucs. Nada los podrá parar, a los Bucs esta vez. ¡A ganar! ¡A ganar!*

Tal como resultó, no les llevó mucho tiempo a los Piratas hacer sentir su presencia. Ganaron el juego de apertura contra los Rojos de Cincinati 13–0 en el que Vernon Law lanzó una completa blanqueada, rindiendo siete *hits* y ningún pase por bola. El segunda base Bill Mazeroski, delgado y eficaz, luego de estar regordete y decepcionante en la temporada de 1959, bateó un jonrón e impulsó cuatro carreras, pero la estrella del partido fue Clemente, quien fue tres a tres e impulsó cinco, sonó dos dobles, un sencillo y un largo elevado de sacrificio que habría sido un jonrón en cualquier otro parque, pero que fue atrapado por Vada Pinson cerca de los límites del campo de bateo donde estaba el cartel que marcaba los 457 pies en lo más remoto entre el jardín central y el izquierdo. Hal Smith, receptor reserva del Pittsburg, que había sido adquirido del Kansas City durante el período de receso, se había convertido para entonces en uno de los más grandes fans del jardinero derecho.

—Si juegas en 140 partidos —le dijo Smith a Clemente— ganaremos el campeonato. ¡Arriba!

Clemente estaba encaminándose.

Pocos días después, durante el doble juego del Domingo de Pascua contra los Rojos, lo que sería un patrón de toda la temporada se haría evidente por primera vez. "Era mágico", recordaba Bob Friend años después. "Tú lo podías sentir aún entonces". Friend lanzó en el primer partido y ganó 5–0, otra completa blanqueada; juego en el que Clemente asestó un jonrón que anotó dos carreras para remacharlo. En el segundo juego, los Rojos estaban liderando 5–0 en la segunda parte de la novena entrada. El juego parecía terminado. Fred Hutchinson, el mánager de los Rojos, entró un relevo de segunda línea para terminarlo. Entonces los Piratas anotaron una carrera, y embasaron a dos hombres más y Hal Smith sonó un jonrón que anotó tres carreras y los llevó al empate. Otro Pirata llegó a base, y Bob Skinner subió al plato, envuelto por las primeras sombras de la noche. En el crepúsculo, Skinner dijo que no podía ver la pelota, pero así y todo la bateó tersa y equilibradamente, dándole con el mismo centro del bate e hizo sonar la bola contra un tubo que estaba en la punta de la malla del jardín derecho para anotarse el empuje de dos carreras y ganar el juego. Minutos después, en el vestidor del equipo visitante, volaban las sillas y las bandejas mientras el mánager Fred Hutchinson era preso de un ataque de rabia. En el vestidor contiguo, a Skinner lo rodeaban todos los que querían felicitarlo. Reflejando las costumbres periodísticas de esa época, un cronista de *Post-Gazette* no dudó en publicar que Skinner "recibió una tunda congratulatoria de jugadores, periodistas, funcionarios del equipo y otros…" El artículo citaba también que Clemente se sentía muy entusiasmado por la victoria.

—Apuesto que la pelota de Doggie dobló la barra de hierro de arriba de la cerca del *right field*. Tan fuerte resultó ese batazo.

Dentro de una semana, en medio de una racha ganadora de nueve partidos, los Piratas habían reclamado el primer lugar, una posición dominante que mantuvieron durante la mayor parte de la temporada, descendiendo al segundo lugar por unos pocos días en mayo y sólo una vez después de eso por un solo día en julio. Era la máxima expresión del empeño colectivo del equipo, con poderosos lanzadores, liderados por Law, Friend y Face, y suplementados por Haddix y Vinegar Bend Mizell, que había venido de los Cardenales gracias a un cambio decisivo a fines de mayo. La alineación bateó acertadamente, sin excepción, incluyendo al siore Dick Groat que tuvo una temporada estelar ese año, y actuaciones brillantes al guante por parte de Hoak, del primera base Dick Stuart, de Skinner, Maz y los receptores Smith y Burgess, pero Clemente era la fuerza motriz detrás del ascenso del equipo. Desde ese primer partido, cuando empujó cinco carreras, fue el mayor productor de carreras del equipo durante toda la temporada. Impulsó tantas carreras en los primeros treinta juegos como el total de las que había impulsado en 1959. Mantuvo la misma intensidad durante todo el mes de mayo, cuando fue nombrado el jugador del mes de la Liga Nacional por tener un promedio de .336 al bate e impulsar treinta cinco carreras en veintisiete juegos. A lo largo de toda la temporada lo que más resaltó fue la uniformidad de Clemente. Desde el juego de apertura hasta el final, su promedio de bateo nunca descendió por debajo de los 300 puntos. Su promedio final fue de .314. Ya él no tenía largos períodos sin batear, el peor sólo le duró cuatro días, ni tampoco largas rachas bateando; sino más bien una sucesión de instancias cortas: nueve juegos una vez, ocho juegos tres veces, seis juegos una vez, cinco juegos dos veces. Y con ese bateo estable logró más que duplicar los totales de su potencia, terminando con dieciséis jonrones y noventa y cuatro carreras impulsadas, la cumbre del equipo.

Su defensa era tan temeraria como siempre, pero mucho más uniforme que en 1959, cuando sus diez asistencias y trece errores fueron citados negativamente por el gerente general Brown durante las conversaciones del contrato. Esta vez Clemente tuvo diecinueve asistencias y sólo ocho errores, y ganó tantos juegos con el guante como con el bate. Danny Murtaugh diría por el resto de su carrera que la mejor atrapada que él hubiera visto nunca fue hecha por Clemente el 5 de agosto de ese año en un juego en la sede contra los Gigantes de San Francisco. En la séptima entrada, Willie Mays bateó una línea a la esquina del jardín derecho que Clemente, corriendo a toda velocidad, pudo coger al tiempo que se estrellaba contra un lindero de ladrillo en una pared no acolchada. Se lastimó la rodilla y se hirió el mentón, pero cogió la pelota y salvó el juego para Mizell, que ganó 1–0. Clemente y Murtaugh tuvieron una relación difícil a lo largo de los años, pero durante 1960 el mánager encontró poco que criticarle a su jardinero derecho. Si hubo años en que Murtaugh pensó que Clemente debía jugar más aun si se hubiera lesionado, éste no fue uno de esos años. Clemente jugó 144 partidos, 4 más de los que Hal Smith decía que necesitarían para ganar el campeonato.

Los Piratas fueron tan uniformes como Clemente. Habían ganado con cifras récords contra los Rojos, los Cachorros, los Filis, los Gigantes y los Bravos y estaban empatados, once a once, con los Dodgers y los Cardenales. Tenían récord de triunfo tanto en la sede como fuera de ella, en partidos diurnos como nocturnos, contra diestros y zurdos, en juegos de nueve entradas y en competencias con entradas adicionales. Ganaron la mayoría de los partidos que se jugaron todos los días de la semana, excepto el lunes, en que terminaron seis a seis. Los mayores períodos de derrota fueron cuatro juegos (dos veces), mientras hacían noticias de rachas de triunfo de nueve consecutivos en abril, seis y cinco triunfos consecutivos en mayo, cinco consecutivos en junio, siete consecutivos en agosto y seis consecutivos en septiembre. Y también tenían algo mágico. A partir de esa increíble rehabilitación de la semana de apertura contra los Rojos, ganaron veintiocho juegos en que estaban perdiendo en la sexta entrada, y veintiuna de esas veces presentaron sus ataques triunfadores en la última entrada. Clemente era el segundo hombre del equipo, detrás del macetero Stuart, en *hits* ganadores en el último *inning*.

A lo largo de la temporada, el *Pittsburgh Courier* siguió de cerca a los cuarenta y ocho jugadores negros de la Liga Nacional y a los quince de la Liga Americana. Uno de los artículos semanales de la publicación era la columna de opinión de un jugador de las grandes ligas, usualmente recomendado por Bill Nunn Jr. después de una entrevista. Gene Baker, el veterano jugador suplente del cuadro por los Piratas, que había estado ausente toda la temporada de 1959 debido a una lesión, escribió sobre cómo los ejecutivos del Pittsburg lo habían puesto a trabajar como un buscador de talento cuando se encontraba sin jugar. Fue Baker el que pasó varias semanas siguiendo a los Atléticos de Kansas City y quien hizo la recomendación definitiva de que los Piratas cogieran al receptor de reserva Hal Smith. "Soy uno de esos optimistas que le gusta creer que llegará el día cuando los negros sean aceptados en la dirección de los equipos de la misma manera en que ahora lo son en el terreno de juego", escribió Baker. Al Smith, el jardinero estrella de las Medias Blancas, escribió sobre cuántas cosas habían mejorado para los jugadores negros desde los tiempos de Jackie Robinson y Larry Doby. Bill White de los Cardenales escribió que si él tuviera que empezar otra vez terminaría su educación universitaria antes de meterse en el béisbol. Willie Kirkland de los Gigantes escribió sobre cómo a él lo habían sacado de los solares yermos de Detroit por 2.500 dólares. Don Newcombe, en el Cleveland luego de una ilustre carrera lanzando para los Dodgers, comparaba las dos ligas y decía que la Liga Americana no tenía nada para igualar la potencia de Ernie Banks, Willie Mays, Hank Aaron, Frank Robinson, Orlando Cepeda, el viejo Stan Musial y Frank Howard. En junio fue el turno de Clemente como columnista invitado.

Nunn publicó los comentarios textuales de Clemente, usando la ortografía fonética que tanto lo irritaba cuando la usaban los blancos de los grandes medios de prensa. Unas pocas semanas antes, una nota de sociedad en la publicación le había propinado un golpe bajo a Clemente, al cuestionar si él prefería a los blancos a la gente de su propia raza. Clemente vivía en Schenley Heights y pasaba la mayor parte de sus horas libres en el Hill District, pero él no se sentía del todo en casa, y ocasionalmente había sido objeto de comentarios poco amables. Viniendo de Puerto Rico, donde la segregación no era un problema obvio, lo habían citado diciendo que él no quería que lo trataran como a un negro, pero con eso lo que quería decir era que no estaba acostumbrado a que lo discriminaran, no que a él no le gustaran los negros. Con la columna, Nunn le dio a su amigo la oportunidad de responder.

Algunas personas de color sé que andan diciendo "a Clemente no le gusta la gente de color" —empezaba la columna—. Esto no es la verdad en absoluto. Mírenme. Miren mi piel. Yo no soy de los blancos. Tengo la piel de color. Eso es lo primero que quiero corregir. Me gustan todas las personas, lo mismo de color que blancas, y puesto que yo mismo soy de color, sería tonto que me odiara a mí mismo. Estas personas me dicen que a mí no me gusta la gente de color. Bien, voy a aprovechar este espacio para decirlo de manera diferente. Yo me gusto, así que de también me gustan las personas que son como yo.

Clemente abordaba ahora el tema de la temporada de béisbol. "Bateo realmente bien", apuntaba.

> Bateo muchas de las que ustedes llaman "pelotas malas", y las bateo bien. La pelota viaja como una bala. Eso me hace acordar que bateé un jonrón de 565 pies en Chicago el año pasado; la pelota desapareció del *centerfield* y Raj Hornsby me dice que es el batazo más largo que él ha visto fuera de Wrigley Field.

> La pelota se siente bien en el bate pero yo me siento mal en el corazón cuando ningún comentarista destaca el gran batazo de nuestro equipo. Siento que no aprecian mi esfuerzo.

Luego vino una discusión sobre los parques de béisbol, en la cual Clemente dijo que le gustaba más Forbes Field tanto para batear como para fildear. El terreno que menos prefería era el Parque del Deportista en San Luis, y el que le seguía en mala calidad para él era el Candlestick de San Francisco. "Asientos y césped bonitos, pero el juego es deficiente por las trampas del viento", escribió. En cuanto a la calidad de su juego de este año, él lo atribuye a una mejor salud. Se sentía mejor, dijo, que en ningún otro momento desde su primer año. Y veía que el equipo se unificaba al fin.

> Tenemos el mejor... bateador en el agarre; ninguno es mejor que Bob Skinner. Le dije que traerían un zurdo y que eso querría decir que él estaría en pro-

blemas. Skinner simplemente hizo un ademán y luego bateó para bases extra.

Don Hoak es el jugador que tenemos que tener en la alineación. Es sólido dondequiera. Si está fuera de la línea, los Piratas se perjudican mucho. Todo el mundo tiene su especialidad. Groat es de los mejores bateadores corredores del béisbol.

Tenemos muy buen espíritu los Piratas este año. Todo el mundo está sediento de ganar, de obtener más dinero. Todo el mundo se esfuerza un poquito más y se la pone más difícil al otro equipo.

Todo el mundo coopera con el mánager Murtaugh y los entrenadores porque ansiamos ganar juegos y ver el banderín del campeonato en Forbes Field. Si nadie se enferma, estaremos corriendo todo el tiempo. Muchas gracias al *Courier.*

Mientras la temporada se acercaba a su último mes y los Piratas se proyectaban como campeones, se intensificaba inevitablemente la discusión sobre quién era el jugador más valioso. Los Piratas tenían varios candidatos, entre ellos Groat, el silencioso capitán que encabezaba la liga en bateo; Tiger Hoak, su explosivo líder de la casa club, el jugador a quien Clemente mismo consideraba indispensable; Deacon Law, en el camino a ganar veinte juegos, y Clemente, que sobresalía en el plato y en el terreno. Les Biederman, el reportero de ronda del *Pittsburgh Press,* declaraba que él favorecía a Groat, aunque Groat sólo tenía dos jonrones y apenas la mitad de las carreras impulsadas de Clemente. Al hablarle a los cronistas deportivos en Los Ángeles, Biederman llevó su campaña aún más lejos, no sólo promoviendo a Groat, sino diciéndoles a sus colegas que Clemente y Hoak, pero especialmente Clemente, no merecían consideración. Por el tiempo en que el equipo llegó a San Francisco, Clemente se había enterado de los comentarios del periodista, y estaba muy disgustado. Él había tenido otra buenísima racha, descargando veintidós *hits* en cincuenta y ocho veces al bate durante el viaje de catorce juegos, incluidos cinco jonrones y quince carreras impulsadas. Había estado alumbrando el camino para sus compañeros a lo largo de toda la temporada, y ¿aún Biederman le seguía teniendo inquina? En el avión de San Francisco a Chicago, la primera escala de un largo y agotador vuelo de regreso a casa, Clemente compartió sus sentimientos con Rocky Nelson, el viejo primera base y amigo suyo desde que Clemente jugara con él en los Royals de Montreal. Nelson había oído acerca de los comentarios de Biederman contra Clemente y había leído otros artículos en los periódicos que parecían ignorar el papel de Clemente en el equipo, y creía que eso era injusto.

En tanto el equipo esperaba un cambio de aviones en Chicago a las cinco de la mañana del 1 de septiembre, Nelson buscó al sensacionalista Jack Hernon para presentarle el caso de Clemente. Hernon no era tampoco un verdadero fan de Clemente, pero escuchó y tomó notas. "Hay una cosa que no puedo entender", dijo Nelson al abordar a Hernon. "He leído muchos artículos acerca de quién es el más valioso jugador de los Piratas. Pero nunca he visto mencionado el nombre de Clemente. No sé cómo él puede ser ignorado al hablar de los jugadores de su equipo. En realidad, no hay ningún jugador que pueda clasificarse como el más valioso, en mi opinión. Hay unos cinco tipos en este equipo sin los cuales no podríamos seguir adelante. Quiero decir individualmente, ellos son Dick Groat y Don Hoak y el Deacon y Elroy y Clemente. Pero a él ni lo mencionan. Se ha mantenido alrededor de los 320 puntos durante toda la temporada. Ha bateado más jonrones que nunca. Podía ser el único jugador aquí que haya impulsado más de cien carreras. Y ciertamente es el mejor jardinero derecho de la liga. Cierto, esos otros son valiosos para el equipo, pero no más valiosos que Clemente. Él ha ganado más juegos para nosotros con su bate, con su brazo y con su rapidez robando bases. ¿Qué más puede pedirle uno a un jugador que haga para que lo reconozcan? Si Roberto se queja porque no lo mencionan, yo no lo culparía. Ha hecho tanto como cualquier otro jugador de este equipo para mantenernos en el primer lugar".

Hernon reconoció que Clemente había sido Mister Guante en el club de béisbol durante los dos primeros meses de la temporada. Recordaba a Groat diciéndole una vez en el vestidor cómo los ojos de Roberto "se iluminaban" cuando subía al plato con hombres en base. Los otros equipos parecían reconocer esto, agregó Hernon, al hacerle el blanco de rectas pegadas más tarde en la temporada. Pero en lo que le atañía, Hernon prefería a Don Hoak.

La semana siguiente, sintiendo la preferencia de la prensa por los otros jugadores, Nunn del *Courier* abrazó la causa de Clemente. "Para mí, tratando de ser justo, el jugador más valioso era Clemente", diría Nunn décadas después. "Y la mayoría de los tipos que realmente sabían de béisbol sentían lo mismo". En su columna, Nunn hizo notar que Clemente tenía muchos más jonrones y carreras impulsadas que Groat y que era el mejor jardinero derecho de la liga, mientras que Groat, como siore, estaba en la categoría intermedia de los peloteros de la Liga Nacional. "Los partidarios de Groat proclamarán a gritos que hay intangibles valores en su hombre que no aparecen en los récords", apuntó Nunn. "Habiendo observado a ambos jugadores a lo largo de la temporada tendría que decir, y de manera muy definitiva, que ésta es una calle de dos vías, por la cual Clemente puede andar con orgullo".

No era nada fácil ganar un campeonato ese año en la Liga Nacional de ocho equipos. Serie tras serie, aparecían los grandes bateadores: Mays, Cepeda y Alou, Musial, Boyer y White, Aaron, Mathews y Adcock. Los Piratas habían sido afortunados todo el año, pero en los dos últimos meses de la temporada comenzaron a lesionarse. La primera lesión se mantuvo en secreto del público y de la prensa durante seis semanas. El 13 de agosto, luego de derrotar a los furiosos Cardenales; Hoak, Friend, Virdon y Gino Cimoli (el cuarto jardinero, y otro ex compañero de Clemente en Montreal en 1954), fueron a esparcirse a la piscina del traspatio de un amigo en los suburbios de Pittsburg. Mientras Hoak salía de la piscina, se hizo una herida en el pie derecho con la escalerilla. Una cortada entre el segundo y el tercer dedo, la hemorragia no se contuvo hasta que llegó un médico y lo cosió en el lugar, sin anestesia. No por gusto lo llamaban el Tigre. Los jugadores prometieron no contarle a nadie el incidente, y Hoak participó al día siguiente en un doble juego, pero estuvo cojeando ligeramente por el resto del año.

Menos de un mes después, mientras los Piratas estaban jugando con los Bravos en una serie decisiva en Forbes Field, Dick Groat se quedó congelado frente a una recta dura y adentro de Lew Burdette en la primera entrada. En el último nanosegundo, Groat levantó la mano izquierda para protegerse la cabeza y la pelota lo alcanzó a una pulgada por encima de la muñeca. Groat insistió en quedarse en el juego, pero el intenso dolor lo obligó a irse al *dugout* en la tercera entrada, cuando fue reemplazado por Ducky Schofield. Los oficiales lo instaron a que saliera inmediatamente para que pudieran examinarle la muñeca; pero él quiso esperar hasta el final del juego, y así vio cuando Clemente y Schofield hicieron tres *hits* mientras los Piratas avanzaban para ganar el juego 5–3. Los rayos X mostraban una fractura que los médicos dijeron que podía mantenerlo fuera del juego por cuatro semanas, e incluso hacer que perdieran la Serie Mundial. La prognosis de Groat le trajo un telegrama del vicepresidente Nixon, cuya campaña presidencial contra John F. Kennedy se acababa de detener por una hospitalización de diez días debido a una infección en una rodilla. "Siento mucho enterarme de su accidente", escribió Nixon. "En tanto yo podré seguir haciendo campaña con mi rodilla estropeada, usted no podrá jugar con una muñeca rota". De más importancia para los Piratas, el polvo mágico de la temporada vino a caer sobre Schofield, el bateador ligero de reserva, que repentinamente perfeccionó una sorprendente personificación de Groat, apareciéndose con jugadas defensivas claves y bateando oportunamente un juego tras otro.

El mismo día en que los periódicos publicaban la sombría noticia de la lesión de Groat, también era noticia de primera plana el huracán Donna, que había azotado la Florida y la Costa Oriental del país. Donna ya había pasado por Puerto Rico, ocasionando la muerte de más de cien personas debido a súbitas inundaciones, pero los informes de cuándo y dónde habían ocurrido estos desastres eran superficiales. Cuando Clemente preocupado se puso finalmente en contacto con su familia, supo que todo el mundo estaba bien. A su hermano Matino lo preocupaba más si Momen se estaba cansando al final de una larga temporada y comenzaba a cansarse de la pelota. Su porcentaje de bateo había descendido por debajo de los .320 y su producción de carreras también había disminuido. Una semana después, con la temperatura en Pittsburg descendiendo hasta los cincuenta como secuela del huracán, Clemente resucitó con un jonrón que hizo que anotaran dos carreras contra los Gigantes. Ese mismo día, los Piratas anunciaron que los boletos para la Serie Mundial estarían a la venta en unos días, y el *Post-Gazette* comenzó a publicar la ilustración de un termómetro de la fiebre del campeonato en la primera página que mostraba el número mágico de juegos que los Piratas necesitaban para ganar el banderín.

Friend lanzó un triple contra los Dodgers, el termómetro bajó a diez. Pocos días después, el 18 de septiembre, Deacon Law ganó su vigésimo, y Clemente hizo una atrapada deslumbrante en la segunda entrada del segundo tiempo del doble juego, lanzándose a la izquierda para atrapar una pelota bateada por el novato Bobby Wine con dos hombres embasados, ayudando a Vinegar Bend Mizell a impulsar una blanqueada de tres hits —y los Bravos y los Cardenales perdieron y el número bajó a cinco. Comenzaron a repoblar el césped del Forbes Field para la Serie Mundial, pintaron la pared del jardín izquierdo y construyeron nuevos estrados para la prensa nacional y los fotógrafos. Los Bucs le arrebataron un par de juegos a los Cachorros y el número mágico bajó a dos. Clemente era supersticioso. Creía que Benny Benack y su sexteto (los Iron City Six) se habían convertido en un maleficio: cuando los veía tocar los Piratas perdían. Él no quería que fueran a Milwaukee para la serie de tres juegos. Hal Smith mantuvo al equipo relajado, tocando su armónica en el autobús camino del estadio. Los Piratas perdieron el primer juego, y luego el segundo, pero los Cardenales también perdieron y el número mágico bajó a uno. La buena noticia era que a Groat le habían quitado el yeso de la muñeca y había dicho que estaba listo para regresar a jugar.

El partido final en Milwaukee fue el domingo, 25 de septiembre. Los Piratas estaban ganando 1–0 a final del juego. Clemente estaba en el plato. Paul Long narraba el juego junto con Bob Prince en la cabina de transmisión. "Uno a nada, los Piratas llevan la delantera por un jonrón de Bill Mazeroski. De vuelta al quinto *inning*. De otro modo, ha sido un verdadero duelo de lanzamiento entre el gran zurdo Warren Spahn y el zurdo Harvey Haddix. Ahora mismo es uno a nada, los Piratas llevan la delantera…"

Bob Prince interrumpió. ¡Acaban de ganarlo! ¡Se acabó todo! ¡Los Piratas lo ganan!"

Justo en el momento en que Prince hacía el comentario, Clemente asestaba un sencillo violento al centro. Roberto Clemente comenzó la temporada bateando y se mantuvo bateando hasta el fin. ¡Arriba! ¡Arriba! En Pittsburg, treinta y tres años de frustración llegaban a su fin. Los Piratas habían resucitado. Las familias, en ánimo de fiesta, se dirigen al aeropuerto para esperar el arribo de sus héroes. Los funcionarios municipales hacen planes para un desfile de antorchas por la Quinta Avenida y la Calle Grant y se preparan para una multitud de cien mil personas que recibirá a los jugadores y que celebrará hasta bien entrada la noche. "Los Piratas han ganado el campeonato de la Liga Nacional en base a que los Cardenales perdieron frente a los Cachorros de Chicago en Wrigley Field. Se terminó". Long prosigue. "Y el público aquí lo sabe. Aquí hay un montón de transistores de radio. Y el aplauso ha aumentado… Y de algún modo esta multitud… ahora están haciendo el anuncio por los altoparlantes. ¡Los Cachorros han derrotado a los Cardenales, y los Piratas han ganado el campeonato de la Liga Nacional!"

6

Solo en el milagro

LA ÚLTIMA VEZ QUE LOS PIRATAS JUGARON EN UNA Serie Mundial, en 1927, se enfrentaron también con los Yanquis de Nueva York. Entonces los campeones de la Liga Americana aterrorizaron a los lanzadores contrarios con una alineación que incluía a Babe Ruth y Lou Gehrig, Bob Meusel y Tony Lazzeri; ahora se trataba de Mickey Mantle y Roger Maris, Yogi Berra y Moose Skowron. La tanda del terror, de ayer y de hoy, una leyenda del béisbol de gran solera, se había puesto nuevamente en marcha. La fórmula era idéntica en cada caso: audacia, fuerza, pitcheo sólido, uniformes de rayas, intimidación, todo ello desempeñado gloriosamente por la hipérbole autócentrica de Nueva York y su prensa deportiva.

Parte de la leyenda de los Yanquis en 1927 era su jactancia de que los Piratas, luego de ver a los famosos maceteros practicar el bateo antes de la apertura de la serie, se sintieron tan por debajo que se amilanaron y perdieron cuatro juegos seguidos. Harold (Pie) Traynor, el tercera base del Pittsburg exaltado al Pabellón de la Fama, se había enfurecido con ese cuento durante décadas, insistiendo en que era apócrifo. Según la versión de Traynor, los Piratas estaban en la casa club ventilando su frustración por el informe de un *scout* cuando los Yanquis estaban haciendo sus prácticas previas al juego. Cualesquiera que fuesen los prodigiosos batazos que Ruth y que Gehrig lanzaran durante la práctica de bateo, los Piratas no los vieron. Pero el desprestigio de este mito no le sentaba bien al comisionado de béisbol, Ford Frick, por la particular razón de que fue Frick mismo, cuando era un joven cronista deportivo del *New York Journal,* el primero que había propagado la historia.

Los Piratas en 1960 estaban evaluados en desventaja de 13 a 10 frente a los Yanquis por los corredores de apuestas, pero parecía aún menos probable que los asustara el enfrentarse con el equipo de Nueva York de lo que se decía de sus predecesores, aunque estos Yanquis habían ganado sus últimos quince juegos de la temporada rumbo a la Serie Mundial.

—Los combatiremos hasta que se nos caigan los dientes y luego los agarraremos con las encías —gruñó Don Hoak, sonando como el ex boxeador y buscapleitos empedernido que era.

Ésta era la naturaleza de este equipo. Hoak dijo que ellos siempre se crecerían ante el desafío de los mejores adversarios. Virgil Trucks, el lanzador de la práctica de bateo, le dijo a cualquiera que se le acercó en los días que antecedieron a la apertura de la serie, que el de Pittsburg era el equipo más relajado que él jamás hubiera visto. Relajado y charlatán. Cuando se trataba de citas citables, Pittsburg resultaba una mina para los cronistas deportivos que venían de visita. Hoak, el siore Groat (recuperado de su lesión en la muñeca y dispuesto a jugar), el jardinero Gino Cimoli, el entrenador Danny Whelan, el as Deacon Law, el viejo regordete Smoky Burgess (que hablaba tanto detrás del plato que Richie Ashburn una vez le rogó al árbitro que lo mandara a callar antes de que él le fuera a romper la cabeza con el bate), Vinegar Bend Mizell; los dos grandes palurdos de al principio, Dick Stuart y Rocky Nelson, y el mánager Danny Murtaugh, un irlandés moreno tejedor de cuentos (propenso a hablar de cualquier cosa, salvo del juego mismo) todos ellos eran los tipos a quienes los reporteros podían recurrir con poco tiempo. El *Post-Gazette* abrevió el proceso aún más, contrató a Hoak, Groat y Law para que escribieran artículos durante la serie, o al menos columnas firmadas por ellos.

Todo el mundo estaba puesto en movimiento, al parecer, excepto el Pirata del medio de la alineación que trotaba por el jardín derecho. Roberto Cemente era indisputablemente un miembro importante del equipo, y no obstante y en muchos sentidos estaba solo. Al final de su sexta y más notable temporada, seguía estando separado por su cultura, su raza, el idioma y la dinámica de grupo. Él era el único jugador negro en la alineación inicial y puertorriqueño de habla hispana, en tanto ninguno de los cronistas deportivos de los principales diarios de

Nueva York o de Pittsburg eran negros o hablaban español. La vida está definida por imágenes, especialmente la vida pública, y la imagen de los Piratas era la de una banda de pendencieros, irresponsables, intrépidos, tramposos y bebedores blancos que se cortaban el pelo a lo alemán y mascaban tabaco. ¿Dónde estaba el lugar en ese cuadro para el orgulloso, majestuoso, aparentemente tímido Roberto Clemente? Él había encabezado el equipo en carreras impulsadas, y en el total de bases alcanzadas, en jonrones y triples, tenía el mejor brazo del equipo, jugaba con estilo y con tanto valor como Hoak o Groat, sin embargo, se había convertido en el hombre invisible. En el corre-corre para la Serie Mundial, los comentaristas de Pittsburg y Nueva York, pese a su minuciosa cobertura del espectáculo, apenas si le dedicaron a Clemente una mirada de soslayo.

Una notable excepción, como era usual, fue el *Pittsburgh Courier,* el semanario negro que había estado prestándole atención a Clemente a lo largo de toda la temporada. El fin de semana antes de la apertura de la serie, el editor de deportes Bill Nunn Jr. vio a Clemente en la calle en Schenley Heights, el barrio negro de clase media donde ambos vivían, y le preguntó cómo se sentía respecto a enfrentarse con los poderosos Yanquis. Clemente le aseguró que los Piratas ganarían, sus palabras repetían las de Hoak y Trucks. Aunque los Yanquis tenían más fuerza, él creía que el Pittsburg era el mejor equipo, bien provisto de jugadores tercos que no podrían ser intimidados. "Hemos sido un equipo relajado toda la temporada y espero que nos portemos de la misma manera en la serie". Y agregó "la presión no nos hizo descender durante la carrera por el título de la Liga Nacional. Combatimos a Milwaukee, San Luis y a Los Ángeles sin flaquear. Ya que hemos llegado hasta aquí, no vamos a titubear ahora". En la opinión de Clemente, los Bravos, no los Yanquis, era el segundo equipo mejor en béisbol. "Si los Bravos hubieran ganado el campeonato, habrían sido lo bastante buenos también para derrotar a los Yanquis". En cuanto a jugar en el estadio de los Yanquis, Clemente dijo que no lo asustarían los fantasmas de Ruth y DiMaggio en el jardín, pero que le preocupaban las sombras del atardecer. Él había jugado allí en el partido de las estrellas de 1960 y encontraba que seguir la trayectoria de la pelota resultaba difícil.

Además de la entrevista de Nunn, el otro comentario de la prensa que Clemente recibió antes de la serie fue negativo. Alguien había filtrado el informe de un buscador de talento de los Yanquis que sugería que el modo más eficaz de lanzarle era adentro. "Túmbenlo en el primer turno y olvídense de él", era la despectiva conclusión. Clemente se rió cuando le preguntaron al respecto, pero el informe lo fastidió. Al igual que a muchas estrellas negras de esa era, en una tradición que se remontaba a Jackie Robinson, le tiraban pelotazos a la cabeza en casi todas las series, y sospechaba que los lanzadores contrarios lo escogían para tomar represalias debido en parte al color de su piel. Lo habían tratado de derribar durante toda la temporada en la Liga Nacional, señaló Clemente, y todavía cogería su cuota de imparables. Durante una secuencia en esa temporada, tan memorable que el lanzador Bob Friend podía recordarla cuarenta y cinco años después, Clemente fue alcanzado en el estómago por Don Drysdale, un balero de los Dodgers, pero regresó al día siguiente a batear y conectó un jonrón por encima de la cerca del jardín derecho.

Otro informe de *scout* lo llevó a atrincherarse más. Era de Jim Brosnan, un lanzador que había ganado renombre gracias a *The Long Season,* un novedoso libro de testimonios deportivos que ofrecía una mirada reveladora de su temporada con el San Luis y el Cincinati en 1959. A raíz de esta obra exitosa, Brosnan había sido comisionado por la revista *Life* para analizar la alineación de los Piratas en la serie, un equipo al que él se había tenido que enfrentar muchas veces. (Ted Williams, que se acababa de jubilar de los Medias Rojas, había escrito un informe semejante para *Life* sobre los Yanquis). Luego de decir que a Clemente "le disgustan las rectas pegadas" y que el mejor modo de lanzarle es "quemándole el bate", Brosnan añadió una caústica y contradictoria conclusión: "Clemente representa una variedad de fanfarronería latinoamericana, que parece decir 'miren al número uno'. En una ocasión corrió a la derecha y le pasó por arriba al mánager, que supervisaba la tercera base, para completar un jonrón con las bases llenas dentro del parque y le pegó a mi mejor resbaladiza. Eso entusiasmó a los fanáticos, sorprendió al mánager, me ofendió a mí y le repugnó al equipo". He aquí precisamente el tipo de caracterización con la que Clemente había batallado desde que llegó a Fort Myers para su primera temporada en 1955. Entonces la frase que más le molestó fue la de "petulante puertorriqueño". Ahora se aparecía Brosnan, un respetado contrincante, que distaba de ser un campesino bruto, para referirse frívolamente a su *variedad de fanfarronería latinoamericana.* La carrera loca de Clemente alrededor de las bases, la anécdota que Brosnan usó para ilustrar su tesis, podría haber inspirado una interpretación diferente de haber sido Don Hoak o Dick Groat o años después Pete Rose. Más que la fanfarronería de un latino ostentoso, lo habrían visto como el espíritu indomable de un agresivo competidor.

Esto no era nada nuevo para Clemente. Lo enojaba pero no lo distraía. Seguía teniendo a los fans de Pittsburg de su parte —lo habían escogido como su Pirata preferido— y a los amigos que venían de Puerto Rico para asistir a la Serie Mundial. Entre los que hicieron el viaje estaba su madre, doña Luisa, que nunca había volado antes. Aún se sentía débil debido a la gripe, pero vino de todos modos, animándose a estar lo bastante bien para ver a Momen jugar. Don Melchor se sentía igualmente orgulloso de su hijo, pero le tenía un miedo mortal a volar, así que no se movería de la casa en Carolina. Desde allí podía seguir la serie, pues todos los juegos iban a ser transmitidos en San Juan por la radio y la televisión con comentarios en español. Doña Luisa viajó a Pittsburg acompañada del hermano mayor de Momen, Matino, un ex pelotero que había seguido el avance de los Piratas en la radio durante todo el verano, y que tomaba notas mentales sobre las jugadas de Roberto y que le escribió o lo llamó en varias ocasiones para darle algunas sugerencias de bateo. Cuando Matino llegó a Schenley Heights, Clemente le dio a su vez algunas sugerencias de qué calles y barras de Pittsburg eran amistosas y cuáles debía evitar.

Un sujeto llamado Ralph Belcore fue el primer visitante que llegó a Pittsburg para la Serie Mundial. Vino en autobús desde Chicago cargando un banquito y una bolsa de sandwiches y acampó fuera del Forbes Field cinco días antes de que pusieran a la venta los boletos de la entrada general (sin asientos) que era lo que quedaba. Belcore era la definición de un fanático de béisbol, pero en Pittsburg esa semana él era sólo uno en la multitud. La ciudad se había enloquecido con estos Piratas. Grupos de empresarios atestaban las congestionadas calles del Triángulo de oro llevando sombreros de hongo negros con cintas doradas, pasando frente a cuadras y cuadras de tiendas adornadas con banderas doradas y negras y letreros de ¡IDERRÓTENLOS, BUCS! en los escaparates. El Ayuntamiento imprimió miles de pancartas con la conocida consigna traducida a siete idiomas. La Biblioteca Carnegie se apareció con su propia variante —'BEAT 'EM, BOOKS! En el Banco de Sangre Central de Pittsburg la consigna era ¡DESÁNGRENLOS, BUCS!

Las estaciones locales de radio tocaban incesantemente el vibrante tema musical de Benny Benack y los Iron City Six en que los Bucs marchaban adelante hasta triunfar. Un corresponsal del *New York Times,* al enviar su primer despacho desde territorio enemigo, desdeñosamente describió una "atmósfera de carnaval... que uno nunca experimentaría en el sofisticado Nueva York". Los periódicos de Pittsburg sólo hablaban de los Piratas, desde la primera página hasta los editoriales, las páginas sociales y deportivas, inspirando a Red Smith, del *New York Herald Tribune* a elogiar la ciudad por concentrarse en lo que verdaderamente importaba durante una semana en que los candidatos John F. Kennedy y Richard M. Nixon estaban debatiendo en la televisión, y el premier soviético Nikita Jrushchov visitaba las Naciones Unidas. "En Nueva York" —escribió Smith —"la policía pescó a un diplomático metido hasta la cintura en heroína de contrabando. En las Naciones Unidas, Nikita le gritó a Dag y Hammarskjöld le contestó a gritos y Nehru tuvo algo que decir sobre el futuro de la civilización. Los cohetes se arremolinaron a través del espacio, husmeando en los asuntos de la luna. Lyndon [Johnson] llamó a Nixon un tonto y Nixon dijo que Kennedy era otro tonto. Sólo en Pittsburg, al parecer, sí conservan un sentido de la proporción al anunciar en un titular a ocho columnas en la primera plana: ¡YANKS, LOS BUCS EN EL ÚLTIMO ENTRENAMIENTO! Es consolador encontrar una ciudad que pone las cosas más importantes en primer lugar".

Así, pues, primero lo que más importa. El entrenamiento final antes del juego de apertura tuvo lugar en una brillante tarde de octubre. El sol centelleaba en la brillante franela blanca de los Piratas mientras se ejercitaban en el terreno. Danny Murtaugh, rodeado por una cuadrilla de comentaristas deportivos, los entretenía con relatos de su familia irlandesa.

—Cuando el hermanito consigue un empleo, el cuñado pierde el suyo. Así es como funciona mi familia —Murtaugh hacía la historia como un modo de responder a una pregunta acerca de cuántas peticiones de boletos le habían hecho sus parientes. Al preguntarle si tenía sorpresas planeadas para Nueva York, respondió—: sólo ganar.

Los Yanquis no tardaron en aparecen con sus franelas grises y el musculoso Roger Maris entró en el campo de bateo, con la camisa arremangada sobre sus abultados bíceps, y empezó a lanzar un tiro tras otro a las gradas del jardín derecho. Los Piratas estaban para entonces en la casa club, al igual que sus antepasados treinta y tres años antes, revisando un informe del *scout* preparado por Howie Haak. Los Yanquis se dan banquete con los tiros altos, dijo Haak, así que mantengan la maldita bola abajo y afuera. En la pared de la casa club habían pegado un telegrama del viejo Branch Rickey, que aunque había dejado a los Piratas, era aún su padrino. Decía simplemente:

PREFERIRÍA QUE USTEDES,
MÁS QUE CUALQUIER OTRO EQUIPO
DEL MUNDO, SEAN LOS QUE
DERROTEN A LOS YANQUIS. Y USTEDES
PUEDEN HACERLO. Y LO HARÁN.

Los Piratas necesitaban a un Vernon Law gozando de buena salud para tener alguna oportunidad de lograr eso; en consecuencia, gran parte de la atención se concentraba en el tobillo derecho del Deacon. Él se había distendido un tendón en un momento de júbilo, al resbalar en el piso mojado del vestidor mientras celebraba con sus compañeros en Milwaukee luego de haber obtenido el campeonato de la Liga Nacional. El equipo intentó ocultar la lesión, pero resultó obvia una semana después cuando los Bravos vinieron a Pittsburg para terminar la temporada y bombardearon a Law con ocho carreras y diez *hits* antes de que él pudiera escaparse en la tercera entrada. Hubo un día o dos en que los Piratas no sabían si su ganador de veinte partidos podría iniciar la apertura de la serie, pero Law insistió en que se sentía bien, y el entrenador Whelan dijo que el tobillo no se le había inflamado y que sólo le causaba molestias cuando lo doblaba de una cierta manera; que ello no obstaculizaba el desempeño normal de Law.

Law podía confundir a los Yanquis, lanzaba una recta descendente, y curvas de varias velocidades con el más absoluto control. A principios de su carrera, había impresionado al viejo Branch Rickey con el "meneíto que le daba a su recta cambiándole el ritmo a la bola con una media rotación". Law le había dado pasaporte a sólo cuarenta y un hombres en 272 entradas en todo el año. También tenía la tenacidad, pese a su reputación como hombre de vida pura, anciano gobernante de la Iglesia de Jesucristo de los Santos de los Últimos Días, que no bebía, ni fumaba, ni maldecía (una vez, en su momento más vituperador, le gritó "¡Judas, cura!" a un árbitro y casi lo sacan). Ni lanzaba a la cabeza de los bateadores, o así se decía. En un almuerzo de un club de fanáticos de los Piratas celebrado antes de la serie, Murtaugh bromeando descartó esa última virtud.

—Bueno, estoy conversando con uno de los *pitchers* y le digo, "Fíjate, cuando el otro *pitcher* se pare allí quiero que lo tumbes", y mi *pitcher,* Law, era uno de esos tipos que están bien versados en la Biblia y me dice, "Skip, pon la otra mejilla". Así, pues, lo miro y le digo, "Me parece muy bien. Pondré la otra mejilla. Pero si no tumbas a ese tipo te va costar cien cañas". Así que él me miró y me dijo, "El que a hierro mata a hierro muere".

Aún si eso no fuera más que una lisonja de Murtaugh, la anécdota capta el espíritu de Law; él era fuego y azufre en el montículo y un competidor agresivo. El club de Nueva York tenía un lanzador de igual estatura para el gran juego, Whitey Ford, pero el mánager de los Yanquis, Casey Stengel, por razones que sólo él y los que podían traducir stengelés conocían, escogió en su lugar al diestro Art Ditmar, que en efecto había ganado más partidos esa temporada pero que no era de la categoría de Ford.

Otro perfecto día otoñal bañaba a Forbes Field para la apertura. La tribuna superior estaba guarnecida de colgaduras rojas, blancas y azules. En los asientos del palco detrás de la tercera, Joe Cronin, el presidente de la Liga Americana, señalaba a una malla más allá del diamante y detrás de primera y decía que la instalaron después que él había metido demasiados tiros descontrolados a las graderías siendo un torpedero novato de los Piratas en 1925. Se dejó oír una expresión de asombro colectiva de toda la multitud que llenaba el estadio a su máxima capacidad mientras un paracaidista descendía desde el cielo azul, pero Jack Heatherington, de McKeesport, que había hecho el salto luego de perder una apuesta de que los Piratas *no* ganarían el campeonato, volvía a equivocarse, yendo aterrizar no al terreno sino a un tejado vecino. Éste no era un año para subestimar nada en Pittsburg.

En el camerino de los Piratas antes del juego, Murtaugh se apegaba a su rutina de la temporada regular, sacando una tarjeta de anotaciones y repasando la alineación de los Yanquis bateador por bateador.

—¿Tienen dudas? —preguntó cuando hubo terminado. Su equipo no tenía ninguna—. Entonces, vayan y suénenlos —agregó. No había necesidad de animarlos con ningún discurso, pensó el capitán Dick Groat. Todo el mundo entendía lo que significaba esta serie. En una columna para el *Post-Gazette,* que aparecía debajo de un título impresionante…

Por Dick Groat
TORPEDERO DE LOS PIRATAS Y CAMPEÓN
DE BATEO DE LA LIGA NACIONAL

Groat confesaba que si bien intentaba decirse a sí mismo que no era más que otro partido y que no había ninguna razón para estar nervioso, tenía "una sensación peculiar" en la boca del estómago en su primer turno al bate y sus nervios no se tranquilizarían durante las primeras entradas.

Law y los Piratas tenían razones para sentirse ansiosos al comienzo de la primera entrada cuando Maris, actuando como si estuviera haciendo aún prácticas de bateo, voló con un jonrón la cerca del jardín derecho, pero salieron de ese episodio sin más perjuicio y de inmediato la emprendieron con Ditmar. Bill Virdon bateó un sencillo y robó la segunda. Groat, con nervios y todo, lo empujó hasta *home* con un doble. Bob Skinner le hizo un sencillo a Groat y también robó la segunda. Dick Stuart fue retirado para el primer *out,* luego vino Clemente, que bateó de quinto en vez de tercero, como era lo usual, porque Murtaugh creyó que podría tener problemas con el gigantón diestro de seis dos y 195 libras. Ésta fue la primera aparición de Clemente en el escenario de la Serie Mundial, la primera vez para un puertorriqueño desde que Luis Olmo jugara jardín izquierdo para los Dodgers contra los Yanquis en 1949. Doña Luisa y su hermano Matino estaban mirando el juego desde los asientos detrás de la malla. Allá en Carolina, el viejo escuchaba la radio. Con el conteo de dos bolas, dos *strikes* Ditmar se apareció con una recta por dentro y Clemente la bateó por encima de segunda para hacer un sencillo, impulsando la tercera carrera, que anotartía Skinner. Ditmar estaba liquidado por el resto del día, y Stengel lo sacó luego de que hiciera solamente dieciocho lanzamientos y obtuviera un solo *out*.

El ataque de la primera entrada mostraba que los Piratas no serían intimidados. Era Stengel quien parecía ansioso con su rápida grúa. Esto no era lo que la mayoría de los expertos esperaban. Shirley Povich, el venerable cronista deportivo del *Washington Post*, pensaba que era "como el paciente que examinara al médico en busca de los síntomas". Al principio de la segunda entrada, con Nueva York aún a la saga 3–1 y el tercer bateador Clete Boyer yendo al plato con corredores en primera y segunda, la impaciencia bordeó el pánico. A Boyer lo llamaron al *dugout*, y al principio supuso que Stengel tenía algún consejo que darle sobre cómo batear contra Law, pero la única instrucción del director fue que Clete encontrara un asiento en el banco. Enviaron a batear a Dale Long. Primer juego, segunda entrada, Boyer sustituido por un bateador emergente en su primer turno al bate, una humillación poco común en el béisbol. Clemente, en el jardín derecho, sabía lo que se siente; hacía mucho a él lo habían sacado por un bateador de emergencia en la primera entrada con las bases llenas, pero eso fue durante su primer año en el béisbol profesional con los Royals de Montreal, cuando los Dodgers intentaban ocultarlo. Resultó que Long bateó un largo fly a Clemente en el derecho, quien lo recogió y soltó un balazo a segunda, casi completando una doble jugada al tirarle a Berra.

La desesperación de Stengel no le sirvió de nada. El juego esencialmente se acabó, luego de una brillante jugada defensiva de Virdon en la cuarta entrada. Law luchaba, mientras se habría paso a través de la nueva "tanda del terror". Maris negoció la base por bolas, Mantle un sencillo, y Yogi Berra, jugando en su oncena Serie Mundial, todo un récord, y quien era aún temido por los Piratas como el más agresivo de los bateadores oportunos de los Yanquis, conectó un batazo a lo profundo de la expansión del hueco entre el jardín central y el derecho. Clemente, corriendo desde la derecha, y Virdon, a toda velocidad desde el centro, llegaron simultáneamente al lugar donde se dirigía la bola. Clemente iba por ella, seguro de que podía cogerla, y también Virdon, que le mantuvo la vista fija todo el tiempo. Había tal estruendo en el estadio que ninguno podía hacerse oír. Se rozaron en la carrera, y los clavos de los zapatos de Virdon cortaron el talón del zapato derecho de Clemente y, justo en el momento en que Clemente se detenía, con el No. 21 a su espalda hacia el jardín, Virdon saltó y atrapó la pelota alargando el guante a un paso de la pared verde claro. Los comentaristas que no habían visto a Virdon fildear se quedaron atónitos. Murtaugh en el *dugout*, Law en el montículo y los observadores regulares de los Piratas estaban contentísimos pero en modo alguno sorprendidos. Consideraban a Virdon la más cercano a Willie Mays en el centro, acaso su igual, y con Clemente patrullando a su lado podría atraparse cualquier disparo al centro o a la derecha siempre que se quedara en el parque. Los Yanquis estaban desmoralizados, y aunque Moose Skowron bateó un sencillo para impulsar la carrera de Maris, Murtaugh no contempló sacar a Law, que salió de la entrada conservando la ventaja, que no tardaría en extenderse a la segunda mitad cuando Bill Mazeroski disparó un jonrón anotando dos carreras para los Piratas.

Durante las primeras entradas, Elroy Face y sus compañeros en el cuerpo de relevo de los Piratas, incapaces de tener una clara visión del partido desde el *bullpen*, habían corrido hacia la casa club cuando los Yanquis estaban al bate de manera que pudieran observar a los bateadores en la televisión. Todo en los cinco pies ocho pulgadas y las 155 libras de Face era compacto y eficiente, incluyendo su preparación. Necesitaba sólo tres o cuatro tiros para soltarse, y rara vez se molestaba en hacer ejercicios de calentamiento hasta que veía a su mánager que se dirigía al montículo en la última entrada. En la octava, con Law manteniendo una ventaja de 6–2 pero con aspecto de cansado y sintiéndose adolorido el tobillo derecho, Murtaugh hizo el cambio. Dos gestos significaban que él quería a Face. Uno era simplemente llevarse la mano a la cara; el otro era sostener la mano derecha con la palma hacia fuera a la altura de la cintura. Face tenía un brazo de goma y podía socorrer durante dos entradas y ocasionalmente en tres, día tras día, contando con su especialidad en el lanzamiento, el tenedor. Lanzado con dos dedos abiertos como las puntas de un tenedor bien separados sobre el tope de la bola, el tenedor era una variación primitiva de la recta de dedos separados que llegó a ser tan popular cuatro décadas después. (Cuando Steve Blass, un lanzador de última hora de los Piratas y narrador deportivo, le preguntó que describiera la diferencia entre los dos lanzamientos, Face respondió sin alterarse, "oh, unos cuatro millones de dólares"). Cuando Face entró, fue un trato hecho. No hubo problemas en la octava entrada. En la novena, le dio un jonrón de dos carreras a Elston Howard, pero logró que el jardinero izquierdo Héctor López roleteara una jugada doble para terminar el juego —Maz a Groat a Stuart— y los Piratas, ganadores 6–4, iban gritando y ululando mientras subían la rampa subterránea hacia su viejo y empolvado camerino.

Los Yanquis andaban refunfuñando después del juego. Habían bateado trece *hits,* más de lo que habían hecho en cualquier partido durante los quince juegos consecutivos que habían ganado al final de la temporada, y no obstante perdieron. ¿Cómo podía ocurrir esto? Boyer no hizo ningún esfuerzo en ocultar su furia por haberlo sacado antes de que tuviera su primera oportunidad de batear. Ditmar se sentía abatido porque no lo dejaron terminar la primera entrada. Mantle, a quien le cantaron *strike* dos veces, creía que uno de ellos era una mala decisión. El segunda base Bobby Richardson criticó el terreno de los Piratas, notorio por ser duro como el concreto. Y Stengel, a su manera inimitable, se quejaba de lo mismo. "Si quisieran podrían rastrillar el terreno muy bien porque conseguir un rastrillo aquí donde tienen tanto acero es fácil, pero no quieren". Stengel también hizo una crítica de Clemente, quien había roleteado en una jugada de selección en la quinta, pero quien se quedó en primera mientras el segunda base Bobby Richardson perseguía a Skinner en un corre y corre entre segunda y tercera. ¿Era ésta la falta de audacia que había mencionado

Branch Rickey durante su primer informe sobre Clemente en San Juan en enero de 1955?

—¿Dónde estaba el hombre que bateó la pelota? —preguntó Stengel— Él es el más veloz. ¿No es cierto? Ahora bien, si esa jugada hubiera decidido el partido, todos ellos se estarían preguntando por qué él no fue a segunda. Y si yo fuera el mánager no tendría una respuesta.

Nadie le preguntó a Clemente al respecto. En el camerino, se sentó solo mientras los comentaristas deportivos se agrupaban en torno a Virdon, Maz, Law, Face y Bob Friend, quien abriría el juego al día siguiente.

Llovió toda la noche en Pittsburg y siguió lloviendo al otro día. Para las 12:26 PM., sólo treinta y cuatro minutos antes de que comenzara el segundo encuentro, el cielo estaba encapotado, un encerado cubría el jardín, los peloteros estaban holgazaneando y jugando rápidas partidas de *gin rummy* en la casa club, mientras los fans se cobijaban debajo del voladizo. Pero el comisionado Frick, protegido por una capa de agua y un sombrero y hablando por un *walkie-talkie* con su personal, dijo que los meteorólogos le habían prometido que el sol estaba al salir, y en un plazo de veinte minutos su confianza resultó recompensada. Stengel presentó una alineación de apertura con el veterano receptor Berra de jardinero izquierdo por primera vez en su carrera en una Serie Mundial. Su amigo Joe Garagiola, que creció junto con Berra en San Luis y que había cenado con él en Pittsburg la noche anterior, pensaba que el charlatán de Yogi, tan acostumbrado a hablar continuamente con el árbitro del plato y con los bateadores contrarios, estaría "solo allí sin nadie con quien hablar".

Bob Friend, el ganador de dieciocho juegos, que lanzaba lo que se conocía como una bola pesada, con una recta que alcanzaba una velocidad de noventa y dos millas por hora, subió al montículo por los Piratas, y la multitud local se tranquilizó. Mientras se calentaba, Friend se dio cuenta de su poder y de que estaba en forma durante de las primeras entradas. "La pelota se está moviendo mucho". Él tuvo seis ponches en cuatro entradas y parecía sólo accidental que estuviera perdiendo 3–0. Una carrera de los Yanquis fue sucia y otra fue un doble fuera de la cancha por Gil McDougald que el tercera base Hoak insistió que era *foul.* Los fanáticos y los comentaristas criticaron a Murtaugh después que sacó a Friend en la segunda parte de la cuarta entrada para sustituirlo por el bateador emergente Gene Baker, quien bateó para un jugada doble angular, en el momento en que Friend mismo se sentía perturbado. Los Yanquis no estaban realmente bateando nada, creía él, y él sólo se estaba calentando. Pero décadas después, mirándolo con la distancia que da el tiempo, Friend le dio un respiro a su mánager: "No culpo a Danny for haberme sacado", dijo. "Él hizo lo correcto".

Los Piratas se equivocaron en muchas ocasiones en este juego. Los Yanquis pasaron después de eso a una feroz acometida, pegando diecinueve *hits,* uno menos del récord de los veinte de la Serie Mundial por los Yanquis en 1921 y los Cardenales en 1946; y anotaron dieciséis carreras, sólo dos menos que el récord establecido por los Yanquis contra los Gigantes en 1936. En la sexta entrada convirtieron el partido en un galope, enviando doce bateadores al plato y anotándose siete carreras en el camino a una victoria de 16–3.

En la confusión de esta matanza, un comentarista deportivo gritó desde el palco de la prensa, "¡Traigan a Yellowhorse!" —un lamento tan evocador que varios colegas le robaron la cita y se la atribuyeron a un fanático anónimo. Mose J. Yellowhorse, un indio americano de pura cepa, proveniente de Pawnee, Oklahoma, y conocido afectuosamente por "Chief", poseía el nombre más dichoso en la historia de los Piratas de Pittsburg, si no el mejor récord. Lanzó en dos temporadas, 1921 y 1922, y ganó un total de ocho juegos. Tal vez su mejor jugada en las mayores, según el historiador del béisbol Ralph Berger, se produjo cuando él y el siore Rabbit Maranville atraparon a mano limpia unas palomas que aleteaban fuera de la ventana del cuarto del piso dieciséis del hotel de gira donde se hospedaban. *¡Traigan a Yellowhorse!* El Chief tenía sesenta y dos años en 1960 y se encontraba retirado pescando en Pawnee, pero ciertamente podía no haberse temido nada peor ese día que el quinteto de relevo de Green, Labine, Witt, Gibbon y Cheney. Una vez que sus maceteros le dieron un margen de ventaja, Stengel se convirtió en un "barbero" implacable desde las sombras del *dugout* de los visitantes, dirigiendo un torrente de burlas sarcásticas a Smoky Burgess y la procesión de desventurados emergentes del Pittsburg. Cuando Hoak, desde su puesto en tercera, le lanzó una mirada severa a Stengel, este "simplemente me miró", recordaba Hoak, "alzó las manos en el aire y se encogió de hombros, como si dijera '¿qué está pasando? ¿A qué se debe esa mirada fea, Hoak?' "

Clemente, al batear de tercero por los Piratas, conectó dos *hits*, al igual que cada uno de los próximos cuatro hombres en la alineación (Nelson, Cimoli, Burgess y Hoak), pero Bob Turley, el titular de los Yanquis, fue capaz de repartir trece *hits* y permitirle sólo tres carreras al lado perdedor. La estrella al bate del partido fue Mickey Mantle, que impulsó en cinco y bateó dos jonrones, incluido un vuelacerca que bateó con la derecha. La pelota fue a caer en un área sobre las enredaderas a la derecha del jardín central, que sólo habían sido alcanzadas por los bateadores zurdos Stan Musial, Duke Snider y Dale Long. Un policía municipal que por casualidad estaba de pie cerca de donde vino a caer la pelota calculó la distancia en 478 pies. El apuesto Mick era un tema irresistible en el palco de la prensa. Stengel contaba de cómo jugaba en una sola pierna y de cómo se entizaba sus piernas adoloridas durante una hora antes de cada juego. "Él siempre será un héroe en nuestro libro", escribío David Condon del *Chicago Tribune*. "Tiene fallas humanas, pero tiene un valor sobrehumano".

Mantle tenía también más sentido común beisbolístico que la mayoría de los comentaristas deportivos. Arthur Daley del *Times,* en una prosa un poco menos despectiva que la de sus colegas, escribió que "los Piratas puede que nunca se recobren de la humillación de su horrenda derrota. Fue una que no sólo los sacudió hasta la punta de los zapatos. Tuvo que penetrar más hondo, hasta llegar al inconsciente y crear un complejo de miedo que podría destruir la moral". Mickey no compartía esas opiniones. Entendía los ritmos del juego y los peligros de una competencia unilateral. Para Mantle, los jonrones fueron una pérdida, puesto que se produjeron en una explosión. "Ojalá pudiera haberlos ahorrado para un momento en que tuvieran algún sentido", dijo.

Puesto que la serie se trasladaba ahora a Nueva York, los Piratas salieron de Pittsburg a las seis en punto de esa tarde, volando en el mismo avión fletado de United Airlines que habían usado durante toda la temporada. El piloto, capitán Joe Magnano, era de Long Island y había crecido como un fanático de los Yanquis, pero llegó a identificarse con los Piratas. Law, Burgess y Cimoli estaban interesados en volar y siempre andaban rondando por la cabina. Clemente se encontraba entre los que odiaban volar e intentaba, usualmente en vano, dormir en el avión, así no tendría que sufrir cada bache y cada salto. Los Yanquis, a insistencia de Stengel (que se decía quería "pastorearlos"), viajaban por tren, reservando cinco coches Pullman en el expreso *Pittsburgher* del Pensilvania Railroad. La tribu de los comentaristas deportivos iba a remolque, como lo hicieron unos cuantos centenares de vociferantes fans de los Piratas, que a su llegada a Nueva York se encontraron virtualmente solos en la creencia de que la serie tendría los suficientes juegos para un regreso a Forbes Field. Al Abrams, el editor de deportes de *Post-Gazette,* entraba en el vestíbulo del hotel Commodore cuando vio el titular de un tabloide sobre el segundo juego: ASESINATO EN PITTSBURG. "Siempre que salgo del hotel", señalaba él, "oigo siniestras predicciones para los Piratas". Cuando los equipos se ejercitaron en el estadio de los Yanquis el viernes, el día de receso, no hubo titulares de primera página, aunque Red Smith podría haber apreciado esta prioridad: Jrushchov se mudó del Waldorf-Astoria, dándole cabida al centro operativo de la Serie Mundial. No había un delirio universal como en Pittsburg; una Serie Mundial era considerado un evento anual en Nueva York, no obstante a las ocho de la mañana del día del juego había tres mil personas en la lista de espera para las gradas, y cinco horas después el estadio estaba repleto con setenta mil fanáticos.

Con Clemente en los Piratas y su compatriota Luis (Tite) Arroyo lanzando de suplente para los Yanquis, la serie había atraído gran interés en Puerto Rico y en todo el Caribe. La prensa norteamericana tendía a tratar al contingente latino como material para una comedia ligera. No había nada malévolo en esto, pero reflejaba las actitudes de la época y el hecho de que los jugadores hispanohablantes y su cultura eran aún considerados como rarezas. A Clemente lo citaron diciendo —en el camerino antes del tercer partido— lo entusiasmado que estaba de que su familia y sus amigos de Puerto Rico podrían verlo jugar en la televisión por primera vez. "Me afeité, me eché colonia y me puse talco para oler bien para la televisión", se comentó que dijo. En tanto, el partido arrancó con Vinegar Bend Mizell como abridor por los Piratas. Hubo risotadas en la tribuna de la prensa por lo Al Abrams llamó una "crisis" que enfrentaban los periodistas latinoamericanos, que batallaban con la pronunciación del pintoresco apodo de Mizell. Vinegar Bend era el nombre del caserío rural donde él había crecido en Alabama. "De manera que lo llamaban Wilmer", informaba Al Abrams.

El problema de la pronunciación se resolvió bastante pronto, puesto que Mizell duró sólo el tercio de una entrada. Rindió cuatro carreras en tres *hits* antes de que Murtaugh lo reemplazara con Clem Labine, que no demostró ser más eficaz de lo que había sido en el segundo partido. Fue 6–0 al final de la primera, y 10–0 al final de la cuarta. Los *pitchers* de los Piratas, reiteradamente se quedaban detrás en el conteo y terminaron lanzando rectas estupendas para que los Yanquis se banquetearan. Gino Cimoli, que jugaba en el jardín izquierdo, intentó hacer suya la coartada favorita de Ring Lardner —la queja de Ike— de que había jugado con el sol en los ojos, pero su compañero de equipo Rocky Nelson lo calló al hacerle notar que Cimoli no tenía excusas puesto que usualmente se alejaba del sol para mirar las bolas que le pasaban por encima de la cabeza. A mediados del partido, los binoculares se volvieron del terreno a las tribunas para detectar una celebridad. Herbert Hoover, el ex presidente, se dejó ver en la cuarta entrada llevando un *fedora* gris, y tomando su asiento a tiempo para otro jonrón de Mantle. Apenas llamó la atención, lo que según hizo notar alguien era un avance en relación con su presencia en la Serie Mundial en el Parque Shibe de Filadelfia durante el momento más grave de la depresión de 1931, cuando lo saludó una rechifla general. Jawaharlal Nehru, el primer ministro de la India, apareció en la sexta entrada. Era lo adecuado, observó Red Smith, que un "hombre de paz" no llegara hasta "que la carnicería se hubiera terminado". Un fan al parecer confundió a Nehru, con su kepis blanco, con un vendedor de perros calientes. Mildred McGuire, una fanática de Wayne, Nueva Jersey, que estaba sentada cerca, reportó que Nehru hablaba perfecto inglés. Aunque Mantle tenía cuatro *hits* incluido el jonrón, la estrella de los Yanquis esta vez era Whitey Ford, que lanzó una completa blanqueada, y el segunda base Bobby Richardson, que impulsó seis carreras, cuatro de ellas con un flai que alcanzó el amable rinconcito de las tribunas del jardín izquierdo para resultar un jonrón con las bases llenas.

Clemente mantuvo su ritmo de bateo pasando a primera con dos *outs* en la novena entrada, y mostró su brillantez en el terreno unas cuantas veces con sus disparos de misiles desde la derecha y la difícil cogida de un lineazo de Maris al centro derecha. Todo ello trivial e inmemorable cuando su equipo resultó derrotado 10 a cero. "Ese partido no me hace sentir más joven", dijo Danny Murtaugh, quien cumplía cuarenta y tres años ese día. En el estrado de la prensa, se apresuraban a enterrar a los Piratas. El único comentarista que pensaba que Pittsburg aún tenía una oportunidad fue Don Hoak, que en su columna después del juego declaró: "Si descartan a los Piratas ahora, hay muchas posibilidades de que tengan que comerse sus propias palabras dentro de unos días".

Para el decisivo cuarto juego del domingo 9 de octubre, los Piratas pudieron volver a contar con Vernon Law. El Deacon y Mrs. Law no habían podido asistir a la iglesia esa mañana, algo que lamentaban mucho, pero oraron en su cuarto del hotel Commodore. Pese a toda su devoción, Law no era de los que gustaban hacer proselitismo, nunca fastidiaba a sus compañeros de equipo por dejar de hacer esto o aquello, y nunca intentaba pretender que el Señor estaba de su parte, o tomando algún bando en un evento deportivo. "Oramos porque nadie de ningún bando fuera a resultar lesionado y que todo el mundo lo hiciera tan bien como pudiera", comentó. "No pedimos la victoria, porque eso sería una oración egoísta".

De la manera en que comenzó la primera entrada, parecía como si Law hubiera hecho una oración egoísta. Bob Cerv bateó a la izquierda un tiro adentro para obtener un sencillo y Tony Kubek lo siguió haciendo un doble de un tiro bajo y afuera a la izquierda, los *hits* número cuarenta y nueve y cincuenta de los Yanquis. Hoak se aproximó al montículo desde la tercera y dijo, "Deacon, le hemos estado lanzando mal a ese Kubek. Los informes sobre él son erróneos. Lancémosle alto y dentro en lugar de bajo y afuera". Law estaba tan acostumbrado a los lloriqueos de Hoak que le prestó poca atención. Pero hizo un gesto de asentimiento y registró la sugerencia, que coincidía de todos modos con lo que él venía pensando. Y "él no se sentía demasiado preocupado" informaba más tarde, respecto a tener corredores en segunda y tercera, porque sabía que si lograba sacar a Maris, podía caminar a Mantle e intentar hacer un doble *play*. Eso fue precisamente lo que sucedió, cuando Berra le roleteó a Hoak directo para un doble *play*, que terminó la entrada. Law costeó hasta la cuarta, cuando Moose Skowron pegó un jonrón para dar a los Yanquis la ventaja de 1–0.

A la misma hora, los Steelers de la Liga Nacional de Fútbol eran los anfitriones de los Giants de Nueva York en Pittsburg. En el segundo cuarto, mientras los Giants avanzaban, el mariscal George Shaw se acercó a la línea de ataque para poner el balón en juego y lo sobresaltó un rugido atronador que repercutía a través de las tribunas del estadio Pitt. En millares de radios transistores, los narradores del NBC Chuck Thompson y Jack Quinland acababan de reportar que Vern Law había impulsado la carrera de empate con un doble en el estadio de los Yanquis en medio de una romería de tres carreras para los Piratas. Al anotarse otras dos carreras, el estruendo en el estadio Pitt se hizo más atronador, confundiendo tanto a Shaw que finalmente un árbitro tuvo que pedir un receso. El gobernador de Pensilvania, David Lawrence, ex alcalde de Pittsburg, que también había redactado una columna para el *Post-Gazette* esa semana, estaba entre la multitud del estadio Pitt, escuchando en su propio radio portátil y reportó la rareza de oír a una multitud de gente de la localidad "vitorear al mismo tiempo que los Giants avanzaban contra nuestros Steelers".

Law mantuvo a los Yanquis fuera de borda en la quinta y en la sexta entradas, pero para la séptima el dolor del tobillo era tan intenso que apenas si podía sostenerse. Skowron, el primero en subir por Nueva York, alineó un doble al campo contrario que rebotó en las tribunas del jardín derecho, y McDougald pegó otro sencillo al derecho. Clemente recogió la bola y disparó *strike* sin rebote al plato, un disparo que Red Smith describió como "bajo y funesto". El instructor de la tercera base, Frank Crosetti, muy consciente del brazo de Clemente, había mantenido a Skowron en tercera o se habría convertido en un presa fácil. Richardson luego rebotó un roletazo a Maz, quien pisó segunda pero tuvo una ligera dificultad al sacar la pelota del guante, lo cual permitió que Richardson bateara el tiro y apenas evitó un doble *play*. Sin ningún toque, llamaron a Maz, quien por el camino pudo cambiar el doble *play* al parecer sin llegar a tocar la bola, pero en este caso su toque fue indeciso. Skowron vino al plato, haciendo el puntaje 3–2. John Blanchard, otro macetero yanqui zurdo, le bateó la pelota al lanzador con un sencillo por la derecha, enviando a Richardson a segunda. Eso fue suficiente para Murtaugh, que se fue andando lentamente al montículo para llevarse a su as. Antes de coger la pelota, sacó la mano con la palma hacia abajo, a la altura de la cintura, y entonces llegó Face. Los fotógrafos captaron la transición, una escena clásica de valor beisbolero. En el fondo, el pequeño relevo de pie en el montículo, frotando la pelota y conversando con Smoky Burgess, mientras Law, cumplida su tarea, con el guante que oscila de su mano de lanzador, se va cojeando y caído de hombros hacia el *dugout*. Se sentía el brazo como si pudiera llegar a dieciocho entradas, recordaría Law — en verdad él había lanzado dieciocho entradas en un partido varios años antes— pero "la pierna estaba empezando a dolerme espantosamente ya avanzado el partido y me alegró que Face estuviera listo para hacer el trabajo".

Un *out*, hombres en primera y segunda, aquí vino la bola de tenedor y allá se fue, remontándose desde el bate de Bob Cerv, haciendo un arco hacia la cerca en lo último del centro derecho, un duplicado virtual de la bola que Berra bateara en la apertura. Y aquí entró Clemente otra vez, corriendo desde el derecho, y Virdon volando desde el centro, y Virdon salta y atrapa la pelota con ambas manos, y luego se cae contra el muro en la marca 407 pero aún sosteniendo la pelota. Richardson pisó segunda y se lanzó a tercera con el batazo de Kubek, pero quedó allí cuando a Kubek le dieron un *out* de rebote. Y ésa fue la última amenaza contra Face, que blanqueó a los Yanquis durante dos entradas y dos tercios, el último *out* en un globo a Clemente en el derecho. Empatada la serie, a dos juegos cada uno.

Bob Friend estaba listo para el quinto partido el lunes, pero Murtaugh decidió irse con Harvey Haddix, su pequeño zurdo, que causó algunos murmullos de descontento entre los periodistas locales en la

tribuna de la prensa, pero no en la casa club. ¿Por qué se acabó la juga-
dita con Friend?, se atrevió a preguntar un periodista. "¿A qué carajo
se refiere?", le respondió Tiger Hoak, nunca falto de palabras e impre-
caciones. "No se trata de ningún coño de jugada. ¡Ese mierdita tiene
un corazón tan grande como un puto tonel!" Era un día soleado, y los
muchachitos lo hacían parecer fácil. Haddix y Face, de nuevo, combi-
nados en un juego de sólo cinco *hits* y siete ponchados en el que nunca
realmente parecieron correr peligro. Cuando Face estaba en el montículo, el Crow, como llamaban a Crosetti el instructor de tercera base
de los Yanquis, solía fijarse en la forma en que [Face] movía los dedos
en el guante y gritaba "¡ahí viene!", cuando podía detectar que se trataba de una bola de tenedor. Hoak, en tercera base, estaba atento a esto
y torpedeaba el aviso gritando también "¡ahí viene!", en cada tiro. Pero
en este quinto juego Hoak pudo ver que Face era imbateable, así que
él ni siquiera se molestó en gritar. Otro dos y dos tercios, esta vez sin
ningún *hit*.

Los Bucs tenían diez *hits,* entre ellos un sencillo con decisiva anotación de carrera de Clemente a su compatriota Arroyo, que creía que
había hecho el tiro perfecto y levantó los brazos con exasperación
cuando la bola pasó silbando hacia la hierba del jardín. Clemente había
bateado sin problemas en los cinco juegos y empezaba a obtener un
poquito de reconocimiento por su ejecutoria. En el vestidor, después
del partido, que los Piratas ganaron 5–2, Ted Meir de la Prensa Asociada decidió salirse del montón y escribir algo sobre Roberto. "¿La
estrella no celebrada de la Serie Mundial?", comenzaba preguntando
su nota. "Esa frase bien podría aplicarse a Roberto Clemente, el jardinero derecho del Pittsburg con un escopeta por brazo". Veintenas de
reporteros, observaba Meir…

> …rodeaban a los lanzadores Elroy Face y Harvey
> Haddix luego de la victoria de Pittsburg 5–2 sobre
> Nueva York el lunes. Hacia un costado, Clemente
> estaba sentado en frente de su casilla —solo.
>
> Sin embargo, aquí estaba el jugador cuyo brazo que
> dispara verdaderas balas había detenido a los Yanquis
> de tomar una base adicional cuando le bateaban *hits* a

su territorio, hazaña que contribuyó poderosamente a las tres victorias del Pittsburg.

Él rebosa de alegría cuando le comparan el brazo con el del famoso Hazen (Kiki) Cuyler, que jugaba el mismo jardín derecho para los Bucs en 1925 cuando ganaron el campeonato mundial al derrotar a Washington, y con el del lanzador Walter Johnson consagrado en el Pabellón de la Fama.

"Seguro", sonríe Roberto alegremente, "nadie me puede alcanzar corriendo". Clemente atemorizó a los corredores de base de los Yanquis en el primer juego en Pittsburg. En la segunda entrada, después que Yogi Berra y Bill Skowron se embasaron con sencillos sin ningún *out,* él atrapó el flai del bate emergente Dale Long y casi atrapa el doble de Berra en segunda con un "balazo". "Nosotros descubrimos entonces", dijo luego el mánager Casey Stengel, "que ellos tenía un buen jardinero derecho".

Meir escribió que Clemente había hecho el último *out* en el quinto juego y le había dado la pelota al dueño de los Piratas, John Galbreath. "La mujer de mi hijo está esperando un bebé de un momento a otro en Columbus, Ohio", dijo Galbreath. "Si es un varón, esa pelota será su primer regalo". (La pelota sigue en poder de los Galbreath y cuarenta y cinco años después Squire Galbreath, el nieto que nació exactamente después de la Serie Mundial, la mantiene en una vitrina de la mansión familiar, Darby Dan, cerca de Columbus, Ohio).

La atención del mundo parecía concentrarse nuevamente en Pittsburg esa noche. Los Yanquis, los Piratas y John F. Kennedy todos venían a la ciudad. Kennedy llegó primero para una comparecencia en el Gateway Center, donde millares de personas forcejeaban para lograr una posición desde donde poder ver al candidato presidencial demócrata, irrumpiendo en un momento a través del acordonamiento de la policía. (La mayoría de los Piratas eran republicanos—Bob Friend serviría después como delegado de Nixon, el contrincante de Kennedy— pero Clemente era un firme partidario de Kennedy.) En el Hotel

Penn-Sheraton del centro de Pittsburg, Kennedy pronunció lo que definieron como su discurso más enérgico en apoyo a los derechos civiles. Luego vinieron los Yanquis, que atrajeron sólo un grupito de buscadores de autógrafos en el aeropuerto. "Entiendo que hemos hecho felices a montones de personas aquí y que están muy contentas de vernos de vuelta", dijo Casey Stengel al bajarse del avión. Una hora después, cuando el avión fletado de los Piratas se desplazaba hacia la terminal, los jugadores vieron a través de las ventanillas un espectáculo asombroso: más de diez mil fanáticos vitoreándolos detrás del andén a lo largo de una fila que se extendía de diez en fondo por un cuarto de milla. Kennedy y Nixon suscitaban poco interés en esta multitud. Se destacaban los letreros que decían MURTAUGH PARA PRESIDENTE. Tal fue la recepción para un equipo que en los primeros cinco juegos de la Serie Mundial había sido sobrepasado en carreras 34–17, en *hits* 61–42, en jonrones 8–1, que había quedado a la zaga en totalidad de bases (95–59) y en promedio colectivo de bateo iba de .325 a .245. Todo eso era verdad, y no obstante sólo una estadística importaba. Los Piratas le llevaban la delantera a los Yanquis tres partidos a dos.

Stengel tenía que tomar la decisión de con quién abrir el sexto juego, y explicó su razonamiento de un modo que sólo él podía formular. "Le pregunté a mis jugadores si querían que Ford abriera el juego y todos estuvieron de acuerdo, excepto seis u ocho; estos eran los otros lanzadores que querían ser ellos los que lo abrieran". Whitey estaba cansado, su recta era poco enérgica y su curva no se doblaba mucho, pero la mayoría de los lanzadores darían cualquier cosa por tener sus problemas. Con su barba rubia sin afeitar en 24 horas y su habilidosa determinación, tiró otra blanqueada completa, lanzando sólo 114 bolas y llevando a los Piratas a batear *out* al cuadro diecisiete veces y tres roletazos para doble *play*. Clemente se destacó en su primer turno al bate por mantener viva su racha, pero pasó el resto del partido persiguiendo sencillos y dobles. "El tipo que lanzó más que cualquier otro de los Piratas fue Roberto Clemente", decía el *Times* en su nota sobre el juego. "Tantos *hits* entraron en su territorio que él estaba constantemente lanzando la pelota al cuadro". Fue otra derrota en que los Yanquis martillaron otros diecisiete *hits* y Bobby Richardson volvió a robarse el show de los maceteros, impulsando otras tres carreras para un récord total de doce para la serie. El puntaje final fue de 12–0, y sin embargo, de algún modo a los Piratas no le parecía gran cosa. "Nuestras tres derrotas han sido puro barniz, pero eso no lastima nuestro orgullo ni un poquito", comentó Hoak. "Cuando a uno le han quitado la brea de encima a toletazos uno no pierde el sueño volviendo a jugar el partido".

Habían perdido tres juegos por un puntaje compuesto de 38–3, no obstante tenían a los Yanquis donde querían. Vern Law estaba listo para el séptimo juego, con el respaldo de Face, mientras Stengel había utilizado a Ford y no disponía de nadie comparable con Law, lo cual lo enfrentaba a una elección entre Bob Turley, el novato de veintidós años Bill Stafford y el pequeño Bobby Shantz. "Tengo que hablar con Turley y ver cómo se siente", dijo Stengel. "Él hizo un montón de calentamiento en el *bullpen* [durante el sexto juego] y quiero estar seguro de que no esté demasiado cansado".

El trece de octubre resultó ser otro día soñado en el oeste de Pensilvania, con una neblina veraniega y la temperatura ligeramente por encima de los setenta grados. Era un día laborable en Pittsburg, un jueves, pero la ciudad tenía la sensación de que se trataba de un fin de semana de agosto. Miles de niños se quedaron en casa y no fueron a la escuela para ver el último juego de la Serie Mundial por televisión. Hordas de empresarios y de trabajadores del gobierno también se inventaron excusas para faltar al trabajo. "Nuestra *otra* abuela murió", decía un letrero en la oficina del alguacil del condado. "Y vamos a enterrarla con los Yanquis".

La mayoría de los fans no estaban tan seguros de cuál de los dos equipos iba ser enterrado. De los tres juegos que los espectadores locales habían presenciado en Forbes Field, los Yanquis habían ganado dos, y por la monstruosa diferencia de 16–3 y 12–0. Durante el aniquilador sexto partido, los desmoralizados ciudadanos de Pittsburg comenzaron a irse del estadio en la tercera entrada y las tribunas estaban medio vacías en la séptima. Los que tenían boletos para el decisivo séptimo juego llegaron con un talante humilde. Benny Benack y sus

Iron City Six se quedaron fuera del estadio en la esquina de Boquet y Sennott y valientemente intentaron llenar de energía a los fieles, pero la gente parecía renuente incluso a gritar *"¡Beat em, Bucs!"* Había una sensación de que los Bucs ya habían recorrido un largo trayecto y que tal vez acabarían faltándoles un juego para llegar al final. Los Yanquis ciertamente lo creían así. A dos de sus estrellas, Mantle y Berra, los citaban en el *Post-Gazette* esa mañana diciendo que ellos contaban con un equipo muy superior, y que seguirían teniendo el mejor equipo aún si de chiripa los Piratas llegaban a ganar. Sus comentarios atizaron aún más a los Piratas. "Hemos leído el *Post-Gazette*… pues claro que sí", reportaba Don Hoak desde la casa club.

Casey Stengel escogió un modo simbólico de informarle a Bob Turley que le tocaba abrir el séptimo juego. Nunca habló directamente con el lanzador, pero después de que el autobús del equipo llegó a Forbes Field procedente del centro de la ciudad, Hilton y Turley fueron a su casilla, y el último encontró una pelota dentro de uno de sus zapatos, que le había puesto allí Crosetti, el instructor de tercera base. "Era una pelota nueva y ese era el aviso de que yo iba a ser quien abriría el juego", explicó Turley durante la práctica de bateo. Cierto, tenía una idea de que sería yo, pero uno nunca está seguro con Casey". Tal vez Casey tampoco lo estaba de sí mismo. A partir del primer disparo de Turley, él puso a Stafford y a Shantz a calentarse en el *bullpen*. "Era algo menos que un voto de confianza en las habilidades de Turley", comentó Shirley Povich del *Washington Post*.

Murtaugh rellenó su alineación con bateadores zurdos, incluido Skinner, que había estado ausente la mayor parte de la serie con un pulgar lastimado y Rocky Nelson, que sustituyó en primera base a un Dick Stuart bastante deficiente, que apenas había bateado tres *hits*, todos sencillos, en veinte veces al bate. La movida reportó rápidos dividendos en la primera entrada cuando Skinner se anotó una base por bolas con dos *outs* y Nelson bateó luego un jonrón para darle a los Piratas una ventaja de 2–0. Glenn Richard Nelson había esperado mucho por este momento. Desde que entrara en la nómina de una liga mayor en 1949, había jugado para los Cardenales, los Piratas, los Medias Blancas, los Dodgers, los Indios y, de nuevo, los Dodgers y los Cardenales, y finalmente los Piratas una segunda vez, con largas temporadas en todas las menores durante ese intérvalo. Rocky era un hombre condenado de por vida al béisbol, tan apegado al juego que mientras era parte de las ligas menores se había casado en el plato. Ahora, con treinta y cinco años y encalveciendo, era el más viejo de los Piratas, a quien sus compañeros llamaban "Old Dad". Clemente había jugado con él en 1954 en los Royals de Montreal de la Liga Internacional, donde Nelson era el campeón de los jonrones y un preferido de los fans, pero sacaba de sus casillas al mánager Max Macon con su manera despreocupada de fildear. Tenía lo que se llamaba potencia de liga menor y bateó más cuadrangulares en una temporada en Montreal que en toda su carrera en las grandes ligas. Su sello característico era su extraña postura en el terreno —el cuerpo volteado, los pies de frente al lanzador, el bate en alto, postura tan formal y tan rígida que los cronistas deportivos la llamaban la posición de John L. Sullivan, evocando la pose del viejo boxeador. Luego de años de frustración le sirvió esta única vez mágica, propinándoles un decisivo primer golpe a los engreídos Yanquis.

Cuando Smoky Burgess encabezó la segunda entrada con un tiro a la esquina del jardín derecho, y su paso de tortuga y la rápida recuperación de Maris lo redujo a un sencillo, al inquieto Stengel le pareció que había visto bastante. Se encaminó al montículo, masculló algo para sí mismo, y "sacó a Turley como si fuera un diente flojo", según comentara Red Smith. Entró el novato Stafford, que le dio base por bolas a Hoak en cuatro tiros y permitió que Mazeroski se embasara con un toque de bola, para llenar las bases. Vern Law, incapaz de duplicar su bateo mágico del cuarto juego, bateó en el cuadro para una jugada doble del lanzador al plato, para el primer *out*, y del plato a primera para el segundo, pero luego Virdon, primer bateador en el alineamiento, conectó un sencillo al centro derecho para apuntarse un 4–0. La ansiedad de los fans que había predominado en el estadio antes del juego de repente se disipó. En la cuarta entrada, con el Deacon en el montículo, todo pintaba bien para el Pittsburg.

A lo largo de cuatro entradas, a Law le habían permitido sólo un *hit*, un sencillo por Héctor López, pero era obvio que sufría cada vez que apoyaba su peso en el tobillo. En el quinto, Moose Skowron empezó con un jonrón que cayó justo dentro del poste de *foul* en las tribunas del jardín derecho. Law retiró a los próximos tres bateadores sin ningún problema, pero cuando empezó la sexta al darle un sencillo a Richardson y base por bolas a Kubek, Murtaugh vino a llevárselo. "Sabía que el tobillo le estaba doliendo y podía haberse lesionado el brazo de lanzar si seguía estando allí", explicó Murtaugh después. "Ganar una Serie Mundial es importante pero no al precio de arruinar a un *pitcher* como Vernon Law". En efecto, Law seguiría lanzando por otras siete temporadas de su magnífica carrera, pero nunca volvería a ganar veinte juegos ni se acercaría al nivel de predominio que alcanzó en esa serie, cuando se enfrentó a los Yanquis en una sola pierna y dejó el juego con su equipo en la delantera.

No hay mañana es el viejo dicho del séptimo partido, y Murtaugh lo usó con sus lanzadores antes del juego, diciéndoles que todos debían ejercitarse en el *bullpen*. Bob Friend, Harvey Haddix y todos los otros estaban disponibles, pero cuando Law tuvo que salir, aunque era ya en la sexta entrada, Murtaugh tenía una sola idea en mente. Trajo a Face una última vez. Acaso esa vez ya era demasiado. Face había hecho más de dos entradas en cada uno de los dos triunfos previos, y tenía el brazo agotado. Él retiró al primer bateador, Maris, al agarrar un *foul* en el aire, pero entonces Mantle propinó un sencillo al medio, anotando a Richardson, y Berra pegó un jonrón que cayó por un pelo dentro de la línea en la tribuna de arriba de la derecha y como tenían dos hombres en base anotaron tres carreras. En un instante, los Piratas habían perdido la ventaja y los Yanquis parecían transformarse de nuevo en la banda asesina de los juegos dos, tres y seis.

Face terminó con el *inning* después de eso y la próxima entrada y media pasó sin novedades, excepto por una movida que pareció absolutamente insignificante en el momento. Burgess bateó un sencillo en los Piratas a la mitad de la séptima y dejó el juego por un corredor emergente. Cuando los Yanquis vinieron al bate en la octava, Hal Smith reemplazó a Burgess en la posición de receptor. Face, lanzando a duras penas, sin fuerza ni reservas, retiró a Maris y Mantle, y luego se metió en problemas otra vez. Los sencillos de Skowron y Johnny Blanchard, y un doble de Cletus Boyer —el mismo Boyer a quien Stengel había humillado en el primer partido— produjeron dos carreras más, dándole a los Yanquis una ventaja de 7–4 al pasar a la segunda parte de la octava. Todo esto era un mero preludio del dramático último acto.

Desde su explosión de la primera entrada, los Piratas habían sido domados por el propio gigantito de Nueva York, el zurdo Bobby Shantz, quien se había enfrentado a quince bateadores y sólo había rendido un *hit* y una base por bolas. El primero al bate por los Piratas era ahora Gino Cimoli, bate emergente en sustitución de Face.

Como se lo contó posteriormente a Myron Cope del *Post-Gazette,* Cimoli sentía "una ligera debilidad en el estómago" al tiempo de sacar el bate de la estantería y dirigirse al plato. Él llevaba la cuenta a dos y dos, eludiendo los tiros de Shantz que venían a dar a la esquina exterior baja de la zona de *strike,* y luego encontró uno más a su gusto y golpeó un sencillo al jardín derecho entre un Maris que corría hacia delante y un Richardson que se movía hacia atrás. El próximo en subir fue Virdon. En el segundo tiro, sonó un roletazo que picó dos veces en dirección al siore Kubek. "¡Vaya! Nos cantan un doble *play*", pensaba Virdon mientras corría a primera. Pero en el segundo salto justo en el borde de la hierba, la pelota picó en la superficie dura de la cual los Yanquis se habían estado quejando a lo largo de toda la serie, rebotó más alto de lo que Kubek esperaba, y alcanzó a éste en la garganta. Preso de un dolor intensísimo, Kubek cayó al suelo y la pelota rodó libre en el cuadro. Con dos hombres en base, ningún *out,* en lugar de dos *outs* y las bases vacías. En el estrado de la prensa, Povich del *Post* recordaba la famosa jugada del guijarro del séptimo partido de la Serie Mundial de 1924 cuando Earl McNeely de los Senadores roleteó a tercera, pero la pelota chocó contra un guijarro del cuadro y fue a dar de rebote a la cabeza de Freddie Lindstrom, el tercera base del Nueva York, permitiendo que se apuntara la carrera ganadora. La manera en que rebota la bola: *eso* mismo es lo que significa el dicho.

El juego se detuvo y toda la atención se volcó hacia el caído Kubek. Stengel hizo el largo recorrido desde el *dugout* para comprobar el estado de su joven torpedero, que había celebrado su vigésimo cuarto cumpleaños al principios de la serie. Kubek estaba escupiendo sangre y no podía realmente hablar, pero le hizo señas a Stengel de que quería seguir en el juego. Era una valerosa petición, pero Stengel la ignoró y se lo llevó, y poco después lo trasladaban al Hospital de Ojos y Oídos

de Pittsburg, donde el Dr. H.K. Sherman determinó que tenía un san-
gramiento interno y una cuerda vocal severamente lastimada y que lo
ingresarían por un día para someterlo a observación. Joe DeMaestri
fue enviado a jugar corto. Ahora estaba Shantz enfrentándose a Dick
Groat, que había batallado durante la serie con sólo cinco *hits* en veintisiete veces al bate. Shantz decidió lanzarle adentro, para evitar que el
habilidoso bateador conectara la pelota a la derecha. Los primeros tres
tiros fueron adentro. Para el tercer tiro, Groat se había ajustado y bateó
la bola por la línea de tercera base, más allá de Boyer, impulsando una
carrera y anotándose un sencillo. Stengel decidió retirar del juego a
Shantz, y lo reemplazó con Jim Coates. Todo el mundo sabía que el
próximo bateador, Skinner, iba a tocar la bola, y así lo hizo, toque por la
línea de la tercera que llevó a los corredores a moverse a segunda y tercera. Rocky Nelson tuvo otra oportunidad para intentar actos heroicos,
pero no pudo llegar a tiempo al pórtico del jardín derecho esta vez y,
en su lugar, le bateó un *fly* de rutina a Maris.

Dos *outs*, los hombres en posición anotadora, Roberto Clemente
sube al plato. Coates decide lanzarle afuera, esperando lograr que el
jugador se lance a batearle a un mal tiro. Clemente, en su ansiedad,
falló tres veces consecutivas a los tiros afuera, bateando la bola *foul* y
rompiendo el bate en el proceso. Vuelve al *dugout* en busca de otro
bate modelo Frenchy Uhalt. En la caseta de la radio, Chuck Thompson
de la NBC está narrando jugada por jugada. "Al típico estilo de la Serie
Mundial ésta parece que se jugará hasta el final", dice. "Ahora Blanchard le hace señas a Coates, que menee el guante sólo un poquito.
Quiere ver la seña otra vez. Ahora Coates se pone en movimiento, ya
con una bola y un *strike*, y lanza la pelota a Clemente".

La voz de Thompson se apresura. "Ya cruza el bate… roletazo…
lentamente sale disparada hacia el lado de la primera base. Corre
Skowron. Ya recoge. ¡No hay ninguna jugada y se anota la carrera!". Un
rugido atronador llena el Forbes Field, y Thompson espera que los
decibeles se reduzcan ligeramente para continuar. "Clemente batea un
roletazo hacia la primera base, bien alejada, como a unos diez o doce
pies de la almohadilla de segunda base. Skowron viene corriendo, ya
recoge la bola. No tuvo ningún chance de una jugada en el plato porque Virdon pisó base y se mandó a correr no más el bate de Skowron

tocó la pelota. Y luego se da cuenta de que él no llegaría a tiempo a primera base para sacar *out* a Clemente. Así que el *hit* al cuadro de Clemente ha impulsado la sexta carrera de los Piratas. Allá a tercera base va Groat. Dos *outs*. Los Yanquis siete, los Piratas seis. Y el bateador será el receptor Hal Smith".

A los comentaristas de Nueva York los desconcierta esta jugada ¿Dónde estaba Coates? Querían saber. Debía haber estado en la almohadilla para coger el tiro de Skowron, se lamentaba Arthur Daley, pero "probablemente estaba ocupado tratando de calcular cuál sería su parte de la bolsa de los triunfadores que se olvidó de cubrir la almohadilla". Clemente, corriendo hacia la línea, estaba seguro de que él habría frustrado cualquier tiro a la almohadilla, y muchos observadores convendrían. Coates no se demora en dejar el montículo, pero tuvo que darle vuelta a Skowron cuando se dirigía a la almohadilla. En cualquier caso, los Piratas siguen vivos, y envían a Hal Smith, el *catcher* de reserva que ha reemplazado a Burgess en la séptima. "Smith entra con dos *outs*, corredores en primera y en tercera, y este estadio está enloqueciendo", reportaba Thompson. Una corriente eléctrica parecía recorrer las tribunas del Forbes Field, cada fanático conectado, alambrado, iluminado, una sensación que sólo puede crear la última entrada del béisbol de octubre. En el centro de Pittsburg, la muchedumbre se agolpa en las aceras frente a las tiendas por departamentos en cuyos escaparates han puesto televisores que transmiten el juego. Han cesado todos los trabajos. Thompson ha vuelto al micrófono…

"Coates se prepara… ya lanza… un *strike* por el mismo centro. Y Smitty lo estaba observando atentamente. Un *strike* a la mano derecha bateando Hal Smith. Clemente batea una bola lenta por primera base, bien separada de primera en un principio y a la que le saca ventaja corriendo a todo lo que le dan las piernas para embasarse con un *hit*. Y Virdon pudo anotarse la sexta carrera. Ahora el tiro, con un *strike* viene hacia Smith. Es alto, una bola. Una bola, un *strike*. Bien, la oportunidad de los Piratas en esta entrada se debe a la bola que le picó mal a Kubek dándole en la garganta y sacándolo del juego. Ahora el lanzamiento, con un conteo de una y uno, a Smith. Allí está. Cruza el bate y le falla, segundo. Él realmente hala el gatillo. Una bola, dos *strikes* a

Hal Smith. Le tira su gran tirabuzón, su "golpe de domingo" y no puede encontrarla. La carrera del empate está en tercera base en la persona de Dick Groat. La carrera de ventaja está en primera, en la persona de Roberto Clemente. Y ahora se prepara el lanzamiento con una bola y dos *strikes* a Hal Smith".

En el montículo, Coates había decidido subir la parada, a la espera de que Smith le bateara a una bola rápida y alta. "Lanza Coates", anunciaba Thompson. "Comenzó a mover el bate pero lo aguantó. Le cantaron bola alta. Otro aguante, y dos bolas. Dos y dos ahora. Y por una milésima de segundo todos los movimientos en el *dugout* de los Piratas se detienen al oír cómo canta la jugada el árbitro en el plato. Fue un tiro alto y Smith aguantó a tiempo el bate. Así pues el conteo en dos y dos.

En el plato, Smith está listo, musitándose un mantra silencioso. *Dale a la pelota, dale a la pelota.* "Coates entra en posición. Enfoca la pelota. Y ahí va el tiro con conteo de dos y dos a Smith. Smith le batea". Cualquiera que estuviera oyendo en la radio pudo oír el sonoro chasquido del bate. "Un largo *fly* hacia lo último del izquierdo. No sé, podría irse de aquí! ¡Se va... se va... se fue! ¡Forbes Field en este momento es un asilo de locos sueltos! ¡Hemos compartido uno de los grandes momentos del béisbol!"

A Smith le gusta pegarle a los tiros bajos y podía decir por la "sensación" que él lo había conectado. Coates podría decirlo, también, y arroja el guante en el aire en un gesto de hastío. Mientras Smith doblaba por la primera base y vio a Berra y a Mantle parados en seco y la pelota que pasa volando por encima del letrero que marca los 406 pies y sigue mucho más allá hasta Schenley Park, tuvo que contenerse el impuso de hacer un salto mortal de triunfo. Para entonces, Stengel había salido del *dugout* caminando como un cangrejo y estaba haciéndole señas a Ralph Terry desde el *bullpen*. Coates se fue, cabizbajo, y Stengel lo siguió dentro, su equipo estaba perdiendo ahora 9–7. Hoak bateó un *fly* a la izquierda, y los Yanquis entraron para su último turno al bate.

Haddix y Friend habían estado calentando en el *bullpen* para los Piratas. "Tú eres el primero", le dijo Haddix y Friend se amararró los pantalones y se encaminó al montículo. Él había sido el perdedor en el segundo y sexto juegos, pero aquí estaba su oportunidad de enmendarse. Tenía un brazo de goma y no se sentía cansado. Puedes descansar todo el invierno, le había dicho Murtaugh. Todo estaba sucediendo tan rápido ahora, y aquí estaba él, enfrentándose a los primeros de su clase. Cuatro lanzamientos más tarde, allí iba él rumbo al *dugout,* aturdido luego de haberle permitido sencillos a Richardson y al bateador emergente Dale Long. Ahora le tocaba el turno a Haddix. Hoak miró desde la tercera y pensó que Haddix parecía "tan frío como un pez en la nevera". Zurdo contra zurdo, logró que Maris bateara (en el aire) un *pop-up* directo al receptor. Pero Mantle, bateando con la derecha, asestó una línea al centro derecho que envió a Richardson al plato y a Long a tercera. El estadio se quedó callado. Gil McDougald salió como corredor sustituto para relevar a Long, representando la carrera de empate en tercera. Berra, el temido bateador oportuno, conectó un batazo largo al lado de la primera base. Rocky Nelson, a quien nunca se le conoció, atrapó la bola de un salto, impidiendo que el batazo se convirtiera en un doble, y en una fracción de segundo se planteó: ¿Debía lanzar a segunda para intentar un doble *play* de primera, a siore y primera, o pisar la almohadilla para un *out* seguro y luego lanzar a segunda para atrapar a Mantle entre las bases? Pisar la almohadilla, Nelson se dijo para sí, y mientras tocaba la almohadilla y se volvía para hacer la jugada, ¿dónde estaba Mantle? Pues no dirigiéndose hacia segunda, sino deslizándose de vuelta hacia primera. Nelson se quedó helado ante la sorpresiva movida. Mantle zigzagueó para que Nelson no lo tocara con el guante, en una brillante jugada entre bases. Mirando retrospectivamente, era obvio que Nelson podía haber tocado a Mantle con el guante primero y luego pisado la almohadilla para un fácil doble *play* que pusiera fin al juego, pero ambos jugadores reaccionaron conforme a sus instintos, y los instintos de Mantle eran superiores. El empate de una carrera anotada desde tercera y el juego proseguía. El próximo bateador, Skowron, bateó para *out* forzado en segunda, y los Piratas corrieron a prisa a su *dugout.* Nueve a nueve, la segunda parte de la novena entrada.

Mazeroski era el primero al bate por el Pittsburg.

Esa fue la brillante última línea de la columna de Red Smith al día siguiente.

Maz estaba hecho para Pittsburg. Creció en sus cercanías, en Wheeling, Virginia Occidental, y era rudo, callado, modesto, étnico, hijo de un minero de carbón que había perdido un pie en un accidente de una mina y que murió joven de cáncer de pulmón. Durante cinco temporadas, desde que surgió a los diecinueve años, Maz se había esforzado para hacer realidad su potencial como un muchacho super-dotado. Un año jugaba bien, otro año jugaba mal, pero se había recu-perado de una desastrosa temporada en 1959 para ayudar a los Piratas a que ganaran el campeonato de 1960, con sólo veinticuatro años, filde-ando brillantemente y con un promedio al bate de 273 puntos con once jonrones y sesenta y cuatro carreras impulsadas. Al igual que Bobby Richardson, su contraparte de los Yanquis, podía parecer perdido en la alineación hasta que surgía un momento de tensión, y entonces sus compañeros se sentían alentados de verlo encaminarse al plato.

Aquí estaba él ahora, el No. 9, a la espera de Ralph Terry, con la mandíbula atareada en mascar un rollito de tabaco. Dick Stuart, el macetero que aún en baja era peligroso, había salido palo en mano al círculo de la espera, listo para batearle al lanzador. Stuart estaba seguro de que él batearía un jonrón para ganar el juego. En el *dugout*, Bob Friend se miraba a los zapatos, maldiciéndose, cavilando acerca de su actuación como *pitcher* y de no haber logrado hacer su faena. Vern Law estaba a la espera, rezando incluso, que todo resultara bien. Clemente está sentado cerca. Él debe ser el quinto bateador de esa entrada. Se estaba preparando mentalmente para la posibilidad de lle-gar al bate con dos *outs* y dos en base. En la caseta de la radio, Chuck Thompson ya casi había agotado el repertorio de sus superlativos con todas las dramáticas jugadas que había narrado en los últimos veinte minutos.

"La última mitad de la novena entrada" comenzó Thompson pro-saicamente. Los cambios hechos por los Yanquis: McDougald va a la tercera base. Cletus Boyer pasa a jugar la posición de *shortstop*. Y Ralph Terry por supuesto en el montículo se enfrentará a Mazeroski… Ahí va la primera bola, demasiado alta ahora para Mazeroski. Los Yanquis han empatado el juego en la primera mitad de la novena entrada. Hace un ratito, mencionábamos que esta serie de manera típica se jugaría hasta lo último. Poco sabíamos. Terry lanza… aquí un *fly* que se adentra en el izquierdo. Este puede ser el final. Berra retrocede hasta la barda…"

El tercera base McDougald está aún mirando hacia el plato cuando la pelota le pasa por encima de la cabeza. El tercera base y los árbitros del jardín izquierdo, perfectamente alineados sobre la raya, también la miran. Este batazo no produce la gigantesca parábola que tuvo el de Hal Smith, pero la pelota sigue avanzando. Murtaugh cree que la atraparán. Y lo mismo piensa Bob Friend. Mazeroski no está seguro, apenas la mira, mientras corre a toda velocidad hacia primera, sin saber si será un jonrón. Desde el *dugout* de los Piratas, Ducky Schofield, el *infielder* de reserva, ve a Berra retroceder hasta la barda y mirar hacia arriba, listo para fildear la bola si rebota de la barda. Luego Yogi se vuelve, se inclina y se desploma, con las rodillas casi dobladas. Y se acabó.

Detrás de la pared de hiedra, el reloj de la plaza Longines marca las 3:37 PM. Murtaugh quiere besar a su mujer. Increíble, piensa Friend. "¡Voló la cerca, jonrón, ganan los Piratas!", grita Chuck Thompson. Un rugido ensordecedor sacude las tribunas. "Señoras y señores, Mazeroski ha bateado una pelota con un conteo de una bola y cero *strikes* encima de la cerca del jardín izquierdo del Forbes Field para ganar la Serie Mundial de 1960 para los Piratas de Pittsburg…" Ralph Terry tiró el guante y abandonó el montículo. Él no tiene idea qué clase de lanzamiento hizo, dirá después, sólo sabe que fue el erróneo. Maz está bailando, dando saltos, como si cabalgara en un bronco imaginario, agitando su casco en lugar de un sombrero de vaquero; ahora hace cabriolas en torno a la segunda base y en tercera hace un giro jubiloso para volver al plato. El diamante es una locura, los fanáticos se abalanzan, una avalancha de gente enloquecida, un muchacho que alarga la mano, y luego otro, hombres en traje y en mangas de camisa se mezclan en la acción y los policías de la ciudad y los guardias del estado con garrotes se apresuran a intervenir desde el lado del jardín izquierdo. El *dugout* de los Piratas se vacía y los jugadores forman una colmena zumbante y delirante, saltando detrás del plato, expectantes, la suerte ha cambiado en un segundo; y ahora los últimos pasos, los héroes con sus cortes de pelo a lo alemán llegan seguidos por todos los fanáticos de Pittsburg, y los árbitros despejan el camino extendiendo los brazos, y Maz da un salto final sobre el plato y desaparece, todo el mundo agarrándolo, aporreándolo, como si fuera una pelea de quince asaltos con Floyd Patterson, piensa él, pero está demasiado feliz para que le duela, y Clemente y unos pocos compañeros del equipo intentan protegerlo cuando retornan al *dugout* y a través del paso subterráneo se encaminan al camerino.

Los fanáticos se adueñan del terreno, centenares de ellos, corriendo sin propósito, cantando sin parar el estribillo de lo que Red Smith llama ahora "el pequeño horror titulado "¡Los Bucs irán hasta el final!" Un hombre de traje marrón saca una pala, desentierra el plato y se lo lleva. La vida es una serie de sensaciones, y aquí se vive una inolvidable para todos los fanáticos de los Piratas. Por el resto de la tarde y hasta bien entrada la noche, las calles pertenecen al pueblo. Todo está patas arriba, un acto de rebelión en el alba de los años sesenta, el *establishment* ha perdido el primer asalto.

Bob Prince, que trabaja para las transmisiones de televisión con Mel Allen, se pierde comentar el jonrón. El Pistolero ha dejado la cabina un poco antes para llegar al camerino a tiempo de las entrevistas que seguirán al juego. Había un atoro ruidoso y agitado dentro de la casa club, que hacía casi imposible pasar. John Galbreath y su hijo Danny necesitaron una cuadrilla de ocho policías para poder participar de la celebración. Cimoli, Stuart, Hoak, Face, Mizell, todos mojados de champaña, vinieron corriendo para empapar al dueño. Prince andaba pescando entrevistas.

—¡*Beat 'em, Bucs!* —gritaba Cimoli en el micrófono—. No pueden derrotar a nuestros Buccos, diga eso. Sí, señor, los tumbamos, los tumbamos. Ellos rompieron todos los récords y nosotros ganamos el juego.

—Aquí está el presidente del club de béisbol, el Sr. John Galbreath —dijo Prince.

—Sólo quiero hacerle una pregunta que usted ya me hizo antes —dijo Galbreath, con la voz ronca e impaciente—. ¿Le hemos pagado nuestra deuda a esta ciudad, al pueblo de Pittsburg?

—Creo que sí —dijo Prince— Y usted le ha dado su voz también, ¿no es cierto?

—He dado todo lo que he podido —dijo Galbreath.

—Usted no cambiaría un Kentucky Derby por esto, John —agregó Prince, refiriéndose a la obsesión del propietario del equipo con las carreras de caballo pura sangre.

—Estás tratando de golpear mi punto flaco —respondió Galbreath.

En el momento en que Bill Nunn Jr. llegó al camerino, su amigo Clemente estaba sentado solo en un rincón, "feliz pero al margen de toda la fanfarria". Él había sido el único jugador en lograr un *hit* en cada uno de los siete juegos. Su desempeño en el terreno había sido impecable. El dribleo de su *hit* y la manera en que se impulsó hacia primera base en la octava entrada habían mantenido vivas las esperanzas de los Piratas. Ahora decía que planeaba usar su dinero de la Serie Mundial para comprarle una casa a su madre en Carolina. "Es algo que siempre he querido hacer por ella después de todo lo que ella ha hecho por mí", dijo. "Estoy impaciente por ver la alegría de su rostro la primera vez que vea su nueva casa". Nunn advirtió que Clemente se había duchado y estaba empacando su gran talego de lona mientras corría el champaña a su alrededor.

—¿Cuál es la prisa? —preguntó el redactor del *Courier* al tiempo que Clemente deslizaba un guante en la bolsa.

—Tomo el avión de las seis en punto para Nueva York —respondió—. Me quedó allí esta noche y luego me encamino a casa.

—¿Qué pasa con la fiesta de la victoria que le van a dar al equipo? Tú perteneces a ese grupo —dijo Nunn.

—No me gusta ese tipo de cosas —le contestó Clemente—. No encuentro ninguna diversión. La última vez fui a todo y me quedé parado en un rincón.

Un compañero le alcanzó a Clemente una copa de champaña. Él sonrió y tomó un sorbo, luego le hizo señas a su amigo Diomedes Antonio Olivo, el lanzador latino de cuarenta y un años, una leyenda en la República Dominicana que no estaba en la nómina de la Serie

Mundial pero que practicaba el bateo para los Piratas. Olivo, que no hablaba nada de inglés, acompañaría a Clemente a Nueva York y de ahí al Caribe. Nunn advirtió que Clemente "le prestaba especial atención a una caja que tenía cerca. Contenía un trofeo que le dedicaron los fans de los Piratas como el más popular de todos los jugadores del Pittsburg".

Olivo ya estaba listo para salir. Clemente se volvió a Nunn y le pidió si lo podía llevar al aeropuerto. Al salir, Clemente intercambió saludos con Gene Baker, y luego se escurrió de la casa club y tomó una salida lateral, con la esperanza de evitar la multitud. En una conversación anterior, él le había dicho a Nunn que temía que los Piratas no fueran a recompensar su excelente año con un aumento suficiente. "Parece como si todo el mundo fuera a estar muy bien la próxima temporada", le dijo ahora. Había conversado con Joe Brown el día anterior, y Brown le había dicho que no habría ningún problema de contrato. El gerente general también le pidió que no jugara béisbol de invierno cuando estuviera en Puerto Rico.

Tan pronto como salieron del estadio alguien gritó, "¡allí está Clemente!", y enseguida una muchedumbre los rodeó. Caminaban unas pocas yardas y los volvía a detener otra multitud embelesada, el jubiloso delantero avanzaba pulgada a pulgada hacia el auto de Nunn. Eso llevó casi una hora. Para entonces, Clemente estaba radiante de felicidad. Los fans de Pittsburg, decía, hacían que todo valiera la pena. Ellos eran la razón por la que él se alegraba de que los Piratas ganaran la Serie Mundial. Eran los mejores fans del mundo.

7

Orgullo y prejuicio

EN EL CALENDARIO DEPORTIVO DE LA VIDA DE Roberto Clemente, octubre era el mes del retorno. Él no sólo podía volver a casa, a Puerto Rico, sino que le encantaba volver. Retrasado diez días por la Serie Mundial, el regreso de Clemente a su isla en octubre de 1960 era distinto de otro cualquiera que él hubiera experimentado antes. Sus compatriotas habían seguido los dramáticos siete juegos de la serie entre los Piratas y los poderosos Yanquis con una intensidad solamente igualada en Pittsburg y Nueva York. Los siete juegos fueron trasmitidos en su totalidad en español por la emisora radial WAPA en San Juan, y los periódicos ofrecieron una amplia cobertura con trasfondo, que se concentraba en gran medida en el jardinero derecho del Pittsburg. Casi a diario, su fotografía aparecía en las secciones deportivas con calces de fotos tales como... *El tiro de Roberto Clemente evita carrera* y la mayoría de los fanáticos de la isla podían citar de memoria su promedio de bateo en la temporada (314 puntos) y en la serie (310 puntos, con un *hit* en cada juego). Y ahora, en la tarde del 16 de octubre, mientras descendía de la escalerilla del avión de Pan Am que lo traía de regreso a su tierra, era recibido como el hijo triunfante.

Carteles de bienvenida confeccionados a mano se agitaban en la arremolinada multitud de varios centenares de personas que lo esperaba en la pista de aterrizaje. El letrero que más atrajo la atención de Clemente decía simplemente *La Familia*. Abrazó a su padre, besó a su madre, y estrechó a sus hermanos y primos, sobrinos y sobrinas que habían venido a verlo, pero su familia en este caso trascendía los lazos de la sangre. Su familia era todo Puerto Rico. Clemente podía apropiarse ahora de las palabras del poeta Enrique Zorrilla, padre de su patrón de béisbol, Pedrín Zorrilla: *Mi orgullo es mi tierra/Porque yo nací aquí/No la amo porque sea bella/La amo porque es mía/Pobre o rica, con ardor/la quiero para mí.* Y su tierra lo quería, de un modo que Norteamérica, a pesar de la empatía que él tenía con los fanáticos de Pittsburg, al parecer era incapaz de hacerlo. Clemente no llevaba un minuto sobre la pista cuando se vio arrastrado por una entusiasta multitud que lo levantó en el aire y lo llevó en hombros hasta la entrada del aeropuerto, donde una banda de cornetas, tambores y silbatos le prestaba un ritmo de salsa al alegre desfile.

Hubo sólo una pequeña nota de desencanto. Cuando un cronista deportivo local le preguntó a Clemente si se proponía participar en los juegos de invierno, y él hizo una pausa y respondió: "aún no lo sé". Esas cuatro palabras dieron pie para un comentario recurrente. La liga de invierno en Puerto Rico ya tenía bastantes conflictos, en tanto Ponce, Mayagüez y San Juan habían perdido dinero en la temporada anterior. El futuro no parecía más prometedor pese al virtual colapso de la principal competencia, la liga invernal cubana, bajo el peso de la revolución castrista. Los estadios de La Habana, Cienfuegos y Marianao seguían oscuros noche tras noche. "Sea patriota y vaya a los juegos de pelota", instaba el gobierno cubano por la radio, pero la campaña fracasaba. Todos los equipos de béisbol que venían de los Estados Unidos habían sido embargados y, lo que era de mayor importancia, los talentosos peloteros de EE.UU. tampoco podían participar. Siguiendo el ejemplo de los Cuban Sugar Kings de la Liga Internacional, que se reinstalaron en Jersey City en julio de 1960, no mucho después de que Castro tomara el poder, las ligas mayores también estaban yéndose de Cuba. Los equipos de la liga de invierno que tradicionalmente ponían en el terreno unos ocho jugadores de las grandes ligas por equipo, vieron reducida a cero esa participación desde que el comisionado Ford Frick le impuso una prohibición al deporte cubano. Eso significaba que más norteamericanos vendrían a Puerto Rico, pero los equipos allí aún seguían dependiendo en gran medida del arrastre de las estrellas locales, ninguna de las cuales brillaba con mayor resplandor que Clemente. Cuatro días después de su llegada, la ambivalencia de Clemente seguía siendo un tema notorio. En una entrevista de televisión con Pantalones Santiago, el pintoresco y viejo *pitcher* que le había lanzado durante sus primeras pruebas profesionales de actitud en 1952, el joven Clemente de veintiséis años se quejó de que estaba tan cansado "que apenas podía levantar un bate". Tal vez se decidiría más adelante en la temporada, dijo, si se sentía mejor.

Durante su primer mes en Puerto Rico, Clemente asistió casi todas las noches a banquetes en su honor, grandes y pequeños. Recibió el trofeo de la Estrella, como el pelotero latinoamericano más destacado en las grandes ligas. Había traído de Pittsburg su uniforme completo de los Piratas y empezó a ponérselo en las llamadas "clínicas de béisbol" que él organizaba para los muchachos de los pueblos cercanos a San Juan. Joe L. Brown, el gerente general de los Piratas, vino en una misión de busca de talento y los periódicos locales difundieron rumores de que había firmado un nuevo contrato más jugoso con Clemente. El *San Juan Star,* citando "una fuente que tiene razón al menos la mitad de las veces", dijo que a Clemente lo habían contratado por 40.000 dólares, lo cual era definido como "una suma considerable aun si algunos jinetes de carrera y algunos luchadores profesionales ganan más". En efecto, a Clemente todavía no le habían renovado el contrato, y la cantidad con la que finalmente él estuvo de acuerdo fue menor que la cifra divulgada. Según documentos presentados a la Liga Nacional y finalmente archivados en la Biblioteca Nacional del Béisbol en el Pabellón de la Fama en Cooperstown, el contrato de Clemente por un año en 1961 fue por un salario de $35.000 más un posible bono si evadía el juego de invierno.

La frase preferida de los cronistas deportivos de San Juan durante el período de inactividad de Clemente ese invierno era que él estaba "descansando en sus laureles de la Serie Mundial". Descansar, tal vez, pero no apaciblemente. En el nivel físico, él era un insomne que rara vez dormía. Y mentalmente, estaba más agitado de lo usual. La satisfacción que obtenía de ser estrella de un equipo campeón veíase atemperada por una frustración largo tiempo contenida respecto a su lugar en el firmamento de las ligas mayores. Hank Aaron de los Bravos y Frank Robinson de los Rojos, los otros grandes jardineros derechos de la Liga Nacional, se habían impuesto desde el comienzo, pero a Clemente le había llevado seis largas temporadas llegar a sobresalir, más tiempo que la carrera del jugador promedio. Incluso Orlando Cepeda de los Gigantes, el ex cargabates del Santurce, que adoraba a Roberto como a un hermano mayor, parecía haberlo sobrepasado, al alcanzar un promedio mayor al bate, pegando casi el doble de jonrones e impulsando casi tantas carreras como el boricua mayor en sólo la mitad del tiempo en temporadas de grandes ligas. Ver a Clemente jugar era una experiencia estética. Él era en sí mismo una forma de arte expresionista, y no obstante algo lo estaba manteniendo a la zaga. ¿Era su inexperiencia de los primeros años, o la realidad de su jugada desigual, o percepciones equivocas sobre él de directores y comentaristas deportivos, o las secuelas del accidente de tránsito de 1954, o la presión adicional de ser un negro latino de habla hispana, o la mala suerte, o alguna combinación de todos esos factores?

Cualquiera que fuera la causa, el efecto más profundo se produjo el 17 de noviembre, cuando se dieron a conocer los resultados de la votación para el premio al Jugador Más Valioso de la Liga Nacional. Su hermano Matino había predicho que Clemente se lo ganaría, Momen no era tan tonto. Le contó a Matino de cómo Les Biederman, el influyente reportero deportivo *Pittsburgh Press* no lo había tomado en cuenta al hablarle a sus colegas en otras ciudades de la Liga Nacional, y cuando hablaba de otros Piratas. El ganador fue ciertamente uno de los Piratas, pero no Clemente. Fue Dick Groat, el torpedero, que encabezaba la liga en bateo, con un promedio de 325 puntos, pero que había descargado solamente dos jonrones con cincuenta carreras impulsadas. Groat era un jugador estudioso, alumno de la Universidad de Duke, preferido de los cronistas deportivos y respetado como un líder sencillo por sus compañeros. Él era una elección popular, reuniendo dieciséis de los veintidós primeros lugares y terminando con más de cien puntos por encima del próximo jugador, pero ¿era de verás el más valioso? Cuando Groat perdió las últimas tres semanas de la temporada con una lesión en la muñeca, Ducky Schofield había ocupado su lugar tan bien que los Piratas siguieron ganando. El que obtuvo el segundo lugar fue también un Pirata, y tampoco esta vez fue Clemente, sino Don Hoak, el elocuente y escupe tabaco tercera base del club, cuyas estadísticas (.282 de promedio, dieciséis jonrones, setenta y nueve carreras impulsadas) eran buenas pero no excepcionales. Después de eso, estaban las dos perennes estrellas de la liga, Willie Mays y Ernie Banks. ¿El próximo? El que acabó de quinto no fue Clemente sino Lindy McDaniel, un lanzador de relevo del San Luis con un record de 12–4. Empatados en el sexto lugar estaban Ken Boyer de los Cardenales y otro de los Piratas, Vernon Law, un as entre los lanzadores, que ganaría el premio Cy Young como el mejor *pitcher*. Finalmente, en octavo lugar, estaba Clemente, con 62 puntos de los cronistas, 214 menos que Groat.

Para Clemente, este era un asunto de orgullo. No hay duda que le habría complacido que le hubieran otorgado el premio, pero terminar en el octavo lugar lo había herido profundamente. Se sentía alienado, señalado como alguien diferente. Groat era un muchacho de la zona de Pittsburg. Hoak se había casado con una chica del área de Pittsburg. La votación del JMV, creía Clemente, era la confirmación de que los cronistas deportivos de Pittsburg habían hecho campaña en su contra. "Los cronistas me hacen sentir mal cuando ni siquiera me consideran", dijo. Antes de la votación, él había estado caviloso; después se sentía enfurecido. Para mejor y peor, llevó este desaire con él por el resto de su carrera, y lo sacaba a relucir todos los años durante las negociaciones de contrato con Joe L. Brown, la primera de una perenne letanía de percibidas inequidades. "Él guardaba este agravio", Brown diría tiempo después. "Yo le dije, 'Bobby, tú eres demasiado grande para preocuparte por eso. Eres un gran jugador y nadie puede despojarte de eso. Tienes tus mejores años por delante. Jugaste en un equipo en el Campeonato Mundial y eres una parte importante de nuestro triunfo. Si alguien te fastidia, mala suerte. Tú sigues siendo grande' ". Todo eso era cierto, pero el pesar no dejaría a Clemente, y fue este pesar el que lo empujó hacia adelante: para darle un mentís a los que dudaban de su talento.

Bastante pronto ese invierno, Clemente se sintió dispuesto a levantar el bate otra vez y regresó a jugar con el uniforme de los Senadores de San Juan, el equipo favorito de su infancia. Los Senadores eran el tercer club de su carrera beisbolística de invierno. Él había jugado para los Cangrejeros de Santurce durante cuatro temporadas y media, hasta que el propietario y fundador Pedrín Zorrilla, se quedó sin dinero y se vio obligado a vender la franquicia dos días después de la

Navidad de 1956, poniéndole así un triste y súbito fin a una notable carrera de dos décadas que iba desde Josh Gibson hasta Willie Mays. Como explicaba más tarde el hijo de Zorrilla, llamado Enrique en honor de su abuelo poeta: "Mi padre era un muchacho en el cuerpo de un hombre. Amaba el juego y no podía soportar la idea de perder su equipo. Pero no podía soportar la idea de vender peloteros para conseguir el dinero para pagar sus deudas". Zorrilla condicionó la venta del equipo a la promesa de los nuevos propietarios de que no eliminarían jugadores para reducir la deuda, pero esa promesa se quebrantó en un solo día. La primera decisión que tomaron los nuevos dueños fue vender a Clemente, a Juan Pizarro y a Ronnie Sanford a los Criollos de Caguas por 30.000 dólares. Las primeras noticias que se corrieron decían que la venta de Clemente se había acordado con el conocimiento de Zorrilla. Según cuenta su hijo, esto enfureció al Big Crab. "Ese fue el momento en que mi padre me dijo que le pesaba el modo en que había actuado. Salió de casa hecho una furia, fue a ver al nuevo dueño y le dijo, 'Vuelves y dices la verdad o no soy responsable de mis actos'. Lamentaba haber dicho eso. Pero era importante para él que se supiera la verdad. Ese día en la radio local al mediodía todo se aclaró y se dijo que el trato se hizo después de la venta del equipo y sin su conocimiento. Pero así fue cómo el gran Roberto Clemente se fue del Santurce".

Caguas, una ciudad montañosa del interior a unas quince millas al sur de San Juan, nunca fue más que una actividad secundaria para Clemente. Él encabezaba la liga en bateo a favor de los Criollos, pero no sentía ningún compromiso real de jugar allí, aunque el mánager era Vic Power, su compañero de las grandes ligas. Power y Clemente eran amigos fuera del terreno, pero allí siempre existía una pugna competitiva en la relación mánager-jugador. Con el buen carácter que le era peculiar, Power en esencia acusaba al orgulloso Clemente de manipular su imagen. "Al principio era algo difícil, porque él andaba lastimado todo el tiempo. Que si el cuello, que si la espalda", recordaba Power. "cuando yo le decía, 'muy bien, pondré a alguien en tu lugar', me decía 'no, déjame jugar'. Y entonces jugaba. Y siempre que jugaba sintiéndose mal le metían dos *hits*. Y yo me decía, alguna vez lo sacaré a jugar y terminará cero por cuatro, y la prensa le preguntara 'eh, ¿qué es lo que pasa?' y les va a contestar, 'bueno, yo le dije al mánager que estaba enfermo' ". Power, en otras palabras, creía que Clemente se valía astutamente de sus padecimientos para situarse en una situación ventajosa. Si un comentarista deportivo de Pittsburg hubiera expresado esa misma idea le habría salido al paso con una mirada de hielo o un regaño severo, pero Power podía provocar a Clemente porque no había resentimientos.

La diferencia tenía que ver con la cultura y la familiaridad. Power había sufrido los mismos desaires y había sido estereotipado de la misma manera. Entro ellos dos no existía ningún temor de un malentendido, pero al mismo tiempo, Clemente no podía engañar a Power, o intimidarlo: se conocían demasiado bien. Fuera del estadio. Momen y Vic disfrutaban de la mutua compañía —juntos y con mujeres jóvenes, los perseguidores y las perseguidas— en Caguas, San Juan y todos los puntos intermedios. Clemente tenía un estilo clásico y buena presencia, pero Power era más bohemio y sus diferentes personalidades se hacían más obvias en los salones de baile. A Power, todo descoyuntado, le gustaba la salsa y el merengue. Para Clemente, esos ritmos eran demasiado rápidos, indecorosos, no muy buenos, y además él no los bailaba bien. Le gustaban los boleros, los bailes lentos. A veces, decía Power, Clemente iba por sus chicas, pero nunca había problemas, él tenía tantas que podía compartirlas. Una noche de una cita doble, Roberto sacó a una muchacha que tenía que estar de regreso a su casa para la medianoche. Cuando se atrasaron una hora, ella le dijo a Clemente que su padre estaría esperándolos afuera con una escopeta. Al acercarse a la casa, Clemente fingió que al auto se le había acabado la gasolina, e incluso obligó a Power a que saliera y empujara. Cualquier cosa para evitar la crítica de una persona mayor.

Luego de pasar parte de dos campañas con Power en Caguas, a Clemente lo vendieron al San Juan, que seguiría siendo su equipo puertorriqueño por el resto de su carrera. Fue por los Senadores que él finalmente levantó el bate en el invierno de su ira, luego de la Serie Mundial de 1960 y de haber quedado en el octavo lugar como el jugador más valioso. El rejuvenecimiento del problemático equipo de San Juan se produjo de inmediato con Clemente en la alineación. Los Senadores barrieron para el campeonato de la temporada regular, ganaron las semifinales de la liga, y luego volaron al sur, a Venezuela, en febrero de 1961 para representar a Puerto Rico en la serie interamericana, un torneo provisional concebido para reemplazar a la Serie Mundial del Caribe, que se había eliminado debido a la situación política de Cuba. San Juan era un equipo formidable, con Clemente bateando a diestra y siniestra y Tite Arroyo, el hábil *pitcher* tapón de los Yanquis en el montículo, y la alineación de la temporada regular se vio fortalecida para el torneo con dos adiciones para Santurce, los amigos de Clemente, Orlando Cepeda y Juan Pizarro. En una serie corta, sin embargo, un gran lanzador siempre puede ser decisivo, y el equipo de Valencia de Venezuela contaba con ese as imbateable que acababa de incorporárseles por su propia iniciativa: el joven Bob Gibson de los Cardenales de San Luis que blanqueó al San Juan 1–0.

Todo esto, en cualquier caso, era sólo un preludio para Clemente, la preparación para una temporada en Estados Unidos que ya le era imposible seguir ignorando.

Momen llegó al campo de los Piratas, para entrenarse para la temporada de 1961, el 2 de marzo, con un día de retraso. A él y a Tite Arroyo les habían demorado la entrada de Puerto Rico a la Florida hasta que estuvieran los resultados de los exámenes que probaran que no habían contraído la peste bubónica, de la cual se habían reportado unos cuantos casos en Venezuela durante el torneo.

El día que llegaron a Fort Myers, libres de la plaga, el *New York Times* publicaba un artículo en la primera página bajo este titular: DICEN LOS NEGROS QUE LAS CONDICIONES EN EE.UU. EXPLICAN LA MILITANCIA DE LOS NACIONALISTAS. Una de las figuras claves citadas en el artículo era Malcolm X, el líder musulmán negro, a quien en la historia del *Times* se referían como el Ministro Malcolm. Entrevistado en un restaurante de un musulmán en la Avenida Lenox en Harlem, Malcolm X dijo que la única respuesta al dilema racial de Estados Unidos era que los negros se segregaran por su propia elección, con su propia tierra y las enmiendas económicas que les debían por siglos de esclavitud. Él calificó las tácticas del movimiento de los derechos civiles como humillantes, especialmente las demostraciones de aquella gente que se sentaba en los mostradores de las cafeterías en el Sur. "Pedirle a un blanco que te deje sentar en su restaurante alimenta su ego", el ministro Malcolm le dijo al periódico.

Esto sucedía catorce años después de que Jackie Robinson rompiera la barrera del color en las ligas mayores, siete años después de que el Tribunal Supremo de EE.UU. derogara la doctrina de separados pero iguales de las escuelas segregadas, cinco años después de que Rosa Parks y Martin Luther King Jr. encabezaran el boicot a los autobuses en Montgomery, cuatro años después de la *Little Rock Nine,* la escuela secundaria central desegregada en la capital de Arkansas, un año después de la primera sentada en los mostradores de restaurantes en Greensboro. Año tras año, el problema de la raza se hacía más urgente. El impulso estaba por la parte del cambio, pero las interrogantes eran cómo y cuán rápido. En el béisbol, donde una vez no había habido ningún pelotero negro, ahora había un centenar que competían por empleos en las ligas mayores, y con una enorme cantidad de talento, contándose entre ellos diez de los más valiosos jugadores de todos los tiempos. Sin embargo, cada jugador negro que se presentaba a un campo de entrenamiento en Florida esa primavera de 1961 aún tenía que enfrentarse con la segregación racial. Incluso si en su fuero interno se sentía afín a la cólera de Malcolm X de tener que pedirle a un blanco que te dejara entrar en su restaurante, el problema en el béisbol estaba necesariamente configurado por su propia historia. Habiéndose desplazado de las Ligas Negras profesionales y habiendo derribado las barreras raciales del siglo XX, los jugadores negros no veían la segregación voluntaria como una opción, y la vida separada y desigual fuera del terreno ya no era tolerable.

Wendell Smith, el influyente comentarista deportivo negro que seguía teniendo su columna en el semanario *Pittsburgh Courier* pero que escribía diariamente ahora para el *Chicago's American,* de dueños blancos, comenzó una campaña concertada contra la segregación en los campos de entrenamiento ese año. El 23 de enero, un mes antes de que se abrieran los estadios de primavera, Smith escribió un artículo seminal que apareció al tope de la primera página del *Chicago's American* con un titular que decía: PELOTEROS NEGROS EXIGEN SUS DERECHOS EN EL SUR. "Debajo de la aparentemente tranquila superficie del béisbol existe un creciente resentimiento entre los jugadores negros de las grande ligas que siguen experimentando vergüenza, humillación e incluso indignidades durante el entrenamiento de primavera en el sur", escribió Smith. "El jugador negro que es aceptado como un ciudadano de primera clase en las temporadas regulares está cansado de ser un ciudadano de segunda en el entrenamiento de primavera". Smith añadía que los principales jugadores negros se estaban "moviendo con cautela y estaban deseosos de evitar verse absorbidos por el feroz debate sobre los derechos civiles", pero no obstante se preparaban para reunirse con los propietarios de los clubes y los ejecutivos de las ligas para discutir el problema y convertirlo en un asunto de primera importancia para la asociación de jugadores.

En una dramática serie de artículos para el *Chicago's American* y de columnas para el *Courier,* Smith documentaba la vida de los jugadores negros en la Florida. Si bien su alcance era nacional y su campaña era a favor de todo el béisbol, con frecuencia se concentraba en la situación de los jugadores negros del equipo de la Liga Americana de Chicago, los Medias Blancas, que se entrenaban en Sarasota. Entre esos jugadores se encontraban Minnie Miñoso, Al Smith y Juan Pizarro, el amigo de Clemente y a veces su compañero de equipo en Puerto Rico, que lo habían cambiado a los Bravos. "Si usted es un Minoso, un Smith o un Pizarro... usted es un hombre de gran orgullo y perseverancia... De otro modo no estaría donde se encuentra hoy, entrenándose con un equipo de una de las ligas mayores en Sarasota, Fla.", escribió Smith en su columna del *Courier.* "Sin embargo, a pesar de todos los logros y la fama, el pernicioso sistema de segregación racial en los rústicos pueblos de la Florida le condena a una vida de humillación y ostracismo". Entre las humillaciones, él citaba:

> Usted no puede vivir con sus compañeros de equipo.
> No puede comer el tipo de comida que requiere el cuerpo de un atleta.
> No puede tomar un taxi en las mañanas que lo lleve al parque deportivo, a menos que el chofer sea un negro.
> No puede entrar en el hotel en el cual vive su mánager sin recibir primero un permiso especial.

No puede ir a un cine o a un club nocturno en el corazón de la ciudad, ni disfrutar de ninguna de las otras diversiones normales que sus compañeros blancos disfrutan como algo natural.

No puede traer a su esposa y sus hijos al pueblo donde están entrenando porque no existen instalaciones disponibles donde usted se encuentra como un preso.

No puede, incluso si existen las instalaciones, echarse a descansar en las playas o en los parques de los pueblos, a menos, desde luego, que estén reservadas para "negros".

Usted no puede hacer nada de lo que normalmente haría en cualquiera de las ciudades de las ligas mayores donde transcurre su vida durante el verano.

Está limitado a un vecindario que normalmente se sentiría avergonzado de que lo vieran en él.

Usted se siente horriblemente avergonzado cada día cuando el autobús que trae a los jugadores del estadio se detiene "en este lado de las vías del ferrocarril" y lo deposita en "el pueblo de color" y luego prosigue hasta el hotel elegante donde sus compañeros blancos viven en el esplendor y el lujo.

Usted sufrió una lesión en una pierna mientras se deslizaba a segunda base, pero no puede recibir tratamiento inmediato del entrenador del club, porque él vive en el hotel "de los blancos". Si él puede salir durante la noche y venir hasta su barrio segregado, por supuesto que lo hará; pero, por razones obvias, prefiere esperar hasta la luz del día.

Su esposa no puede llamarlo en caso de emergencia porque el lugar donde usted se encuentra encarcelado no siempre cuenta con instalaciones telefónicas.

Eso es lo que es ser un jugador de las grandes ligas negro en la Florida durante el entrenamiento de primavera... Y de la historia sólo se ha dicho la mitad.

La sede del entrenamiento de primavera para los Medias Blancas era el Sarasota Terrace Hotel, que excluía al periodista Smith y a los jugadores negros. Cuando Smith presionó al propietario, un contratista de obras llamado James Ewell, para que le explicara su política, éste le dijo que se atenía a las costumbres sociales de la comunidad de Sarasota. Afirmó también que si él le abría las puertas de su establecimiento a los negros perdería su trabajo de contratista: "Mis clientes de toda la Florida y de otras secciones del sur rechazarían mi empresa, creo yo". La situación de los Medias Blancas se hizo más interesante por el hecho de que el presidente del equipo, Bill Veeck, había estado a la vanguardia de la integración del béisbol y no se olvidaba de la situación de sus jugadores negros. Veeck había encontrado otro sitio para ellos, el motel DeSoto, que era administrado por Edward Wachtel y su esposa Lillian, una pareja blanca-judía de Nueva York, que se había retirado a la Florida y quería, de manera personal y "discreta", romper las políticas de segregación en su nuevo hogar. Por este gesto, los Wachtel recibieron amenazas anónimas de bombas, cartas insultantes y llamadas telefónicas a altas horas de la noche en que les advertían que las cruces arderían en su jardín. Su modesto motel verde y blanco de una sola planta estaba localizado en un vecindario blanco en la Ruta 301 a una milla de donde se quedaba el resto del equipo. El motel DeSoto era limpio, pero modesto, con muchos menos servicios que el Sarasota Terrace. El anuncio de neón del frente presumía de tener CALEFACCIÓN * AIRE ACONDICIONADO * ESTADÍAS DE UNA SOLA NOCHE * ESTUDIOS CON FOGÓN.

Veeck había intentado equilibrar las condiciones contratando a un cocinero, a una sirvienta y a un transporte para ir y venir del estadio. En el trayecto, había tomado la audaz decisión de sacar a los Medias Blancas de un hotel de Miami porque rechazaron a los jugadores negros. Sin embargo, no fue hasta que Wendell Smith comenzó su incesante campaña que los Medias Blancas dieron el paso final de alquilar su propio hotel en Sarasota para que todo el equipo pudiera estar junto.

Más al sur, en el campo de entrenamiento de los Piratas en Fort Myers, donde las condiciones eran peores, Bill Nunn Jr., el editor deportivo del *Courier*, discípulo periodístico de Smith, estaba determinado a prestar su voz a la campaña de integración. Desde su primer día en el pueblo, Nunn comenzó a entrevistar a jugadores y ejecutivos del club para un artículo de página completa. Se habían hecho pocos avances desde 1955, la primera vez que los Piratas vinieron a entrenar en Fort Myers, cuando el joven Clemente fue enviado a una casa de huéspedes de un barrio del pueblo llamado Dunbar Heights donde tenía que comer y dormir separado de sus compañeros. Incluyendo a los mejores jugadores de las ligas menores, había ahora quince peloteros negros en el campamento de los Piratas, encabezados por Clemente y Gene Baker, un jardinero veterano. En entrevistas con Nunn, ambos expresaron su repulsión. "Aquí vivimos en un mundo aparte", le dijo Baker a Nunn. "No nos gusta y hemos expresado nuestras objeciones. Sólo esperamos la acción". En el parque de béisbol durante el día, dijo Baker, él disfrutaba el conversar con sus compañeros Don Hoak y Gino Cimoli sobre la pasión que compartían por las carreras de galgos. Pero cuando ellos se iban al canódromo por la noche, Baker tenía que pasar a través de la entrada marcada para "Gente de color" y sentarse lejos de ellos.

A Clemente lo describieron como un "amargado" acerca de la situación. Aquí estaba él, un jugador estelar de los campeones del béisbol mundial, reservista del Cuerpo de Infantería de Marina de Estados Unidos, a quien seguían tratando como a un ciudadano de segunda clase. "No hay nada que tengamos que hacer aquí", le dijo a Nunn. "Vamos al parque de béisbol, jugamos cartas, y vemos televisión. De cierto modo es como estar en prisión. Todos los demás del equipo se divierten durante el entrenamiento de primavera. Nadan, juegan golf y van a las playas. La única cosa que podemos hacer es matar el tiempo hasta que vayamos para el Norte. No es divertido".

Más tarde, cuando le preguntaron que mencionara a sus héroes, Clemente pondría a Martin Luther King Jr. al tope de la lista. Él apoyaba la integración, que era la norma en Puerto Rico, y creía en la filosofía de la no violencia de King. Sin embargo, en alguna medida su sensibilidad lo acercaba a Malcolm X. Detestaba cualquier respuesta a la segregación racial contra el negro que le hiciera parecer que pedía algo. En sus primeros años con los Piratas, siempre que el equipo paraba en un restaurante de la carretera, a la ida o la vuelta de un partido de entrenamiento de primavera, los jugadores negros se quedaban en el autobús, a la espera de que sus compañeros blancos les trajeran la comida. Clemente le puso fin a eso diciéndole a sus compañeros de equipo negros que cualquiera que pidiera comida tenía que fajarse con él. Tal como él recordaba la escena tiempo después, fue a ver a Joe L. Brown, el gerente general de los Piratas, y le dijo que la situación era degradante. "Así que Joe Brown me dijo, 'Bien, vamos a conseguir un automóvil rural para que tu gente viaje'. Y ahora viajamos en la guagüita*". Eso aun dejaba un largo trecho por andar para alcanzar la igualdad.

Durante la primera semana de los juegos de exhibición, Nunn entrevistó a Brown y le preguntó por qué él permitía que el equipo fuese dividido por la segregación. El gerente general dijo que él se había reunido con los notables de Fort Myers, quienes le dijeron que la ley prohibía la mezcla de razas en hoteles y moteles, pero que él sentía que progresaba en el intento de hacerles cambiar sus hábitos. "Conversé con todos los funcionarios del municipio acerca de esta situación de los barrios separados para nuestros jugadores este año. Yo no fui a ver a estos hombres para exigir nada", dijo Brown. "Expliqué nuestro problema y les dije que nosotros queríamos la integración en todos los niveles para nuestros jugadores. Me sentí complacido por la recepción que recibí. Los funcionarios municipales escucharon mis quejas y parecieron ser receptivos. No me prometieron nada, pero yo creo que están tan ansiosos como nosotros de resolver este problema". La integración tomaría tiempo, le dijo Brown a Nunn. Él consideraba que era un paso de avance el que los funcionarios municipales se hubieran avenido a abordar el tema. Brown era un Californiano que no estaba acostumbrado a la segregación, pero también era un empresario que no quería alienar a la elite de Fort Myers. "Francamente, no tenemos de qué quejarnos de la ciudad de Fort Myers", concluyó. "Hemos sido tratados maravillosamente desde que

---

* *Station wagon*, que en Puerto Rico se le llama popularmente "guagua" y en Cuba "pisicorre" (N. del T.)

llegamos aquí. Las instalaciones son buenas y no he escuchado objeciones de los miembros negros de nuestro club sobre el problema de la segregación".

Ese último comentario reflejaba una actitud común entre los ejecutivos del béisbol, y muchos cronistas deportivos estaban tan aletargados por la cómoda situación que disfrutaban y el muelle sosiego de su deporte en primavera que les resultaba difícil ver la realidad. Cuando el Booster Club de Fort Myers ofreció un almuerzo de bienvenida a los Piratas en el Hideaway, la lista de invitados incluía a Brown y al mánager Danny Murtaugh, al gobernador de Pensilvania David Lawrence, a Ford Frick, el comisionado del béisbol, a Warren Giles, el presidente de la Liga Nacional, y a varios héroes de la Serie Mundial, pero no a Clemente, que no podía entrar al edificio a menos que trabajara de camarero o de lavaplatos. Ese mismo día, a las diez de la mañana, se exhibió una película de cuarenta y tres minutos sobre la Serie Mundial en el Teatro Edison del centro de la ciudad, y se anunció que no se cobraría la entrada y que "el público estaba invitado: hombres, mujeres y niños". Siempre que fueran blancos. Cuando el Country Club de Fort Myers auspició su torneo anual de golf para los Piratas, el *News-Press* daba cuenta de los asistentes al partido doble, entre los que había jugadores, instructores, empresarios y cronistas deportivos. Brown y Murtaugh jugaron, junto con Groat, Friend, Schofield y Stuart, y otra veintena de miembros de la organización de los Piratas. A los jugadores los describieron "como niños fuera de la escuela". Cuando el partido se terminó, a todos los presentes les sirvieron "un abundante bufé". Clemente y sus compañeros negros estaban en Dunbar Heights.

En la amenidad de la ocasión, nadie notó quiénes faltaban. Ducky Schofield, el suplente del cuadro, era quizás el jugador típico de los Piratas blancos, que si bien no eran racistas tampoco parecían tomar en cuanta los profundos efectos que las condiciones sociales podrían tener sobre los jugadores negros. Cuando le preguntaron más tarde si algunos de los Piratas de fines de los años cincuenta y principios de los sesenta rechazaban a Clemente, Schofield dijo: "Estoy seguro que había algunos a quienes no les gustaba... Quizás era porque él no se esforzaba demasiado en ser igual a los demás. Creo que estaba bastante ensimismado. En esos tiempos, los tipos andaban en grupos, comían juntos, se iban a tomar un par de cervezas. No es que él tuviera que hacerlo, pero yo nunca vi que lo hiciera".

Eventos exclusivos como el almuerzo de bienvenida y el partido de golf en Fort Myers tuvieron lugar en las ciudades donde se hacía el entrenamiento de primavera a través de la Florida. Pero a diferencia de temporadas anteriores, esta vez fueron muy criticados. La que más atrajo la atención fue San Petersburgo, llamada la capital de la Liga de la Toronja y que era el sitio donde venían a entrenarse los Yanquis y los Cardenales. Ambos equipos se habían quedado en hoteles segregados, los Cardenales en el Vinoy Park y los Yanquis en el Soreno, pero presionados por el capítulo local de la Asociación Nacional para el Avance de las Personas de Color (NAACP, por su sigla en inglés) y los jugadores negros, el sistema finalmente comenzó a ceder. Cuando la gerencia del Soreno rehusó cambiar su política, los Yanquis recogieron y se fueron a Fort Lauderdale, al otro extremo del estado, y a raíz de esto los funcionarios municipales, preocupados de perder completamente el béisbol, dejaron finalmente que los Cardenales se alojaran todos juntos en el mismo hotel. Victorias de este tipo empezaban a ganarse aquí y allá, riachuelos en la poderosa corriente de los derechos civiles. El 13 de marzo, en Miami Beach, Floyd Patterson defendió su corona de boxeo en los pesos pesados en una contienda por el título con Ingemar Johansson, y junto con la victoria de Patterson el aspecto más noticioso del combate fue que, a insistencia del campeón, se levantó la barrera del color en el Convention Hall. "Se vieron a negros mezclados libremente con el público predominantemente blanco en todas las secciones", informaba el *New York Times* y "hasta donde podía notarse, este ambiente integrado no provocó incidentes". Era un día libre para los Piratas, y el tercera base Don Hoak, que había sido un boxeador aficionado bastante aceptable, cubrió el evento para un periódico de Pittsburg. Sin embargo, en Sarasota y otras ciudades donde se hacían los entrenamientos de la primavera, a los peloteros negros que querían ver a Patterson no se les dejó entrar en los teatros que eran sólo para blancos.

El cambio era lento, y no ocurrió gratuitamente. Uno de los acontecimientos fundamentales de esa primavera fue cuando la cámara de

comercio celebró un Saludo al Béisbol en el Yacht Club de San Petersburgo. Bill White, el primera base de los Cardenales, denunció el
blanquísimo evento como un símbolo de la capitulación del béisbol al
racismo sureño. Sus palabras resonaron por todo el estado y la nación.
"Pienso en esto todos los minutos del día", dijo el reportero blanco Joe
Reichler de la Prensa Unida Internacional (*United Press International*). "Esta situación sigue royéndome el corazón. ¿Cuándo seremos
hechos para sentir como seres humanos?"

Para Clemente, que ya andaba rabioso por el desdén personal de la
votación del PMV, el tratamiento de segunda clase que encontró en la
Florida como jugador estrella de un equipo que había ganado el campeonato mundial sólo sirvió para avivar su fuego. Él era un jugador de
béisbol, no un periodista ni un político, y era sobre el diamante del
béisbol que se expresaba con mayor frecuencia. En su primera práctica de bateo de la primavera pegó una implacable andanada de que-
mantes lineazos y luego tiró dos bolas fuera del parque, y parecía que
nunca iba a parar de batear a partir de ahí. La competencia de exhibición más esperada de la primavera era un segundo encuentro con los
Yanquis, un juego que atrajo una multitud de 5.351 personas a la gale-
ría del Terry Park. En la segunda entrada de un partido que los Piratas
ganaron 9–2, Clemente abrió el marcador con un gigantesco jonrón
hacia el jardín izquierdo. Fue un cuadrangular solitario en un insignificante juego de primavera, pero fue también una declaración de principios: Clemente no iba a ser ignorado. Varios factores convergían para
transformarle de un peligroso bateador con debilidades en un gran
bateador que esencialmente no dejaba pasar una bola.

George H. Sisler, el primera base y buen bateador reconocido en el
Pabellón de la Fama, merecía una generosa porción del crédito. El
Gorgeous George, que alcanzó un promedio al bate de 340 puntos de
1915 a 1930 y dos veces sobrepasó los 400 puntos, había estado trabajando como asistente especial de los Piratas durante las primeras seis
temporadas de Clemente. Aún entonces, a punto de cumplir sesenta y
ocho, sabía aún cómo ayudar a que los buenos bateadores mejoraran, y
creía que Clemente estaba a un paso de convertirse en el mejor batea-

dor de la Liga Nacional. El primer progreso que Sisler logró con Clemente fue el de enseñarle a dejar de alzar la cabeza o de moverla, mientras abanicaba el bate. Al mantener la cabeza quieta, y baja, Clemente podría adiestrar la vista en las curvas que lanzaban abajo y afuera, tiros que le habían ocasionado problemas antes. Sisler, que también era un bateador de líneas, ayudó a Clemente a controlar el bate, y a mantener las manos pegadas al pecho, una técnica conocida como abanicar de adentro hacia fuera. Sisler no tenía ningún problema con otro aspecto del bateo de Clemente que otros criticaban, una tendencia a abanicar en las bolas malas; lo que era importante, creía él, era tener una idea de los tiros que puedes batear, y en ese sentido consideraba que Clemente era inusitadamente inteligente en el plato.

Tan paradójico como suena, otro factor en el desarrollo de Clemente como bateador fue su espalda lastimada, que lo venía molestando intermitentemente desde el accidente de tránsito en Caguas el 30 de diciembre de 1954. Había ocasiones cuando la lesión lo debilitaba, particularmente durante la temporada de 1956, cuando tuvo un nervio pinchado, pero la mayor parte de las veces podía jugar a pesar de eso. En un sentido, demostró ser un dolor a largo plazo para una ganancia a largo plazo. El dolor que ocasionalmente le punzaba en la parte lumbar izquierda de la espalda lo obligó a abanicar más lentamente —acaso un nanosegundo más lento, pero lo suficiente para evitar que él tratara de pegarle a todas las bolas— es decir, la debilidad que Branch Rickey al principio temiera que sería su desgracia. Por el contrario, al batear la pelota más hacia el centro y la derecha. "Aprendí a ir con el tiro", diría después, movido por la necesidad física. Eso podría explicar por qué a veces durante su carrera cuando se sentía libre y cómodo, sin dolor, podía terminar abanicando tan violentamente que giraría la cabeza y perdería el equilibrio y virtualmente iría a dar al suelo como un remolino; pero contrariamente, siempre que sus compañeros de equipo lo oían quejarse de dolor de espalda, se hacían chistes de que el lanzador contrario se iba a ver en problemas y de que les esperaba una jornada de cuatro *hits*.

Un tercer elemento en el refinamiento de Clemente como bateador tuvo que ver con su selección de bates. A principio de su carrera con los Piratas, usaba el M117 (Stan Musial) de treinta y dos y treinta y tres onzas, modelo Louisville Sluggers, y luego los S-2, que se hicieron por primera vez para Vern Stephens, el siore y poderoso bateador que jugó la mayor parte de su carrera con los Cardenales y los Medias Rojas en la década del cuarenta y principio de los cincuenta. Pero para 1961 estaba usando bates mucho más grandes y pesados, principalmente los de treinta y seis pulgadas y treinta y cuatro a treinta y cinco onzas. Los modelos eran los U1, nombrados por Bernard Bartholomew Uhalt, conocido por sus amigos como Frenchy. La carrera de Frenchy Uhalt en las grandes ligas llegó a cincuenta y siete juegos con los Medias Blancas de Chicago en 1934. Su bate pareció darle muy pocos *hits* en esa temporada—cinco dobles, un triple, treinta y cuatro sencillos— pero no obstante hizo una importante contribución a la historia del béisbol como el modelo preferido de Roberto Clemente. Lo más notable acerca del U1 era que no tenía perilla, sino que mantenía su forma cónica hasta abajo. Se ajustaba a la perfección a las sensibles manos de Clemente, y el peso adicional, al igual que su lesión en la espalda, tenía el efecto de obligarlo a batear más recto y a la derecha.

Para Clemente, un bate no era tan sólo un bate, era un instrumento que tenía que ajustarse a sus normas. "Él probablemente conocía tanto como el que más sobre la madera", recordaba Rex Bradley, ejecutivo de Hillerich & Bradsby a cargo de vender los bates Louisville Slugger a jugadores de las ligas mayores. "Él sabía si tenía en la mano un buen bate. Los hacía chocar y probaba si sonaban bien. Podía opinar a partir del sonido". La madera no sólo era esencial para la profesión de Clemente, era también su *hobby*. Durante la temporada de receso en Puerto Rico, nada le gustaba más que peinar la playa del Atlántico desde Punta Cangrejos a Punta Maldonado en busca de maderas flotantes que pudiera utilizar para hacer lámparas o muebles. Como aficionado a la carpintería, estudiaba la dureza y las hebras de las diferentes maderas. Una vez le envió una nota a Bradley diciéndole que no quería "madera roja" —lo cual quería decir que no quería ninguna madera del tuétano del fresno, que tiene un color más oscuro. Según Bradley, "siempre prefería las de hebras más anchas… Y sabía que las hebras más anchas salían con el crecimiento del verano, él era preciso".

Con todo esto—con puro talento, con orgullo y queriendo desmentir a los que dudaban de él, con la experta instrucción del consagrado pelotero George Sisler, con los beneficiosos ajustes que le hizo a su estilo de batear gracias a su lesión de la espalda y con la comodidad de los bates Frenchy Uhalt, más pesados y sin perilla, Clemente entraba de manera fulminante en la etapa más brillante de su carrera.

En béisbol, como en tantas otras cosas, 1961 lanzó la década de los sesenta en una asombrosa trayectoria. Se reinventó la vida, y ésta parecía mucho más larga. Se le añadieron dos equipos a la Liga Americana: en Washington (de nuevo una versión renacida de los viejos y zagueros Senadores) y Los Ángeles. La Liga Nacional tenía a los Mets y a los Colt .45 en gestación, que saldrían al terreno dentro de un año. Al persuadir a los propietarios de las grandes ligas que le otorgaran una franquicia al Houston, el juez Roy Hofheinz ya los había asombrado con un modelo que él había construido del primer estadio techado del mundo. Con sus equipos de expansión, la Liga Americana había programado la más larga temporada regular en la historia de las mayores, extendiéndola a 162 partidos. ¿Era esto una prefiguración del espíritu subversivo frente a las estructuras establecidas que surgiría más adelante en la década, o simples calaveradas sin fundamento en un año en que los Cachorros de Chicago rechazaban el concepto de un solo mánager y en su lugar delegaban la autoridad en una sucesión de ineficaces instructores? Los Yanquis aún llevaban su uniforme a rayas, pero Casey Stengel, el "Ol' Perfessor", se había ido y Mickey Mantle le dijo a la prensa que él asumiría un liderazgo más enérgico, y el nuevo jefe, Ralph Houk, dijo que su equipo estaba duro y jugaba al duro. Los grandes bates empezaron a sonar en abril. Para fines de mes, Mantle tenía catorce jonrones y su compañero en el jardín, Roger Maris, tenía doce, y el propósito de alcanzar el récord de Babe Ruth estaba en marcha. Seis meses después, Maris tenía ese récord, sesenta y uno, sobrepasando a Mantle que sólo había llegado a cincuenta y cuatro; y otros cuatro Yanquis, Moose Skowron, Yogi Berra, Elston Howard y Johnny Blanchard, terminaron con más de veinte jonrones cada uno. Aun tomando en cuenta los dos equipos adicionales, 1961 fue prodigioso, el año del jonrón. El total de 2.730 jonrones en las dos ligas fue de casi quinientos más que cualquier año anterior.

Los Piratas de Pittsburg eran una parte muy pequeña de todo esto. Luego de ser escogido por una mayoría de los cronistas deportivos para repetir como campeones de la Liga Nacional y andar alborotando durante el entrenamiento de primavera, terminaron los tres partidos de abril por encima de los 500 puntos, pero luego se quedaron en ese nivel mediocre a todo lo largo de la primera mitad de la temporada. Se parecían cada vez más al equipo perdedor al que los Yanquis zurraron en tres partidos de la Serie Mundial en lugar del valeroso club que prevaleció en los otros cuatro. Groat, el JMV, había sufrido un retroceso y se había convertido en un jugador ligeramente mejor que el promedio. A Law, el reinante ganador del Cy Young, se le rasgó el músculo rotador y lanzó sólo en once juegos. La magia febril del campeonato del zurdo Vinegar Bend Mizell se desvaneció. Elroy Face, el duro lanzador de relevo, no ganó más que un tercio de sus juegos, seis ganados y doce perdidos, sólo dos años después de haber acumulado un sorprendente porcentaje de 947 puntos al ganar dieciocho y perder uno. El único jugador que se mostraba aún más competente de lo que había estado en 1960 era Clemente. Para el 10 de julio, luego de una tórrida semana en que bateó trece *hits* en veintisiete veces al bate, entre ellas un partido de cinco *hits* y otro de cuatro, se encontraba a la cabeza de la liga con un promedio de 357 puntos. Con el creciente promedio vino un renovado vigor, con doce jonrones y cincuenta y cuatro carreras anotadas —cifras tan convincentes que sus compañeros votaron por él para que comenzara en el jardín derecho en el partido de las estrellas del 11 de junio que tuvo lugar en el Parque Candlestick de San Francisco.

El escenario de un partido de las estrellas le ofreció a Clemente otra oportunidad de brillar ante una audiencia nacional, y él aprovechó esa oportunidad. Jugó todo el partido en el jardín derecho, le bateó a Whitey Ford un triple al jardín derecho en la segunda entrada, frustró el principio de una carrera con un *fly* de sacrificio, y luego, al final de la décima, después de que Henry Aaron anotara un sencillo y Willie Mays un doble, empujó a Mays desde segunda base con la carrera ganadora en un juego de 5–4. Desde que Jackie Robinson comenzó en 1947, aquí estaba un hito de lo alcanzado por los negros en las grandes ligas, un equipo estelar con Aaron, Mays y Clemente en una fila. Las nóminas de ese día presentaban en alto relieve las diferentes historias raciales de las dos ligas. La Liga Americana tenía sólo un jugador negro, Elston Howard, que entró en el partido como reemplazo defensivo y no estuvo ninguna vez al bate. La Liga Nacional puso en el terreno a cinco titulares —Maury Wills, en campocorto, Bill White en primera, Orlando Cepeda en el jardín izquierdo, Mays en el central, y Clemente en el derecho, y levantó del banco a Aaron, Frank Robinson, George Altman y Johnny Roseboro para completar el alineamiento. Esos nueve jugadores en conjunto hicieron nueve de los once *hits* de su equipo e impulsaron las cinco carreras. Clemente al final fue elegido como el jugador más valioso, por un partido.

En el camerino, después de terminado el juego, estaba eufórico respecto al *hit* que le había sacado a la bola de nudillos que le lanzó Hoyt Wilhelm, que fue la que decidió el partido. Los reporteros de la prensa nacional lo rodeaban mientras él describía el momento decisivo. La nota de la prensa asociada citaba a Clemente tal como sonaba, o como el reportero pensaba que sonaba, usando exagerada ortografía fonética (En el *Post-Gazette,* este reportaje aparece bajo el titular LOGRÉ UN HEET, ME SIENTO BIEN), y en el cual Clemente fue citado diciendo: "Sólo trato de sacrificarme, para que el corredor avance hasta tercera, si yo lo hago, me siento bien. Pero logro un *hit* y Willie anota y me siento mejor todavía… Cuando fui al plato en la última entrada, con Mays en segunda y nadie fuera, me pregunté, 'ahora ¿qué querrá Skipper [Murtaugh] que yo haga?' Él seguramente quiere que yo batee a la derecha para enviar a Willie a tercera, de manera que pueda anotarse un roletazo o un *fly.* Así pues, me digo, 'espero que Wilhelm me pitchee afuera y trato de batearla para el jardín derecho. Willie corre a tercera y al plato y se acaba el juego. Eso me hace sentir realmente bien. Lo mismo que cuando Pittsburg ganó la Serie Mundial".

La mayoría de los miembros de la prensa se dirigen entonces a la casilla de Stu Miller, el pequeño *pitcher* tapón que se ha robado el show con un disparate cómico. Antes de lanzar su primera bola en la novena entrada, con los jugadores de la Liga Nacional aferrados a un margen de 3–2, Miller hizo la tentativa de lanzar cuando los traidores vientos de Candlestick lo sacaron físicamente del montículo. El amago movió a los corredores de la Liga Americana hasta segunda y tercera, y se anotó la carrera de empate por el error que cometió el tercera base Ken Boyer, uno de los tres errores en el *inning* arruinado por el viento. Para la mayoría de los periodistas, Miller y el viento fueron las historias del día. El *San Francisco Chronicle* traía un titular de seis columnas sobre el machón de la primera página: CÓMO EL VIENTO VENCIÓ A LOS DEPORTISTAS ESTELARES. Destacando los siete errores cometidos en la competencia, Art Rosenbaum, el editor deportivo del *Chronicle*, dijo que el viento había convertido el partido en "una comedia del ratón Mickey". Tanto espacio le dedicaron a los perros calientes untados de mostaza que se arremolinaron por el terreno en la última entrada, que al juego del jardinero derecho de la Liga Nacional.

Pero, para los que se apiñaron en torno a su casilla después, Clemente tenía mucho más que decir. En la nota de la AP, se publicó todo, la mezcla explosiva de orgullo y cólera que había estado revolviéndose en su interior durante meses, en palabras que fuera de contexto parecían transitar por una línea muy sutil entre la justa queja y el resabio egoísta. Al menos las citas esta vez no fueron presentadas con una condescendiente ortografía fonética. "Estoy bateando para obtener un promedio mayor que el año pasado y tengo más jonrones que el año pasado en el momento del partido de las estrellas", dijo Clemente. "Tuve el mejor año en las mayores el año pasado y fui el jugador más valioso de la liga, pero no logré que me dieran ni un solo voto para el primer lugar [No fue así, él sí recibió exactamente un voto para el primer lugar] "Los periódicos se lo dieron a Groat, pero yo impulsé más carreras, y bateé más bolas y ayudé a ganar más partidos. Sé que Groat es un chico de Pittsburg, pero los periodistas me hicieron sentir mal… Hablé con los otros jugadores de la liga y todos ellos me dijeron que yo era más valioso. Este año, los jugadores me eligieron para el equipo de las estrellas y me siento muy bien por no haberlos defraudado".

A la mañana siguiente, Al Abrams, director de deportes del *Post-Gazette*, tomó nota de la explosión de Clemente y salió en su defensa. La columna reflejaba uno de los curiosos aspectos de la relación de Clemente con los cronistas deportivos de Pittsburg. Con frecuencia, él se sentía más enojado con ellos de lo que ellos estaban con él. Aún aquellos reporteros que habían tenido las mayores diferencias con él podía verse que intentaban, acaso con limitaciones, tomar en consideración su perspectiva. Abrams siempre había estado más dispuesto favorablemente que la mayoría de los demás. "Da la casualidad que Clemente es un muchacho sincero, un rasgo que yo le admiro", escribió Abrams. "Esto también se aplica a Jimmy Piersall. La estrella de los Indios de Cleveland, tipo pintoresco y estrafalario, regañó a Paul Richards porque el mánager estelar de la Liga Americana no incluyó su nombre en el grupo este año. Más Clementes y Piersalls revivirían el béisbol, un deporte que necesita ser revivido en más de un sentido".

Hubo otro aspecto para ese clásico de mediados del verano en el Parque de Candlestick que pasó inadvertido en el momento pero que resalta si se mira retrospectivamente. Con un *out* en la novena entrada, Danny Murtaugh, el mánager de la liga nacional entró al juego al zurdo de los Dodgers Sandy Koufax que le permitió a Roger Maris batear un sencillo antes de que Miller lo sacara. Lo único notable sobre la breve intervención de Koufax fue que esto marcó su primera aparición en el partido de las estrellas. Clemente y Koufax habían sido igualmente lentos en madurar, a cada uno le tomó seis largos años luego de actuar en las mayores en la temporada de 1955. La progresión de Koufax había sido la más gradual de las dos: él fue 2–2, 2–4, 5–4, 11–11, 8–6, y 8–13 antes de despegar en 1961 con dieciocho triunfos y 269 ponchados, el máximo en la liga. Y ahora ambos estaban aquí, alcanzando juntos su plenitud en el alba de la década del sesenta y había algo mágico en estos dos radiantes atletas, el bateador negro latino de veintiséis años y el lanzador judío de veinticinco, que los separaba de la multitud. Y si, en 1954, los Dodgers no hubieran tratado de ocultar a Momen en Montreal, sino que lo hubieran mantenido entre los veinticinco hombres de su nómina como hicieron con Koufax, los dos estarían jugando ahora en el mismo equipo.

Una trivial manifestación de la tendencia a la exageración que caracterizó los principios de los sesenta fue que las ligas mayores experimentaron con celebrar dos partidos estelares todos los veranos. El segundo partido de 1961, que se jugó en el Parque Fenway en Boston el 31 de julio fue un fiasco, un empate 1–1 decidido debido a la lluvia luego de nueve entradas. Pero el evento no sería una pérdida completa. Trajo a los representantes de los jugadores a Boston, y al día siguiente se reunieron y discutieron la campaña del *Chicago's American* contra la segregación en los sitios de entrenamiento de primavera en la Florida. Bill White de los Cardenales y Bill Bruton de los Tigres presentaron el problema a los demás jugadores, con el apoyo de Robert Cannon, el abogado de la asociación. White insistió en que los jugadores no "estaban andando con rodeos sobre esto". La mayoría de los jugadores blancos de las mayores, le dijo él a Wendell Smith antes de la reunión, probablemente "no se den cuenta cuán malas son las cosas para nosotros en la Florida. Después de todo, el único tiempo en que se ponen en contacto con nosotros es en los parques de béisbol. Queremos que ellos sepan exactamente cuál es la situación. Estamos seguros de que simpatizarán con nosotros". En la reunión, los jugadores adoptaron una resolución exigiendo el fin de la segregación en el campo de entrenamiento y pidiéndoles a todos los propietarios de los equipos de las grandes ligas que tomaran medidas para enfrentar el problema antes de la Serie Mundial en octubre. Clemente no fue el representante de los Piratas, pero le hizo saber sus firmes puntos de vista sobre el tema a su compañero de equipo, Bob Friend, quien apoyó la resolución.

Los Piratas se convirtieron en un caos en la segunda mitad de la temporada. Luego de una racha desastrosa en julio cuando perdieron once de los trece juegos, descendieron por debajo de los 500 puntos y nunca se recuperaron, terminando finalmente la temporada con un récord de 75–79 —dieciocho juegos detrás de los Rojos de Cincinati de Frank Robinson y Vada Pinson. Las cosas fueron tan malas durante el segmento de la segunda mitad que Jack Hernon escribió un artículo cuyo encabezado era el más honesto y provocador que jamás se hubiera escrito: "Filadelfia, 7 de agosto —Fue un juego torpe". Punto y aparte. Y ese fue un juego raro que los Piratas realmente ganaron. No es que el mundo deportivo le estuviera prestando mucha atención a Pittsburg —o a cualquier otro equipo de la Liga Nacional, incluidos los Rojos. El foco de los medios de prensa estuvo a diario ese agosto y septiembre concentrado en Maris y Mantle y su implacable búsqueda de los mágicos sesenta de Ruth.

El virtuosismo de Roberto Clemente pasó virtualmente inadvertido fuera de Pittsburg, pero esos candentes lineazos que pegó durante el primer día del entrenamiento de primavera siguieron saliendo de su bate Frenchy Uhalt mes tras mes. Luego que ganó un partido en San Francisco con un jonrón con las bases llenas, Danny Murtaugh, por primera vez, comenzó a comparar a su jardinero derecho con el mejor jugador del equipo. "Clemente es un verdadero jugador, ¿no es cierto?" le dijo Murtaugh a la prensa. "Es un buen jardinero en el jardín derecho como... Willie Mays lo es en el central. No hay cosa que él no pueda hacer". A un mes y medio para irse, Clemente recogió el milésimo *hit* de su carrera. Unos pocos días después, Al Abrams especulaba que él podría incluso haber desafiado el récord de Arky Vaughan, establecido en 1935, por el mejor porcentaje de bateo de un Pirata en una sola temporada, 385 puntos. La única cosa que frenaba a Roberto, escribió Abrams, era que tendía a cansarse en el último mes. El cronista de Pittsburg atribuía esa tendencia de final de temporada al hecho de que Clemente jugaba béisbol de invierno todos los años y nunca descansaba lo suficiente. "El por qué a un deportista como Clemente se le permite tomar parte en la acción beisbolera de afuera escapa a mi comprensión".

Una noche de ese agosto en un vuelo de gira, Clemente se sentó en el brazo del asiento de Hernon y estuvo conversando por cuarenta y cinco minutos con el reportero de ronda con quien había tenido una relación difícil. En su columna "Roamin' Around" (Rondando por ahí), Hernon citó literalmente el monólogo —un verdadero flujo de conciencia— del jardinero derecho. Clemente le contó cómo estuvo a punto de abandonar el béisbol cuando se lesionó en 1957, y cómo su padre, Don Melchor, perdió miles de dólares una vez que alguien le robó una caja fuerte en su casa de Carolina, y cómo él había invertido parte de su propio dinero en bienes raíces en su país. Cuando estaba a sus anchas hablando en su segunda lengua, había en él algo de Casey Stengel, la poesía de dejar fluir las ideas. "A veces me enfurezco con la gente", dijo. "Pero sólo una vez aquí en Pittsburg. Eso fue cuando estaba lesionado y todo el mundo me llamaba *Jake* [*to Jake* es un verbo usado por los atletas para referirse a alguien que no se esfuerza e inventa excusas]. No me gusta eso. Quiero jugar, pero la espalda me duele muchas veces y no puedo jugar. Luego ese año en St. Paul cuando lancé la pelota en el partido de exhibición el codo se me empezó a hinchar. Eso fue cuando algunos escribieron que yo me había peleado con Face [el pitcher tapón que nunca la había pasado bien con Clemente] en San Luis. Usted sabe que no era cierto. Todavía puedo sentir la astilla del hueso en el codo" prosiguió…

Es por eso que a veces lanzo la pelota por debajo. De ese modo no me lastimo la mano. Si lanzo normalmente con mucha fuerza repetidas veces en un juego, el codo se me lastima y se me hincha.

La espalda está bien ahora. A veces me duele cuando corro. Pero yo encuentro que lo que anda mal es un disco. Si se me sale por el lado derecho, lo puedo volver a poner en su lugar fácilmente. Pero del otro lado, a veces me toma mucho tiempo volver a ponerlo en su lugar.

Tengo un amigo en Puerto Rica [el modo en que Hernon lo escribió, implicando al parecer que Clemente lo pronunció de esa manera, o al menos que Hernon pensó que él lo había pronunciado así] que estudiaba para ser médico pero no terminó. Tiene mucho dinero ahora y sólo le gusta trabajar como médico ocasionalmente. Ha ayudado a montones de socios que juegan béisbol de invierno en mi país. Él me curó…

Creo que mi amigo en Puerto Rica puede ayudar a Vernon [Law, que se había desgarrado el músculo rotatorio de la muñeca]. Él puede decirte cuando te duele sin tocarte. Hace eso conmigo en los ejercicios que me pide que haga. Una vez con sólo hacerle una mueca, me dijo 'tienes un disco lastimado'. Y tenía razón. Pienso que él puede ayudar a Vernon, pero nadie me escucha ni hace nada.

La astilla del hueso en el codo hizo finalmente lo que los lanzadores de la Liga Nacional no pudieron hacer, excluyó a Clemente de los últimos cinco juegos de la temporada. Para entonces, sus estadísticas de la temporada incluían 201 *hits* y un promedio de 351 puntos que lo situaba a la cabeza de la liga. Junto con el bate de plata por ser el mejor bateador de la liga, también le concedieron el guante de oro como el mejor jardinero derecho.

Éste no era sólo el ascenso de Clemente, sino de todo Puerto Rico. Habían pasado exactamente veinte temporadas desde que Hiram Bithorn subiera al montículo para jugar con los Cachorros de Chicago y convertirse en el primer puertorriqueño que jugaba en las grandes ligas. En el transcurso de dos décadas, la isla había alcanzado un punto de excelencia en el béisbol. No sólo había Clemente ganado el título del bateo, sino que Orlando Cepeda terminó la temporada como el líder de la Liga Nacional en jonrones, con cuarenta y seis, y en carreras impulsadas, con 142. Nunca antes ningún jugador de Puerto Rico había encabezado la liga en ninguna categoría de bateo, y ahora ellos habían ganado las tres. En la Isla, la gente llamaban a este triunfo la triple corona puertorriqueña. Y aún había más: Tite Arroyo, el relevo zurdo de los invictos Yanquis, había tenido el porcentaje más bajo de carreras limpias permitidas en las mayores y encabezaba la Liga Americana en salvados con veintinueve, y Juan Pizarro se destacaba también, yendo 14–7 con los Medias Blancas. San Juan estaba presto a celebrar. Hasta Cantalicio, el travieso personaje de las tiras cómicas de la cerveza Corona, entró a participar, con anuncios en español que aparecieron en *El Imparcial* y otros periódicos: *"la cerveza Corona se une al júbilo de nuestra Isla en el triunfo de nuestros astros del béisbol puertorriqueño, líderes en la reciente temporada de las grandes ligas: ROBERTO CLEMENTE y ORLANDO CEPEDA, ganadores de la triple corona; TITE ARROYO, del ERA en ambas ligas, y TERRIN PIZARRO, que tuvo su mejor año en las grandes ligas. Felicitaciones de Corona… a nuestros más destacados peloteros".*

Al irse de Pittsburg, Clemente le prestó un especial tributo a George Sisler y a Bill Burwell, otro de los instructores de los Piratas, por el aliento que le habían dado. "Me ayudaron durante toda la temporada dándome confianza", dijo. "Se mantuvieron diciéndome que podía batear para obtener un gran promedio —hasta .400— y eso me hizo sentir bien". De nuevo volvió a mencionar cómo sus sentimientos heridos lo habían motivado. "Yo estaba furioso [desde] el año pasado. Jugué tan bien como el que más en nuestro equipo y ni siquiera recibí un voto para el JMV. No me malentiendan, no dije que yo era el mejor el año pasado o que yo debía haber ganado el premio al JMV. Pero nadie pareció tenerme en cuenta. Pero tú ganas el título de bateo por ti mismo, y no te lo pueden quitar".

La Fraternidad de Cronistas Deportivos de Puerto Rico tuvo lo bastante en cuenta a Clemente como para enviar una delegación de periodistas, Juan Maldonado, Tito Morales y Martínez Rousset a Nueva York, para encontrarse con él y con Orlando Cepeda y escoltarlos de regreso a la Isla para una fiesta de bienvenida. Los reyes de la triple corona llegaron a San Juan en el vuelo 211 de Pan Am a las 2:35 de la tarde del lunes 9 de octubre y se encontraron un inmenso enjambre de fanáticos. Había grupos de escolares, junto con empresarios, familias, empleados del aeropuerto. La gente sentada en cualquier borde disponible, con las piernas colgando, y de pie hombro con hombro en la terraza del terminal. A Clemente y a Cepeda les llevó casi una hora el trayecto desde el avión en medio de la jubilosa multitud. Clemente, a quien habían sometido a una cirugía menor en el codo, mantenía el brazo derecho pegado al cuerpo y saludaba con el izquierdo. Parecía "casi perplejo por la enormidad de la bienvenida", reportaba el *San Juan Star*. "Pero hasta este tímido joven se liberó luego de que lo besaran tres lindas chicas que representaban a una compañía de cerveza". Las calles de Santurce y de San Juan resonaban con vítores mientras Roberto y Orlando, Momen y Pedruchín, rodaban en convertibles descapotados a lo largo de una ruta sinuosa hasta el estadio Sixto Escobar, donde los recibieron una serie de funcionarios públicos y otra vociferante multitud de varios millares de fanáticos. El alcalde declaró a los peloteros ciudadanos de honor, y Martiniano García, propietario del equipo de béisbol de Ponce, hizo las presentaciones formales, diciendo que ése era "un día de gloria para Puerto Rico". Cepeda habló primero y fue breve. Dijo que amaba a Puerto Rico ahora más que nunca.

Luego Clemente tomó el micrófono. Si escapaba a la comprensión de los comentaristas deportivos de Pittsburg por qué el gran jardinero derecho de los Piratas jugaba béisbol de invierno en Puerto Rico, aquí estaba la respuesta. Él estaba de nuevo en casa. Sus padres y hermanos estaban de pie cerca de él y hacia un costado estaban Pedrín Zorrilla, el Big Crab que le había hecho su primer contrato, y Roberto Marín, el primer instructor que creyó en él, y Pancho Coimbre, uno de sus héroes, un gran bateador negro puertorriqueño que había jugado demasiado temprano, antes que el béisbol de las grandes ligas se integrara. Clemente con frecuencia había vinculado su propia historia a la lucha de su pueblo, y éste era un momento de triunfo para todos. Él les hablaba en su propia lengua, y sus palabras eran elocuentes. "En nombre de mi familia, en nombre de Puerto Rico, en nombre de todos los jugadores que no tuvieron la oportunidad de jugar por Puerto Rico en las grandes ligas, les doy las gracias", dijo. "Pueden estar seguros de que todos los jugadores puertorriqueños que van a los Estados Unidos hacen lo mejor que pueden".

8
Fiebre

UN DÍA DE DICIEMBRE DE 1963, DOS AUTOS SE CRUZARON
en las calles de San Juan. En uno de ellos, Orlando Zabala, de licencia del Ejército de Estados Unidos, llevaba a su joven hermana Vera
de regreso a la casa de sus padres en Carolina. En el otro, un gran
Cadillac blanco, Roberto Clemente paseaba por la ciudad. Al cruzarse
los autos, Vera le echó un breve vistazo al gran astro del béisbol y sintió
un aleteo en el pecho. No dijo nada, e intentó mantenerse indiferente,
a sabiendas de que su protector hermano no lo aprobaría.

Un mes después, luego del Año Nuevo y del Día de Reyes, Vera
Zabala salió de la casa para ir a la farmacia Landau en el último
extremo de la plaza central de Carolina. Tenía veintidós años, graduada de administración de empresas de la Universidad de Puerto
Rico, y asistente administrativa en el GDV, el banco del gobierno.
Era de una apariencia encantadora: estatuaria, de reluciente cabello
negro, aterciopelada piel color café, pómulos salientes y ojos negros
y vivos. En su camino a la farmacia, notó que un auto aminoraba la
marcha y que el conductor la miraba. Era Clemente. Siempre cuidadosa de transmitir un talante profesional al andar, Vera intentó parecer
aún más seria de lo que era, consciente de que estaba siendo observada. Para su sorpresa, cuando entró en la farmacia, Clemente ya
estaba allí. Ella nunca sabría cómo él había estacionado el auto tan
rápidamente y se había escurrido dentro, pero allí estaba sentado cerca
del mostrador, leyendo el periódico con las piernas cruzadas, en una
pose de verdadera indiferencia. Por alguna razón, nadie parecía estar
trabajando en la farmacia, y Vera, sintiéndose un poquito medrosa,
quería irse.

—No, no se vaya —le dijo Clemente—. El dueño volverá en unos minutos.

Vera guardó silencio, fingiendo que buscaba algo en los anaqueles.

—¿Eres de Carolina? —le preguntó Clemente— Porque nunca te he visto antes. ¡Nunca!

—Sí, señor —respondió Vera.

Clemente prosiguió con su interrogatorio.

—No puedo creer que seas de Carolina porque nunca te vi antes. ¿Cuál es tu apellido?

—Zabala.

—Zabala —Clemente hizo una pausa—. ¿Eres pariente de Rafael Zabala? —Rafael Zabala era un jugador de béisbol de los Criollos de Caguas y primo lejano de Vera.

—Sí, somos parientes, pero no nos conocemos.

Oscar Landau, el farmacéutico, regresó finalmente, y Vera pudo comprar lo que necesitaba y salir. Tan pronto como se fue, Clemente sonsacó a Landau para obtener más información. ¿Quién era esta mujer espectacular? ¿Podía Landau ayudarlo a conseguir una cita con ella? Eso sería difícil, le dijo Landau. Su padre era muy estricto. Nunca la ves por el pueblo. Trabaja en un banco y cuando se va a casa no la ves en el cine, en la plaza, en ninguna parte. Si quieres verla tienes que ir a su casa.

Eso hizo que Clemente se interesara aún más. Se puso al habla con un amigo de Carolina, Natín Vizcarrando, hijo del poeta Fortunato Vizcarrando, que vivía cerca de los Zabala. ¿Alguna oportunidad de una presentación? Eso sería difícil, dijo Natín. Su familia la protegía como a una joya. Clemente fue a ver después a Mercedes Velásquez, que vivía a dos casas de los Zabala y enseñaba en la escuela secundaria. Todo el mundo en el pueblo respetaba a la familia Velásquez. Una tarde después del trabajo, la Sra. Velásquez llamó a Vera, su antigua alumna, a su casa y le dijo:

—Vera, Roberto Clemente me está volviendo loca. Me llama veinte veces al día. Quiere conocerte.

—Uno de estos días —dijo Vera.

Ya para entonces ella tenía la sensación de que Roberto Clemente sería el amor de su vida, pero estaba temerosa de apresurarse. Él era el famoso; era mejor ver con cuánta seriedad se tomaba el asunto.

Una semana o dos después, la Sra. Velásquez vino a la casa de Zabala con una invitación. Algunos amigos irían con Clemente a verlo jugar un partido de béisbol para los Senadores de San Juan en el estadio Hiram Bithorn, y querían saber si a Vera y su hermana mayor, Ana María, les gustaría venir. (El nuevo estadio Bithorn, llamado así en honor del primer puertorriqueño que jugó en las grandes ligas, se había inaugurado en Hato Rey en 1962, reemplazando al Sixto Escobar.) Ana María, que nunca se casó, era aún más estricta que sus padres, e inmediatamente entró en sospechas. La maestra nunca las había invitado a un juego de béisbol antes, ¿por qué ahora? Ana María dijo que a ella no le interesaba, pero puesto que era con un grupo, y el paseo parecía inocente, se decidió que Vera podía ir. El día del juego, Clemente vino a recogerla en su Cadillac blanco. Vera quiso sentarse detrás, pero Roberto insistió que fuera en el asiento delantero. Ella se mantuvo callada mientras se dirigían al estadio.

—¿Tú no hablas? —le preguntó Clemente.

—No —dijo ella—. No hablo mucho.

El complicado cortejo sólo había comenzado.

En el estadio, Clemente se excusó y se fue al vestidor mientras la Sra. Velásquez llevaba al grupo a los asientos reservados debajo de la tribuna principal. Allí estaba Paco, un jovencito sobrino de Clemente, y era obvio que éste le había encomendado la tarea que atendiera a Vera. A cada rato le preguntaba "¿Usted quiere algo de comer o de beber?"

En un momento, Clemente salió del *dugout* con un compañero del equipo, miró a las tribunas, y señaló a Vera. Eso fue todo lo que hizo en el terreno: el juego se suspendió por lluvia.

Cuando Clemente y los demás comenzaron a hacer planes para ir a un restaurante, Vera dijo que ella tenía que regresar a casa. Eran las tres de la tarde, arguyó Clemente. Podrían ir y todavía tendrían tiempo de llegar a la casa. "No, no, no", dijo ella. "Mis padres estarán escuchando la radio y sabrán que aplazaron el juego". Su padre, Flor Zabala, era un gran fanático de los Senadores, aunque el resto de la familia apoyaba a los Cangrejeros de Santurce. Vera misma sabía poco de béisbol; ella no había seguido el campeonato de invierno ni la carrera de Clemente en Pittsburg. Pero sí sabía que tenía que volver a casa. Regresaron a Carolina, donde ella le dijo a sus padres que el juego se había suspendido por lluvia y que el grupo estaba reunido en la casa de la Sra. Velásquez, donde a ella le gustaría unírseles. Cuando llegó, todo el mundo estaba alrededor de Clemente en la sala, oyendo mientras él hablaba y hablaba de su dolor de espalda y de su rigidez del cuello.

Aproximadamente a esa hora, el sargento del Ejército Orlando Zabala llegaba a su casa buscando a su hermana. "¿Dónde está Verín?", preguntó, el diminutivo con que la apodaban. Su hermana Ana le dijo que había ido al partido de los Senadores, pero que se había suspendido por lluvia y que ahora estaba en la casa de su antigua maestra con el pelotero Roberto Clemente. Orlando le dio la vuelta a la manzana en su auto y estacionó frente a la ventana de la Sra. Velásquez. Vera se dio cuenta, se excusó y salió afuera.

—Te doy cinco minutos para que regreses a casa —le dijo Orlando a Vera.

En el banco al día siguiente, Vera contestó a una llamada telefónica y era Clemente quien llamaba, preguntándole si le gustaría salir almorzar. El metal de su voz la puso nerviosa. "Lo siento", le dijo. "Estoy ocupada. Tal vez en algún otro momento". Y le colgó.

Pocos días después, el persistente Clemente puso a su sobrina Rafaela a que hiciera la llamada. Fafa, como la conocían era tan simpática que a Vera no se le ocurrió una excusa y aceptó la invitación a almorzar. De alguna manera, se corrió la voz en el banco de que ella tenía una cita con el famoso pelotero y sus compañeros de trabajo se pasaron toda la mañana siguiente provocándola. *Vera, ¡son las diez y media! Vera, ¡son las once!* A mediodía, dejaron sus escritorios para echar un vistazo. Vera persuadió a una mujer que se quedara y fuera con ella hasta el vestíbulo. "Y allí estaba él, formalmente vestido. Con un bonito traje", recuerda ella. Y luego pidió su auto. Tenía el Cadillac blanco. Yo estaba tan nerviosa. Me abrió la puerta. Los Cadillacs en aquellos tiempos eran muy anchos, y me oprimí contra la puerta para estar lo más lejos posible".

El almuerzo fue en el Caribe Hilton, en la terraza, y Clemente fue el que más habló, dedicándole una hora en decir de varias maneras que él quería visitar a Vera en su casa y conocer a sus padres. Ella se mantuvo diciendo que no estaba segura; que ellos eran muy estrictos muy difíciles. Al dirigirse a él, ella usaba el pronombre formal *usted,* en lugar del *tú.*

Al día siguiente, le trajeron al banco un ramo de flores. Luego salieron a almorzar otra vez y una tercera vez, y luego Clemente tuvo que irse con los Senadores para participar en los juegos de invierno de la Liga Interamericana de Béisbol, que tenían lugar en Managua. Ésta fue la primera visita de Clemente a Nicaragua, el viaje en el que un fanático en las tribunas del jardín derecho le lanzó un lagarto garrobo y lo hizo saltar del susto.

Cuando regresó a Puerto Rico, llevó a Vera de nuevo a la terraza del Hilton, y esta vez le trajo una cajita de sorpresa.

—Yo ni siquiera lo conozco —le dijo Vera cuando abrió el estuche y vio un anillo.

Él sólo quería cerciorarse de que el anillo le servía, le dijo Clemente. Y ahora quería conocer a sus padres. Ella cedió y se concertó la reunión.

Resultó que los padres de ambos, Flor Zabala y Melchor Clemente, se conocían. Habían trabajado juntos en la industria azucarera, y había sido Flor, hacía mucho tiempo, a quien habían enviado del hospital de Carolina al Central Victoria para decirle a Melchor que su hija Anairis había muerto de las quemaduras. Melchor era conocido casi como un personaje en Carolina, y Roberto intentó romper la tensión con el padre de Vera contándole chistes a costa de su viejo. Había un chiste de don Melchor en la bañera, y otro de él presenciando un juego de pelota. Vera escuchaba nerviosa desde la habitación contigua. Roberto había dejado a su sobrina Fafa en un auto calle abajo en caso de que tuviera que salir corriendo. Finalmente, luego de que Clemente había agotado los chistes a costa de su padre, el Sr. Zabala le reprochó.

—No sé lo que usted hace aquí —dijo—. Usted es una persona famosa, un famoso jugador de béisbol. Y estoy seguro que conoce a muchachas más bonitas que Vera y con más dinero. Nosotros somos una familia muy humilde.

—Tiene razón —respondió Clemente—. Puedo llegar a la esquina y probablemente conseguir diez chicas. Pero no me importan. La única que yo quiero está aquí.

La conversación luego se tornó en una negociación práctica, cuando el estricto padre y el formal pretendiente se pusieron a discutir sobre los arreglos de visita como dos propietarios de equipos de béisbol que tuvieran que resolver un calendario de temporada. El Sr. Zabala estableció horas precisas en que Clemente podía visitar a su hija. Dos veces por semana, antes de la puesta del sol. Clemente pidió más, haciendo notar que él tenía que irse a jugar pelota en los Estados Unidos en unas pocas semanas. De ninguna manera, dijo el viejo. Clemente sacó a relucir la boda y todos los planes que había que hacer. No hay por qué apurarse, dijo el padre de Vera. Nadie tiene aquí prisa por casarse.

Hubo más almuerzos y visitas dos veces por semana, y una vez Clemente se quedó más tiempo del asignado una mañana de domingo y el Sr. Zabala expresó su descontento tirando estrepitosamente la Biblia sobre una mesa cuando regresó de la iglesia. Muy poco tiempo después el pelotero se fue para Fort Myers al entrenamiento de primavera. Le escribía a Vera todas las noches desde su cuarto en Pirata City, el dormitorio que el equipo había comprado de manera que todos los jugadores, negros y blancos, pudieran estar juntos. Una boda llevaba tanto trabajo, le escribió Clemente. Ven a los Estados Unidos para que podamos conversar más sobre eso.

El tiempo era algo esencial para Roberto Clemente. En esos primeros meses de cortejo, cuando Vera pensaba que ella apenas lo conocía, él le dijo que sentía la necesidad de apurarse para poder hacer todas las cosas de su vida: jugar béisbol, fundar una familia, cumplir su sueño incipiente de crear una ciudad deportiva para los niños pobres puertorriqueños. La vida era una fiebre; no había tiempo que perder.

Habían pasado diez años desde que él autografiara su primer Louisville Slugger en el campo de entrenamiento de 1954 con los Royals de Montreal. ¿En qué momento de su carrera se encontraba él ahora? Más encaminado como jugador que como líder. Tenía sólo veintinueve años, y no obstante era un veterano con nueve años en las ligas mayores, y aunque se había demorado en destacarse, su posición como un talento de primera categoría estaba ahora firmemente establecida. Él era el jardinero derecho con el brazo de oro, y la única interrogante respecto a su porcentaje de bateo era con cuántos puntos por encima de 300 terminaría en cada temporada. Descendió a .312 en 1962, luego subió a .326 en 1963. Los Piratas estaban aún en transición del equipo que había ganado la Serie Mundial sólo cuatro temporadas antes. Groat y Hoak se habían ido, y Law, Friend y Face estaban lanzando en la última etapa de sus carreras. Maz era un ancla en segunda y el joven Wilver Stargell, que jugaba jardín izquierdo, estaba a punto de retoñar, pero Clemente era la indisputada estrella del equipo. Su influencia en la casa club aún estaba en ascenso.

Para Steve Blass, un lanzador novato del caserío de Falls Village, Connecticut, los Piratas de 1964 eran como "una maravillosa escuela de béisbol y si querías aprender algo tenías que mantener la boca cerrada". Law, Friend, Face, Maz, Stargell, Clemente —pero Clemente se mantenía aparte del resto. Aún más que Danny Murtaugh, el mánager, el era la persona con quien tú tenías que probarte, pero también era quien parecía más intimidante. "No me atrevía a acercarme a Clemente", recordaba Blass. "Él era más bien esta figura severa, imponente, entregada al trabajo, muy profesional. Yo me decía, 'si voy a probarme aquí, más me vale que él sepa que soy alguien capaz y no un simple muchacho culicagado que se ha aparecido' ".

Blass sabía de las destrezas de Clemente, en particular de su temible brazo de lanzador, mucho antes de que lo hubiera visto jugar. Mientras los lanzadores iban escalando el sistema de liga menor de los Piratas en su camino a las mayores, les iban dando instrucciones especiales respecto a qué hacer si se bateaba un *hit* al jardín derecho sin *outs*. En esa situación se les instruía que corrieran hacia el *dugout* de la primera base y se plantaran a unos veinticinco pies detrás del primera base alineados con el jardinero derecho. ¿Por qué había que respaldar la primera en un sencillo al jardín? Los instructores machacaban en la respuesta: porque cuando llegues a las grandes ligas, Clemente estará allí en el derecho. Con ese cañón que tiene en el brazo es probable que lance detrás del corredor.

La primera base ese año estaba ocupada por otro joven Pirata, Donn Clendenon, un atleta larguirucho que jugaba baloncesto en Morehouse College y consideraba el béisbol su tercer deporte, incluso después del fútbol americano. El padre de Clendenon había ayudado a enseñar a Roy Campanella a coger la pelota y "tanto había atragantado de béisbol" a su hijo que éste lo jugaba más por obligación que por amor. En el terreno de los Piratas, Clendenon tenía que estar constantemente en guardia por esos tiros de escopeta que iban a dar detrás del corredor, y estaba asombrado y molesto por el tremendo brazo de Clemente. La pelota venía baja y aullando como si hubiera picado corto, dijo Clendenon, "sencillamente iba a comerme vivo". De manera diferente a Blass, él también percibió que Clemente en los primeros años estaba de algún modo distanciado del equipo. El defensa de fútbol de seis pies cuatro pulgadas se había estado presentando al entrenamiento de primavera con los Piratas desde 1960, aunque él no entró en la lista final ese año y sólo comenzó a tener un tiempo de juego significativo en 1962 antes de convertirse en un titular en 1963. Pero durante ese período pensaba que Clemente, como el astro negro del equipo, podía haberlo apoyado más a él y a otros jóvenes jugadores negros. "Cuando llegué allí, al principio, él no acudió en mi ayuda", dijo Clendenon haciendo un juicio retrospectivo. "Creía sencillamente que él podía haber hecho más. Mantenía una especie de discreción".

Clendenon era sólo un año más joven que Clemente, nacido en el verano de 1935; no obstante, si el curso de la vida del béisbol se midiera en ciclos de siete años, le habría tomado una vida entera del béisbol, más que a Clemente, el tener acceso a las mayores. Él comenzó tardíamente por las mejores razones, era un graduado universitario, pero luego de firmar un contrato con el Pittsburg en 1958, percibió que su ascenso se veía frenado por la peor razón: una cuota racial. "Después de dos o tres años, descubrí que los Piratas tenían una cuota de dos jugadores de las minorías: Roberto Clemente y un chico de habla hispana que era su compañero de cuarto. Era obvio", Clendenon insistió posteriormente. El segundo Pirata negro sería Román Mejías, cubano, o Joe Christopher, de las Islas Vírgenes, dijo Clendenon. Si esto no era exactamente cierto, las estadísticas estaban bastante cerca de explicar por qué Clendenon pensaba de ese modo. En varias ocasiones durante las temporadas, los Piratas tuvieron jugadores negros: cinco en 1958, seis en 1959, seis en 1960 y ocho en 1961; pero en cada uno de esos años sólo Clemente y algún otro jugador de posición, ya fuese Mejías o Christopher, estuvieron en el equipo durante toda la temporada o jugaron en sesenta o más partidos. Los demás, en su mayoría, estaban por poco más que la proverbial taza de café del béisbol en septiembre.

Al mismo tiempo, los clubes de la liga menor de Pittsburg durante los últimos años de la década del cincuenta y los primeros de la del sesenta estaban "atestados" de jugadores negros, para decirlo en los términos de Clendenon. La concentración de jugadores negros en la liga menor era una realidad difícil de ignorar, ya fuera el resultado de una cuota racial en el tope, lo cual Joe L. Brown, el gerente general, negaba, o simplemente porque los Piratas estaban contratando un creciente número de jugadores negros en un momento en que su equipo de grandes ligas ya estaba lleno de talentosos jugadores dignos de la Serie Mundial. Bob Veale, el gran lanzador zurdo, otro de los Piratas negros que se destacó a partir de 1964, recordaba haber jugado en 1959 para los Wilson Tobs (los Tabaqueros), la sucursal de los Piratas en la Liga de Carolina. Según contaba Veale, el equipo tenía tantos jugadores negros que muchos sureños suponían que era un equipo de la Liga Negra. Los Tobs tenían una rivalidad ese año con los Capitales de Raleigh, a quienes encabezaba un futuro jardinero del Pabellón de la Fama llamado Carl Yastrzemski. "Allí solía estar un viejo caballero blanco que esperaba en las tribunas de Raleigh antes de que llegáramos", recordaba Veale. "Entrábamos montados en el autobús, y él gritaba, '¡Ahí viene Wilson y toda esa magia negra!' "

En cualquier caso, cuando Clendenon, Veale, Stargell y otros Piratas negros comenzaron finalmente a integrar el club de Pittsburg a principios de la década del sesenta, en los años que siguieron a la Serie Mundial, trajeron consigo varios grados de frustraciones reprimidas. Clendenon, por citar a uno, esperaba que Clemente lo protegería y lo aconsejaría sobre cómo sobrevivir y medrar en las mayores. Cuando eso no sucedió, inmediatamente se dirigió entonces a otros veteranos de otros equipos tales como Willie Mays y precursores jubilados como

Jackie Robinson y Joe Black. Clendenon compartía ese año una casa con Stargell y Veale en el No. 428 de la calle Dakota en Schenley Heights, no lejos de Clemente, pero no salía a pasear con él.

Para 1964 Clemente estaba en las primeras etapas de su surgimiento como líder. Se había convertido en el hermano mayor de toda suerte de jugadores caribeños, no sólo en los Piratas sino a través de toda la liga. Tony Taylor, un cubano que jugaba segunda base para los Fillis de Filadelfia, dijo que él y otros jugadores latinos salían a comer con Clemente cuando se encontraban en la misma ciudad, y que él reverenciaba a Clemente, tanto por el modo que tenía de comportarse como de jugar. "Él trataba de ayudarte y hablaba contigo sobre la manera de jugar béisbol y sobre el modo de conducirte en la sociedad y de representar a tu país", recordaba Taylor. "Era la clase de tipo que se sentaba contigo y te decía haz esto, haz aquello. En mi vida, además de mi madre y mi padre, no había conocido a nadie que llegara a significar tanto para mí. La gente decía que él era temperamental, que él esto y que él aquello. Pero él decía la verdad. Te decía la verdad. Nunca le intentó ocultar nada a nadie".

En los Piratas, Clemente tomó a Manny Mota bajo su protección ese año. Mota era un jardinero dominicano que empezaba a lograr algún tiempo de juego en su tercera temporada en las ligas mayores. Era mucho más ligero que Clemente, sólo 5'9" y pesaba 160 libras, desplegaba poca fuerza, pero compartía esa rara cualidad de ser capaz de pegarle a casi cualquier bola. Al igual que Clemente, que sobresalió en la liga de invierno puertorriqueña antes de brillar en las mayores, Mota había encabezado su liga dominicana en bateo durante dos inviernos seguidos antes de adquirir notoriedad en el Norte. En el transcurso de dos temporadas había pasado de los Gigantes a Houston y de ahí a Pittsburg, devaluado porque se creía que carecía de fuerza. Clemente se identificó con el conflicto y se convirtió en el consejero y amigo más cercano de Mota en los Piratas. Todos los días en el estadio antes de los juegos, podría vérseles trabajando en el bateo, la plancha, el lanzamiento y la recogida. "Él siempre ha sido un buen bateador", dijo Clemente sobre Mota a mediados de una temporada, defendiendo su causa con los escépticos cronistas deportivos que cubrían a los Piratas. "Él puede batear un lanzamiento de grandes ligas si le dan la oportunidad". Mota finalmente demostró que su amigo y mentor tenía razón, al jugar catorce temporadas con un promedio de más de 300 puntos en toda su carrera. Y Clemente volvería a hacer lo mismo unos cuantos años después, al esforzarse en transformar a otro Pirata dominicano, Mateo Alou, de un bateador mediocre en uno de primer rango.

Clemente siempre tendría sus asperezas; no era el tipo de personalidad pausada del tradicional capitán de un equipo. Era tímido, y al mismo tiempo rebosante de orgullo. Era profundamente humilde, y no obstante se sentía incomprendido y subestimado. Aunque no estuviera enojado con un cronista deportivo o sintiéndose víctima de algún desdén, resultaría difícil de adivinar mirándole en la casa club. Sam Nover, el narrador deportivo de la televisión, le dijo a Clemente durante una entrevista, que algunos miembros de la prensa "salen de verte por primera vez en el vestidor y dicen 'Clemente es un hombre difícil. El tipo nunca sonríe' "—y luego le preguntó: "¿es por la forma de su cara que usted no sonríe con mucha frecuencia?" Clemente tomó la indagación en serio, y señaló que algunos compañeros del equipo tenían una fisonomía que les hacía parecer que estaban riéndose aunque estuvieran furiosos, mientras a él le pasaba lo contrario. "Ahora bien, usted podría pensar que yo estoy serio cuando no lo estoy", explicó. "Ésa es mi manera de ser. Y me gusta ser de esa manera porque a veces uno sonríe y luego, no te ven sonreír y te dicen 'oye, ¿qué te pasa?' Así pues, yo soy natural. Ése es mi modo de ser. Nadie puede decir que Roberto es difícil. Podría parecer difícil, pero realmente respeto a la gente."

Que Clemente se definiera como puertorriqueño, más bien que por el color de su piel, también podría haber afectado las percepciones de Clendenon. "Él seguía diciendo, 'yo no soy negro' ", recordaba Clendenon. En efecto, Clemente se sentía orgulloso de ser un negro puertorriqueño, sin embargo, nunca quiso ser categorizado o limitado por la raza. Cuando hablaba del tema, especialmente en inglés, sus comentarios ocasionalmente eran vistos como rechazos de la negritud, lo cual no era verdad. El *Pittsburgh Courier* cometió ese error en 1960, pero luego se dio cuenta de que había malinterpretado la intención y los comentarios de Clemente. La más clara definición de su perspectiva de ser a un tiempo negro y puertorriqueño apareció en una amplia entrevista con el cronista deportivo Nover. "Estoy entre dos mundos", dijo. "Así que cualquier cosa que haga se reflejará en mí porque soy negro y… se reflejará en mí porque soy puertorriqueño. Yo siempre respeto a todo el mundo. Y gracias a Dios, cuando crecía, me criaron… mi madre y mi padre nunca me dijeron que odiara a nadie, ni nunca me dijeron que despreciara a nadie por el color de su piel. Nunca hablábamos de eso. En realidad, empecé a oír de este tema cuando vine a los Estados Unidos."

Eso conduce a otro modo de mirar a Clemente y a su lenta evolución como un líder en los Estados Unidos: el idioma. Luego de una década en Norteamérica, Clemente sabía inglés y conocía las frases idiomáticas del béisbol, incluido el léxico de las obscenidades. Sabía cómo usar todas las variaciones de la palabra *fuck*, como nombre, verbo y adverbio en cualquier oración (*"You pitch me the fuck inside and I hit the fucking ball to McKeesport"*). Clendenon sospechaba que había ocasiones en que Clemente fingía que no podía entender inglés "porque no quería enfrentarse a algo". Eso es ciertamente probable, pero la mayoría de las veces Clemente quería hablar inglés e insistía en hacerlo. Era su temor de ser mal interpretado lo que podía hacerle parecer reservado y a la defensiva, especialmente cuando los periodistas acechaban en la casa club. "Siempre tuve una teoría de que aquí estaba un hombre brillante que ya antes había corrido sus riesgos verbales con el inglés y se había quemado y no le importaba que eso le volviera a suceder", recordaba Blass. "Creo que el que los periodistas relataran lo que él decía en mal inglés era realmente secundario al hecho de que él tenía conceptos que intentaba transmitir y no lograba hacerse entender porque su inglés no era tan bueno como su español. Y creo que eso lo frustraba."

Don Leppert, un receptor de reserva que llegó a Pittsburg en 1961, la temporada que siguió a la victoria de la Serie Mundial, dijo después que lo asombraba la brecha entre el talento de Clemente y su reconocimiento público, y lo atribuía a la barrera del idioma. Leppert culpaba en gran medida a los cronistas deportivos que reportaban sobre los Piratas. Su casilla estaba cerca de la de Clemente y Leppert se sentía frustrado por la imagen que algunos periodistas daban de su compañero. "Trataban de convertirlo en un bufón", recordaba Leppert. "Yo estaba sentado allí una noche cuando Biederman [Les Biederman del *Pittsburgh Press*] le preguntó algo a Clemente, y a Biederman se le traslucía una sonrisita pícara. Yo le salí al paso a Biederman: '¿Por qué carajo no le haces las preguntas en español?' Yo no era un favorito de Biederman, pero tampoco me importaba un carajo. Trataban de aprovecharse de cada mala pronunciación." Clemente le dijo lo mismo una vez al periodista de Pittsburg Myron Cope. "Sé que no hablo tan mal como dicen que hablo" —le dijo Clemente a Cope. "Sé que no tengo una buena pronunciación en inglés porque mi lengua es el español. Pero sé donde va el verbo, el artículo, el pronombre, o lo que sea. Nunca en mi vida comencé una oración con 'me'. Empiezo con 'I'. Los cronistas. [la convierten en] 'me.' *'Me Tarzan, you Jane'* ".

Y finalmente estaban las insistentes preguntas acerca de las lesiones y dolores de Clemente y sus constantes quejas por sus problemas físicos. Desde su tercera temporada, en 1957, cuando atravesó por un período de depresión que duró un año entero y que él se lo atribuía a una enfermedad no diagnosticada (finalmente se determinó que se trataba de una afección lumbar), no había podido disipar la reputación de ser un hipocondríaco supersensible. A largo plazo, esta percepción resultó contradicha de manera elocuente por sus permanentes estadísticas; él rompería el preciado récord de Honus Wagner y jugaría más partidos con el uniforme de los Piratas que cualquier otro jugador en la historia del Pittsburg. En el mediano plazo, la percepción se vería contradicha por su manera de jugar, determinada y cerrada, mes tras mes, año tras año. Como el propio Clemente lo definió una vez: "los hipocondríacos no pueden producir. ¡Yo, produzco, coño!" Pero en el corto plazo, siempre que él se tomaba dos o tres días libres para que su infortunado cuerpo descansara, su conducta era considerada por algunos como demasiado sensible e inadecuada para el líder de un equipo. Probablemente no contribuyó al beneficio de su causa el hablar tanto acerca de sus padecimientos, pero eso reflejaba su deseo de ser perfecto más que una necesidad de hallar excusas. Su médico en San Juan, el Dr. Roberto Buso, dijo que la sensible personalidad de Clemente incluía una escasa tolerancia al dolor. "Si la espalda le duele él se preocupa y luego eso se convierte en un círculo visioso que conduce a más cosas," Buso explicó una vez. "Si tiene una diarreita le preocupa que pueda tener un pequeño trastorno estomacal." Pittsburg, con su idiosincrasia obrera, un ciudad fabril cuya figura mítica era un gigante llamado Joe Magarac, quien según la leyenda fabricaba el acero a mano limpia, era una atmósfera particularmente difícil para alguien como Clemente, tan sensible a todas las cosas y especialmente al dolor.

Su relación con Danny Murtaugh había sido muy inestable precisamente debido a su sensibilidad. Desde que se situó al frente de los Piratas a mediados de la temporada de 1957, Murtaugh había criticado ocasionalmente a Clemente por no jugar. La admiración del mánager por Clemente como un magnífico jugador había ido creciendo año tras año, sin embargo, él nunca cesó de pincharlo. No era nada personal, tenía que ver con la personalidad de Murtaugh. El "irlandés silbante" decía lo que le venía a la mente y luego se le olvidaba. La personalidad de Clemente era totalmente distinta. Cualquier cosa que dijeran sobre él lo lastimaba por tiempo indefinido. Mazeroski, que disfrutaba de una agradable relación con Murtaugh, creía que su mánager nunca había reflexionado sobre cómo tratar a Clemente, si así hubiera sido lo habría hecho mejor. "Roberto no era esa clase de tipo que se podía humillar y avergonzar delante del equipo", Maz dijo tiempo después. Él se metía en una concha, y cuanto más Murtaugh vociferaba, tanto más caprichoso se ponía". Sus problemas cíclicos habían salido a relucir durante un viaje en mayo de 1963. Clemente había estado quejándose de sus dolencias físicas durante una serie de tres días en Los Ángeles, donde había jugado pobremente y había pedido un día libre mientras los Dodgers barrían con los Piratas, y Murtaugh, sintiéndose malhumorado por las pérdidas, confrontó a Clemente cuando llegaron a Houston.

—Déjame saber cuando estés listo para jugar de nuevo —le dijo Murtaugh—. Estás haciendo demasiado dinero para sentante en el banco. La próxima vez que te sientas en condiciones de jugar, jugarás y jugarás todos los días hasta que yo te diga que no juegues.

Clemente, que era muy orgulloso, se sintió insultado por el reproche.

—Usted habla como si yo no quisiera jugar béisbol —le dijo a Murtaugh.

Terminó jugando 152 partidos esa temporada, pero la historia del encuentro trascendió a la prensa y ahí comenzó el mito de la fragilidad de Clemente. Mazeroski, al menos, creía que la inmerecida reputación estaba vinculada al problema del idioma. "Cuando él se sentía mal tenía dificultades para explicarse debido al problema del idioma y todo el mundo creía que estaba fingiendo". Mazeroski posteriormente escribiría acerca de Clemente en la revista *Sport.* "No creo que fingiera. Sencillamente, él podía hacer cosas cuando estaba enfermo tan bien como el resto de nosotros cuando estábamos sanos y la gente veía esto y pensaba que él estaba fingiendo".

Todo esto —orgullo, timidez, cultura, idioma, preocupación con su estado físico, furia por ser subestimado, incluso sus facciones— hacían que Clemente pareciera reservado y en ocasiones inabordable. Roy McHugh, un talentoso columnista del *Pittsburgh Press,* había decidido escribir su primer artículo acerca de Roberto a principio de la temporada de 1964 luego de que Clemente bateara un jonrón por encima del muro del jardín derecho en Forbes Field de los que hay que medir para precisar la distancia. En la casa club después del juego, McHugh le preguntó a Clemente si ésta era la bola que había llegado más lejos de todas las que él hubiera bateado. Clemente se ofendió de la inocente pregunta. Le recordó todos los otros tablazos que él había dado sin que llamaran la atención, remontándose a un jonrón en Wrigley Field en 1959. "Fue como lanzar un fósforo encendido en una lata de gasolina", dijo McHugh después. "Él soltó, gritando, un torrente de palabras. Siguió así durante cinco minutos antes que yo pudiera decir algo más". Clemente no tenía nada en contra de McHugh, pero la pregunta inadvertidamente le tocó una zona sensible. McHugh, que estaba predispuesto a favor de Clemente, o al menos a presentarlo con fidelidad, decidió elegir otro tema para su columna, y durante varios años después de eso tendió a evitar al jardinero derecho de los Piratas, por creer que era demasiado difícil.

Sin embargo, Clemente podía ser completamente cooperativo cuando estaba con personas que lo hacían sentir cómodo, incluidos no sólo sus amigos, familia y otros peloteros latinos, sino también niños, taxistas, ancianos, y asistentes de la casa club, cualquiera que pareciera tener el alma de un perdedor. "Se acercaría más a alguien que pareciera inseguro que a un periodista o a un jugador petulante, notó el lanzador Blass. En los mismos camerinos donde sus vibraciones mantenían a distancia a los cronistas deportivos, él era un imán para los hijos de otros jugadores. Guardaba un tarro de miel en su casilla —se tomaba una cucharada antes de los juegos para sentirse relajado— y la compartía con los niños. Jim Marshall, un jugador ocasional durante unas cuantas temporadas a principio de los años sesenta, recordaba que siempre que él traía a su hijo Blake a los camerinos, "corría hacia donde estaba Roberto, se sentaba en sus rodillas, y los dos se ponían a comer miel". Tony Bartirome, el chiquito ex primera base que comenzó a trabajar en el salón de entrenamiento de los Piratas en 1964, recordaba que las apariencias no siempre reflejaban la realidad. Algunos peloteros blancos consagrados a quienes la prensa retrataba como "tremendos tipos" virtualmente ignoraban al personal que trabajaba para el equipo, pero no Clemente. En el diario toma y dame, él los provocaría, les preguntaría por sus familias, les ofrecería sus consejos médicos folclóricos y les daría generosas propinas. "Todo el mundo en esa casa club lo quería", dijo Bartirome.

Durante la primera mitad de la temporada de 1964, varias noches a la semana, Clemente había estado llamando a Vera Zabala desde Pittsburg o desde una de las ciudades de la Liga Nacional. Él siempre estaba haciendo planes, presionando sobre el tema del matrimonio. Finalmente, persuadió a Vera a venir a Nueva York para el partido de las estrellas de julio, acompañada de Ana María, su protectora hermana mayor, y por la madre de él, Doña Luisa. La combinación de chaperonas bastó para conseguir que el padre y el hermano de Vera aprobaran la visita, y las tres mujeres volaron a Nueva York el 6 de julio, el día antes del juego en el estadio Shea. Fueron recogidos en el aeropuerto por Carlos y Carmen Llanos, viejos amigos de la familia en Carolina y que ahora vivían en el Bronx. A lo largo de la carrera de Clemente en las grandes ligas, los Llanos le ofrecieron un lugar donde quedarse y descansar cuando venía a Nueva York y aliviaban su nostalgia hartándolo de buen humor, y de comida y sazones puertorriqueñas.

Los Piratas estaban en medio de otra temporada mediocre, pero tenían cuatro jugadores en el equipo de la Liga Nacional: Clemente, Mazeroski, Stargell (que descolló en la primera mitad de la temporada con once jonrones y cuarenta y ocho carreras impulsadas, apenas empezando a mostrar sus condiciones de gran bateador) y el viejo Smoky Burgess, el receptor de las bolas de mantequilla que a los treinta y siete años seguía siendo un peligroso bateador. De los cuatro, sólo Clemente, encabezando nuevamente la liga con un promedio de 345 puntos, había sido electo para el equipo como titular; los otros fueron agregados a la nómina por el director de la Liga Nacional, Walter Alston. Un dato importante ese año fue que las nóminas tenían más jugadores latinos que nunca antes. El grupo volvía estar encabezado por Clemente. Incluía también a un trío de cubanos, el jardinero novato Tony Oliva, el torpedero Leo Cárdenas y el lanzador diestro Camilo Pascual; el torpedero venezolano Luis Aparicio (que no jugaría debido a una lesión en la ingle); el as dominicano Juan Marichal (en el segundo año de una hilera de siete años en los cuales promediaría veintidós triunfos por temporada) y los dos amigos puertorriqueños de Clemente, Orlando Cepeda de los Gigantes, abridor de primera base para la Liga Nacional, y el lanzador Juan Pizarro, que disfrutaba de una mejor temporada con los Medias Blancas de la Liga Americana. Mucho tiempo después de ser una estrella en su tierra, Pizarro empezaba al fin a obtener algún reconocimiento en el Norte. Ya había ganado once juegos ese año en su camino a un récord de diecinueve y nueve.

Clemente comenzó el partido de las estrellas en el jardín derecho y abrió el bateo de la Liga Nacional. Éste era el verano de la Feria Mundial de Nueva York, y la zona alrededor del nuevo estadio en Flushing Meadows estaba inundada de turistas extranjeros, familias que venían de vacaciones del Medio Oeste y empedernidos fanáticos de béisbol del área metropolitana. Al Abrams fue en el tren subterráneo hasta el Shea, y resaltó en su columna del *Post-Gazzette* que "a juzgar por el aroma en los trenes atestados, algunos de los grandes 'inlavables' de la historia se encontraba hoy entre los pasajeros". Se trataba de un público local con pancartas elementales de ¡ADELANTE, METS!, y las mayores ovaciones antes de comenzar el partido se las tributaron —en este orden— a Ron Hunt, el cascarrabias segunda base de los "Maravillosos Mets"; a Casey Stengel, el viejo comediante mánager del inepto nuevo club y a Sandy Koufax, el hijo favorito que regresaba a casa desde el dorado Oeste. Mientras Vera, Ana y doña Luisa seguían el juego desde las tribunas, Roberto pegó un *hit* en tres turnos al bate, un sencillo en la quinta entrada y anotó una carrera gracias a uno de sus ex compañero de equipo, Dick Groat, que ahora estaba jugando siore para los Cardenales de San Luis. Resultó que Johnny Callison, de los favoritos Filis, que reemplazó a Clemente en el jardín derecho en la última entrada, bateó un jonrón de tres carreras con dos *outs* en la segunda parte de la novena para darle a la Liga Nacional una victoria de 7–4, victoria que al final terminó igualando el encuentro entre las dos ligas a diecisiete triunfos cada una. Parecía que era la culminación de una tendencia tanto sociológica como deportiva. A fines de los años cuarenta, la Liga Americana había dominado hasta ese momento la exhibición de mediados de temporada, ganando doce de los primeros dieciséis partidos. Desde entonces, las estrellas de la Nacional empezaron a brillar más, debido en gran medida a la tradición de la liga de reclutar activamente jugadores negros y latinos.

En su columna "Sidelights on Sports", salpicada de elipsis, que circuló al día siguiente, Abrams resaltó la presencia del contingente de Pittsburg: "había estrellas en los ojos de Wilver Stargell cuando bajó al terreno con sus compañeros de la Liga Nacional para la práctica de bateo. 'Estoy entusiasmado', admitió el corpulento muchachón de los Piratas. 'No creo que nunca me haya sentido tan emocionado como lo estoy hoy'... Roberto Clemente, Bill Mazeroski y Smoky Burgess, manos experimentadas en este asunto, tomaron la cosa con calma. La madre de Clemente vino a ver jugar a su talentoso hijo. Era la primera vez que asistía a un juego de las estrellas, aunque vio a Roberto actuar en la Serie Mundial de 1960..."

Clemente y sus invitadas tomaron un vuelo para Pittsburg inmediatamente después del juego; él tenía que regresar a trabajar. A los Piratas no les concedieron el tradicional día libre luego del receso del juego de las estrellas, ya que se había programado un partido de un juego suspendido para la noche siguiente contra los Rojos de Cincinati, una serie de un partido que abriría una racha poco usual de nueve juegos en la sede. Los funcionarios del béisbol aún estaban trabajando en colocar las expandidas ligas de diez equipos en el calendario de los 162 partidos. Con gran cuidado, Clemente ya había confeccionado su propio calendario. Necesitaba tener a Vera cerca para proseguir sus conversaciones acerca de la boda en una temporada de receso, ya que nada podía salir mal si se preparaba de antemano. Había alquilado un apartamento en Pittsburg por esa semana, donde dormiría él, mientras las mujeres se quedarían en su habitación de siempre con Stanley y Mamie Garland. Los Garland se mostraron muy afectuosos con Vera, y la obvia consideración que le tenían a Roberto ayudó a persuadir a su hermana Ana María de los méritos del deportista. Ella se dio cuenta por primera vez qué gran estrella era él en los Estados Unidos y como, la celebridad, no parecía alterar su modo de ser. El viaje fue un éxito: Vera sabía que quería casarse con él, y regresó a San Juan con otros dos presentes de compromiso: un reloj y un collar de perlas, y una fecha de boda en noviembre.

El resto de la temporada de 1964 trajo mucho entusiasmo, pero no para los Piratas. De los cinco partidos por encima de los 500 puntos en el receso del juego de las estrellas, habían ido lentamente cuesta abajo, hasta terminar con dos triunfos por debajo de las derrotas. Desde la gloria de la Serie Mundial de 1960, habían descendido al sexto lugar en 1961, dieciocho juegos a la zaga de los Rojos; al cuarto en 1962, ocho partidos detrás de los Gigantes; al octavo en 1963, veinticinco juegos detrás de los Dodgers (sombras de los patéticos primeros años de la década del cincuenta); y ahora al sexto lugar otra vez, a la zaga del San Luis por trece juegos. Lo más cercanos que estuvieron los Piratas de participar en el campeonato esta vez fue durante cuatro días de septiembre, entre el veinticuatro y el veintisiete, cuando se anotaron cinco juegos consecutivos, como anfitriones, contra los agresivos Cardenales, lo cual ayudó a que emergiera San Luis sobre los Filis que iban en caída libre. Fue, en resumen, otro año de mediocridad en Forbes Field, excepto cuando una pelota era bateada a la derecha —éxtasis del béisbol, ¡Clemente cargando el brazo, ahuecándolo y soltándolo por encima de la cabeza! O cuando se dirigía al plato, como a regañadientes, avanzando en cámara lenta, sugiriendo la deliciosa contradicción de un bateador rapaz que sin embargo parecía, como solían bromear los cronistas deportivos de Pittsburg en el palco de la prensa, un condenado que se encaminara hacia la silla eléctrica. "Roberto ha sido una fuerza dominante en la ofensiva de los Piratas", escribió Abrams durante los días caniculares del verano. "Temblamos de pensar donde el club estaría sin él".

Hubo ganancias y pérdidas de otras clases cuando los juegos se acabaron. Luego de siete y media temporadas al frente del equipo, con esa inolvidable temporada de 1960 y cincuenta y ocho triunfos totales por encima de las pérdidas, pese a las dos temporadas finales de derrotas. Danny Murtaugh abandonó la dirección. Lo reemplazó Harry (the Hat) Walker, el viejo jardinero de los Cardenales de la ciudad de Pascagoula, Misisipí, en el Profundo Sur, hijo y hermano de peloteros llamados Dixie. Hat era conocido por sus habilidades como maestro de béisbol y por tener una boca que nunca se cerraba.

La suerte es el residuo del diseño, dijo una vez Branch Rickey. Y ahora el gran diseño del Mahatma estaba acercándose a su fin. Luego de dejar a los Piratas a fines de la década del cincuenta, había encontrado una sinecura como asesor de su primer equipo, los Cardenales, e intentó reprimir los ocasionales sentimientos de envidia o *schadenfreude* que acudían a su mente mientras miraba a Joe L. Brown dirigir a sus Piratas a las alturas del Campeonato Mundial y luego lentamente cuesta abajo otra vez. Los Cardenales habían rematado su larga y exitosa carrera castigando a los Filis y luego derrotando a los Yanquis en los clásicos siete partidos de una Serie Mundial, pero en verdad el viejo tenía poco que ver con ello.

Rickey buscaba talentos para el gerente general Bing Devine y escribió sus acerbos memoránda hasta el final. (En un juego de los Mellizos de Minnesota al que asistió acompañado por su secretario Ken Blackburn, dijo del macetero Harmon Killebrew, que le debía recordar a Ralph Kiner: "Le falla a la bola dura y adentro... y lo ponchan muy a menudo. No estaría interesado en obtener su contrato en ningún tipo de intercambio. No lo quiero a ningún precio". Y del *pitcher* Jim Kaat: "Parece un atleta y actúa como un atleta. Puede lanzar duro y tiene buena curva —excelente la mayor parte del tiempo. El estrés no le sienta bien. Es un muchacho joven y debe convertirse en un gran lanzador"). Rickey intervino también en el conflicto del personal durante un periódo crucial de la temporada como intermediario entre Dick Groat, a quien habían traído de los Piratas un año antes, y el lacónico director Johnny Keane, por quien Groat no tenía ningún respeto en lo que a béisbol se refiere. En una reunión privada que tuvo lugar en agosto, mientras los Cardenales estaban a punto de hacer su movida, Rickey intentó persuadir a Groat, sin éxito, que conviniera en un cambio. Groat se quedó atónito y le dijo que él lo único que quería era ganar. Creía que si Keane era reemplazado por Red Schoendienst, los talentosos Cards se abrirían paso. Groat siguió bateando para alcanzar un promedio de 292 puntos y jugó casi todos los días en lo que sería su última gran temporada, y los Cardenales ganaron a pesar de Keane, o al menos a pesar de la evaluación desdeñosa que Groat hizo de él.

Durante la Serie Mundial, Rickey cordialmente invitó a Brown, su discípulo y sucesor, a desayunar. Hablaron de béisbol como siempre, incluido el futuro del club de Pittsburg. La decisión posterior de Brown de reemplazar a Murtaugh con Walker provocó un último y amable memorándum de Rickey. "Querido Joe", escribió. "Creo que has hecho la mejor elección para tu mánager. Sé que Danny tenía una buena razón para renunciar y fue indudablemente una buena decisión. Harry es un estudiante de béisbol y ha tenido bastante experiencia dirigiendo como para no darle esta oportunidad. Sabe cómo manejar su personal. Seguramente obtendrás buenos resultados de él en el terreno.

Brown respondió con una nota manuscrita:

Estimado Sr. Rickey:

Gracias por su inteligente nota acerca de Harry Walker... Yo estaba seguro que Harry era una buena elección en el momento de nombrarlo, y luego de pasar cuatro días y noches con él en la Florida, me siento más optimista que nunca. [Los nuevos instructores] Hal Smith, Clyde King, John Pesky y Alex Grammas, que se han agregado al personal de Harry... son todos agradables, audaces, inteligentes, experimentados, emprendedores, comparativamente jóvenes y conscientes de la necesidad de seguir aprendiendo.

Fue muy amable de su parte invitarnos a desayunar en su

encantadora casa durante la Serie. Fue bueno comprobar que usted,
la Sra. Rickey y Auntie se ven tan bien y con buena salud.

Rickey fue despedido por los Cardenales poco después, y murió en el transcurso de un año. Una irremplazable vida para el béisbol se extinguía a los ochenta y tres años. Como el mismo lo habría descrito, las leyes de la causa y el efecto funcionaron esta última vez con inexorable exactitud.

La temporada de Roberto Clemente terminó con otra victoria. Terminó el año con 211 *hits* y un promedio de bateo de 339 puntos, lo bastante alto para que se trajera a casa su segundo bate de plata como el bateador vanguardia de la liga.

Aquí, en Carolina, era un día para honrar el significado del hogar. Toda la mañana y hasta bien entrada la grata y morosa tarde del sábado, la gente del pueblo lo habían estado celebrando como si fuera una fiesta patronal, y al anochecer del 14 de noviembre de 1964, se congregaron en la plaza central frente a la iglesia de San Fernando para un acto final de adoración. Millares de carolinenses se apiñaban en las calles de la plaza cuadrangular y se abrían paso a codazos para posicionarse en sitios donde pudieran ver debajo de las hileras de laureles hábilmente podados. Las luces de la noche resaltaban apaciblemente los tenues colores de la iglesia. Dentro, trescientos invitados se sentaba en los duros bancos; debajo de la alta cúpula, había flores por todas partes. A los treinta años de edad, luego de una década de mantenerse ascendiendo en el firmamento de las ligas mayores en el Norte, Momen Clemente se casaba. El peso de sus logros en Puerto Rico y en los Estados Unidos se evidenciaba en la lista de invitados. Allí estaba sentado Luis Muñoz Marín, quien fuera por mucho tiempo el gobernador de la Isla. Cerca se encontraban el gerente general de los Piratas Brown y Howie Haak, el brillante y profano buscador de talentos, que había dejado la mascada de tabaco para esta especial ocasión. Entró la familia de Clemente, don Melchor y doña Luisa y sus hermanos, Matino, Osvaldo y Andrés, y varios primos, sobrinas y sobrinos, junto con los padres adoptivos de Pittsburg, los Garland, Phil

Dorsey y lo que venía a ser el equivalente de un par de equipos de compañeros peloteros.

Clemente se veía tan principesco con su esmoquin negro como solía verse en su lindo uniforme blanco y negro de los Piratas. Antes del oficio, mientras se encontraba de pie intranquilo en la sacristía, alguien se le acercó y le preguntó si se sentía nervioso. Esa no era la pregunta correcta. Él podría estar presto a confesar lo que le molestaba, y siempre algo solía molestarle —falta de sueño, lumbago, dolor de cabeza o en una pierna— pero muy rara vez admitiría que se sentía nervioso. "Nunca", dijo en ese momento. "¡Me siento perfecto!"

Un amigo aprovechó la oportunidad para pinchar al orgulloso Clemente. "Entonces, ¿por qué no botas el chicle que estás mascando?"

Vera Cristina Zabala, llevando un vestido de satín de seda italiana, con las mangas bordadas con cuentas de porcelana blanca y perlas diminutas, recorrió la senda llevada por su padre, Flor Manuel Zabala. La madrina de honor era Mercedes Velásquez, la vecina y maestra que un año antes se había quejado que Roberto la estaba enloqueciendo por su implacable insistencia en inducirla a que le sirviera de celestina. Myrna Luz Hernández era la dama de honor y otro Velásquez, Víctor, el amigo de Clemente, estaba allí de pie como su padrino. Cuando llegó el momento de los votos, el público hizo un esfuerzo para oír. Tito Paniagua, que cubría la ceremonia para el *San Juan Star*, advirtió que Clemente, pese a la suavidad de su voz, dijo "acepto" lo bastante alto para que el padre Salvador Planas "que cantaba el juego, lo hiciera oficial".

Una jubilosa música de órgano inundó la iglesia mientras los asistentes a la boda se derramaban por la plaza, donde la multitud, que aún se contaba por miles, rompió el silencio con un rugido atronador como si el brazo mágico de *El magnífico* hubiese clavado a otro corredor en tercera. La caravana de automóviles, precedidos por una escolta de la policía, serpenteó a través de las calles de Carolina hacia el sitio donde tendría lugar la recepción: la casa club de la fraternidad Phi Eta Mu en Cupey Bajo, que se abarrotó con más de ochocientos invitados.

Un año antes, cuando el padre de Vera se reunió por primera vez con el famoso pelotero, le había preguntado por qué alguien que podía elegir entre veintenas de mujeres se había decidido por su hija. La misma pregunta parecía estar en la mente de varias mujeres con quienes Clemente había amistado en Pittsburg y otras ciudades de la Liga Nacional. Una mujer de Nueva York, sin darse cuenta de que el matrimonio ya había tenido lugar, le envió a Clemente una carta que él guardó y que tiempo después le mostró a Vera. "Querido Roberto", empezaba diciendo. "¿Qué tengo que hacer para lograr que me escribas? Esperé que vinieras a Nueva York y ni siquiera intentaste llamarme. Voy a enloquecer por no saber qué estás haciendo o cuándo te vas a casar. Si hay algo que pudiera hacer para detenerte, lo haría. Pero tú ni siquiera me has dado la oportunidad... No entiendes como me siento. Nunca he necesitado nada tanto como te necesito... Roberto, te amo como siempre. Tú sabes que seré tuya no importa lo que ocurra".

La liga de invierno puertorriqueña había empezado, pero Clemente no tenía ninguna prisa de regresar al béisbol. Él y Vera se fueron de luna de miel a las Islas Vírgenes, luego pasaron la temporada de Navidad entre las casas de sus padres y una finca de tres acres que él había arrendado en el campo al suroeste de Carolina. Vera no tardó en descubrir que Clemente era un hombre casero que se sentía feliz cuando estaba ocupándose de cuestiones domésticas. Le gustaba reparar equipos, limpiar maleza y podar el césped. En su papel de caballero rural, demostró tanto su destreza como su propensión a los accidentes. Un día de ese diciembre mientras cortaba la grama, saltó una piedra desde la podadora y le dio en el muslo derecho, causándole una contusión tan profunda y persistente que a mediados de enero tuvo que ingresar en el hospital y el Dr. Roberto Buso lo sometió a una operación menor para drenarle la sangre de la pierna.

En febrero, mientras se recuperaba de la operación, Clemente organizó un grupo estelar de puertorriqueños y cubanos para jugar una serie contra los mejores dominicanos. Si no servía para otra cosa, la serie de tres partidos jugados en Santo Domingo, la capital dominicana, daban un indicio de la progresión de las plazas fuertes del béisbol en el Caribe. Primero Cuba dominaba, luego Puerto Rico y ahora la República Dominicana. Clemente se puso en el centro, y su equipo también incluía a los jugadores de las mayores Juan Pizarro, José Pagán, Cookie Rojas y Sandy Alomar, pero resultaron derrotados por la cuadrilla dominicana que tenía a Juan Marichal en el montículo y a los tres hermanos Alou, Felipe, Mateo y Jesús, en el cuadro. Para el tercer partido, Clemente se había salido de la alineación regular. Dijo que se sentía cansado. Entró en el juego en la séptima entrada, sólo porque los fans esperaban verlo jugar y, por supuesto, como hacía usualmente cuando se sentía mal, dio un batazo y se anotó un sencillo. Ése fue el único juego que ganaron los puertorriqueños. Para el momento en que regresaron a San Juan, él se sentía aún más débil.

En la enfermedad y en la salud; durante los primeros tres meses de matrimonio, Vera comprobó la fuerza y la vulnerabilidad de su marido. Él se metió en la cama y se quedó allí, y todos los días le subía más la fiebre. A veces parecía que se quedaba en estado de estupor, incapaz de hablar. En otras ocasiones, parecía a punto del delirio. Las enfermeras le daban somníferos, pero ninguna medicina que no fuera anestesia general parecía capaz de inducirle el sueño.

¿Qué andaba mal? Al principio los médicos sospecharon que podría haber contraído una infección paratifoidea de algunos cerdos de su finca campestre. Lo ingresaron de nuevo en el hospital. Se tornó morboso. Moriría joven, le dijo a Vera. Ella debería casarse otra vez. Dios no lo quiera, no hables de eso. No hables de cosas tristes, fue su respuesta. Sus hermanos Andrés y Matino vinieron a visitarlo y trataron de levantarle el ánimo, burlándose de su fatalismo. Cuando el culo se ponga tan flaco que los bolsillos traseros de los pantalones se te junten, entonces estarás muerto, bromeó Andrés. El diagnóstico seguía siendo dudoso, pero ahora se pensaba que había contraído malaria durante su gira rural en la República Dominicana. Esto no era hipocondría ni Clemente estaba siendo demasiado sensible. Perdió cinco, diez, quince, veinte, veintitrés libras, hasta que finalmente la fiebre cesó. Para la segunda semana de marzo, salió del hospital. Cambió su dieta y comenzó a tomar batidos de cóctel de frutas hechos con yema de huevo, helado de banana, jugo de naranja, un melocotón o una pera, y hielo molido.

Con los Piratas entrenándose ya en Fort Myers, el gerente general Brown comenzó a llamar a Clemente todos los días para verificar su estado y saber cuando se podría incorporar. Luego, una noche, Brown y su esposa, Virginia, que respondía al sobrenombre de Din, resultaron lesionados en un accidente de tránsito cuando regresaban a Fort

Myers de cenar en un pueblo vecino. Las lesiones de Din fueron bastante serias, con varios huesos rotos. La próxima vez que Brown llamó a Clemente lo hizo desde el hospital, junto al lecho de su mujer. Din adoraba a Roberto, que siempre la trataba con amabilidad y simpatía.

—Din está lesionada pero ansiosa de saber cómo te va y cuando podrás venir —le dijo Brown a Clemente.

—Estoy a dos o tres días de irme, creo que puedo ir el viernes —respondió Clemente— ¿Cómo le va a Din?

—Está aquí, ¿quieres hablar con ella?

—Sí.

—¿Cómo estás, Roberto? —le dijo Din quedamente.

—Din, cuanto siento que hayas tenido este accidente.

—Me estoy mejorando, ¿cómo andas tú? —respondió ella, desviando la atención de su propio cuerpo maltrecho.

—Bien —dijo Clemente— Me agarró este toque de diarrea.

Din se reía al recordar la conversación con su marido. Típico de Clemente, pensaba Joe Brown.

Pocos días después, Clemente estaba listo para regresar a la Florida para su duodécima primavera de béisbol. Andrés y Matino lo llevaron al aeropuerto, como era lo usual. Florida no era aún el lugar más atractivo para Clemente y su nueva esposa, de suerte que Vera se le uniría más tarde en Pittsburg. Mientras los muchachos se dirigían al andén, Andrés dijo que su hermanito estaría demasiado débil para traer a casa otro bate de plata ese año.

Momen se detuvo, agarró los bolsillos traseros de sus pantalones, y se los ciñó hasta juntarlos, riéndose de la señal de la muerte.

Lo que ardía en los ojos de Roberto Clemente era el fuego de la dignidad.

Estando aún en la escuela secundaria, a Clemente lo contrataron para jugar con los Cangrejeros de Santurce, donde fue compañero de equipo de muchos jugadores de las grandes ligas, entre ellos Junior Gilliam de los Dodgers (a la izquierda), conocido en Puerto Rico como "el Mar Negro". Más adelante, Clemente jugaría en el mismo jardín que Willie Mays.

El primer patrón de béisbol de Clemente fue Pedrín Zorrilla, propietario de los Cangrejeros, a quien apodaban Big Crab ("el Gran Cangrejo"). Zorrilla era el hijo del poeta puertorriqueño Enrique Zorrilla, autor del famoso poema "Sueño de gesta".

Cuando Clemente corría no parecía tanto que intentaba alcanzar una base como escapar de algún indecible terror fantasmal. Tenía la capacidad inusual de parar de súbito luego de correr a toda velocidad hacia primera.

Los Piratas de Pittsburg en 1960, con Clemente (el segundo a partir de la izquierda en la primera fila) destacándose en el jardín derecho, ganaron la Serie Mundial en siete partidos frente a los Yanquis de Nueva York. Fue una derrota audaz y extraordinaria (ganaron pese a haber perdido tres juegos 16–3, 11–0 y 10–0), un acto de rebelión al comienzo de la década de los sesenta.

6

En el día de su boda, 14 de noviembre de 1964. A lo largo de la grata y morosa tarde del sábado, la gente de Carolina, Puerto Rico, habían estado celebrando como si fuera una fiesta patronal. Clemente se veía tan principesco con su esmoquin negro como solía verse en el bonito uniforme blanco y negro del Pittsburg.

7

Roberto y Vera en su luna de miel en Curazao. "Puedo llegarme a la esquina y probablemente conseguir diez chicas", le había dicho Clemente a Flor Zabala, el padre de Vera, cuando la cortejaba. "Pero no me interesan. La única que quiero está aquí".

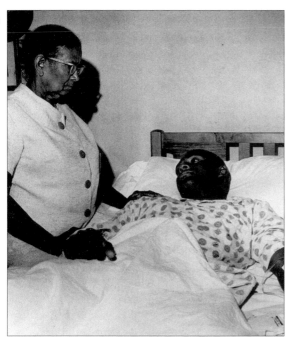

Clemente pasó su carrera preocupándose por su salud y, alternativamente, quejándose de que lo llamaran un hipocondríaco. Antes de salir de Puerto Rico para el entrenamiento de primavera en 1965, fue hospitalizado con malaria y perdió cerca de veinticinco libras. Aquí aparece en un momento en que lo visita su madre, Luisa.

Vera visitó a Roberto en el entrenamiento de primavera, pero nunca se pasó una pretemporada completa con él. Nada en Puerto Rico era tan abiertamente racista como la discriminación que el experimentó en Fort Myers durante sus primeros años con los Piratas.

Clemente en la sala desu casa modernista en lo alto de la loma de Río Piedras. Acababa de ganar su tercer título de bateo, pero aún se sentía ignorado, incomprendido y subestimado. Cualquier conversación con un cronista deportivo era probable que se convirtiera en una queja abierta y estentórea.

Roberto y Vera en el momento de cruzar el puentecito del frente de su casa con Robertito y Luisito. Clemente insistió que Vera estuviera en Puerto Rico para el nacimiento de sus hijos.

Clemente corría todos los roletazos, siempre estaba presto a robar bases y creía que podía atrapar cualquier pelota en el jardín y sacar a cualquier corredor embasado. Su proeza al bate, con 3.000 *hits* y cuatro títulos de bateo, era igualada por su habilidad en el terreno. Tenía uno de los brazos más temibles de la historia del béisbol y ganó doce guantes de oro. Los críticos señalaban que su porcentaje en base y en totales de jonrones distaba de ser excepcional; sus fanáticos dirían que su juego no podía reducirse a estadísticas.

Victor Pellot (izquierda), conocido en las mayores como Vic Power, subió antes que Clemente y ayudó a abrirle el camino, junto con Hiram Bithorn y Luis Olmo, los llamados Tres Reyes del béisbol puertorriqueño. Power y Clemente eran íntimos amigos fuera del terreno y estuvieron juntos en Nicaragua dirigiendo un equipo de béisbol aficionado poco antes de la muerte de Clemente.

Con el uniforme de los Senadores de San Juan, el equipo favorito de su infancia, a fines de la década del 60. Los cronistas deportivos de Pittsburg con frecuencia cuestionaron por qué Clemente no se cansaba de jugar béisbol de invierno; pero él sentía una obligación para con su patria y relacionaba su historia personal a la lucha de su pueblo.

Clemente fue como un hermano mayor para docenas de jugadores latinos que lo siguieron en las ligas mayores, entre ellos Orlando Cepeda (izquierda), el bambino primera base de Puerto Rico. Aquí aparecen con algunos fanáticos durante la temporada de 1967, cuando Cepeda ganó el título de JMV de la Liga Nacional. Clemente había ganado ese honor un año antes.

Aviones cargados de puertorriqueños volaron a Pittsburg para asistir a "la noche de Roberto Clemente" el 24 de julio de 1970. Clemente se ahogó de la emoción cuando comenzó a hablar. En un momento como ese, dijo después, "uno puede ver montones de años en unos pocos minutos. Uno puede verlo todo firme y puede verlo todo claro".

Toda la familia vino a Pittsburg para participar en el homenaje a Clemente, incluido su padre, Melchor (el primero de la izquierda), que nunca había salido antes de Puerto Rico y que necesitó ayuda par vencer su miedo a volar. "Yo he logrado este triunfo para nosotros los latinos", dijo Clemente.

Clemente había adquirido el hábito de visitar niños enfermos en las ciudades de la Liga Nacional. Sus visitas a hospitales rara vez las publicaban, pero los niños enfermos parecían estar al tanto de ellas en todas partes. Antes de cada viaje, Clemente revisaba el voluminoso correo que recibía en la casa club y hacía un fajo especial con las cartas de los niños de la ciudades donde los Piratas estaban a punto de ir.

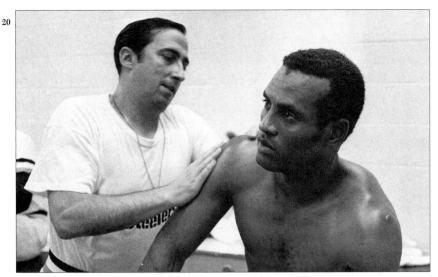

El entrenador de los Piratas, Tony Bartirome, pensaba que Roberto Clemente era muy parecido a su mujer. Le preguntaban cómo se sentía y él te decía "bueno, se me ha presentado esta cosa con el cuello". Un alto en la mesa de entrenamiento antes del juego era una cita diaria, otro de sus rituales, semejante al no dormir de noche y a quejarse de los cronistas deportivos.

A los treinta y ocho años, el cuerpo de Clemente aún evocaba al de un bailarín de ballet de categoría mundial, con hombros musculosos, de los cuales descendía un torso armónico que concluía en una cintura estrecha de treinta pulgadas—la misma talla que tenía de adolescente—y muñecas robustas, y manos tan mágicas que decían que tenían ojos en las puntas de los dedos.

Como el jugador más notable de la Serie Mundial de 1971, la revista *Sport* premió a Clemente con un auto nuevo. Uno de los invitados a la ceremonia de la entrega del premio en el restaurante Mamma Leone's dijo que Roberto y Vera "parecían personas irreales, esculpidos en bronce en lugar de seres ordinarios de carne y hueso como el resto de los que les rodeaban". Clemente le dijo a la concurrencia que la Serie Mundial le permitía hablarle a millones de personas sobre los temas que más le interesaban.

Bob Prince (al centro), el florido cronista de los Piratas, tenía un sobrenombre para todo el mundo, y gritaba "¡Arriba!", siempre que Clemente se dirigía al plato. Roberto percibía que Prince lo había tratado con justeza y durante una temporada de receso decidió honrar al "Pistolero" en una ceremonia en San Juan. Además de un trofeo tallado, le obsequió a Prince el bate de plata que había ganado por su primer título de bateo.

30 de septiembre de 1972. Estadio de los Tres Ríos, los Piratas vs. Los Mets. Jon Matlack, el zurdo del Nueva York, en el montículo. Fue una curva afuera que iba justo hacia donde Matlack quería que fuese, hasta que Clemente la bateo contra la barda del jardín izquierdo alcanzando así su trimilésimo *hit*.

Cuando se terminó esa entrada, Clemente caminó lentamente hacia su posición en el jardín derecho y se quitó la gorra para saludar a los fanáticos. Luis Ramos, fotógrafo de *El Nuevo Día*, que lo había seguido paso a paso en ese partido, captó el instante para siempre.

El 2 de diciembre de 1972, el DC-7 pintado con un relámpago que conduciría a Clemente a la muerte pocas semanas después, cayó en una zanja mientas su propietario, Arthur Rivera, lo rodaba por la pista del Aeropuerto Internacional de San Juan. Clemente no sabía nada de la problemática historia del avión cuando lo abordó, sobrecargado de ayuda humanitaria, la víspera de Año Nuevo.

Pese a la campaña masiva para ayudar al pueblo de Nicaragua después del devastador terremoto que destruyó Managua y mató a miles de residentes dos días antes de la Navidad de 1972, gran parte de la ayuda no estaba llegando al pueblo. En el caos después del terremoto, se hizo obvia la avaricia del líder militar nicaragüense Anastasio Somoza. Clemente decidió ir a Managua para cerciorarse de que la comida y los suministros médicos que iban de Puerto Rico llegaban a las personas que los necesitaban.

Once semanas después de su muerte, Roberto Clemente fue admitido en el Pabellón de la Fama. Él y Lou Gehrig, el primera base de los Yanquis, que también resultó víctima de una trágica muerte a destiempo, son los únicos jugadores en la historia de las grandes ligas que han sido consagrados sin esperar el lapso normal de cinco años después de terminada su carrera. Vera representó a la familia en la ceremonia.

La memoria y el mito se entrelazan en la historia de Clemente. "Esa noche en que Roberto Clemente nos dejó físicamente, comenzó su inmortalidad", diría después el escritor puertorriqueño Elliott Castro. Los tres hijos de Clemente, incluido Roberto Jr. que aparece aquí besando su foto, perdieron a un padre, y todos los latinoamericanos perdieron a "una de sus glorias".

De principio a fin, se estableció un nexo entre Clemente y los fanáticos del béisbol, especialmente los niños. Clemente en medio de la multitud fue una imagen que se quedó grabada en la memoria de muchos de sus amigos. En algún sentido, ellos lo veían como a un profeta.

9

Pasión

TODOS LOS MOVIMIENTOS QUE CLEMENTE HACÍA ERAN
estudiados por sus admiradores en Forbes Field. Bruce Laurie, que
aterrizó en Pittsburg en 1965 como estudiante graduado de historia,
podría aparecerse en el estadio en la quinta entrada y ocupar un
asiento gratis en las tribunas del jardín derecho, compartiendo sus cervezas con el acomodador. Para su satisfacción beisbolera, todo lo que
Laurie necesitaba era observar a Clemente de cerca, todo hueso y ten-
dones con largos brazos que parecían más largos aún debido a las
camisas sin mangas de los Piratas. Y luego, en algún momento, la emoción del tiro —"con un movimiento más veloz que ninguno que Laurie
hubiera visto nunca" y un tiro por arriba, que se continuaba en un
gesto exagerado, de manera que cuando él terminaba… "parecía como
un derviche lanzando una bala de cañón". Muchos jugadores tienen un
rasgo memorable; todas las acciones de Clemente en el diamante
tenían su propio estilo singular. El escritor Michael Chabon, que creció en Pittsburg, decía que era difícil *no* mirar a Clemente; él atraía la
atención de uno como un destello en un alambre de teléfono. Howard
Fineman, otro que frecuentaba las tribunas del jardín derecho, memo-
rizó la intrincada rutina de su héroe en el plato hasta que se la grabó en
su cerebro adolescente tan firmemente como las capitales de los cincuenta estados o el orden cronológico de los presidentes. Fineman
consideraba la manera en que Clemente tomaba su turno al bate como
"auténticamente ibérica, semejante a un torero, el gran enfrentamiento de voluntades", tan serio en cada detalle que era emocionante
y no obstante casi cómico. Sucedía de este modo:

Clemente nunca sonreiría al prepararse para una aparición en el plato. Cuando se acercaba a la estantería en el *dugout,* su actitud era la de un cirujano hacia sus instrumentos o la de un toreador hacia sus espadas. Conocía estos bates, estos modelos Frenchy Uhalt. Los había estudiado desde el momento en que llegaba un nuevo embarque durante el entrenamiento de primavera. Estaba tan a tono con ellos como lo estaba con su cuerpo, y su elección podría depender de su estado de ánimo, o de la aptitud de su zona lumbar, o del lanzador que estaba en el montículo, o de algo que él veía en la hebra de la madera. Indeciso aún, se llevaría dos o tres bates al círculo de espera, cargándolos todos en una sola mano. Luego se arrodillaría, con la rodilla izquierda doblada en noventa grados, la rodilla derecha tocando el suelo, postura erecta, los bates elegantemente recostados contra el muslo. Los iría tomando, uno por uno, sopesándolos, mientras miraba al *pitcher* y los limpiaba con su paño. Ahí se mostraba la serenidad de Clemente, antes de la tormenta. Desde su puesto, Fineman disfrutaba este momento, sabiendo lo que habría de seguir. Al fin era el turno de Clemente para batear, y él ahora hacía su elección final ceremoniosamente, tomando una de las tres piezas de madera; las otras, desafortunadamente, se quedaban detrás como huérfanos abandonados para que los recogiera el cargabates. Entonces comenzaba la famosa caminata del condenado al cajón de bateo.

En el camino, según se acercaba al plato, rotaría la rodilla de lado a lado, luego la volvería a girar. De todas las secuencias en el ritual, el movimiento del cuello era el más principesco. El poeta Tom Clark destacaría este recuerdo sobre todos los otros:

> *No se olvida*
> *su nerviosa*
> *costumbre de*
> *llevarse la cabeza*
> *hacia atrás*
> *sobre el cuello*
> *como un*
> *caballo altivo*

Y ahora la atención de su hábitat. Como un animal que prepara su terreno. O tal vez sus fortificaciones, ésa es la metáfora que viene a la cabeza del observador: un general francés que prepara su fuerte. Él sostendría el bate con la mano izquierda y levantaría la otra hacia el árbitro —un momentito, un momentito para Momen— mientras alisaba la tierra y el polvo con sus lustrosos zapatos de cuero, de clavos relucientes, hasta que estaba listo. Para entonces, el lanzador estaba molesto. Pero no se demoraba mucho más de ahí en adelante, nada de salirse constantemente del plato y repetir un supersticioso ritual después de cada tiro, salvo el ocasional movimiento del cuello. Cuando su puesto de trabajo estaba listo, se posicionaba, la pierna izquierda enroscada, las manos en la espalda, separado del plato, la espalda cerca de la línea, rogando que viniera la pelota. Dejaría pasar el primer lanzamiento del *pitcher*, casi siempre, a fin de calcular el tiempo y el movimiento, pero luego le pegaba. Y para alguien a quien no se le conoce como bateador de fuerza, qué clase de pegada. Jim Murray, el columnista de deporte de *Los Angeles Times* que se pasaba la vida inventando metáforas, escribió que Clemente "tenía un estilo de batear como el de un hombre que se cae por una escalera de incendios". Su manera de abanicar el bate, creía Bruce Laurie, era la imagen especular del tiro "un gran giro arremolinado a una velocidad cegadora que habitualmente descolocaba su casco de bateador". Tanto Laurie como Fineman percibían esta rara sensación: una gozosa exaltación aun si Clemente abanicaba y erraba el golpe. Había tal intensidad contenida en el momento que a Fineman le parecía que "todo el ser de Clemente estaba en juego con cada lanzamiento." Una imagen que perduró era la de él proyectándose junto con el bate hacia un lanzamiento alto y afuera y levantando juntos ambos pies para golpear la bola y enviarla hasta la línea del jardín derecho.

Donn Clendenon y otros compañeros del equipo hacían bromas de que había tres grandes bateadores zurdos en la Liga Nacional que aterrorizaban a todos los primeras bases: Willie McCovey, Billy Williams y Roberto Clemente quien, desde luego, no era zurdo.

En reposo, Clemente disponía de un indiscutible donaire y apostura. "Macizo, perfectamente esculpido, con cincelados rasgos de ébano y un aire de inconmovible dignidad", reflexionaba luego Roy McHugh. "Él se conducía —y todo el mundo lo advertía— como lo hace la realeza". A veces, mientras Clemente posaba un segundo después de un doble, McHugh pensaba en "la estatua de David de Miguel Ángel, un David vistiendo un uniforme de béisbol". Pero en la acción todo cambiaba; Clemente era todo furia y agitación. Un periodista describió una vez a Willie Mays como una superficie líquida. Con Clemente, había una naturaleza líquida, en sus ojos y en su cuerpo, pero sólo hasta que él corría; después desaparecía. Steve Blass y sus compañeros Piratas se divertían mirando a Clemente correr. Corría cualquier jugada a toda velocidad y con la cabeza baja, con el más débil toque que le devolvía la pelota al lanzador. Dirían que parecía como un molino de viento roto, cada miembro rodando en distintas direcciones. Clemente en realidad no corría, dirían ellos, galopaba. Para Richard Santry, otro adolescente que se sentaba en las bancas del jardín derecho del Forbes Field durante esos años y que se pasaba todo el juego observando a Clemente, él corría "como si corriera delante de los toros en España, como un loco". A Fineman también lo sorprendía la urgencia de Clemente. Parecía correr como si "los pantalones se le hubieran encendido por las llamas del mismo infierno" —y ése es el punto. Él no estaba corriendo, estaba huyendo. Cuando Clemente corría no parecía tanto que intentaba alcanzar una base como escapar de algún indecible terror fantasmal.

Durante los primeros dos meses de la temporada de 1965, la primera idea de Clemente era escapar de Pittsburg mismo. Todavía se sentía débil de su ataque de malaria, y el equipo parecía aún más débil, con Willie Stargell, la única amenaza legítima en la alineación, también de algún modo carente de fuerza. Luego de abrir la temporada con cinco triunfos en sus primeros siete partidos, el equipo perdió en una gira brutal que los llevó a cinco ciudades, recorriendo 7.585 millas en aviones que estuvieron en el aire un total de veintiuna y media horas, incluido un trayecto largo y desconcertante en un avión de hélice fletado que tomó seis horas y veinticinco minutos en ir de Los Ángeles a

San Luis. Clemente estaba exhausto por el viaje, y necesitaba descansar. Después de dos derrotas para la apertura de la serie, y el equipo derrotado en diez de sus ultimos once juegos, al nuevo mánager le dio un acceso de cólera en su visita a la casa club luego de terminado un partido, en el cual lanzó tazas, papeles y bandejas en su cubículo y denunció a sus jugadores con lo que un periodista describió como "el lenguaje más grosero y sulfúrico de que disponía". El lanzamiento estaba bien, dijo Walker, pero el bateo era un disparate, y él estaba especialmente preocupado con lo que temía fuera una "actitud derrotista". Todo el equipo estaba jugando como una mierda, agregó, desde el último suplente hasta la primera estrella. Él creía que a Clemente se le habían aflojado las manos, y que necesitaba algún descanso y tal vez bates más ligeros. Para el doble juego del domingo, Walker sentó a Clemente en el banco y envió al bateador zurdo Jerry Lynch al jardín derecho. Lynch entró en calor inmediatamente, y disparó cuatro *hits* en siete turnos al bate ese día, aunque los Piratas perdieron ambos juegos. Antes de irse de la ciudad, Walker tuvo una entrevista en una estación de radio de San Luis durante la cual salió a relucir que Clemente estuviera en el banco. Sí, Roberto ha estado fatigado debido a la malaria, dijo Walker, pero los grandes jugadores —dijo que Stan Musial y Ted Williams le venían a la mente— jugaban incluso cuando estaban enfermos.

Lynch conservó sus méritos cuando el equipo llegó a Chicago, asestando dos jonrones en el primer partido y haciendo dos *hits* de tres veces al bate en el segundo. Ahora era el turno de Clemente de estallar. Su irritación por los comentarios de Walker, su persistente malestar psicológico por ser subestimado, su pasión de ser el mejor, y acaso algún orgullo herido de ver a Lynch destacarse en su lugar —todo eso junto le provocó un súbito acceso de furia que le llevó a decir el 5 de mayo en el camerino de los visitantes: "Quiero que me cambien de este club y no quiero jugar nunca más para este mánager". Parecía que estuviera conversando con Les Biederman del *Pittsburgh Press*, que le había preguntado cómo se sentía. Pero esto no fue un aparte discreto. Fue dicho a gritos donde cualquier periodista o jugador podía oírlo. Y para enfatizar el punto, se dirigió a Al Abrams del *Post-Gazette* y le dijo: "¡Pon lo que digo en tu maldito periódico!" Abrams no sólo lo hizo, sino que su artículo apareció al tope de la primera plana debajo de un titular que decía:

UN CLEMENTE IRRITADO
DICE 'CÁMBIENME'

En lo que Abrams describió como un "exabrupto temperamental", Clemente había vociferado en la casa club en presencia de periodistas y compañeros de equipo exigiendo un cambio. El estelar jardinero derecho "se había mostrado hosco y malhumorado", decía el artículo y "tampoco había estado muy sociable con sus compañeros en los últimos días". Walker no andaba cerca para oír la andanada, y manifestó sorpresa cuando los reporteros le preguntaron sobre el tema. "Si Clemente quiere que lo cambien, no me ha dicho ni una palabra al respecto", dijo. "No sé lo que tiene en mente". El mánager dijo que él había conversado con Clemente antes del doble juego de San Luis y le había explicado que él estaba descansando porque parecía cansado y el equipo necesitaba otro bateador zurdo en la alineación. Cuando esa noche localizaron por teléfono a Joe L. Brown en su casa de Pittsburg, el gerente general dijo que no sabía nada; Walker no se había molestado en llamarlo para decirle algo sobre el particular, de ahí que él pensaba que debía carecer de importancia. Brown, luego de tratar a Clemente por una década, había desarrollado para entonces un profundo respeto hacia él. Consideraba que Clemente era espinoso y "muy, pero que muy sensible", diría Brown tiempo después; sin embargo, la sensibilidad de Clemente no obedecía a una actitud egocéntrica, era un "enorme sentido de su propia dignidad, de su propia dignidad social. Que él era tan bueno como cualquier otro ser viviente. Que la gente debía reconocer que él era una persona singular. Él no señoreaba sobre nadie, sencillamente lo creía."

A la mañana siguiente, estando aún en Chicago, Walker mandó a llamar a Clemente a su habitación del hotel Knickerbocker, y salieron con la clásica solución de una riña deportiva. Todo había sido un malentendido. "Desayunamos juntos y nos entendimos mutuamente", le dijo Walker a la prensa. El gran jardinero derecho volvería a la aline-ación cuando estuviera listo. Walker hasta llegó a aseverar que despe-jar la atmósfera le podía hacer algún bien a todo el mundo. "Esto podría ser justamente lo que necesitamos para salir de esta maldita depresión", agregó. "Sé que Roberto pondrá todo su empeño en esto". Horas después, cuando Clemente llegó al estadio, lo rodeó un enjam-bre de reporteros. Al principio, él se mostró renuente a hablar, aún de mal humor, pero finalmente no pudo mantenerse callado. "A uno se le sale el vapor cuando uno no puede jugar", le dijo a un reportero de la Prensa Asociada, "Yo no quiero que me cambien. Quiero jugar y jugar bien". Luego soltó más vapor. Siempre tenía vapor en su interior, el calor de años de sentirse incomprendido. "Los periodistas propagan todas las cosas malas sobre mí y cuando soy bueno, me dan algo así", dijo al tiempo que acercaba ambas manos a una distancia de una pul-gada la una de la otra. "Perdí veinticinco libras en Puerto Rico debido a la malaria y tal vez no debiera jugar en ningún entrenamiento de pri-mavera. Ahora tengo ciento setenta y ocho libras —siete libras por debajo de mi peso de juego en la temporada anterior. Me siento bien, pero no al mismo nivel".

La noción de que Clemente había sido malentendido no le sentó bien a Abrams, que estaba entre los que lo oyeron. "Aunque ahora lo niegue, Clemente sí explotó el miércoles por la tarde aquí y dijo que quería que los Piratas lo cambiaran para otro club. Hay por lo menos veinticinco testigos, la mayoría de ellos sus compañeros de equipo, que oyeron el exabrupto en el camerino de los visitantes de Wrigley Field", escribió Abrams. Había una notable ambivalencia en la respuesta de Abrams, común entre los periodistas de Pittsburg que trataban con Clemente de manera regular. Ninguno de los re-porteros odiaba a Clemente; ni lanzaban públicas represalias contra él, simplemente convivían con su impredecible temperamento, a veces intentando suavizarlo, a veces irritándolo. Abrams volvió a lla-mar a Clemente "caprichoso y malhumorado", pero también asumió parte de su defensa. Hizo notar que él había elogiado públicamente a Clemente como "el mejor jugador de las grandes ligas" por encabe-zar las mayores en bateo a lo largo de cinco temporadas. Pero, con-cluía, "si Clemente sigue sintiendo que todo el mundo está en su contra, incluyéndome a mí, por escribir una noticia que debía aparecer impresa, no hay nada que yo pueda hacer. Y además, me importa un bledo".

Walker tuvo razón. La controversia sacó al equipo de su postración. Con Clemente de vuelta a la alineación, bateando de tercero, junto con un intrépido Maz en segundo y Stargell el grande golpeando la pelota otra vez, los Piratas levantaron vuelo a fines de mayo y se llevaron veinte triunfos en veinticuatro juegos. Día tras día, Clemente iba andando lentamente hasta el plato, preparaba el terreno, se plantaba con firmeza en el cajón de bateo y, separado del plato, atacaba la pelota. Treinta y nueve imparables en noventa y tres veces al bate durante la racha ganadora, a un ritmo de 419 puntos. Johnny Pesky, uno de los instructores de Walker, le dijo a Biederman de la *Press* que el único jugador que él había visto golpear la bola de manera tan sólida una y otra vez tanto como Clemente era Ted Williams.

El miedo a la malaria se había disipado hacía mucho y Clemente estaba de vuelta en la carrera de bateo. Se mantuvo bateando a través de julio y agosto, distraído tan sólo por el nacimiento de su primer hijo, Robertito. Vera había estado en Pittsburg con él durante parte de la temporada, organizando su primer hogar en los Estados Unidos en el espacioso segundo piso de la casa de la Sra. Harris en Apple Street. Era una cultura radicalmente distinta para ella, pero comenzó por aprender el idioma y ajustarse a las idiosincrasias de su marido. "Él tomaba el desayuno tarde y se quedaba en el cuarto y dormía las mañanas de los días de juego cuando el equipo estaba en casa", recuerda ella. "Cerraba las persianas, corría las cortinas y las cubría con plástico para que no entrara el sol. Trataba de dormir. Estaría allí hasta que estaba listo para irse al juego. Solía llevarlo, y en el camino desde el apartamento al estudio él no hablaba mucho. Creo que estaba pensando, esta noche tal y tal será el *pitcher* y cómo Pittsburg podía ganar. Siempre estaba pensando. Luego yo volvía al apartamento y me preparaba a regresar cuando empezaba el juego". En ese mundo solitario, Vera decidió regresar a San Juan al final de su embarazo y dar a luz allí, donde la madre y el bebé podían ser atendidos por los amigos y la familia. Pero aún más allá de las razones prácticas, el lugar de nacimiento era un asunto de orgullo y emoción. Roberto Clemente quería que todos sus hijos nacieran en Puerto Rico. *Tierra, sangre, nombre y raza.*

No quedaba ningún resentimiento ahora con Hat. El jugador y el mánager hablaban de bateo, algo que ambos amaban. Los Piratas terminaron dieciocho juegos por encima de los 500 puntos, un enorme adelanto en relación con el año anterior, pero no lo bastante para aspirar al campeonato. Lo que ellos tenían, sobre todo, era a Clemente, y eso era algo especial en sí mismo.

Durante una parada en la sede a fines de septiembre, el equipo incorporó a un grupo de jóvenes de las sucursales. Estos eran los mejores prospectos, no listos aún para un puesto en la nómina, pero lo bastante talentosos como para que el club pensara que podían mojarse los pies para tener una idea de cómo era la cosa en las Grandes Ligas. Participaban de la práctica antes de los juegos, luego se vestían con sus ropas de calle y se sentaban detrás del plato. Uno de ellos era un lanzador llamado Henry (Gene) Garber, que más tarde lanzaría durante diecinueve temporadas en las mayores. Garber, entonces de sólo diecisiete años, ya había sido traumatizado una vez en su joven carrera, cuando se vio obligado a sentarse a la fuerza en el asiento delantero de un viejo y vapuleado Cadillac mientras el loco y brillante *scout*, Howie Haak, lo llevaba junto con otros dos prospectos desde el norte de Salem, Virginia, hasta Rochester, Nueva York, salpicando tabaco en una escupidera mohosa y lanzando palabrotas hasta por los codos durante todo el camino. Ahora venía algo peor. Los Piratas le pidieron a Garber que lanzara en las prácticas de bateo, sin una malla que lo protegiera. Según los instructores de lanzamiento, una malla sólo alentaría los manos hábitos.

Garber nunca había usado una copa protectora en su corta vida, y aquí intervino Roberto Clemente. Como parte de su rutina, Clemente comenzaba la práctica de bateo de la misma manera todos los días: intentando sacar cada bola del cuadro "está pegándole a la pelota de forma tal que me pasan volando por al lado, líneas rectas, y roletazos durísimos por el mismo medio del terreno". Garber recordaba décadas después el terror de ese primer momento en un montículo de una liga mayor. Fue al centro de la ciudad a la mañana siguiente y se compró dos copas, una plástica y otra de metal, y usó la copa de metal esa tarde cuando le volvió a lanzar a Clemente y por el resto de su larga carrera.

Cuando la temporada terminó unos pocos días después, el pronóstico de su hermanote Andrés resultaba fallido. Momen terminó entre los primeros de la liga con un promedio de 329 puntos y regresó a Puerto Rico con su tercer bate de plata. Se asociaba a cuatro grandes de todos los tiempos, Honus Wagner, Rogers Hornsby, Paul Waner y Stan Musial, como el único de los jugadores de la Liga Nacional con tres o más títulos de bateo. Sus bolsillos traseros, bromearía él, estaban bastante separados y abultados.

El hogar era ahora una estrafalaria casa modernista enclavada en lo alto de una loma en Río Piedras. Vera la había descubierto la primavera anterior cuando ella y su suegro, Don Melchor, habían hecho un recorrido en auto en busca de terrenos alrededor de las colinas. Cuando a Roberto le mandaron al norte fotos de la casa ya construida, diseñada por el ingeniero Libertario Avilés, él inmediatamente estuvo de acuerdo en comprarla por 65.000 dólares, enamorándose de sus espacios abiertos y sus curiosidades: los símbolos aztecas de los ladrillos, la senda peatonal que iba desde la calle hasta la puerta principal luego de salvar con un puentecito un estanque poco profundo que asemejaba un foso, amplios espacios para plantas por todas partes y la vista panorámica de la loma de la colina y más allá hacia San Juan y el Atlántico. Tenía sólo tres dormitorios, y los Clemente tenían planes de tener una familia larga (un segundo hijo ya estaba en camino), pero los cuartos eran espaciosos y podían subdividirse si era necesario. Los vecinos eran médicos e ingenieros. El resto de los Clemente y los Zabala de Carolina estaban a la cómoda distancia de diez minutos en auto.

Una vez más ese invierno, Momen no jugó casi ningún partido de la liga invernal. Los Piratas le rogaron que no malgastara su fuerza, y le pagaron dinero adicional para que les sirviera como *scout*. Tampoco se sentía con deseos de viajar, y prefería perder el tiempo alrededor de la casa con su mujer embarazada y su hijito a irse en el autobús del equipo a Ponce, Arecibo o Mayagüez. Compró un órgano Hammond y aprendió solo a tocarlo; él no leía música, pero podía escuchar una tonada en la radio y machacar la melodía en cinco minutos. Las noches estaban llenas de banquetes y comparecencias, y durante el día dedicaba más tiempo a pensar en su sueño de construir una ciudad deportiva para niños pobres puertorriqueños. Hasta había comenzado a buscar un terreno, y a conversar con algunos empresarios y políticos sobre cómo hacer para que esto ocurriera. La casa siempre estaba abierta a un constante flujo de parientes y visitantes de Estados Unidos que entraban y salían. Myron Cope —un periodista brillante que había trabajado para el *Post-Gazette* en los cincuenta antes de convertirse en colaborador independiente para el *Saturday Evening Post* y *Sports Illustrated*— fue una de las visitas ese invierno. Clemente había sentido durante mucho tiempo que no recibía el reconocimiento nacional que merecía —y ahora venía Cope para compartir su historia con una vasta audiencia deportiva.

La visita fue descrita después en el delicioso primer párrafo de Cope. "El campeón de bateo de las grandes ligas descendió hasta la alfombra verde clara de su sala de cuarenta y ocho pies y se tendió en el suelo sobre el lado derecho, echando la pierna izquierda sobre la derecha" empezaba el artículo…

> Llevaba puesta una camisa de pijama de estilo oriental color oro, pantalones color canela y unas pantuflas maltratadas —y, debido a las demostraciones que estaba llevando a cabo, una mueca de dolor. "¡De este modo!", exclamó y luego hundió sus dedos en la piel, justo encima de la prominente cadera izquierda. Roberto Clemente, el maravilloso jardinero derecho de los Piratas de Pittsburg y el cliente más fijo que tienen los médicos en ese equipo, estaba mostrándome el modo en que debe comenzar cada nuevo día de su vida. Tiene un disco en la espalda que insiste en dislocarse, de manera que al despertar debe cruzar las piernas, hundir los dedos en la carne y escuchar el sonido que hace el disco al regresar a su sitio.

El argumento del reportaje se desenvolvía a partir de ahí, cuarenta y cuatro evocativos párrafos, la mayoría de ellos dedicados a algún peculiar aspecto de la salud de Clemente. Las interpretaciones del artículo estaban ante los ojos del lector; para muchos él venía a quedar a medio camino entre un ser amable y un caso clínico; lo cual para Cope venía a ser lo mismo. Cope había abandonado su contacto con el *Saturday Evening Post* precisamente porque estaba cansado de escribir artículos acerca de aburridas superestrellas. Su preferencia por sujetos pintorescos era tan poderosa que Ray Cave, que comenzó a editarlo en *Sports Illustrated*, lo llamaba "el especialista en chiflados". En Clemente, creía Cope, él tenía el mejor ejemplo para un artículo —"una superestrella y un excéntrico". Cope nunca dudó de la sinceridad de Clemente, sin embargo, las fobias del jugador resultaban blancos demasiado fáciles. "Las compañías de ópera han representado *Parsifal* en poco más tiempo del que le lleva a Roberto prepararse para dormir", escribió, pasando a describir cómo Clemente memorizaba todas las cosas en el cuarto de su hotel para estar seguro dónde estaban en caso de que caminara sonámbulo o tuviera necesidad de escapar. Todo escrito con muy buen humor, pero al final ninguna de las miles de palabras de Cope dejaron una impresión más fuerte que una sola ilustración que acompañaba el artículo, una gráfica que Cope mismo no vio hasta que obtuvo su propio ejemplar de la revista en el estanquillo. Era una foto del No. 21 de pie en su uniforme de los Piratas, con un mapa anatómico de todas sus dolencias, reales e imaginarias, de pies a cabeza. Comenzaba con dolores de cabeza por tensión, Juego: dislocación de un disco en el cuello, seis puntos quirúrgicos en la barbilla, extirpación de las amígdalas, distensión muscular en el hombro, un serio resfriado bronquial, trastornos estomacales, astillas óseas en el codo, desviación de la columna vertebral, dislocación de un disco lumbar, hematoma en el muslo, piernas que no pesan lo mismo y distensión muscular en la pantorrilla. En el pie de foto, decía: "La parte de la historia clínica de Clemente que no es susceptible de mostrarse esta carta anatómica incluye fatiga sanguínea, malaria, insomnio y miedo a las pesadillas (que no tiene pero que tiene miedo de que podría tener)". En efecto, Clemente sí tenía pesadillas, pero él no le habló a Cope acerca de ellas.

Antes de presentar el artículo a los editores en Nueva York, Cope se lo mostró a Roy McHugh del *Pittsburgh Press,* su íntimo amigo. "Éste es Clemente de verdad, pero a él no le va a gustar", le dijo McHugh. "Lo sé", convino Cope. Tal como resultó, ambos tuvieron la razón; Clemente no le habló a Cope por un año después de eso. El despliegue de *Sports Illustrated* le dio la amplia exposición que él buscaba, aunque no de la manera que él quería. Ahora no sólo el Pittsburg y el San Juan sino toda la nación deportiva podía discutir su fisiología y su psique y unirse al debate sobre si él era o no hipocondríaco. Pero las últimas palabras del artículo de Cope, que había sido cautivado por este hombre afligido, no tenían nada que ver con la situación física o mental de Clemente, sino con su corazón y su pasión. Clemente llevó a Cope hasta el medio del campo y le mostró un pedazo de terreno donde esperaba comenzar su ciudad deportiva para los niños puertorriqueños. "Me gusta trabajar con los niños", dijo, en palabras que adquirieron más resonancia con los años. "Me gustaría trabajar con niños todo el tiempo. Si me alcanza la vida."

Cope no se fue de Puerto Rico sin un toque de justicia poética. Una tarde calurosa, mientras holgazaneaba en la piscina de su hotel, dio un traspié en la terraza y se hizo una herida tan seria en los dedos de los pies que una rica matrona, que se bronceaba en las inmediaciones, le dijo con irritación: "¡haga algo con ese pie, está atrayendo las moscas!" El cronista del quejoso pelotero se llevó de recuerdo un dolor propio, que resultó bastante genuino para él.

Días después de que Cope se fuera, Clemente recibió una carta de Joe L. Brown con el membrete del Pittsburgh Athletic Company, Inc., copias de la cual también le fueron enviadas a los otros jugadores latinos de los Piratas: Matty Alou, Al McBean, Manny Mota, José Pagán, André Rodgers y Manny Sanguillén. Cinco temporadas después de la gloria de la Serie Mundial, Brown estaba intentando desesperadamente en darle un giro a las cosas, y su esfuerzo incluía un edicto para todos sus jugadores caribeños en el cual les informaba que dejaba de ser el tipo tolerante con respecto a algunas irregularidades de sus jugadores. "En el pasado reciente, ha sido costumbre de un cierto número de nuestros jugadores del área del Caribe que se entrenan con el club de Pittsburg presentarse en Fort Myers varios días después de la fecha establecida para su llegada", escribió Brown. "En la mayoría de los casos, la tardanza de su llegada se debía bien a un descuido o a una completa indiferencia. Esto no se permitirá en 1966 ni en el futuro. Si usted no está con su uniforme en Fort Myers preparado para trabajar a la hora y fecha en que se le ha pedido se presente, se le impondrá una multa de Cien Dólares (100.00) por cada día de retraso, y este dinero no se le reembolsará en fecha posterior". A los lanzadores y receptores, Brown les repetía, la fecha de llegada era el 23 de febrero, para los demás jugadores del cuadro y del jardín, el 27 de febrero. "Si todavía no lo ha hecho, se le recomienda que haga los trámites inmediatamente para sus reservas de avión, visa o pasaporte (si lo necesita) y cualquier otra cosa que exija preparativos con antelación… 1966 puede ser un año maravilloso para todos en los Piratas y es importante que todos nuestros jugadores se presenten a tiempo. Su atención a esta carta es IMPERATIVA, tanto para usted como para el club".

La llegada tarde de los jugadores latinos era una queja perenne. Lo que más le importaba a Clemente y a los demás de la última misiva de Brown era la línea que decía que el dinero de las multas *no se le reembolsaría en fecha posterior.* Tal vez, en esta ocasión él hablaba en serio. Pero la carta no complació al orgulloso Clemente. Él lo vio como una reiteración de los estereotipos que él estaba tratando de superar, que los latinos eran holgazanes e irresponsables. Y como la carta se refería a su propia situación, era verdad que él se había presentado unas cuantas semanas tarde al entrenamiento de primavera el año anterior, pero ¿estaba Brown insinuando que su malaria era un problema de completa indiferencia?

Clemente se presentó a tiempo, dejando a Vera en Río Piedras, donde ella no sólo se ocupaba del pequeño Robertito, sino que hacía también todos los otros preparativos para el viaje a Pittsburg. Una semana después de que su marido se fue, ella le escribió una nota a Phil Dorsey, amigo y asistente de la pareja en los Estados Unidos. "Estoy bien pero el bebé tiene un resfriado", comenzaba. Luego de unas cuantas trivialidades más, le abordaba el asunto.

*Phil, envié el carro esta semana por la Transamerican Steamship
Corp., y llegará a Newark, New Jersey, el martes o miércoles [16 de
marzo]. Pagué los gastos aquí. Adjunta va la llave, el documento
que tienes que presentar allí y la licencia del carro. Puedes llamar a
la siguiente persona para preguntarle si el carro llegó, Sr. Ernie
Caballero, nave 152, atracadero 20, teléfono BD 9-1700
(oficina), Newark, Nueva Jersey. Envié algunas ropas y otras cosas
en el carro, incluido un paquete de la Sra. Mota [esposa de un
compañero de equipo de Clemente]. Espero que no tengas problemas
en recibir el carro. Mis saludos más afectuosos para Carole y los
niños y dígales que los veré en abril. Por favor, excúseme mi inglés.*

Atentamente, Vera.

Tres años antes, Clemente había comenzado a embarcar su auto a los
Estados Unidos para usarlo durante la temporada. Dorsey lo recogería
en el puerto de Newark y lo conduciría hasta Pittsburg. El conocimiento de embarque mostraba que a Clemente le costó $203,76 enviar
por carga su Cadillac blanco de tonelada y media de peso. Era ahora
parte de la rutina de la temporada, el Caddy siguiendo a Momen en
sus migraciones entre la isla y el continente. En muchos sentidos, esta
nueva temporada marcó un cambio para Clemente, un momento en
que se acercaba a la plenitud de su vida y su carrera, pero a sus días no
le faltaron algunos momentos borrascosos.

El seis de mayo rara vez encontraba a Clemente en su mejor
momento. En 1965, ese fue el día de la reacción a su exabrupto de
"¡cámbienme!". En 1966 su explosión no fue verbal, sino física. En el
monumento de su vida, he aquí un día para argüir contra la santidad.
No todo acerca de él podría resolverse con la explicación de que era
incomprendido. Lo cierto era que tenía mal genio y ocasionalmente
cometía estupideces. Ésta fue una de esas veces. Los Piratas estaban de
gira, jugando con los Filis en Filadelfia. Habían comenzado la temporada sólidamente, con trece victorias en los primeros diecinueve juegos, bastante bueno para aspirar al primer lugar. Pero este viernes por
la noche, luego de empatar el juego en la última entrada y tomar una
delantera de cuatro carreras en la oncena, los Piratas se hicieron pedazos, sus malas jugadas le permitieron a los Filis volver con cinco en la

segunda parte de la entrada para ganar el juego, ocho a siete. Un error decisivo se produjo cuando Clemente lanzó la pelota hacia el plato luego de un *hit* al jardín derecho, y el tiro rebotó de la pierna del primera base, Donn Clendenon, cuando éste trató de interceptarla. Después de la derrota, el camerino de los visitantes en el estadio Connie Mack era un abrevadero de hombres malhumorados y maldicientes.

Media hora más tarde, mientras los Piratas estaban abordando el autobús del equipo en la avenida Lehigh cerca de la calle Veintiuna para regresar al hotel Warwick, Clemente se vio rodeado por varios admiradores. Entre ellos estaba Bernie Heller, un chico de diecinueve años del pueblo de Mary D, que estudiaba metalurgia en la Escuela de Artes y Oficios Theodore Stevens en Lancaster. Según la descripción que después hizo Heller de la escena, él y dos amigos se dirigían a su auto cuando "vimos de donde salían los jugadores, y daba la casualidad que estaban firmando autógrafos". Heller se puso en cola y esperó, sosteniendo una pelota que él quería que le firmaran. Clemente era el que estaba dando la mayoría de las firmas, una tarea que él hacía día tras día, con frecuencia alegremente, y usualmente sin quejarse. Entonces se produjo algún movimiento en el grupo, gente que se empujaban para avanzar, y Clemente, con un pie en el pavimento y otro en el primer escalón del autobús, a punto de abordar, de repente giró en redondo y le pegó al joven Heller un puñetazo súbito. Todo lo que vi fue su mano derecha. Él me alcanzó justo en la boca. Sólo vi una gran estrella blanca", recordaba Heller cuarenta años después. En su memoria, Heller cree que lo dejó inconsciente. Según un informe de la policía en ese momento, él le dijo a las autoridades que el golpe le aflojó las rodillas y que se cayó al pavimento, y que se levantó y se fue andando, sólo para darse cuenta entonces de que se le habían aflojado tres dientes. Sus amigos lo llevaron a la sala de primeros auxilios del estadio, y de allí lo llevaron al Hospital de Mujeres del Colegio Médico, donde lo ingresaron hasta el día siguiente para observarlo y tomarle unas radiografías.

Por el relato de otros testigos, Clemente pareció no inmutarse por el incidente, como si no se hubiera dado cuenta de lo que sucedió. Después que Heller cayó al suelo, Clemente siguió firmándole una pelota a una muchacha, luego subió al autobús, y firmó más tarjetas de anotaciones y papeles que le dieron a través de la ventanilla. A la mañana siguiente, acompañado por Harry Walker y el secretario itinerante, Bob Rice, fue al cuartel central de la policía para que lo interrogara el detective James Coyle. Según Coyle, Clemente le dijo que él no sabía a quién le había pegado o dónde le había pegado, pero que había habido un forcejeo cerca del bus y que "podía haberle pegado a alguien mientras subía [al bus]". Más tarde, Clemente admitió directamente que él había lanzado el golpe. Dijo que alguien lo había sujetado y lo había hecho girar mientras él abordaba el autobús. Luego vio a Heller con las manos en alto. Y "le tiré una trompada", explicó. "no una trompada de verdad, sino más bien para quitármelo de encima". ¿Cuál era el concepto de Clemente de una trompada de verdad? Por cualquier definición, la suya fue bastante. Según el detective Coyle, los dientes de Heller "estaban tan flojos que prácticamente se le estaban cayendo de la boca". John Heller, el hermano mayor de Bernie, lo visitó en el hospital a media noche y dijo que parecía "como un perro que acabara de tener una pelea con una mofeta".

Se habló de una demanda legal y los Heller contrataron a un abogado, pero antes de que las cosas fueran más lejos Clemente se disculpó. "Siento mucho lo que sucedió", dijo. "He oído decir que [Heller] es un buen tipo". Harry Walker fue a visitarlo al hospital y le llevó uno de los guantes de Clemente y un bate, un Frenchy Uhalt modelo Louisville Slugger de 36 pulgadas sin perilla, que relucía [de nuevo] y que tenía el No. 21 grabado en la base. Un arreglo extrajudicial de varios miles de dólares saldó las cuentas médicas de Heller; hubo también boletos gratis para la familia siempre que los Piratas estuvieran en Filadelfia. Cuarenta años después, Heller, que trabajó como director de correos en St. Clair, Pensilvania, aún conservaba el bate y el guante, pero no la pelota que él llevó al estadio Connie Mack esa tarde. "Traje la pelota al estadio para conseguir autógrafos, pero… creo que la pelota y todo se fue volando. No vi la pelota nunca más. Como le digo, cuando él me golpeó lo único que vi fue un gran meteoro blanco… Nadie pudo entender por qué lo hizo".

Mucho después, cuando los informes del incidente trascendieron a Puerto Rico, un Clemente avergonzado fabricaría una versión de la historia centrada en alguien que lo había insultado en las gradas del jardín derecho durante el juego y que siguió acosándolo después. Pero esa historia no tiene nada que ver con la realidad del encuentro con Bernie Heller. El puñetazo pareció más bien instintivo, y parte de un patrón de conducta. Clemente había reaccionado de manera semejante en 1964 fuera de Forbes Field empujando a dos fans que estaban forcejeado cerca de él, aunque a ninguno se le aflojaron los dientes esa vez. Y en mayo de 1963, lo suspendieron por cinco días y lo multaron con 250 dólares por acosar al árbitro Bill Jackowski durante un juego en la sede contra los Filis. Luego de que la cantaran *out* al principio en un roletazo de doble jugada, montó en cólera, chocando dos veces con Jackowski. Más tarde la casa club defendió su conducta diciendo que a él y a los Piratas no les daban una oportunidad. "Otros equipos discuten y toman decisiones reñidas. Los Dodgers logran todos los juegos reñidos. ¿Por qué? Nosotros no las discutimos y no las logramos". Las malas decisiones, añadió, le estaban costando de quince a veinte puntos al año en su promedio de bateo. "Yo rara vez discuto [una decisión] a menos que crea que el árbitro no tiene la razón", añadió. "Tengo un buen récord en la oficina de la liga, pero éste es el peor año de arbitraje que jamás haya visto". Warren Giles, el presidente de la Liga Nacional, le envió un telegrama a Clemente dándole a conocer la suspensión y calificando sus acciones de "las más graves reportadas a nuestra oficina en varios años".

La presunta ineptitud de los árbitros de las ligas mayores no podrían explicar un incidente de la liga de invierno ocurrido en Puerto Rico cuando Clemente fue suspendido por una disputa en el terreno de juego durante la cual le dio un puntapié a un árbitro y le rompió una costilla. Su amigo Vic Power conservaba una fotografía de ese incidente para nadie se olvidara que ni siquiera el venerado Roberto Clemente estaba exento de la falta de control en algunos momentos. "Él se fajaba sí, se enfurecía como todos los seres humanos", recordaba Power en su estilo a un tiempo brusco y bondadoso. "El pueblo puertorriqueño, creo yo, en un 99 por ciento tiene mal genio. Se enfurecen, *ohhh, baby*". No es por gusto que Carolina se llegó a conocer como el pueblo de los tumbabrazos. Dentro del mundo del béisbol, había ese destello de impredictibilidad en Clemente. Si uno examina las grabaciones fílmicas de los momentos más famosos de la historia de los Piratas, Maz dirigiéndose al plato después de disparar el jonrón que derrotó a los poderosos Yanquis en la segunda parte de la novena entrada del séptimo partido de la Serie Mundial de 1960, allí está Clemente saludándole cerca del plato, y algunos fans que se acercan corriendo, y el No. 21 gesticula —se sentía amenazado por las sombras que se aproximaban?— y parece como si estuviera a punto de derribar a un fanático que se le acerca demasiado. No lo hace, la amenaza se deshace en una fracción de segundo, y la celebración se reanuda en todo el trayecto hacia el *dugout,* pero en ese momento hay un soprendente indicio de impremeditada violencia.

La susceptibilidad de Clemente parecía confinada a su profesión. Él era amable en casa, sin incurrir en explosiones súbitas. En años posteriores, cuando tenía tres hijos, nunca les pegó, aunque podía silenciarlos con una mirada. En su vida fuera del juego, no parecía propenso a afirmar su masculinidad mediante los rituales sociales del machismo.

El azar, un instante impremeditado y, para mejor o peor, una vida cambia para siempre. Bernie Heller nunca olvidó el golpe de Clemente; Carol Brezovec sólo vería su bondad. La trayectoria de sus historias se tienden en direcciones opuestas, aunque ambas comenzaron precisamente en el mismo punto: en la ancha calle que corre frente al viejo estadio Connie Mack de Filadelfia.

Seis semanas después del incidente de Heller, los Piratas estaban de regreso en Filadelfia para otra serie, y entre los fans que asistieron al partido del domingo por la tarde estaban Carol y su papa, John Brezovec. A ambos les gustaba el béisbol, y los boletos para el juego fueron un presente de Carol, que entonces tenía diecisiete años, por el Día de los Padres. Sus padres estaban divorciados. John, barbero y músico, vivía en Bethlehem; Carol y su hermana menor, Sharon, vivían con su madre Carolyn en Allentown. Todos asistían regularmente al estadio, y eran conocidos por los acomodadores y por muchos jugadores de los Filis. John andaba tanto en las inmediaciones que llegó a convertirse prácticamente en parte del equipo, entrando y saliendo de la casa club de la sede. Carol hacía dibujos de sus jugadores favoritos y se reunía con los cazadores de autógrafos frente a la entrada de los jugadores después de los partidos, pero era tan tímida que con frecuencia se iba a casa sin conseguir ninguna firma. Ella estaba allí afuera intentando obtener autógrafos después del partido del domingo 26 de junio, que los Piratas ganaron 2-0, cuando advirtió que un grupo se reunía en torno a un jugador del Pittsburg. Por alguna razón, los Brezovec nunca habían visto a los Piratas antes, así que Carol no estaba familiarizada con las caras, sino con los nombres. Permaneció detrás hasta que el círculo en torno al jugador se disolvió, luego se acercó y le preguntó quedamente, "¿Por favor, me puede dar su autógrafo?" Él firmó su nombre, Roberto Clemente. Carol había comenzado a estudiar español en la escuela secundaria y le expresó su agradecimiento en esta lengua: *"Muchas gracias"*.

Clemente empezó a hablarle en español. Sintiéndose avergonzada, ella tuvo que confesarle que no entendía nada de lo que él le decía. En inglés, Clemente le preguntó de dónde era y por qué estaba estudiando español. Su compañero de equipo, André Rodgers, un siore de las Bahamas que había llegado a los Piratas provenientes de los Cachorros el año anterior, estaba de pie cerca, escuchando. Había algo en la amabilidad y claridad de Clemente que ayudó a Carol a vencer su timidez, y conversaron fácilmente acerca del idioma, el hogar y la familia. ¿Por qué andas sola? Clemente le preguntó. Carol le dijo que andaba con su padre, que estaba en ese momento en la casa club de los Filis. Continuaron hablando, perdiendo el sentido del tiempo, hasta que un guardia de seguridad vino y le dijo que el autobús de los Piratas para el aeropuerto ya se había ido, dejando a Clemente y a Rodgers detrás. Carol se sonrojó de nuevo. "¡Oh, Dios mío, cuanto lo siento! Esperen aquí y buscaré a mi padre y los llevaremos al aeropuerto". Corrió hasta los camerinos de los Filis, encontró a su padre y le explicó que ellos tenían que salir inmediatamente para el aeropuerto debido a una emergencia.

Al tiempo que el curioso cuarteto —el padre y la hija fanática de los Filis delante, el jardinero derecho y el siore del equipo visitante detrás— salían del tránsito del estadio, John Brezovec se volvió hacia Carol y le preguntó, en su estilo brusco, "¿Puedes decirme qué carajo pasa? ¿Quiénes son esta gente?" Carol no se había molestado en decirle quiénes eran los pasajeros. "Déjame presentártelos", le dijo. "Éste es Roberto Clemente y André Rodgers". Él se quedó pasmado. ¿Cómo ocurrió esto? Ella le dijo que se lo explicaría en el camino. Clemente parecía despreocupado por su situación y perfectamente feliz en el asiento trasero. De su bolsa de viaje, sacó un tocadiscos portátil de baterías y una selección de álbumes, y el dulce lirismo de las baladas isleñas de Roberto Ledesma empezó a inundar el auto. John Brezovec, que escribía sus propias polkas y valses, amaba la música, y él y Clemente se enredaron en una conversación sobre sus canciones preferidas mientras la música se dejaba oír en el fondo. Descubrieron que tenían cosas en común, y la conversación entre los cuatro se mantuvo animada por todo el camino hasta el aeropuerto. En lugar de dejar a Clemente y a Rodgers en la acera de las salidas, Brezovec estacionó el auto y él y su hija acompañaron a los peloteros hasta la entrada de la aerolínea donde estaba el avión de los Piratas que, según resultó, no se había ido todavía.

Clemente aún no estaba apurado. Parecía menos interesado en el vuelo que en sus nuevos amigos. "Esto es increíble", le dijo a Carol. "Siento como si los hubiera conocido de toda mi vida". Le dijo que quería que conocieran a su esposa Vera y a su familia en Puerto Rico. Los Piratas no regresarían a Filadelfia hasta fines de septiembre, pero él esperaba verle de nuevo antes de esa fecha. ¿Les gustaría venir a Nueva York la próxima semana y ver el juego de los Piratas en el Shea? Les pidió un número de teléfono y les dijo que los llamaría y haría arreglos. Luego, antes de abordar el avión, firmó su álbum de Roberto Ledesma y se lo entregó a Carol.

En todo el viaje de regreso a casa, los Brezovec se mantuvieron diciéndose que nadie creería esto. Media hora después de que Carol estuviera de regreso en su casa en Allentown, sonó el teléfono. Su madre respondió.

—¿Es Carolina? —preguntaba la voz del otro lado de la línea, con un suave acento español.

—Sí, casi.

—Es Roberto Clemente. Conocí a su hija esta noche y quería estar seguro de que estaba en casa. ¿Llegó a la casa bien?

Carolina dijo que sí y que si quería hablar con ella. Él dijo que no, que sólo quería cerciorarse. Luego le preguntó. "¿Le gusta el béisbol?"

Me encanta el béisbol, le dijo ella, agregando que usualmente iba a los juegos con Carol, pero que su padre la había llevado esta noche.

Bien, dijo Clemente. Si vinieran a Nueva York la próxima semana, él les conseguiría boletos para verlo jugar en el estadio Shea. Eso sería divertido, dijo Carolina. Pero, ¿dónde se quedarían y donde recogerían los boletos? No se preocupe por nada de eso, le respondió Clemente. Simplemente vengan. Su amigo y ayudante, Phil Dorsey, se ocuparía de todo. Los boletos los estarían esperando. Y él tenía familia en Nueva York que se ocuparía de ellos también. Un día después, Dorsey llamó y dijo que les habían reservado un cuarto en el hotel Commodore en la calle Cuarenta y dos y Lexington, donde se hospedarían los Piratas, y que unos boletos para los juegos del sábado 2 y del domingo 3 de julio les esperaban en la ventanilla de los jugadores en el estadio.

Mientras Carol y Carolyn ocupaban sus asientos detrás del *dugout* de los visitantes en el Shea para el partido del sábado, miraban hacia el jardín derecho. "Carol, allí está Roberto", dijo Carolyn a su hija. "No puedo creer esto... nos está saludando a nosotras". Terminado el juego, Clemente les envió una nota con el cargabates pidiéndoles que lo esperaran. Los Piratas estaban en una buena racha, habiendo ganado seis juegos consecutivos, con Clemente, Stargell, Clendenon, Manny Mota y Matty Alou con un promedio de bateo de más de 300 puntos. En la apertura de la serie el viernes por la noche, un joven zurdo llamado Woody Fryman le había dado un *hit* inicial a Ron Hunt, segunda base de los Mets, en la primera entrada y luego retiró a los próximos veintisiete Mets en orden, para anotarse un partido de un solo *hit,* un juego casi perfecto. El sábado, los nuevos amigos de Clemente de Allentown lo vieron batear un jonrón, el duodécimo que bateaba ese año, pero no fue su mejor juego.

Dos veces en las últimas entradas le cantaron *out* con las bases llenas, y los Piratas perdieron 4–3. Cuando el juego terminó, Clemente se encontró con sus invitadas fuera de la casa club de los visitantes y les anunció que se las llevaba a cenar en un elegante restaurante español en el centro de Manhattan. Los amigos de Clemente, Carlos y Carmen Llanos —él los llamaba primos, aunque no estaban emparentados— estaban allí, junto con José Pagán y André Rodgers y unos cuantos otros jugadores latinos. Carol, deslumbrada por las celebridades, comió paella por primera vez, y aceptó enseguida ir a una fiesta al apartamento de los Llanos. Su madre declinó amablemente, diciendo que se sentía cansada. Media hora después, Clemente envió un emisario para asegurarle de que Carol estaba en buena compañía.

Más tarde esa noche, de regreso al Commodore, Clemente estaba insomne como de costumbre, y llamó al cuarto de Carolyn y le preguntó si quería conversar. Ella estuvo de acuerdo, y estuvieron despiertos hasta las tres, compartiendo las historias de sus vidas. Clemente le preguntó si sabía el nombre de la ciudad dónde él había nacido. No. Dijo ella. "Se llama Carolina," le respondió. "Y así es cómo voy a llamarte. Tú eres mi Carolina. Vas a ser mi hermana. Vas a ser mi familia de ahora en adelante". Clemente era cálido, pero inofensivo; no hubo insinuaciones sexuales en su trato con la madre ni con la hija. Era un hombre de muchas facetas, y en su relación con ellas primó el respeto. Las mujeres estaban constantemente adulándolo, flirteándole, ofreciéndosele, llamando a su habitación en todos los hoteles donde se hospedaba en sus giras. Su amigo Phil Dorsey, si estaba cerca, cribaba las llamadas de Clemente. Otros amigos hacían el mismo papel cuando Dorsey no estaba. Pese a todo su amor por Vera, Roberto no estaba exento de tentaciones. Pero con Carolyn y Carol su pasión tuvo que ver con la familia. Había perdido a su única hermana, Anairis, antes de que él tuviera la suficiente edad para conocerla, pero siempre había sentido su presencia. Ahora tenía dos hermanas norteamericanas, Carolina y Carolina. En lo adelante, siempre las visitaría cuando iba a Filadelfia, y ellas irían a verle jugar en Nueva York y lo visitarían en Pittsburg. Y él les volvió a decir que debían venir a visitarlo en Puerto Rico.

Cuando él vio el Forbes Field por primera vez en 1955, Clemente se dijo para sí que debía olvidarse de batear jonrones. Los jardines del estadio se encontraban entre los más espaciosos del béisbol: 365 pies hasta la cerca del jardín izquierdo, 442 hasta el extremo del jardín central, 416 entre el central y el derecho, y el jardín derecho estaba rematado por una malla de alambre de 18 pies de alto. "Yo era fuerte, pero nadie era tan fuerte", se dijo Clemente. La implicación era que él podría batear jonrones si quería, pero inteligentemente adaptaba su juego al entorno. Hay indudablemente alguna verdad en eso, pero es cierto también que el arco de su *swing* simplemente no producía jonrones como los de Henry Aaron y Frank Robinson, para nombrar a los otros dos grandes jardineros derechos de su época. El problema no era fuerza bruta —a veces, Clemente podía golpear la pelota y enviarla a monstruosas distancias, tan lejos como Mickey Mantle, Frank Howard, Willie Stargell o cualquiera de los prodigiosos bambinos, un hecho que él continuamente reiteraba a los cronistas deportivos y a sus compañeros de equipo. Pero cuando iba al plato, él pensaba en lograr un imparable y en mantener su promedio por encima de los 300 puntos y en ayudar al triunfo de su equipo, pero nunca se veía bateando un vuelacerca. Nunca, es decir, excepto en 1966, luego de que él y Harry Walker resolvieran sus diferencias. Fue entonces que Walker le dijo a Clemente que los Piratas necesitaban más potencia de parte suya si es que iban a competir por el campeonato, y que brindar más fuerza era algo de lo que tenía que hacer como líder del equipo, y que si él bateaba más jonrones y el equipo ganaba él podría finalmente obtener el premio que lo había eludido y que lo había molestado durante tantos años: el del Jugador Más Valioso.

"Así es la historia", dijo Harry, "necesito que pongas más fuerza, y Clemente sale y batea veintinueve jonrones e impulsa 119 carreras", contaba el lanzador Steve Blass. "Ahora bien, eso es increíble." Esas fueron las cifras que mostraron la fuerza de Clemente en 1966, el mejor año de su carrera, y aunque dijo que temía que su porcentaje de bateo descendiera drásticamente si iba en busca de jonrones, el descenso fue mínimo, a 317 puntos. El cambio pareció valer la pena. Y no hubo ningún relleno en las estadísticas de Clemente. Día tras día, sus *hits* llegaban cuando el equipo los necesitaba, no al final de un juego asimétrico. Su actuación en el jardín derecho era tan emocionante como siempre. Él encabezaba la liga en asistencias en el jardín, con diecisiete, y era difícil calcular todas las veces en que su brazo resultaba decisivo. Gaylord Perry, el diestro lanzador de bolas ensalivadas que ganó veintiún partidos para el San Francisco ese año, nunca olvidaría un juego en que la anotación estaba empatada en las últimas entradas y Willie Mays estaba en segunda y hubo un *hit* al derecho "y Mays dobla por tercera rumbo al plato, y de pronto frena porque Clemente estaba en el derecho. Cuando uno hace que el mejor corredor de bases del mundo pare en seco en medio de un *hit* al derecho, uno sabe que es porque el mejor brazo del mundo está en el derecho", dijo Perry después, al tiempo que sacudía la cabeza. "Y era un partido reñido. Necesitábamos esa carrera".

Según avanzaba el año, sus compañeros advirtieron que la fuerza de Clemente, que remataba perfectamente su juego, iba acompañada de una actitud más agresiva. Parecía menos preocupado consigo mismo y más obsesionado con ganar. Siempre había jugado duro, cada jugada de cada partido en los que participaba, pero ahora él conversaba más acerca de eso en la casa club, instando a sus compañeros Piratas a sacar más de sí cada día, diciendo que ellos se lo debían a la ciudad y a sus fans. Sólo quedaban cuatro jugadores de los campeones de la Serie Mundial, Law y Face en el montículo y Clemente y Mazeroski en el jardín, y éste se estaba convirtiendo ahora en el equipo de Clemente. La cuadrilla de veinticinco hombres incluía nueve negros y latinos, con frecuencia cinco de ellos en la alineación, con Bob Veale que empezaba a destacarse como el mejor lanzador. Y era un grupo cada vez más disperso. "No hemos conseguido un solo tipo cuerdo en este club de pelota", declaró el receptor Jim Pagliaroni, a quien podía vérsele usando un viejo caseo de cuero y unas gafas protectoras de piloto. José Pagán, el compatriota de Clemente, de Barceloneta, Puerto Rico, jugaba ahora tercera base y él y su mujer Delia vivían en el otro apartamento, en el segundo piso de la casa de la Sra. Harris, haciendo que Roberto, y Vera cuando estaba en la ciudad, se sintieran como en casa. Luego de un partido, el apartamento se inundaba de un aroma familiar, mientras Vera hacía sus frituritas de bacalao favoritas. Todo esto hacía que Clemente se sintiera más cómodo, y cuánto más cómodo tanto más él imponía su voluntad sobre sus compañeros.

No era una transformación completa; hubo ocasiones en que parecía agitado y en extremo sensible. En el calor de la carrera por el campeonato, cuando los Piratas visitaron Los Ángeles a mediados de septiembre para jugar con los casi ganadores Dodgers, él se puso furioso luego de una derrota decisiva en la cual se fue sin un solo *hit* en cuatro tumos al bate contra Sandy Koufax. Había leído y le habían dicho de cómo Koufax se quejaba de un codo artrítico y no obstante había lanzado un juego soberbio detrás de otro. "¡Dolor en el brazo, pamplinas! Él no podría pitchear como lo hace si le doliera de verdad", le dijo Clemente a la prensa poco después, con la cara muy seria, sin percibir la ironía de que esa declaración en particular venía de un jugador conocido por hacer sus mejores jugadas cuando se quejaba de alguna dolencia física.

Pero, ¿estaba Clemente realmente enojado por Koufax o una vez más expresaba el malestar que él sentía por ser incomprendido? En el curso de su conversación en la casa club, esto último parecía ser el caso. "Cuando me duele la espalda me llaman holgazán; pero cuando Koufax dice que le duele el codo, lo llaman un héroe". Era como si estuviera suplicándole al mundo: ¿cúando la gente empezará a llamar a Roberto Clemente un héroe?

Los Piratas terminaron veintidós juegos por encima de 500 puntos, en 92–70. Bueno, pero no lo bastante bueno, tres juegos detrás de los Dodgers que ganaron el campeonato. No obstante, para muchos Piratas, encabezados por Clemente, 1966 fue un año en extremo productivo. La combinación del joven Gene Alley como siore y del veterano Mazeroski fue quizás la mejor de la liga en el terreno y en el plato. Stargell, el gigantesco macetero zurdo, alcanzó las mayores cifras de jonrones e impulsadas de su joven carrera, bateando treinta y tres jonrones e impulsando 102 carreras. Matty Alou, que había renovado su estilo de batear, en gran medida por las diarias sesiones de instrucción que le daba Clemente, se transformó de un débil bateador zurdo que halaba la pelota en un peligroso macetero que bateaba en todas las direcciones y que encabezó la liga con un promedio de 342 puntos. El equipo como un todo tuvo el mayor porcentaje de bateo acumulativo de la liga con 279 puntos. Y todo esto se alcanzó durante una temporada en que el lanzamiento resultó dominante en la Liga Nacional, encabezado por los tres grandes de Koufax, Marichal y Gibson. Clemente se equivocaba respecto a Koufax —el dolor de su brazo no era un ardid, sino lo bastante serio para obligarlo a jubilarse; 1966 sería la última temporada brillante de lo que también sería una carrera corta. Juan Marichal, de los Gigantes, estaba aún a la mitad de su retahíla de grandes temporadas que se extendió por casi una década. Y Bob Gibson de los Cardenales se había hecho virtualmente imbateable. Koufax, Marichal y Gibson —las cifras de los tres ese año fueron de primera. Gibson tuvo veintiuna victorias, veinte partidos completos, 225 ponches y un promedio de 2,44 carreras limpias. No tan bueno como Marichal, que ganó veinticinco partidos, tuvo veinticinco juegos completos, 222 ponches y un promedio de 2,23 carreras limpias. Lo cual no fue tan bueno como Koufax, que terminó la temporada con veintisiete triunfos, veintisiete partidos completos, 317 ponches y un promedio de 1,73 carreras limpias.

El mánager Harry Walker asistió ese año a la Serie Mundial como un fanático, presenciando como los Dodgers perdían frente a los Orioles de Baltimore. Todo lo que él quería hacer era hablar de su equipo, y especialmente acerca del líder de su equipo. En el estilo peculiar del propio Walker —derribando a alguien y luego levantándolo aún más arriba— él promovía a Clemente como el jugador más valioso de la liga. "Clemente tiene sus críticos", dijo. "Él es un hipocondríaco tal que algunas personas también creen que es un simulador. Pero ningún hombre dio más de sí ni trabajó más altruistamente por el bien del equipo que Roberto. Sé que ya se han dado los votos por el jugador más valioso. Estoy convencido de que Clemente lo merece. Obténgalo o no, él es el más valioso en mi libro".

Cuando contaron los votos por el JMV, resultó ser una competencia entre Koufax y Clemente. En sus fantasías más tenebrosas, Clemente creía que no había modo en que él pudiera ganar esta competencia —el mimado de Los Ángeles y Nueva York versus el hombre olvidado de Pittsburg y Carolina—, el héroe americano, que lanzaba a pesar del dolor, versus el hipocondríaco y el holgazán puertorriqueño. Pero ahora, seis años después de que él había estado dándole vueltas a su amargura por haber quedado en octavo lugar en la votación de 1960 —una herida tan profunda que rehusó en lo adelante usar su anillo de la Serie Mundial de 1960— llegaba la redención, Koufax recibió 208 votos, Clemente 218. Al final, los cronistas deportivos norteamericanos lo reconocían como el Jugador Más Valioso de la Liga Nacional.

Tienen que visitarme en Puerto Rico después de la temporada, les dijo Clemente a Carolyn y Carol, sus hermanas norteamericanas, o Caro-

lina la madre y Carolina la hija. La madre no podría librarse de su trabajo con la oficina regional del Departamento de Vivienda y Desarrollo Urbano (HUD, por su sigla en inglés), la agencia federal donde
trabajaba, además de dedicarle tiempo a su nuevo novio, Nevin Rauch,
que no tardaría en convertirse en su marido. Decidieron que la hija
debía ir. Carol, en su último año de la escuela secundaria, llegó a San
Juan a mediados de diciembre de 1966, durante la larga y jubilosa temporada navideña, y se quedó con los Clemente en el cuarto de visitas
de su casa en la loma, donde la trataron como a un miembro de la familia. Había dos niñitos ahora, Robertito y Luisito. La casa era cálida,
siempre llena de gente, con visitantes que pasaban de día y de noche.
La situación de Roberto en la Isla era más importante que nunca,
ahora que en el continente lo habían reconocido como el mejor, y lo
solicitaban continuamente. "Él me explicó que estaría muy ocupado,
que estaba metido en muchos asuntos de la comunidad y en negocios",
recordaba Carol. Ella pasó la mayor parte de los días con Vera, cuyo
conocimiento de inglés era aproximadamente tan limitado como el
español rudimentario de Carol. Ella llevaba consigo un pequeño dic-
cionario. Pasaban horas en la cocina durante el día. Vera era una extraordinaria cocinera, pero tenía que limitar algunas de sus recetas por su
marido, que era un adicto a las proteínas. Ese invierno estaba en una
dieta de hígado y huevos. Por la noche, Carol y Vera se sentarían en la
gran cama del dormitorio con los dos niñitos y jugarían cartas y cantarían canciones en inglés y español.

Carol sentía como si ella hubiera reencarnado con un alma hispana.
Clemente siempre estaba hablando de cuánto le dolía la espalda. Él
intentaría enseñarle nuevas palabras en español, y aprender inglés con
ella, y ella querría reírse de su inglés porque su pronunciación era
atroz. "Pero tenía que ser realmente cuidadosa porque él era muy sensible a la crítica. Yo le decía, 'bueno, lo estás logrando ahí' ". Él siempre lograba algo, creía ella. Cuando tenía algún tiempo libre, Roberto
metía a la familia y a Carol en su Cadillac, al que trataba como si fuera
un jeep, y se iban a pasear por la isla. Fueron a la playa cerca de la
bahía de los cangrejos, donde a él le gustaba recoger maderas traídas
por la corriente. Luego fueron hasta la finca que tenía en las afueras
del poblado de El Verde y cerca de la exótica flora tropical de El Yun-

que. Clemente parecía una persona diferente en la finca, totalmente a gusto entre sus cerdos, caballos y cabras, y recorriendo sus sembrados de plátanos y café. Le mostró orgullosamente a Carol cómo había construido la casa de campo por sí mismo y cómo había decorado el interior con bambúes. Dondequiera que fueron, Roberto tenía un porte que la asombraba, pero ella podía ver que se manifestaba con más fuerza en el lomerío, en el corazón de su tierra. "Regresé asombrada de lo humilde que él era, de lo normal que era; pero muy conectado con la gente. Si los niños lo reconocían o la persona de apariencia más humilde del lugar donde estuviéramos pasando se acercaba a él, el encuentro terminaba en una larga conversación. No recuerdo un solo momento en que Roberto no tuviera el tiempo para conversar con alguien que lo abordara. Nunca hubo una ocasión en que no se detuviera. No lo recuerdo nunca evadiendo o cortando a alguien. Y especialmente si ese alguien era joven". Clemente entre su pueblo fue una imagen que ella grabó en su memoria. En ese entorno, lejos de los estadios de las grandes ligas, dijo ella "uno podía verlo como un profeta."

10

Un escenario circular

EL ENTRENADOR DE LOS PIRATAS, TONY BARTIROME, pensaba que Roberto Clemente era muy semejante a su mujer. Le preguntaban cómo se sentía y él te decía "bueno, se me ha presentado esta cosa con el cuello". Clemente no saldría de la pregunta con un evasivo "bien". Tomaba su cuerpo en serio y consideraba las preguntas al respecto con seriedad. Un alto en la mesa de entrenamiento antes del juego era una cita diaria, otro de sus rituales, semejante al no dormir de noche y a quejarse de los cronistas deportivos. Era su modo de relajarse, o de evitar a la gente a quien no quería ver, pero siempre había una afinación que hacerle. Esto conllevaba fundamentalmente frotaciones. Bartirome le daría masajes en el cuello durante cinco o seis minutos. Las radiografías mostraban que parte de la rigidez del cuello era artritis, producida por las lesiones del accidente de tránsito que tuvo en Caguas cuando se dirigía a su pueblo para ver a su hermano moribundo en 1954. Después del trabajo en el cuello, Clemente se acostaría boca abajo para que le halaran el tendón de Aquiles durante unos minutos, luego la atención se centraba en su región lumbar. Con frecuencia se relajaba hasta el punto de que casi se quedaba dormido en la mesa, de donde salía semiinconsciente llamando a Bob, "¿Dónde está Bob?"

Se trataba de Bob Veale, el colosal lanzador zurdo de seis-seis. Veale había cometido el error de frotarle el hombro a Clemente una tarde, un acto amistoso al que siguió un buen día en el plato. "De ahí en adelante ya tuve un trabajo de por vida", recordaba Veale. "En todos los juegos tenía que darle un masaje. Tenía que frotarle el hombro para darle buena suerte. Creía que sólo tendría un buen día si yo lo frotaba, y eso

le pasaba bastante a menudo. Si decía 'frota duro', yo lo frotaba duro".
Al igual que muchos peloteros, Clemente tenía sus supersticiones.
Algunos rituales le traían buena suerte, otros mala. Podría haberse
equivocado al final, pero durante la mágica temporada de 1960 había
insistido en que la banda Dixieland del equipo era un maleficio, especialmente cuando seguía a los Piratas en sus giras, y no la quería cerca
de él. Tenía camisas de la suerte que usaría hasta que los Piratas perdían. Y ahora las manazas de Bob Veale eran una fuerza bienhechora.

El cuarto de entrenamiento era un santuario interior para los jugadores, pero sobre todo era la madriguera de Clemente. Tanto como él
amaba el béisbol, así de obsesivo era con las artes curativas. Se tenía
por un entrenador adjunto, y sabía más sobre masajes que Bartirome,
un ex primera base que se convirtió en un entrenador eficaz para
poder quedarse en los predios de un club de las mayores. Siempre que
un compañero de equipo, un instructor o un amigo se quejaba de un
dolor de espalda o de articulaciones, Clemente le ofrecía sus servicios.
De muchas maneras estaba adelantado a su época, era un experimen-
talista de la Nueva Era en busca de métodos no invasivos para calmar
el dolor. Con sus manos largas y sensibles, era especialmente adepto a
los masajes profundos. "Era algo … sobrenatural", decía Vera. "Él te
apretaba y te decía tú tienes esto o aquello y descubría los problemas.
Podía ver con las puntas de sus dedos". La noche en que Harding
Peterson, un ex receptor que se convirtió en un director de búsqueda
de talentos, se quejó en el campo de entrenamiento de un dolor en la
zona lumbar, Clemente, aunque vestido para una cena, sacó aceites
de su cuarto, se quitó la chaqueta, se arremangó la camisa y se puso
a trabajar, friccionándole la espalda a Peterson por veinte minutos.
Con frecuencia, llevaba linimentos en su bolsa de viaje para tales
emergencias.

Otro instrumento de su oficio parecía salido directamente de la
ciencia ficción, un aparato que una vez se disparó y le hizo una roncha
al instructor Clyde King en el trasero. "Parecía una especie de híbrido
entre un hierro de marcar vacas y un matamoscas, con unas malditas
chispas que volaban por todo el lugar", recordaba el lanzador Steve
Blass. Pero Clemente también podía usar algo tan sencillo como su
bate, que empleó con efectos benéficos en Les Banos, el fotógrafo del

equipo. Banos se quejó una vez de rigidez lumbar antes de un juego en Montreal luego de haber soportado dos vuelos de un extremo al otro del país en el transcurso de veinticuatro horas, y Clemente le alivió el dolor manipulando diestramente su Frenchy Uhalt modelo Louisville Slugger en los puntos de presión del pequeño fotógrafo húngaro, prestándole nuevo sentido a la descripción que se hacía de él de un mago con un bate en las manos.

A lo largo de los años, mientras Clemente buscaba ayuda para el dolor crónico en la espalda y en la columna, llegó a hacerse un devoto de los quiroprácticos. Su interés en esta disciplina se remontaba a 1957, su tercera temporada en las mayores, cuando su dolor era tan intenso que contempló la idea de jubilarse. Durante una escala de la gira en San Luis, visitó el Colegio de Quiroprácticos Logan, donde su fundador Vinton Logan le tomó radiografías que revelaban el estado artrítico del cuello de Clemente y le alivió el dolor. A partir de ahí, Clemente se sometía a tratamiento siempre que los Piratas estuvieran en San Luis, y también empezó a buscar quiroprácticos en San Juan y en Pittsburg. Aprendió sus técnicas de manera tan completa que comenzó a considerarse miembro de esa profesión. Vera recordaba que tenía anaqueles de libros sobre quiropráctica. "Era un quiropráctico sin licencia", decía ella. "Trabajaba con muchos pacientes que tendrían que haber visitado a cirujanos". Según comenzó a pensar en su futuro después del béisbol, con frecuencia hablaba de dos sueños paralelos: uno era dirigir una ciudad deportiva gratuita para los niños puertorriqueños; el otro era abrir un lucrativo centro vacacional quiropráctico junto al océano en las afueras de San Juan.

Cuando creía que los cronistas deportivos confundían su obsesión con la salud con hipocondría se encolerizaba. Pero dentro de la casa club, aprendió a tolerar eso. A principio de la temporada de 1967, sus compañeros notaron un cambio sutil, él podía bromear y tolerar las bromas de los demás sin enfadarse. Año tras año, a partir de ahí, fue el centro de la diversión en los camerinos. Su apodo para Bartirome era Dago. "Yo también soy un Dago", insistiría, señalando que Clemente también era un apellido italiano. "No sé si eran las personalidades que había en el equipo o que él hubiera madurado y sintiera que estaba bien que bajara la guardia y disfrutara y tonteara con nosotros, pero parecía más suelto", observó Blass. Probablemente sucedieron ambas cosas, y también respondía al hecho de que con el premio al JMV en 1966 sentía alguna medida de merecido reconocimiento. En cualquier caso, era una señal de que se sentía cómodo en el papel de líder del equipo.

Bartirome oyó una vez a Clemente decirle a un reportero que él se mantenía en forma levantando pesas y trabajando en el gimnasio tres horas diarias fuera de temporada. Era la manera de bromear de Roberto; ni una palabra de eso era verdad. Su físico era una maravilla de la genética, no una creación artificial. Él era cuidadoso con lo que comía. Hacía hincapié en los vegetales, siempre estaba en busca de un nuevo batido de frutas y presumía de saber cuando dejar la mesa; pero nunca levantó pesas, y sus ejercicios durante la temporada de descanso eran poco más que caminar por la playa en busca de maderas arrojadas por el mar, jugar un poco más de béisbol, limpiar las alfombras y podar el césped. Sin embargo, su cuerpo apenas había cambiado desde que tenía dieciocho. Con cinco pies once pulgadas de estatura, su peso fluctuaba escasamente entre las 182 y las 185 libras. Sus bíceps y pantorrillas tenían una musculatura fibrosa sin llegar a ser realmente musculosos. "Él era una escultura. Podía haber posado para las estatuas griega", decía el fotógrafo Banos. "Lo que uno veía en él era arqueología. Era un modelo perfecto. Ni una onza de grasa de más. Todos los músculos como debían ser. Una figura perfecta para un hombre de cualquier edad".

Debido a sus dolores persistentes y a sus lesiones ocasionales, en torno a Clemente se crearon algunas nociones erróneas. Algunos pensaban que él tenía el tipo de cuerpo muy tenso, siempre a punto de quebrarse debido a una incapacidad física. Nada estaba más lejos de la realidad. Clemente tenía la capacidad de ir a toda velocidad sin haber hecho calentamiento. Era notorio por quedarse rezagado en el camerino hasta el último momento. Si un juego comenzaba a las ocho, saldría de la casa club a las 7:58:30, e iba derecho a trabajar. "Veinte segundos antes del juego saldría para el terreno", decía Bartirome. "Nunca hizo carreras ni ejercicios de calentamiento. Y había algo en él, algo que él hacía, que yo no creía que ningún hombre podría hacerlo sin lastimarse seriamente. En la primera entrada, podía batear una pelota y correr a primera a toda velocidad y luego cinco pies antes de la primera detenerse —del todo. Una parada en seco. Nunca vi a un pelotero hacer eso. Él no se detenía gradualmente. Era increíble".

Para Clemente, el 1968 comenzó con dificultades. En febrero, luego de ganar su cuarto campeonato de bateo en la temporada anterior, intentaba trepar entre dos patios construidos en la falda de la loma de su casa en Río Piedras cuando una barra de acero se desplomó y él se cayó, lastimándose el hombro en la caída. Se presentó tarde y lastimado al entrenamiento de primavera sin decirle a los funcionarios del club lo que había sucedido. Un médico de Puerto Rico había sugerido que descansara el hombro durante varios meses, le dijo él a un amigo, pero se sentía impulsado a jugar, aunque fuera tan sólo para demostrarles a los que dudaban de él que no estaba fingiendo. "No debía haber jugado en el entrenamiento de primavera", dijo más tarde. "Debí haberme ocupado de mi hombro".

La lesión lo molestó durante todo el año, y también lo atrasó un brote de gripe, y el resultado fue su peor temporada de la década, que en su caso significaba que bateó *solamente* .291. Luego de temporadas de .314, .312, .320, .339, .329, .317 y .357 —sumadas a cuatro títulos de bateo y un premio al JMV— un promedio de 291 puntos era considerado un miserable desplome. Pero Clemente no estaba por debajo de la norma en lo físico, batallaba durante una temporada que llegó a ser conocida como "el año del lanzador" cuando todos los bateadores tenían dificultades. Sólo cinco jugadores de la Liga Nacional batearon más de 300 puntos en 1968, y el promedio de Clemente quedó en el décimo lugar de la liga. Richie Allen quedó en el vigésimo quinto lugar con 263 puntos. Entre tanto, el promedio compuesto de carreras limpias para los lanzadores de la Liga Nacional alcanzó un récord bajo de 2,98. Bob Gibson, a sólo un año de haberse roto la pierna derecha por una línea imperfecta de Clemente, lanzó el año más imbateable en la historia del béisbol, terminando con el promedio inhumano de carreras limpias de 1,12. Juan Marichal lanzó treinta partidos completos esa temporada y Don Drysdale lanzo 58,2 entradas consecutivas sin anotaciones.

Que Clemente tuviera un año flojo en esas circunstancias era comprensible. En todo sentido, con el regreso de los Piratas a un récord negativo, 80-82, era una temporada que deseaba olvidar. En conversaciones con Vera, contempló por primera vez la idea de jubilarse, aunque siempre añadía, "en uno o dos años". Una preocupación constante era la cantidad de vuelos que un jugador de las ligas mayores tiene que soportar. Durante la larga temporada, el avión se convierte en una segunda casa, pero nunca resultó cómodo para Clemente. En 1968 tan solo, los Piratas volaron de Pittsburg a Houston a San Francisco a Los Ángeles a Pittsburg a San Luis a Pittsburg a Filadelfia a Atlanta a Pittsburg a Nueva York a Chicago a Cincinati a Pittsburg a Los Ángeles a Houston a San Francisco a Pittsburg a San Luis a Filadelfia a Nueva York a Chicago a Pittsburg a Atlanta a Pittsburg a Cincinati a San Francisco a Los Ángeles a Houston a Pittsburg a Cincinati a San Luis a Atlanta a Pittsburg a Nueva York a Filadelfia a Pittsburg a Chicago y de nuevo a Pittsburg. Estuvieron en el aire por más de noventa horas y recorrieron 35.080 millas.

Los Piratas tenían un grupo de jugadores en esa época que tenía miedo a volar, entre ellos Donn Clendenon, Willie Stargell, Juan Pizarro y Clemente. Stargell comenzaba a rezar en voz alta siempre que el avión en el que iba sobrevolaba el Gran Cañón y encontraba alguna turbulencia. Clemente y Clendenon se pusieron tan nerviosos en un vuelo durante una tormenta eléctrica en el Medio Oeste que se bajaron en una escala en Cincinati y regresaron en autobús a Pittsburg. A Pizarro, mientras jugaba para los Indios, el mánager Alvin Dark lo multó por rehusar volar de Detroit a Cleveland. Clemente era demasiado orgulloso para demostrar miedo en presencia de extraños, pero hablaba de los peligros de volar con sus amigos. "Solía decirme que iba a morir en un accidente aéreo", recordaba José Pagán. Luego de dejar los Gigantes por los Piratas en 1965, Pagán con frecuencia se sentaba al lado de Roberto en el avión del equipo, y notaba que éste nunca dormía cuando estaban en el aire, incluso durante los vuelos de un extremo a otro del país en medio de la noche. "Cierta vez, en un vuelo a Los Ángeles tarde en la noche, Clemente de alguna manera se quedó dormido. En el sueño empezó a saltar, y yo le dije, '¿qué te pasa? ¿Por qué saltas?' " —recordaba Pagán "¿Qué pasó, comiste conejo o algo por el estilo? Y me dijo, 'sabes lo que pasa, José, tú sabes que rara vez duermo en los aviones. Me quedé dormido y estaba soñando que el avión en que viajábamos se estrellaba, y que el único que se mataba era yo' ".

Cuando Juan Pizarro oyó ese cuento, le dijo a Clemente en su estilo impasible "bien, muérete cuando yo no esté en el avión ¿*okay*?" Pagán tomó a Clemente más en serio e intentó persuadirlo de que los sueños no hay que creérselos al pie de la letra. "Yo le dije, Clemente, no debes pensar en eso. Eso no es más que un sueño. Yo sueño a veces que soy rico. Eso no significa que lo voy a ser… desafortunadamente".

Vera era la que más se enfrentaba al fatalismo de Clemente, aunque ella odiaba oírle hablar de ese modo. Desde la época en que se casaron, él le había dicho que no esperaba vivir mucho tiempo. "Siempre tenía la idea de que moriría joven", recordaba ella. "Decía, 'yo sé que moriré joven, que nunca llegaré a viejo, y tú probablemente te volverás a casar'. Yo le decía, 'No digas eso. Primero, no hables de cosas tristes. Segundo, si algo te pasara, Dios no lo quiera, nunca me volveré a casar'. Siempre estaba hablando de eso. Él contaba su tiempo".

A fines de la temporada de 1968, luego del partido final en Chicago contra los Cachorros, él y Vera volaron a Nueva York y se quedaron con sus amigos Carlos y Carmen Llanos en el Bronx para descansar antes de iniciar unas largas vacaciones en Europa. Él no temía volar con Vera porque en sus premoniciones ella siempre lo sobreviviría. Estando en Nueva York, fueron a comprar muebles para despacharlos a Puerto Rico. A Roberto le gustaba comprar, y era bastante particular en sus gustos. Compraba su colonia en una tiendecita en Montreal que quedaba enfrente del hotel Queen Elizabeth, donde podía mezclar las fragancias (una mezcla de Royal Copenhagen) y guardar archivados los ingredientes. Para trajes prefería Clothes of Distinction en la Disco Mart de Chicago (talla 38R). Sus ropas eran refinadas pero de moda, con los cuellos cada vez más grandes y las rayas más anchas según las tendencias de la época. Gran parte de los muebles de la casa de Río Piedras los habían comprado en Pittsburg, famoso por sus elegantes tiendas por departamentos, pero él creía que podría encontrar algo más en Nueva York. Lo que comenzó como una búsqueda de muebles terminó con una lección de sociología que se convirtió en parte de la leyenda de su vida.

El nombre de la tienda se ha perdido para la historia; Roberto nunca la mencionó por el nombre, ni tampoco Carlos Llanos, que los acompañaba, y Vera no puede acordarse. El resto de la historia resultó inolvidable para todos ellos. Vera estaba embarazada de su tercer hijo, Roberto Enrique, al que llamarían Ricky. En su billetera, Clemente llevaba un grueso fajo de billetes de cien dólares y cheques de viajero, en total unos 5.000 dólares. Cuando un vendedor los recibió a la puerta, Roberto le dijo que quería echarle un vistazo a los muebles que se exhibían en el primer piso. El empleado le pidió que esperaran hasta que apareciera un empleado que los llevara a otro piso de muebles más baratos. "Así que nos llevaron a un lugar donde me mostraron muebles que no eran los que tenían en exhibición". Contó Clemente años después en una entrevista con el teledifusor Sam Nover. "Y yo le dije 'nos gustaría ver los muebles de abajo que tienen en la exhibición'. Y me contestaron. 'Bueno, no va a tener suficiente dinero para comprar eso… son muy caros'. Y yo le dije. 'Bien, me gustaría verlos porque tengo el derecho de verlos como un ser humano, como el público que los compra' ".

A insistencia de Clemente, regresaron al salón de exhibiciones de los muebles más clásicos. Clemente sacó su billetera, hizo un gesto hacia un mueble que le gustaba, y preguntó, "¿Cree usted que esto pueda comprarlo?" Vera notó que otro empleado se había quedando mirándoles, perplejo. "Yo sé quién es usted", dijo finalmente, pero no podía acordarse del nombre. Cuando Clemente a regañadientes se identificó, la actitud del empleado de la tienda cambió. Ahora estaba solícito, tomando del brazo a la embarazada Vera mientras les mostraba lo que tenían. Tal como Clemente recordaba la escena después: "cuando descubrieron quién era yo dijeron que tenían siete pisos de muebles y que nos los mostrarían sin ningún problemas, usted sabe, cuando ustedes entraron creíamos que eran como otros puertorriqueños".

Nada podría haber enfurecido más a Clemente, que llevaba por todas partes su intenso orgullo por su pueblo, en particular de los pobres de Puerto Rico. "Le dijo, 'mire, su negocio es venderle a cualquiera. No importa si soy puertorriqueño o judío o lo que usted me quiera llamar. Pero usted ve, eso es lo que realmente me enfurece: porque yo soy puertorriqueño usted me trata distinto a los demás. Tengo el mismo dinero americano que usted le pide a la gente, pero recibo un tratamiento diferente. Ahora mismo usted ha tratado a mi esposa de otra manera, y a mi amigo, porque somos puertorriqueños. ¡Y sabe qué, yo no quiero comprarle sus muebles!' Y me fui".

Desde que viniera a trabajar en los Estados Unidos en 1954, al comienzo de la era de los derechos civiles, Clemente se había hecho más militante en cuestiones de igualdad racial. Martin Luther King Jr. estaba en el tope de la lista de las personas que él admiraba. Se habían encontrado varias veces, y King pasó una vez parte de un día hablando con Clemente en su finca de Puerto Rico. Cuando King fue asesinado en abril de 1968, Clemente fue de los primeros en insistir que los Piratas y los Astros aplazaran la apertura de la temporada en Houston hasta después del funeral del asesinado líder de los derechos civiles. Conforme al calendario, habría juegos en Houston el 8 y el 9 de abril. King fue sepultado el día 9. Los Piratas y los Astros, a insistencia de los jugadores, suspendieron el juego hasta el 10 de Abril. Al Oliver, un negro miembro del equipo que se consideraba uno de los discípulos de Clemente, dijo que éste conversaba con él, más acerca de la vida que del béisbol. "Nuestras conversaciones siempre giraban en torno a personas de todas clases que eran capaces de arreglárselas de alguna manera, sin excusas por lo que no debería ser… Tenía problemas con la gente que trataba a otros de manera diferente debido a su lugar de origen, su nacionalidad, su color, también por ser gente pobre… eso era lo que yo realmente respetaba más de él, su carácter, las cosas en las que creía".

Lo que Clemente admiraba más de King no era su filosofía de la no violencia, sino su capacidad de darle una voz al que no la tenía. "Cuando Martin Luther King comenzó a hacer su labor, cambió todo el sistema americano", dijo Clemente. "Puso a la gente, a la gente del gueto, a la gente que no tenía nada que decir en aquellos días, a decir lo que habían querido decir durante muchos años y nadie había escuchado. Apoyadas por este hombre, esta gente fue a los sitios donde se suponía que estuvieran pero donde no los querían, y se sentaron allí como si fuesen blancos y llamaron la atención del mundo entero. Ahora bien, esos no fueron solamente los negros, sino las minorías. La gente que no tenía nada, y los que no tenían nada que decir en esos tiempos porque no tenían ningún poder, comenzaron a decir cosas y comenzaron a hacer piquetes, y esa es la razón por la que digo que él cambió al mundo entero…"

Los Clemente pasaron veintidós días en Europa. A Roberto le gustó España e Italia. Todos los días recorría las calles, conversando con los extraños, escuchando las historias de sus vidas. En Roma, renovando su presunción de que todos los Clemente eran en parte italianos, pedía temerariamente del menú sin saber el idioma, sólo dándose cuenta de lo que había pedido cuando le traían la comida. "Cuando le trajeron ese pedazo de carne cruda… ¡ah! Nos echamos a reír. ¡Tú no eres tan italiano! Un bistec crudo", recordaba Vera. Antes del viaje, Clemente había conversado varias veces con su amigo Les Banos, el fotógrafo de Pittsburg, acerca de esta gira. "Clemente quería saber cómo trataban a la gente en Europa", dijo Banos tiempo después. "Si había prejuicios en Europa". Banos, que hablaba con un áspero acento húngaro, había trabajado como espía durante la segunda guerra mundial, infiltrando los SS húngaros y ayudando secretamente a los judíos a escapar. Fue después de escuchar a Banos y de visitar Alemania que Clemente comenzó a tener pesadillas en que se encontraba escondido debajo de una casa mientras oía las botas de un soldado alemán que caminaba por encima. Al llegar al aeropuerto de Berlín, a él y a Vera los detuvieron brevemente cinco hombres que no se identificaron y que empezaron a hacerles preguntas y que desaparecieron una vez que el guía de turismo se acercó y dijo "¿Señor Clemente?" Deben haber estado buscando a otra persona. Cuando su grupo pasó el punto de control Charlie, [que separaba a Berlín Occidental del Oriental], Clemente le dijo a Vera que temía que los fueran a detener. "Había un mexicano en nuestra gira, y cuando paramos para comprar unas gaseosas, le estaba haciendo preguntas a la guía comunista y la guía se estaba poniendo nerviosa", recordaba Vera. "El mexicano comenzó a gritar

'¡Viva México, libre!' y Roberto dijo. 'Mejor se calla o le daré un puñetazo al mexicano!' "

A través de toda su carrera, a Clemente se le conoció por dar buenas
primeras impresiones en el terreno. Al comienzo del campeonato de
los Piratas en la temporada de 1960, impulsó cinco carreras en los primeros juegos en la sede. En su primer turno al bate en la Serie Mundial, conectó un sencillo en una carrera y sacó al abridor del juego. Aun
durante su primer año en el béisbol organizado, cuando los Dodgers
intentaban esconderlo en Montreal, bateó un jonrón dentro del parque
en su primer partido de entrenamiento de primavera. Durante todo
ese tiempo disfrutaba también del cálido abrazo de los fanáticos. Los
exabruptos ocasionales en su trato con los cronistas deportivos parecían tener poco efecto en la gente de las tribunas. Eso cambió, si bien
brevemente, en la tarde del domingo 13 de abril de 1969. Ya él había
dejado atrás el 1968, que había sido un año perdido, pero ahora en la
primera semana de una nueva temporada, estaba haciendo una primera mala impresión, y eso no lo ayudaría con los fans. Los Piratas
habían ganado sus primeros tres juegos de gira contra los Cardenales,
y luego vinieron a su sede para una serie contra los Filis. A principios
de esa primavera, Clemente había sido criticado en la prensa por
haberse ausentado durante varios días del entrenamiento de primavera para que Arturo García, un masajista de San Juan, le tratara su
espalda adolorida. Joe Finegold, el médico del equipo, había sugerido
en una conversación privada con cronistas de béisbol que esto era
médicamente insano y estaba a un paso de la brujería, un juicio que
sólo contribuía a robustecer la noción de que Clemente, pese a todas
sus dotes, era un individualista más que un jugador en equipo y que
bordeaba la excentricidad en lo tocante a problemas de salud. Ahora,
en dos juegos poco característicos, Clemente bateó para tres doble
plays y pifió una bola bateada al jardín derecho que se convirtió en un
doble. Roy McHugh, entonces editor de deportes del *Pittsburgh Press*,
miraba el juego desde el estrado de la prensa, y oyó algo que nunca
había oído antes: los fans saludaban al gran Clemente con un sonoro
abucheo.

"Amor y odio, dice un dicho popular, son los lados opuestos de la misma moneda", escribió McHugh en su columna al día siguiente. "Ello explica, el apasionado abucheo de Roberto Clemente en el Forbes Field el domingo por la tarde". Bajo el titular de LA INCONSTANCIA ES UNA COSA MUY NORMAL, McHugh colocaba a Clemente en la compañía de otros grandes jugadores que habían sido abucheados en sus propios estadios: Ted Williams en Fenway, Mickey Mantle en Nueva York, e incluso Joe DiMaggio, de quien se mofaron al inicio de su carrera por rehusar saludar tocándose la gorra. Pero Williams, Mantle y DiMaggio, escribió McHugh, todos ellos se convirtieron "en deidades en sus años de decadencia. Clemente, en lugar de alcanzar la gracia lentamente, cae de ella enseguida".

McHugh era un periodista agudo y sutil, un profesional en todos los aspectos. Su observación acerca del abucheo era certera, sin embargo, hay algo más profundo en la nota sobre Clemente. Éste, a la edad de treinta y cuatro años, fue abucheado por un día, pero en efecto él era ese atleta raro que iba lentamente ganándose la benevolencia del público, no sólo como pelotero, sino como ser humano. La realidad de muchos atletas, aun de los que llegan a ser celebrados como deidades, es que disminuyen con el tiempo; a Clemente le ocurrió lo contrario, sintiéndose cada vez más seguro de sí y de su papel en la vida. Como un agudo observador, McHugh captó algunas de estas señales. Notó que Clemente ya podía reírse de sí mismo y de su reputación al quejarse de sus achaques y sus dolores. Esa misma semana en que oyó sus primeros abucheos, Clemente se apareció en el cajón de bateo mostrando un "dedo horriblemente inflamado", que resultó ser una broma pesada. Y su respuesta a los abucheos también fue una muestra de madurez. En vez de hacer cualquier clase de gestos obscenos, como Ted Williams, o quejarse de ser incomprendido, Clemente saludó hacia las gradas con su casco de bateo, como si les diera las gracias. En el cuarto del entrenador después del juego, Tony Bartirome salió en defensa de Clemente. "Esos sucios canallas, abucheándote de esa manera", dijo Bartirome. "Merecía ser abucheado", respondió Clemente. "Me porté muy mal".

Más tarde, hablando con Bill Mazeroski, su más antiguo compañero de equipo, Clemente le confesó que lo había lastimado que los fanáticos lo hubieran abucheado "después de todo este tiempo". Pero él no los criticaría en público. Ellos lo habían exaltado tantas veces en su carrera. Eran como sus padres, siempre lo respaldaban. Sólo estaban juzgando sus acciones en el terreno, y batear tres veces para doble *play* y cometer un error eran hechos que merecían abucheos. Él nunca jugaría para otros fans, afirmó.

Existía una distinción en cualquier caso entre apoyar al Pittsburg y ser un fan de Clemente. Los verdaderos fanáticos de Clemente, muchos de ellos jóvenes, nunca lo abuchearon. Uno de esos fans era Juliet Schor, una estudiante de décimo grado en la escuela secundaria de Winchester Thurston en el barrio de Shadyside, que se describía como "una adoratriz obsesiva de Roberto Clemente", que tomaba fotos suyas en la televisión y que recortaba cualquier mención de él en los periódicos de Pittsburg. Schor también tenía una pelota que un amigo de su padre le había traído del entrenamiento de primavera y se la habría entregado en el Hospital Infantil donde la estaban sometiendo a tratamientos preoperatorios para la escoliosis. Era una pelota Wilson, de la Liga Pony, forrada de cuero de caballo y firmada en tinta azul: "A Juliet, espero que cuando recibas ésta estés sintiéndote mucho mejor. Espero verte cuando vaya a Pittsburg. Con cariño, Roberto".

El apego de Schor a Clemente llegó a hacerse tan obsesivo que ella atravesó la ciudad en un autobús una mañana temprano sólo para estar en el estacionamiento de su complejo de apartamentos con la esperanza de verlo. Tendría tanta suerte que él salió hacia su auto llevando un cesto de ropa a lavar. Ella se sobrepuso a su emoción para acercársele y decirle exactamente cómo se sentía: "¡Estoy más enamorada de ti que de ninguna otra persona en el mundo!" Clemente sonrió. Ella pensaba que él había oído esto un millón de veces. Le dijo que iba a lavar. ¿Quería ella acompañarlo? "Me quedé totalmente desarmada por esto, que yo pudiera sencillamente... ir a lavandería con él", recordaba ella. "Tremenda persona. Fue tan increíblemente dulce y amable y gentil conmigo. Y tan real, también. Él estaba conversando conmigo como cualquier otra persona... En realidad, cuando vino a darse cuenta, resultaba demasiado abrumador y le dije 'oh, no'. Y él se fue. Tomó el auto para ir a la lavandería". Schor nunca volvió a ver a su héroe. Ella creció y se convirtió en profesora de sociología en Boston

College. Entre los recortes de su álbum de Clemente estaba el artículo sobre la gente que lo abucheó ese domingo remoto de abril en el Forbes Field. "Recuerdo que recorté el artículo del *Post-Gazette*", dijo ella después. "¡Que abuchearan a Clemente! Lo guardé por mucho tiempo, me molestaba tanto que hubiese sucedido".

Aparte de ese prematuro enredo del doble *play* y el error, Clemente les dio pocas razónes a sus fans para abuchearlo por el resto de 1969. El promedio de la temporada anterior, 291 puntos, era una aberración, no el típico declive de un pelotero que envejece. Clemente comenzó a golpear la pelota de nuevo con su tradicional ferocidad. Ningún lanzador de la Liga Nacional quería enfrentarse a él. Ferguson Jenkins, el as de los Cachorros, dijo que le parecía que cada vez que levantaba la vista "allí estaba el No. 21 en el círculo de espera provocándome un pánico terrible. Nunca me gustaba verlo allí ¿Yo no había acabado de pitchearle? Parecía que el turno le volvía a tocar demasiado pronto". La única manera de lanzarle a Clemente, decidió Jenkins, era "derecho al centro y abajo" —él podía alcanzar cualquier cosa afuera, por más fuera del plato que estuviera. Ésa había sido la opinión compartida de la mayoría de los jugadores de la Liga Nacional a través de la década del sesenta. Cuando Larry Jackson lanzaba para los Filis, se sintió tan frustrado en el intento de sacar *out* a Clemente que en su exasperación decidió tumbarlo. Clemente se levantó y bateó el próximo tiro por encima de la cerca del jardín central. De ahí en adelante, Gene Mauch, que entonces era el mánager de los Filis, estableció la regla Clemente. Como recordaba el segunda base Tony Taylor: "Mauch diría 'déjenle dormir. No lo despierten. No le tiren adentro porque los matará. Simplemente tírenle al centro del plato y déjenlo que la batee". Pero no había modo de cantarle *out* a Clemente, según Taylor. "Yo lo veía batear, y batear y batear. Era el mejor que yo haya visto burlando *pitchers*. Él parecía mal una vez al bate y luego los mataba con el mismo tiro la próxima vez".

Don Drysdale, el temible lanzador diestro de los Dodgers, reconoció que su miedo a una línea impulsada por el bate de Clemente ayudó a distanciarlo del juego. En una conversación en que reflexionaba sobre la jubilación con Bill Curry, el ex centro de los Green Bay Packers, Drysdale dijo que no podía ver a Clemente dirigiéndose lentamente hacia el plato sin "pensar en esa terrible cosa que le sucedió a Herb Score, el lanzador de los Indios, cuando Gil McDougald le bateó la pelota en la cara y casi lo deja ciego". El Big D "estaba en el montículo y miraba a Clemente y la historia de Score le venía a la cabeza y le producía un involuntario escalofrío", recordaba Curry que Drysdale le contaba. "Tan fuerte era la impresión que cuando le lanzaba la pelota, se encogía atemorizado ante el movimiento del bate, y bajaba un poco la cabeza".

El momento que terminó la carrera de Drysdale llegó el 5 de agosto, un jueves por la noche en los días de intenso calor del verano de 1969. Él estaba en el montículo en la sede de su equipo en Chávez Ravine. Clemente vino al plato y bateó una línea derecho al centro, la pelota salió disparada a tal velocidad que Drysdale pudo oír su zumbido al pasar. Tal como Curry describía la escena posteriormente, Drysdale tuvo la sensación de que un insecto le caminaba por el cuello y fue a sacudírselo. Luego, al inclinarse para coger la bolsa de pez rubia, notó que una substancia le corría por el dedo, y aún seguía sintiendo la irritación. Se palpó y descubrió que la oreja le estaba sangrando. La pelota realmente le había arrancado la piel de la parte de arriba de la oreja rumbo al *center field*". Él se quedó para lanzarle a un bateador más, al joven receptor, Manny Sanguillén, que era un discípulo de Clemente. El tiro de jonrón que Drysdale le lanzó a Sanguillén fue su último lanzamiento en las ligas mayores.

En ese mismo viaje a la costa occidental, Clemente tuvo otras de sus ocasionales oleadas de fuerza, bateando jonrones en tres consecutivos turnos al bate contra los Gigantes en San Francisco. (Ese juego, que los Piratas ganaron 10–5, marcó el segundo partido de tres jonrones de su carrera, siendo el primero en mayo de 1967 contra los Rojos cuando impulsó siete carreras pero los Piratas perdieron 8–7.) Clemente terminó la temporada de 1969 con un promedio de 345 puntos, diecinueve jonrones, doce triples (su octava temporada de diez o más de esos raros pero hermosos *hits*), y noventa y una carreras impulsadas. Perdió otro bate de plata el último día de la temporada frente a Pete Rose, quien hizo un toque para lograr un imparable en su último turno al bate que superó a Clemente por el título en bateo. Al finalizar la década del sesenta, una era brillante del béisbol de la Liga

Nacional iluminada por Mays, Aaron, Frank Robinson, Banks, Cepeda, McCovey, Koufax, Drysdale, Marichal y Gibson, Clemente terminó a la cabeza del deporte, con el mayor promedio de bateo de cualquier jugador a lo largo de toda la década. Los Piratas, que comenzaron los sesenta como campeones, pasaron la década intentando fútilmente regresar a ese nivel, pero al final parecía que al menos estaban de nuevo en el camino del triunfo. Con jóvenes jugadores que incluían a Sanguillén, Richie Hebner, Dave Cash, Bob Robertson, Gene Alley y Al Oliver que suplementaba al permanente y viejo Mazeroski y la máquina de bateo compuesta por el formidable trío de Clemente, Matty Alou (231 *hits*) y el bambino Willie Stargell, los Piratas terminaron 1969 con catorce juegos sobre 500 puntos en tercer lugar de la recién creada Division Este de la Liga Nacional, detrás de los Mets y los Cachorros.

Otro suceso de esa temporada no se divulgó en su momento, pero terminó por convertirse en parte de la leyenda de Clemente. Aparte de la banda de facinerosos que por razones obvias nunca se atrevieron a hablar del asunto, él fue el único testigo del incidente, de manera que la historia cuenta con su sola versión, tal como se la contó a Vera, a José Pagán, al cronista del *Post-Gazette* Bill Christine y eventualmente a la policía de San Diego. Ocurrió durante un viaje a la costa occidental después de un juego en San Diego. Según el relato contado por Clemente, él vio a Willie Stargell que regresaba al Motel *Town and Country* con una cajita de pollo que había comprado en un restaurante y le preguntó dónde la había conseguido. Stargell le indicó un restaurante cercano del otro lado de una calzada de ocho vías. Poco después, mientras Clemente regresaba andando con su comida, notó que un hombre se dirigía a él. De repente, un auto giró bruscamente y se subió a la acera, se abrió la puerta y el hombre corrió hacia Clemente y lo empujó dentro. Lo habían secuestrado cuatro hombres: dos mexicanos y dos mexicoamericanos. Uno conducía, otro le puso una pistola a Clemente en la boca, un tercero le mantenía un cuchillo en la espalda y el cuarto se le sentó en las piernas para que no se pudiera mover. Según cuenta Vera, que se corresponde con lo que Clemente le contó más tarde a Christine, los secuestradores lo llevaron hasta un parque aislado sobre el Valle de la Misión y le ordenaron que se quitara la ropa.

"Una vez que llegaron al parque, le quitaron la billetera y se repartieron el dinero", detallaba Vera. "Le quitaron la ropa, la corbata y lo único que le dejaron puesto fueron los pantalones y un zapato. Roberto estaba callado al principio… anestesiado por el miedo. Pero creyó que debía hacer algo. Cuando dijo "Yo soy Roberto Clemente y si me matan el FBI los va a encontrar, ellos no le creyeron". Clemente le contó a Christine una versión ligeramente distinta, diciendo que él les dijo a los hombres que él jugaba para los Padres de San Diego (suponiendo que ellos nunca habían oído mentar a los Piratas). En ambas versiones, él les instó a que miraran el anillo que le habían sacado del dedo. Era del partido de las estrellas y tenía su nombre grabado, y también se fijaron en las tarjetas de su billetera. Cuando los ladrones se dieron cuenta de que en efecto habían elegido como presa al famoso jugador de béisbol, todo cambió. "Le devolvieron todo", recordaba Vera que él le había dicho. "Juntaron el dinero que se habían repartido y lo volvieron a poner en la billetera, que le devolvieron. Tambien le devolvieron la camisa… y le dijeron que se pusiera la corbata para que tuviera una apariencia normal. Lo devolvieron al lugar donde lo habían raptado… y el corazón le volvió a latir cuando vio que regresaban. Uno de los ladrones le dijo, 'tome, dejaba su comida' ".

No sería inusual si esta historia, como tantas otras, adquiriera mayor dramatismo al repetirla. Cualquiera que fuese la realidad, se ajusta perfectamente a la mitología de Roberto Clemente como un hombre de pueblo, respetado incluso por malhechores callejeros.

Mil novecientos sesenta y nueve se recuerda en el béisbol como el año del milagro de los Mets. En su octava temporada, los Mets se impusieron a los Cachorros en agosto, derrotaron a los Bravos en las semifinales de división, y luego sacudieron a los favorecidos Orioles de Baltimore para ganar la Serie Mundial. Su campeonato fue un perfecto colofón a la sorprendente victoria de los Piratas en 1960, dos equipos de sobrantes perdedores derrotando al *establishment*. Desde una perspectiva de largo plazo, los Mets realizaron algo aun más improbable de lo que hicieron los Piratas al derrotar a los Yanquis. Los Mets de la expansión se convirtieran en el mejor club de béisbol luego de siete temporadas seguidas de ineptitud durante las cuales perdieron 737 juegos —un promedio de más de cien derrotas al año—y ganaron sólo 394. Su asombrosa resurrección ha ocupado su merecido lugar entre las grandes historias del béisbol moderno. No obstante, uno podría argüir que en términos de historia del béisbol era el segundo evento más importante de ese año. El acontecimiento más significativo del béisbol en 1969, y tal vez de toda la década, pudo haber tenido lugar después de la temporada, el 13 y el 14 de diciembre, dentro de un salón de conferencias del hotel Sheraton de San Juan, Puerto Rico, donde la Junta Ejecutiva de la Asociación de Jugadores de Béisbol de las Grandes Ligas celebraba su reunión anual de invierno.

A las diez de la mañana del trece, Marvin Miller, director ejecutivo de la asociación de jugadores, declaró abierta la sesión. Sentado junto a él estaba Richard Moss, un nativo de Pittsburg que servía como asesor legal. Miller, economista, y Moss, abogado, eran diestros organizadores que habían venido a la asociación de jugadores en 1966 provenientes de los sindicatos de los obreros del acero. A la mesa en torno a ellos se encontraban los representantes de cada equipo: Bernie Allen de los Senadores, Max Alvis de los Indios y Ron Brand de los nuevos Expos de Montreal; Moe Drabowsky de los Royals, Eddie Fisher de los Serafines de Los Ángeles y Reggie Jackson (sentado en lugar de Catfish Hunter) de los Atléticos; Ed Kranepool de los Mets, Denny Lemaster de los Astros, y Bob Locker de los Nuevos Pilotos de Seattle (a punto de convertirse en lo cerveceros de Milwaukee); Jim Lonborg de los Medias Rojas, Dal Maxvill de los Cardenales, y Tim McCarver de los Filis; Mike McCormick de los Gigantes, Milt Pappas de los Bravos y Jim Perry de los Mellizos; Gary Peters de los Medias Blancas, Phil Regan de los Cachorros y Brooks Robinson de los Orioles; Tom Sisk de los Padres, Joe Torre de los Cardenales y Woody Woodward de los Reds; Tom Haller en representación de la Liga Nacional, Steve Hamilton de la Liga Americana, y Jim Bunning por el Comité de Pensiones. Y representando a los Piratas de Pittsburg, Roberto Clemente. Bunning y Clemente, compañeros de equipo de los Piratas en ese tiempo y dos futuros miembros del Pabellón de la Fama, tenían la mayor antigüedad entre todos los jugadores, quince años cada uno; ambos habían entrado en las grandes ligas en 1955. Clemente, que había reemplazado a Donn Clendenon como representante de los jugadores luego de que a Clendenon lo cambiaran, era el primer jugador latino en la junta.

En tres años que llevaba Miller al frente del sindicato, los jugadores habían comenzado a autoafirmarse. En 1968, habían logrado el primer acuerdo colectivo con los propietarios, que entre otras cosas aumentaba el salario mínimo a 10.000 dólares. Ahora estaban negociando un nuevo contrato, y Miller dedicó la primera parte de la reunión a evaluar la última oferta de la gerencia. Los jugadores querían reducir el número de partidos regulares por temporada de 162 a 154, pero los propietarios rechazaron cualquier reducción. Los propietarios también rehusaron discutir todas las propuestas que les permitirían a los jugadores moverse libremente de un equipo a otro, y no considerarían el concepto de someter a arbitraje las disputas salariales. Convinieron "en principio" permitir que los jugadores trajeran a sus agentes a las negociaciones de contrato, pero rehusaron incluir ese lenguaje en el acuerdo básico. Su propuesta aumentaría el salario mínimo en 500 dólares por cada una de las próximas tres temporadas hasta la cifra eventual de 11.500 dólares. Aumentarían el dinero destinado a dieta diaria en 50 centavos (hasta $16.50) en un año. Por votación unánime, según consta en las actas de la reunión, los jugadores rechazaron la oferta pero instaron al comité de negociaciones a que continuara regateando con los dueños.

Los jugadores luego volvieron al problema central de las negociaciones, las restricciones al movimiento de los jugadores impuestas por lo que se conocía como la cláusula de reserva, que permitía a los equipos retener los derechos de los jugadores más allá de la extensión de un contrato, manteniéndolos sujetos de hecho a un solo equipo a menos que fueran cambiados o liberados. Por generaciones de peloteros, el sistema de reserva había sido una parte aceptada de la vida de las ligas mayores; todo el control quedaba en manos de los dueños. Ahora, lentamente, se empezaba a cuestionar este desequilibrio de poder. Miller hizo notar que en el Acuerdo Básico de 1968 los propietarios habían prometido participar en un estudio conjunto de "posibles alternativas a la cláusula de reserva tal como está constituida al presente" —pero desde la firma del acuerdo "no se había presentado de parte de ellos ni una sola idea de reforma". Los representantes de los jugadores estuvieron de acuerdo en que la cláusula de reserva era el problema más serio que encaraban y que tenía que resolverse en futuras negociaciones. Luego Miller presentó a un invitado, Curt Flood, el veterano jardinero central que había jugado doce temporadas para lo Cardenales de San Luis. En un trato demoledor al final de la temporada de 1969, a Flood, junto con Tim McCarver, el jardinero Byron Browne y el lanzador Joe Hoerner los cambiaron los Cardenales al Filadelfia por el primera base Richie Allen, el jugador del cuadro Cookie Rojas y el lanzador Jerry Johnson. El trato enfureció a Flood. Él no quería jugar para los Filis y comenzó a pensar en enfrentarse al sistema.

Al presentar a Flood, Miller recordó una conversación que habían tenido poco después del cambio de octubre. Miller dijo que él había sometido a Flood "al tercer grado" para probar sus convicciones. Los riesgos de un jugador individual que desafiara el sistema, agregó Miller, eran tan grandes que a él "le interesaba que cualquier jugador que hiciera esto entendiera todas las consecuencias —personales y de otro tipo".

Flood luego presentó su caso. Independientemente de lo que la asociación de jugadores decidiera hacer, dijo él, seguiría adelante con su caso. Aún no había hecho pública su decisión, pero estaba a punto de anunciar que estaba llevando a los dueños a los tribunales para desafiar la legalidad de la cláusula de reserva. Agregó que ya no estaba dispuesto a ser comprado y vendido como una propiedad. Todos los jugadores estaban siendo tratados como esclavos, afirmó. "Todos estamos bajo el mismo yugo". Alguien tiene que desafiar el sistema. "Siento que tengo las condiciones y la capacidad para hacerlo".

Según las notas oficiales de la reunión, junto con notas manuscritas más detalladas tomadas por uno de los participantes, Miller ofreció dos razones por las cuales los jugadores debían apoyar a Flood. Primero, cuando un miembro de la unión emprende una pelea que concierne a todos los jugadores "la asociación de jugadores debe brindar ayuda a su plena capacidad. Y lo más importante", arguyó, "deben unirse a Flood para garantizar que el caso se discuta efectivamente y no de lugar a un juicio fallido".

Jim Bunning le preguntó a Flood si él hubiera procedido con esta acción si no lo hubieran cambiado.

Flood respondió que sus sentimientos "se intensificaron por el cambio. Me hicieron sentir como si me estuvieran cambiando como un tareco".

Tom Haller preguntó si ser negro era uno de los motivos de Flood, dada la situación social en los Estados Unidos.

—Soy negro y me han negado mis derechos —dijo Flood—. Pero en esta situación, la raza no hace distingos. Somos peloteros, todos con el mismo problema.

Tim McCarver, que había sido cambiado del San Luis en la misma movida, preguntó qué podía suceder si Flood ganaba el caso.

Los tribunales sólo determinarían si el sistema era legal o no, respondió Marvin Miller. También podría imponer compensación por daños, pero la solución verdadera tiene que salir de la negociación colectiva con los dueños.

Bob Locker preguntó cuáles peligros podrían suscitarse si Flood ganaba.

—Peligros, ninguno —dijo Miller— siempre que todos nosotros entendamos que nuestro objetivo no es eliminarla [la cláusula de reserva], sino hacerle las revisiones adecuadas.

Milt Pappas preguntó si a una victoria de Flood seguiría el caos y otra veintena de jugadores decidirían seguir ese ejemplo.

Clemente intervino en defensa de Flood, señalando que al respecto él era el único jugador con el valor de emprender una acción.

—Hasta ahora, —dijo Clemente—, nadie está haciendo nada.

Si apoyaban a Flood, dijo Bunning haciendo suyo el argumento de Pappas, ¿qué le dirían al próximo jugador que solicitara su apoyo para un caso semejante?

—Debemos decirle al segundo jugador que no es del interés de la asociación de jugadores tener casos múltiples —dijo Miller—. Estamos respaldando un caso experimental.

—¿Qué otra cosa podemos hacer? —preguntó McCarver, esclareciendo su posición—. Creo que no nos queda otra opción [sino apoyar a Flood].

—Estoy de acuerdo —dijo Miller—. Es el modo más claro de establecer una posición.

Clemente luego volvió al tuétano emocional del caso de Flood, el desequilibrio de poder que permitía a los propietarios controlar el destino de un jugador. Contó la historia de cómo lo habían contratado los Dodgers de Brooklyn quince años antes porque él quería jugar en Nueva York, aunque los Bravos de Milwaukee le habían ofrecido tres veces más dinero. Pero los Dodgers decidieron no protegerlo en su nómina de la liga mayor e intentaron esconderlo en el banco de los Royals de Montreal. Clemente no tuvo ninguna participación en eso, y asimismo estuvo indefenso cuando los Piratas de Pittsburg se lo llevaron del Brooklyn en el sorteo suplementario. Con todo el poder en manos de los propietarios, le dijo él sus compañeros representantes de los jugadores, su decisión inicial de elegir un lugar por más dinero se vio reducida a nada. A los Piratas sólo le costó 5.000 dólares llevárselo, afirmó Clemente, y por esa suma miserable "me compró", dijo, refiriéndose al gerente general Joe L. Brown. A lo largo de quince años, según un cálculo conservador de Clemente, si los Piratas hicieron unos 300.000 dólares adicionales por tenerlo a él en el equipo, su ganancia neta había sido de 295.000 dólares.

Dick Moss, el asesor legal, dijo después que cuando Clemente habló todo el mundo escuchó. Aunque él estaba contando su propia historia, su argumento no era la queja de una superestrella adinerada —entre los pocos jugadores en la sala que entonces hacían más de 100.000 dólares al año— sino una declaración de solidaridad con los jugadores jóvenes. "A Roberto lo respetaba todo el mundo", dijo Moss. "Él era muy importante para nosotros."

Luego de la historia de Clemente, los jugadores volvieron a las especificidades que conllevaba el caso de Flood. Max Alvis quería saber cuán rápidamente iría ante los tribunales. Reggie Jackson preguntó si la situación habría sido diferente si San Luis le hubiera consultado a Flood acerca del cambio. "Básicamente, sí", dijo Flood. Jim

Bunning preguntó cómo Flood y la asociación de jugadores dividirían los costos del litigio. Haller dijo que no había problemas con las finanzas del sindicato. Joe Torre dijo que mientras Curt Flood fuera serio, y parecía serlo, ellos tenían que respaldarlo.

La discusión se había prolongado por más de una hora cuando se le pidió a Flood que saliera del salón. "¿Hay personas aquí presentes que creen que no debemos ayudar?", preguntó Miller.

No había ninguna. Brand redactó la moción de apoyo a Flood. McCarver la secundó. Clemente, Bunning y todos sus colegas más jóvenes votaron afirmativamente —por unanimidad, 25-0. En las actas de la reunión, la Junta Ejecutiva resaltó que no buscaba un cambio radical. "La Junta reiteró la posición de la Asociación de que nuestro objetivo no es deshacer enteramente el sistema de reserva y sustituirlo por nada; buscamos más bien hacer revisiones adecuadas que amplíen la posición de los jugadores pero que, al mismo tiempo, no pongan en peligro la integridad y el atractivo del juego y no afecten el valor de las franquicias". Ése fue el modesto primer paso hacia un mundo nuevo, aunque ninguno de los jugadores pudo darse cuenta entonces de cuán largo sería el viaje ni cuán distinto sería ese mundo. ¿Cómo podía imaginar el representante de los Cardenales Joe Torre, en el esplendor de su carrera de pelotero, que tres y media décadas más tarde él estaría administrando una nómina de 220 millones de dólares de los mercenarios Yanquis, muchos de los cuales harían más dinero en un año de lo que él ganaría en toda su carrera?

Clemente tenía la intención de tomarse un receso del béisbol de invierno en 1969, de la misma manera que había hecho el año anterior. Pero recibió una llamada a principios de diciembre de su viejo amigo y primer jefe profesional, Pedrín Zorrilla, el propietario original de los Cangrejeros de Santurce, que había vuelto a las ligas de invierno como el gerente general del San Juan. ¿Considerarías jugar aquí?, preguntó Zorrilla, a sabiendas de que el contrato de Clemente con los Piratas le ofrecía un bono si no jugaba béisbol de invierno. "Don Pedro, lo que usted diga, jugaré", respondió Clemente. Su respeto por Zorrilla era tan profundo que firmó un contrato sin mirar el salario —cultura diferente, historia diferente, circunstancias diferentes de las ligas mayores y el desdén que él sentía por el poder de los propietarios.

Los Senadores de San Juan tenían varios jugadores de las ligas mayores, entre ellos el jardinero José Cardenal de los Indios, el primer bateador de los Rojos Lee Mays y el lanzador de los Orioles, Miguel Cuéllar, pero aun con Clemente en la alineación se comportaron como un equipo mediocre, muy por debajo de los Cangrejeros de Santurce, a quienes dirigía en esa temporada otro de los grandes jardineros derechos del béisbol, Frank Robinson. Un día a la hora del almuerzo durante un viaje por carretera a Mayagüez en la costa occidental de Puerto Rico, Clemente hablaba con Zorrilla acerca de los problemas del equipo y cómo podrían mejorarse. Escuchando la conversación, estaba el joven hijo de Zorrilla, Enrique, llamado así por su abuelo, el poeta nacionalista Enrique Zorrilla, quien le espetó a Clemente: "¡Bueno, es por eso que te tenemos a ti ahí!" El padre le echó al hijo una mirada severa, y Enrique se sintió avergonzado de haber hablado sin pensar y de haber dicho algo tan embarazoso.

Esa noche en el estadio, antes del juego, Clemente encontró a Enrique y le dijo con gentileza, "Ven conmigo". Enrique estaba ansioso, avergonzado aún por lo que había dicho. Clemente lo condujo a los camerinos y comenzó a ponerse el uniforme mientras le hablaba de lo que cuesta ser un gran jugador de béisbol. Enrique tenía trece años, de pie en presencia del gran Clemente, que estaba en ropa interior. "Sabes", me dijo Clemente, "todo el mundo cree que resulta fácil salir, batear y correr. Pero tienes que estar en buenas condiciones físicas, porque tienes que jugar este juego bien, especialmente si lo amas. Y si quieres hacer lo que más amas en tu vida, tienes que prepararte para eso. Y también tienes que jugar para personas que pagan por verte. Le estás brindando un entretenimiento a la gente. Luego tienes que ser el mejor. Es por eso que me mantengo en forma".

Clemente se estiró y le pidió a Enrique que le palpara la pantorrilla. Era una roca de dura. "Un jugador de béisbol es sólo piernas. Piernas fuertes. Tienes que correr todos los días". Clemente ya se había puesto su uniforme del San Juan. "Ven conmigo", le volvió a decir, y Enrique lo siguió hasta el *dugout* y se sentó junto a él durante todo el juego.

"Yo me había sentido tan mal por mi comentario", decía Enrique Zorrilla décadas después, con el recuerdo aún fresco en su mente. "Y yo sé que mi padre debe haberle dicho, 'mi hijo se siente tan mal, tan avergonzado'. Y al menos por dos o tres horas Roberto Clemente dedicó su tiempo a darme alguna paz mental. Y él me regaló el mejor día de mi vida, porque nunca me voy a olvidar de eso. Fue tan genuino".

Esto era típico de Clemente. En su mundo, los niños y los cronistas deportivos estaban en polos opuestos. Los cronistas rara vez lo entendían, creía él. Cuando andaban cerca su tendencia era retirarse al salón del entrenador o regañarlos durante unos minutos para liberar su frustración. Pero él sentía que los jóvenes lo entendían intuitivamente, y quería estar cerca de ellos. Después de pasadas las fiestas de Navidad ese invierno, los Clemente invitaron a una chica, también de trece años, a su casa de Río Piedras. Era Nancy Golding, que residía en la calle Fair Oaks en el barrio Squirrel Hill de Pittsburg. Pocos meses antes, Clemente había visitado a su contador, Henry Kantrowitz, que vivía a unas pocas casas de los Golding. Pearl, la esposa de Kantrowitz, adoraba a Roberto y con frecuencia lo invitaba a comer. En una de sus visitas, le pidió a Nancy que se detuviera y que jugara a tirarse la pelota con él en la entrada de autos. Esa experiencia resultó bastante increíble, pero luego, al parecer inesperadamente, llegó una carta de Vera Clemente en que decía que les encantaría que ella los visitara en Puerto Rico. Los padres de Nancy estuvieron de acuerdo, y ella se vio volando sola a San Juan en las vacaciones de Navidad.

"No sé por qué me invitaron", dijo Golding décadas después. "No era uno de ellos. No era niñera. No les aportaba nada especial. Apenas los conocía, y me invitaron". Éstos son sus recuerdos: fueron en extremo amables conmigo. Ella tenía su propio cuarto. Un cuarto de la casa era sólo para los trofeos de él. Cuatro bates de plata y todos esos guantes de oro: 1961, 1962, 1963, 1964, 1965, 1966, 1967, 1968. Siempre había visitas en la casa de Río Piedras. Montones de fiestas. Conmoción, risas, hasta tarde en la noche. Todo era placentero y cálido. Clemente ocupado jugando béisbol. Él la llevó al estadio Hiram Bithorn y le mostró donde jugaba. Ella sabía un poquito de español. Vera hablaba un poco de inglés con un acento muy marcado. Pero no hubo problemas de comunicación. Nunca antes había visto a alguien tan reverenciado como Clemente. Era asombrosamente apuesto, en extremo amable, carismático. Uno tenía la sensación de que él era el rey. Eso despertó en ella la conciencia de que había personas especiales en este mundo en torno a quienes sucedían las cosas. Cuando le llegó el momento de regresar a su casa, Pittsburg estaba sepultada por una tormenta de nieve y tenía dificultades para conseguir un vuelo de regreso a Estados Unidos. Clemente fue con ella al mostrador de los boletos y en un santiamén estaba montada en el avión. A partir de ahí, el número favorito de Nancy Golding sería el 21. Mucho después ella lo usaba como el código para abrir su garaje.

Cuando Danny Murtaugh hizo su primer regreso como mánager de los Piratas, en sustitución de Harry Walker a mediados de la temporada de 1967, Clemente se sintió tan disgustado que cerró la puerta del cuarto del entrenador para pedirle consejo a Tony Bartirome. "Estoy en un lío, Dago, ¿qué debo hacer?", le preguntó. Bartirome le dijo que olvidara el pasado. En los viejos tiempos, Clemente se había ofendido porque Murtaugh lo consideraba un simulador. La segunda vuelta del mánager no duró mucho tiempo: Murtaugh terminó la temporada y luego se jubiló otra vez. Unos pocos años después, cuando los Piratas andaban en busca de un mánager antes de la temporada de 1970, mucha gente pensó que la elección sería Don Hoak, el agresivo tercera base del equipo campeón de 1960. Hoak había estado haciendo campaña por el puesto, y eso le habría venido bien a Clemente; pero en lugar de eso, Joe L. Brown volvió por tercera vez a su viejo hombre de confianza, Murtaugh. El mismo día en que Murtaugh fue escogido de nuevo para ocupar esa posición, Tiger Hoak murió de un ataque al corazón en las calles de Pittsburg, mientras perseguía a un ladrón que le había robado el auto a su cuñado. Y en consecuencia: Murtaugh y Clemente se verían de nuevo. ¿Volverían el mánager y su jugador estrella a las andadas? Ambos dijeron que no. "Como hombre y jugador, no nos comunicábamos", dijo Clemente refiriéndose a su relación anterior. "Pero como persona yo creo que soy distinto ahora y, como mánager, creo que él también es distinto". Murtaugh, a su manera, estuvo de acuerdo. "Clemente es Clemente", le dijo a la prensa. "Él es el mejor jugador que yo jamás haya visto".

Clemente tenía ya treinta y cinco años y había tenido algunos tropiezos físicos y psicológicos durante la temporada. A principios de mayo, se lastimó el talón izquierdo cuando se le trabó en el fondo de la primera base que bordea la almohadilla durante un partido contra los Bravos de Atlanta. Esa lesión lo mantuvo fuera del terreno por una semana. También padecía de dolor en el cuello, y estuvo entrando y saliendo de la alineación debido a eso, pero Murtaugh apreciaba cuando él jugaba y le decía que se sentara —sin ningún resquemor— cuando el cuerpo no le daba más. A principios de julio, cuando no lo eligieron para el equipo del juego de las estrellas, sino que lo nombraron como el cuarto jardinero (detrás de Willie Mays de los Gigantes y de Hank Aaron y Rico Carty de los Bravos), cometió el error de decir públicamente que "preferiría los tres días libres para descansar el hombro". Esto no fue una cita equivocada —Clemente podía sonar en ocaciones vulgar y petulante— pero lo dijo para enfatizar que le importaban más los Piratas y la carrera por el banderín que un juego de exhibición. Lo dijo de la manera equivocada en el año equivocado. Esta era la primera vez en décadas que los titulares eran elegidos por el voto popular, y este comentario parecía dirigido a los fans, la misma gente que él cortejaba asiduamente. Al final, Clemente sí participó en la competencia estelar en Cincinati, y ayudó a que la Liga Nacional volviera a prevalecer. En el legendario juego que terminó 5–4 en la segunda parte de la duodécima entrada, con Pete Rose, el temerario héroe local, que superó al receptor de los Indios Ray Fosse en la carrera ganadora, Clemente se mantuvo en la escena impulsando la carrera del empate al final de la novena entrada.

En Pittsburg, dos días después, comenzó una nueva era con la apertura del estadio de los Tres Ríos. Forbes Field, con su muro cubierto de hiedra en el jardín izquierdo, y su elegante reloj Longines de catorce pies encima de la pizarra de anotaciones, y un jardín tan vasto que guardaban allí el cajón de bateo … Forbes Field, con su altísima malla y el asta de bandera en el derecho, y un terreno tan duro como el cemento, y asientos frente a columnas que obstruían la vista y vestidores sucios y húmedos, y ratas de cañería y los tranvías de la avenida

Forbes, y los vendedores ambulantes y los maniseros de la Bouquet —
el viejo Forbes estaba obsoleto. Ahora, cerca de donde los ríos Monon-
gahela y Allegheny convergen para formar el Ohio, se levantaba el Tres
Ríos, un elegante tazón de concreto con un récord de sesenta y un tor-
niquetes y una sofisticada pizarra de anotaciones, y terrenos de juego
sintéticos, y uniformes también sintéticos, livianos y expandibles, sin
cremalleras ni botones: lo último en moderna artificialidad. Forbes
Field sirvió a la ciudad por más de sesenta años, resaltaba el *Pittsburgh
Press*. "Ahí está para los próximos 60 el estadio de los Tres Ríos". (Pero
ya no construían como solían hacerlo antes: sólo pasaron treinta años y
el Tres Ríos se fue).

Los Piratas estaban en la carrera por el banderín ese mes de julio,
aventajando a los Mets y a los Cachorros en la División Oriental de la
Liga Nacional, pero incluso con un equipo sólido y un estadio nuevo
no atraían a grandes multitudes. El 23 de julio en un partido contra los
Bravos de Atlanta, atrajeron tan sólo a 14.327 fanáticos. A la noche
siguiente, el estadio estaba repleto con una asistencia de 43.290. No
era el partido lo que los atraía, sino el hombre que iba a ser honrado. El
24 de julio era la noche de Roberto Clemente en el Estadio de los Tres
Ríos. Entre los asistentes había varios cientos de puertorriqueños que
habían sido traídos en avión para el evento, muchos de ellos llevaban
pavas, los tradicionales sombreros de paja de los jíbaros, los campesinos de la Isla. Ramiro Martínez, el cronista deportivo cubano, un hace-
lotodo que se había mudado a San Juan a principio de los años sesenta,
y que había conocido a Clemente cuando los Royals de Montreal jugaron con los Cuban Sugar Kings en La Habana en 1954, ayudó a organizar la ceremonia, que en todo sentido fue bicultural, dirigida la mitad
en español y la mitad en inglés.

Había mesas de tarjas y regalos, pero a solicitud de Clemente, a los
fanáticos que quisieran demostrar su aprecio se les pidió que donaran
dinero al Hospital Infantil. Juliet Schor, su devota joven fan, con un
yeso en el cuerpo debido a la operación de la espalda, fue uno de los
jóvenes que bajó al terreno para recibir el cheque con los donativos
para el hospital. Vera y sus tres niños, todos de traje, estaban allí, junto
a doña Luisa y don Melchor, que había recurrido a la ayuda de un psi-
quiatra para que lo ayudara a vencer su miedo a volar de manera que

pudiera visitar Pittsburg por primera vez a los ochenta y siete años. Sus amigas Carol y Carolina vinieron desde Kutztown, junto con el nuevo esposo de Carolyn, Nevin Rauch, y se sentaron con Stanley y Mamie Garland, Phil Dorsey y Henry y Pearl Kantrowitz, su extensa familia americana.

La parte puertorriqueña de la ceremonia comenzó más de una hora antes del tiempo del juego, mientras el parque aún se estaba llenando de fanáticos. El cómodo uniforme nuevo de los Piratas no le sentaba a todos lo que lo llevaban, pero Clemente se veía muy bien en sus ajustadas ropas sintéticas. Su familia se sentó en sillas plegables detrás de él por la parte del jardín mientras Ramiro Martínez tomó el micrófono y comenzó el acto, que estaba siendo transmitido por radio y televisión a Puerto Rico. Él presentó a toda la familia. Melchor dijo que se sentía muy orgulloso. Luisa dijo que era un honor estar en Pittsburg con todos los puertorriqueños que habían venido a honrar a Roberto. Vera dijo que ella se sentía conmovida y agradecida, Robertito dijo que su papi era el mejor pelotero del mundo. Uno por uno, los jugadores latinos, José Antonio Pagán, Orlando Peña, Manny Sanguillén y Matty Alou, salieron y abrazaron a su amigo. Entonces Martínez invitó a Clemente a hablar. Clemente se quedó callado, con las manos en las caderas, con la gorra en la mano, mirando hacia abajo. "Oh, Ramiro, antes de que comenzáramos, me gustaría enviarle un gran abrazo a mis hermanos…" Su voz era suave, sorprendentemente dulce y armoniosa para los que no la habían oído antes. Él intentó continuar, pero lo ahogaba la emoción. Martínez, un animador a quien nunca le faltaban las palabras, suplió el silencio.

—Está bien. Entendemos la emoción —dijo Martínez—. Roberto se siente ahora aliviado de las tensiones de las últimas cuarenta y ocho horas. Él se ha sentido cada vez más nervioso, nervioso según se acercaba este momento. Éste es el momento más grande de su existencia. Nos gustaría que él nos dijera algunas palabras. Sabemos que los hombres lloran, pero cuando los hombres lloran es porque sus corazones rebozan de felicidad. Y esta noche, las palabras de Roberto Clemente para ustedes…"

El pequeño Ricky, su hijo más pequeño, se había escapado del control de un adulto e iba dando tumbos hacia la primera base. Robertito, el mayor, pensó que su padre lloraba de tristeza y se preguntaba qué había salido mal. Clemente continúo, poco a poco.

—Ramiro, me gustaría dedicarle este honor a todas las madres puertorriqueñas. No tengo palabras para expresar mi gratitud. Sólo le pido a los que estén mirando este programa y estén cerca de sus padres que les pidan su bendición y que se bendigan unos a otros. A los amigos que estén mirando este programa o que lo escuchen en la radio que se estrechen las manos como una señal de amistad que nos une a todos los puertorriqueños. Yo he sacrificado estos dieciséis años y tal vez he perdido muchas amistades debido al esfuerzo por tratar de lograr lo máximo en los deportes y especialmente con el trabajo que nos cuesta a nosotros, los puertorriqueños, especialmente a los latinos, triunfar en las grandes ligas. Yo he logrado este triunfo para nosotros los latinos. Creo que es motivo de orgullo para todos nosotros los puertorriqueños, así como para todos los del Caribe, porque todos somos hermanos. Y me gustaría dedicar este triunfo a todas las madres puertorriqueñas… y Ramiro… como he dicho, a todos los atletas puertorriqueños, a todos los que han triunfado y a los que no han podido hacerlo. Y es por eso que no tengo palabras para expresar este agradecimiento. Y especialmente al ver la emoción que este tributo les da a mis padres, que ya están viejos. Y quiero enviar un abrazo a mis hermanos, Osvaldo, Andrés y Matino, a Fafa [su sobrina Rafaela], y todos mis amigos en Puerto Rico, gracias".

Durante la otra mitad de la ceremonia dedicada a Pittsburg, hubo más regalos, toda una camioneta amarilla llena de ellos, y las heroicas palabras de su amigo el Pistolero, Bob Prince, la voz de los Piratas. ¡Arriba! ¡Arriba! Y cuando la ceremonia terminó, todo el mundo se levantó y un aplauso atronador recorrió el nuevo estadio y Clemente se levantó la punta de la gorra en reconocimiento. Volvió a mostrar su agradecimiento a los fans durante el partido por la manera en que jugó, bateó dos *hits*, y cogió dos bolas mientras se deslizaba, antes de que Murtaugh lo sacara para otra ovación de pie en el octavo *inning*.

Después, en el camerino, los reporteros se agolpaban a su alrededor en tanto Bartirome le curaba una cortadura que se había hecho en la rodilla. ¿Qué le pasaba por la mente mientras estaba allí durante la ceremonia? A veces, la respuesta sincera es nada. Esta vez, para Clemente, la respuesta sincera era todo.

Toda su vida le pasó a gran velocidad por la mente, dijo, remontándose a la vieja casa de Carolina en la Carretera 887 y sus primeras pelotas hechas de calcetines y tapas de botella, y el recuerdo de tomar el autobús para el Sixto Escobar para ver jugar a Monte Irvin, y cómo Roberto Marín creyó en él cuando nadie más creía, y cómo Pancho Coimbre y los otros grandes puertorriqueños nunca tuvieron la oportunidad, y cuán duro él tuvo que luchar a lo largo de los años para ser comprendido y reconocido por lo que era, un puertorriqueño orgulloso de serlo. Tal vez lloró, él no se avergonzaba de llorar, dijo. No lloraba de dolor o de desencanto. Pero si uno conoce la historia de su Isla, la manera en que a él lo criaron, los puertorriqueños eran un pueblo sentimental, y sus sentimientos ahora eran hacia su Isla y hacia toda América Latina, y cuán orgulloso se sentía cuando entraba en el terreno sabiendo que tanta gente lo respaldaba, y cuan afortunado era de haber nacido dos veces, una vez en Carolina en 1934 y de nuevo en Pittsburg cuando llegó en 1955. "En un momento como éste, tu mente es un escenario circular", dijo. "Uno puede ver montones de años en unos pocos minutos. Uno puede verlo todo de una manera más definida y puede verlo todo claramente".

11

El día más grande

EN BALTIMORE, LA VÍSPERA DE LA SERIE MUNDIAL DE 1971, Vera Clemente estaba muy preocupada por su marido. Había visto a Roberto enfermo de este modo sólo una vez cuando estuvo postrado en cama, delirante y perdiendo de peso en la primavera de 1965. Entonces a sus médicos de Puerto Rico les había tomado varios días determinar que tenía paludismo. Ahora la causa era obvia: intoxicación alimentaria. Poco antes esa noche, Vera, Roberto y dos de sus compañeros de equipo, José Antonio Pagán y Vic Davalillo, habían salido a cenar con un grupo de amigos y familiares a un restaurante en la vecindad de Fort Meade, donde estaba destacado el hermano de Vera, el capitán del Ejército de EE.UU., Orlando Zabala. Roberto había pedido almejas, y cuando regresaron al Hotel Lord Baltimore en el centro de la ciudad, estaba tan enfermo que el médico del equipo le había puesto un suero intravenoso al deshidratado astro del béisbol en su cama del hotel. "Estaba tan preocupada", comentó Vera después. "Mañana es el primer juego de la Serie Mundial. Él estaba tan débil que me dije: 'Dios mío, puede ser que no pueda jugar' ".

A la mañana siguiente, luego de una noche tormentosa, Clemente, con sus treinta y siete años, se sentía débil aún pero determinado a jugar. Sólo su mujer y unos cuantos amigos sabían de su enfermedad. La prensa estaba preocupada por los malestares de otro pirata, Dock Ellis, un ganador de diecinueve juegos con un brazo adolorido, pero una boca infatigable, que estaba programado para ser el jugador que abriera la serie.

Durante las semifinales de la Liga Nacional contra los Gigantes, Ellis había reafirmado su reputación de independiente al criticar la cama de su hotel en San Francisco. Ahora, antes de lanzar su primera bola en Baltimore, había mudado de cuarto tres veces y había sido noticia por decir lo que le venía en gana. Siempre había sido un parlanchín, decía Ellis, lo que ocurría era que nadie le había hecho caso hasta que había comenzado a ganar. "Nunca me disculpo por nada de lo que digo", explicaba. "Si uno no dice lo que quiere en América, podría muy bien irse a vivir a Rusia". Éste era un estribillo gastado para Ellis, cuyas excentricidades se veían amplificadas por sus predilecciones contraculturales por Jimi Hendrix, el movimiento verde, los narcóticos y el ácido, que él había consumido una vez antes de lanzar un "cero *hits*" contra el San Diego. (La pelota parecía tener rabos de cometa mientras se elevaba rumbo al plato, decía él.) Ninguna de sus quejas acerca de los cuartos del hotel se comparaba a su declaración a mitad de la temporada, luego de que lo seleccionaran para el equipo de las estrellas, de que no lo escogerían para comenzar porque otro *pitcher* negro, Vida Blue, era el que iba a abrir por la otra liga. (En efecto, Ellis si comenzó el juego, y estaba en el montículo cuando Reggie Jackson del Oakland bateó un memorable jonrón al inicio de su carrera que sobrepasó la torre de las luces del jardín derecho en el estadio de los Tigres.) Pero en los Estados Unidos de 1971, Dock Ellis era un caleidoscopio de color en lo que muchos pensaban que sería una Serie Mundial monocromática.

Pittsburg y Baltimore eran sólidas bases beisboleras, pero no había ningún equipo de Nueva York ni de Los Ángeles para motivar a las grandes maquinarias de la prensa, y el béisbol parecía, en cualquier caso, una tendencia descendente. Una encuesta de Louis Harris dada a conocer esa semana mostraba que, entre los principales deportes norteamericanos, el fútbol y el baloncesto se hacían más populares en tanto que el béisbol había declinado en popularidad desde el año anterior. Los juegos de béisbol eran demasiado largos, se quejaba la gente, y no había suficiente acción. El consenso en la presa deportiva era que los Orioles versus los Piratas era un encuentro unilateral que no haría nada para revertir la tendencia. Los Orioles venían a la serie como los campeones titulares, ganadores de 101 partidos, montados en una racha ganadora de catorce juegos que incluía cuatro blanqueadas en los últimos días de la temporada regular y una barrida del Oakland para ganar el banderín de la Liga Americana. Los Piratas, luego de perder ante el Cincinati en las semifinales del año anterior, habían capturado finalmente el banderín de la Liga Nacional al derrotar esta vez a los Gigantes, y tenían un récord respetable de noventa y siete triunfos durante la temporada regular, no obstante pocos creían que ganarían contra el Baltimore. En lugar de "la tanda del terror" que los Piratas tuvieron que enfrentar en su última Serie Mundial contra los temibles Yanquis en 1960, esta vez tendrían que vérselas con un temible cuarteto en el montículo. El buen pitcheo derrota al buen bateo es el primer truismo del béisbol, y Baltimore tenía un pitcheo superlativo, con cuatro ganadores de veinte juegos: Dave McNally, Jim Palmer, Mike Cuéllar y Pat Dobson.

"Ahora sabrán lo que es la agonía", decía un comentarista deportivo de San Francisco, reflejando la sabiduría del vulgo, refiriéndose a los Piratas después que hubieron derrotado a los Gigantes. "Ahora tendrán que jugar con los campeones reinantes del universo y con los lados claro y oscuro de la luna".

Clemente volvió a entrar eclipsado en la Serie Mundial. Sus magníficas cualidates como bateador y jardinero eran debidamente reconocidas (*Jardín derecho: Roberto está allí, y ¿qué uno dice de un jugador que puede hacerlo todo?* Se leía en un informe de posiciones del *Baltimore Sun*), sin embargo, él no era el centro de la discusión. Mientras los cronistas citaban a Dock Ellis, muchos Orioles comentaban lo mucho que temían a Willie Stargell, quien recién terminaba un año estelar de cuarenta y ocho jonrones y 125 carreras impulsadas. Que Stargell hubiera salido sin un *hit* en las semifinales con los Gigantes, sólo lograba que los de Baltimore le temieran más. "Willie me asusta mucho", dijo el receptor Elrod Hendricks. "Los bateadores como él no tienen una mala racha por mucho tiempo. Brooks Robinson, el tercera base del Baltimore que había hecho jugadas espectaculares dignas de la inmortalidad contra el Cincinati en la última Serie Mundial, dijo que había visto a los Piratas en la televisión varias veces y estaba impresionado por la fuerza de Bob Robertson. Él "robaría un poco", dijo Robinson, y se movería un paso o dos más cerca de la línea cuando el joven y robusto jugador fuera al plato, ya que tendía a halar la bola.

Esta falta de atención era exactamente lo que Clemente necesitaba

para prepararse para la ocasión. Phil Musick, un periodista de Pittsburg que había sufrido la cólera de Clemente y había terminado de la
otra parte, respetándolo y considerándolo, decía que era "más testa-
rudo y orgulloso que un león", que siempre creía que sus enemigos
"reales o imaginarios, no merecían la pasión que él invertía en ellos".
Tal vez no existían, pero la frase clave era "reales o imaginarios". La
verdad es que en su mayoría eran imaginarios, y eran imaginados por
el mero propósito de suscitar una pasión. Roy McHugh, el columnista
del *Pittsburgh Press*, había estudiado a Clemente durante años y se
había esforzado por entenderlo, y había llegado a la conclusión de que
utilizaba todo el menosprecio que él percibía en su favor. "La ira era el
combustible que utilizaba Roberto Clemente en su infatigable búsqueda de la excelencia", razonaba. "Cuando el suministro disminuye,
Clemente fabrica un poco más". Y de este modo, al ofrecérsele otra
oportunidad de mostrarle su genio al mundo, se apareció Clemente, a
la edad de treinta y siete años, el jugador más viejo de la Serie Mundial, alimentándose con la ira de un artista menospreciado. Horas después del primer juego, reponiéndose aún de una intoxicación
alimentaria, le dijo a algunos compañeros de equipo que no se preocuparan, que éste era su momento, y que él estaba listo para él, y que él
no los abandonaría. José Pagán le oyó recitar precisamente lo que él
haría para ganar el campeonato para Pittsburg.

En los últimos días de la temporada, los *scouts* de los Orioles, Jim
Russo y Walter Youse seguían a los Piratas. Viajaban en el avión de la
Liga Nacional y se hospedaban en los mismos hoteles. Si un jugador de
un equipo contrario era sorprendido robando señales desde una
segunda base, o un equipo escondía a alguien detrás del hoyo de la
pizarra del jardín central con el mismo propósito, se podía armar un
gran lío. Pero a los buscadores de talento se les permitía infiltrarse en
el tuétano mismo de otro equipo. Era parte del código del béisbol. Los
Orioles le dieron el mismo tratamiento cortés a Howie Haak y a Harding Peterson de la organización de los Piratas.

Russo y Youse regresaron de su misión exploratoria con varias sugerencias para Earl Weaver, el mánager de los Orioles, y su personal.

Una de las recomendaciones más enérgicas era que los Orioles le lanzaran zurdos a los Piratas, aunque Pittsburg tuviera un récord de 29-19 contra los lanzadores zurdos durante la temporada regular. Creían que los zurdos podrían maniatar a Stargell y alentar a Danny Murtaugh a mantener en el banco a dos recios bateadores jóvenes, Richie Hebner y Al Oliver. Y ningún equipo de la Liga Nacional tenía un par de zurdos de la calidad de Dave McNally y Mike Cuéllar. Weaver eligió a McNally para comenzar los partidos 1 y 4 ó 5, y a Cuéllar para lanzar en el tercer partido y le pidió que estuviera listo por si fuese necesario lanzar en el séptimo. Entre los ases de los Orioles, el joven Jim Palmer, que lanzaría en los partidos 2 y 6, tenía la mayor rapidez y habilidad, pero McNally era indisputablemente el líder del grupo. Durante los últimos cuatro años había sido el mejor zurdo del béisbol, ganando aproximadamente tres de cada cuatro decisiones. Había ganado veinte o más partidos en cada uno de esos años; este año, que resultó un clásico para McNally, había terminado con veintiuna victorias y sólo cinco derrotas.

El primer partido, en la tarde del sábado 9 de octubre, siguió un libreto predecible. Clemente le pegó un doble en la primera entrada a McNally —¿se había recobrado él completamente de la intoxicación alimentaria o acababa de reforzar una vez mas la creencia de que jugaba mejor cuando estaba enfermo? En cualquier caso, Stargell lo dejó solo cuando lo poncharon, y los Piratas sólo pudieron arañar otros dos *hits* de McNally por el resto del día, otro de Clemente y una sola carrera anotada por Dave Cash, el joven segunda base cuyo juego estelar había relegado a Maz al banco. Stargell estaba ahora 0-17 en la postemporada; Clemente había extendido su racha de bateo de las Grandes Ligas a ocho juegos. Aparte de los pocos errores atípicos de la segunda entrada que le permitieron a los Piratas anotar tres carreras, los Orioles parecían sagaces y dominantes. Ellis, con el brazo tan inerme como los uniformes de doble punto, no pudo sobrevivir a la tercera, regalando dos jonrones y cuatro carreras antes de que lo sacaran. Los fanáticos del estadio Memorial acordándose de sus insultos a los hoteles de la ciudad, los abuchearon estruendosamente, a lo cual Ellis no dijo nada porque él había jugado una vez béisbol de invierno en la República Dominicana.

El *hit* decisivo vino en la tercera con el siore Mark Belanger de los Orioles en segunda, el jardinero izquierdo Don Buford en primera, y el jardinero central Merv Rettenmund en el plato. En el desayuno esa mañana, bromeando con su nervioso padre, que supervisaba un taller de mecánica en Flint, Michigan, Rettenmund había presumido de que batearía algún jonrón. La lluvia pertinaz y los juegos de fútbol habían hecho tal desastre recientemente en el estadio que Pat Santarone, el encargado del terreno, recurrió a teñir las áreas que habían perdido la grama en el jardín. Ahora, mientras Buford despegaba de primera y estudiaba a Ellis en el montículo, detectó un manchón verde en la pelota y gritó al plato instando a Rettenmund que pidiera una nueva pelota. Rettenmund lo hizo, y el inmaculado reemplazo nunca tocó el suelo pintado, volando de la mano derecha de Ellis al bate de Rettenmund y sobre la cerca para un jonrón de tres carreras.

Los cuadrangulares solitarios de Buford y Frank Robinson, el gran jardinero derecho de los Orioles, hicieron la anotación final de 5-3. Ellis, el perdedor, salió por el resto de la serie, sin que a su brazo adolorido lo ayudará la mejor cama de Baltimore. La estrella era McNally, con su juego completo con tres *hits.* Sólo tres días antes, su hijo Jeff de ocho años se había lesionado en un accidente de bicicleta cerca de su casa en Lutherville. Una vez que McNally se cercioró de que su hijo no había sufrido ninguna lesión cerebral, pudo concentrarse en los Piratas, con sus poderes de concentración ayudados por las mejores rectas que él había mostrado en todo el año.

En el camerino, después del juego, los reporteros le preguntaron a Clemente si alguna vez se habia enfrentado a un *pitcher* como McNally. Dada su naturaleza competitiva y su determinación de mostrarle al mundo su grandeza de una vez por todas, ésta no era la pregunta que él quería oír. Su respuesta sonó torpe, si no egoísta, con un toque de Muhammad Alí o de Dock Ellis. No era tanto una jactancia como una afirmación de voluntad. "Me he enfrentado a montones de grandes *pitchers*" dijo. "Otro bueno no significa nada para mí. Pregúntenle a él lo que cree de mí. Yo les pegué dos *hits,* pienso que estamos a mano".

Once años antes, previo al segundo partido de la Serie Mundial de 1960, había llovido toda la noche y durante la mañana hasta una hora antes de lanzar la primera bola, pero el mal tiempo se había alejado de Pittsburg en el instante preciso y el partido se jugó a la hora señalada. Pittsburg seguramente habría preferido un aguacero: los Piratas fueron derrotados abrumadoramente por los Yanquis ese día, 16-3. Ahora, para el segundo juego de la serie de 1971 en Baltimore, el domingo 10 de octubre, la lluvia no se detendría y el partido fue aplazado por un día. Los dueños de los Orioles instaron a Bowie Kuhn, el comisionado, a reprogramar el segundo juego para las 7 de la noche del lunes, de manera que los que tenían boletos para el día anterior tuvieran más oportunidad de asistir; pero Kuhn rechazó esa solicitud y puso el juego para el lunes por el día. El béisbol nocturno ya había llegado a la Serie Mundial, pero Kuhn quería ser fiel a su plan de celebrar el primer partido nocturno en Pittsburg unos días después.

Luego de que se suspendiera el juego del domingo, los Clemente regresaron a Fort Meade para cenar de nuevo con Orlando Zabala y su esposa Norma. No hubo almejas esta vez. Comieron en casa y Roberto invitó a otros compañeros de equipos y a algunos amigos a que se les unieran. Carolyn, la madre de Carol Brezovec, ahora casada con Nevin Rauch, vino de Kutztown, Pensilvania, y trajo varias quesadillas de arándanos, las favoritas de Roberto. Después de cenar, los hombres jugaron cartas y los niños se pusieron a corretear y Nevin Rauch le enseñó a Clemente cómo tocar su armónica Horner. "Fue maravilloso, sencillamente maravilloso", recordaba Carolyn Rauch.

Pero eso no le sirvió de ninguna ayuda a los Piratas. Al día siguiente, para mantenerse fieles a la tradición del segundo juego, fueron despedazados otra vez, perdiendo 11-3. La primera dama, Pat Nixon, lanzó la primera pelota con tanta energía como los seis lanzadores Piratas que siguieron en patética procesión, desde Johnson a Giusti, pasando por Kison, Moose, Veale y Miller. Veale al reemplazar a Moose al menos le brindó al palco de la prensa material para chistes de restaurante. En lugar de los monstruosos jonrones de Mickey Mantle que los destrozaron en 1960, esta vez a los Piratas los liquidaron catorce sencillos bien colocados. Los chicos M y M de Mantle y Mays habían sido reemplazados por los chicos R y R de Brooks Robinson y Frank Robinson. Frank Robinson abrió tres entradas con *hits* y dejó el juego en la octava para recibir una ovación de pie. Jim Palmer continuó el magistral pitcheo de los Orioles, manteniendo a los Piratas sin anotaciones hasta que se cansó en la octava y le regaló un jonrón de tres carreras a Hebner. La derrota mostraba cuán difícil es para un jardinero solitario controlar un partido, no obstante también revelaba la trascendencia de Clemente.

En medio de esta carnicería, él obtuvo otros dos *hits* e hizo un tiro desde la derecha que no contribuyó en nada abiertamente para cambiar el curso de ese juego en particular, y en verdad ni siquiera alteró el resultado en un *out,* y sin embargo, se convirtió en la jugada más memorable de toda la serie. En la quinta entrada, mientras los Orioles estaban pegando seis carreras, Rettenmund estaba en segunda cuando Frank Robinson bateó una pelota al viento hacia lo último de la línea del jardín derecho. Clemente corrió y la atrapó con una mano. Rettenmund tocó la base y se lanzó a correr hacia tercera, cierto que ningún ser humano, ni siquiera Clemente, podían hacer de ésta una jugada reñida. Pero Clemente cogió la pelota, dio una vuelta, y la disparó hacia tercera y —¡arriba!— la pelota llegó en un a línea perfecta al mismo tiempo que Rettenmund. Décadas después, Hebner podía recordar aún la jugada como se desarrolló frente a él, y le seguía asombrando. "Él estaba en otra zona postal en el jardín derecho", dijo Hebner. "Se dio vuelta y esa bola salió hacia mí rápida como carajo." Usualmente una pelota daría tres o cuatro saltos desde ese punto del jardín. Él lanzó un absoluto cañonazo. Al hacer él pisa y corre con un batazo como ése, Rettenmund probablemente estaba diciendo 'esto es facilito'. "Cuando atrapé la pelota él todavía estaba deslizándose. Yo dije, ¡caramba, ésta sí que será reñida! Cuando lo analizo ahora —veo mucho la grabación de la serie de 1971 en la televisión— pienso que él probablemente llegaría a la base a tiempo. En ese momento, yo creía que la jugada sería un certero *out.* Por supuesto que Clemente tenía puesto el mismo uniforme. Pero para hacer una jugada tan buena… Si yo fuera árbitro y alguien hace ese tiro tan bueno desde tan lejos, podría sacarlo *out.* Después que el juego se acabó, me quedé diciendo, caramba, si alguien me coge las nalgas en tercera base de esa manera me habría visto en un aprieto. La pelota llegó allí como alma que lleva el diablo. ¡Y él tenía como treinta y siete cuando lo hizo!"

Andy Etchebarren, que miraba desde el *dugout* de los Orioles, dijo que fue el mejor tiro que jamás hubiera visto. Danny Murtaugh, en el *dugout* de los Piratas, había presenciado tantas jugadas imposibles de Clemente a lo largo de diecisiete temporadas para llegar tan lejos. Él y otros piratas tenían su propia colección de los tiros más notables de Clemente, la mayoría de los cuales eran variaciones de la ocasión en que soltó un balazo desde el último rincón del viejo Forbes Field y la pelota le pasó por encima de la cabeza a los lanzadores de relevo en el *bullpen* hasta la línea del jardín derecho y se mantuvo a no más de siete pies sobre el terreno —fácil de interceptar, pero ¿qué jugador del cuadro se iba a atrever?— todo el tiempo hasta que chocó con la trocha del receptor en el plato a la altura de la rodilla, sin un rebote. A Clemente, cuando le preguntaron acerca del tiro de Rettenmund, no fingió ninguna modestia. "Pregúntenle a los otros jugadores", dijo. "Ellos recuerdan hace unos pocos años cuando tenía el brazo realmente fuerte. Nadie puede compararse con mi brazo cuando está bien. No estoy alardeando. Eso es un hecho". Dick Young, el columnista del *New York Daily News,* que se había convertido en un gran admirador de Clemente, decidió citarlo en inglés fonético sobre el mismo tema: "Si tuviera mi brazo bien, esa pelota habría llegado un poquito más rápido de lo que llegó".

Los Piratas de 1971 eran un grupo escandaloso: Blass, Dave Giusti, Sanguillén, Veale, Nellie Briles, Stargell —Dock Ellis no era el único que decía lo que quería decir. Pero después del segundo partido nadie estaba diciendo mucho de nada. Clemente paseó la vista por camerino y vio a todo el mundo cabizbajo. Eso no es bueno, pensó, y se decidió a hablar. "Sólo dije algunas cosas en la casa club cuando todos estaban cabizbajos", explicó después "Les dije que no se preocuparan por eso. Que íbamos para Pittsburg y que ése era nuestro estadio. Cuando los compañeros tienen la cabeza gacha, tienes que levantárselas. Si hubiera bajado la cabeza, habrían dicho '¿Por qué tratar?' Si un hombre en quien ellos confían se raja, todo el mundo se raja..." dijo, "Aguanten, vamos a ganar".

Al mismo tiempo, en la tribuna de la prensa, los cronistas de béisbol todos se habían rajado o estaban instando a los Piratas a rajarse, sacando su nefasto saco de dichos para el equipo de Clemente. Siempre pasaba así con la tribu de los reporteros. Les habían hecho lo mismo a los Piratas en 1960. Arthur Daley, de *The New York Times*, que había declarado al Pittsburg muerto después de los primeros tres partidos de 1960, sólo necesitó dos esta vez para pedir por un verdugo "que librara a estos pobres diablos de su miseria". David Condon, en su columna *"In the Wake of the News"* («A raíz de la noticia") para el *Chicago Tribune*, se basaba en su conversación con Earl Weaver para llegar a la misma opinión. Estuvo a punto de preguntarle al mánager de los Orioles si tenía incluso sentido continuar la serie, escribió Condon cuando oyó decir a Weaver que sacaba a Palmer del partido cerca del final porque podría tener que usarlo de nuevo. "Eso es lo que dijo el hombre del Baltimore. Claro, claro, claro. Luego de haber masacrado a los Piratas dos veces para concluir un partido 2–0, Weaver dice que podría necesitar a Palmer otra vez. Ese comentario ha provocado la risa más sonora que se haya oído en Baltimore desde que H.L. Mencken solía escribir sus comiquísimos comentarios. Se cuenta que el chiste de Weaver, cuando se repitió, suscitó algunas muecas en el camerino de los Piratas, que no estaba más animado que una funeraria".

A la cabeza de la jauría estaba Jim Murray de *Los Angeles Times*. Con Murray por lo menos importaba tanto la manera en que él demostraba sus argumentos, como los argumentos mismos. Murray no era alguien que expusiera sus puntos de vista inadecuadamente; su estilo era metafórico todo el tiempo. Comenzaba su artículo diciendo: "Esta Serie Mundial ya no es una competencia. Es una atrocidad. Es la marcha de los alemanes a través de Bélgica, la cámara de interrogatorios de la Gestapo. Es tan unilateral como un proceso ruso… Los Piratas deberían preguntar dónde van a rendirse [La Serie] está a la par de otros grandes certámenes históricos, tales como la Masacre del Día de San Valentín, la epidemia de la fiebre amarilla y el bombardeo de Róterdam. Para disfrutarla usted tendría que ser de ese tipo de persona que acude a los incendios de orfanatos o se sienta en los puentes derrumbados del ferrocarril con una cámara… Hoy se llevan la ejecución a Pittsburg. A menos que intervenga la Cruz Roja".

En su casa de Pittsburg la noche antes del tercer partido, Clemente no podía dormir. Vera se quedó con él hasta el amanecer, y conversaron de todo menos de béisbol. Ella luego le preparo el desayuno: chuletas de cerdo, tres huevos, siempre fritos por un solo lado, batido de frutas; parecía como si el festín del desayuno llenara toda la mesa. Después de comer, él se retiró de nuevo al dormitorio donde ellos oscurecían el cuarto sujetando las cortinas a las paredes con cinta adhesiva negra, y finalmente logró descansar unas cuantas horas. Steve Blass, programado para lanzar ese día por los Piratas, también se había quedado despierto la noche entera, ansioso por el juego. Se quedó en la cama pensando en los bateadores de los Orioles, y lo que diría la prensa si él ganaba, o qué diría si perdía. En Baltimore durante los primeros dos juegos, él se había metido en la casa club para estudiar a los bateadores de los Orioles en el monitor de la televisión y había tomado muchas notas, pero las había dejado en el cuarto del hotel, así que ahora le resultaban inútiles. Fue a desayunar con su padre y aunque se estaba muriendo de hambre, cuando llegó la comida no pudo probarla. Todo lo que comió fue "tostadas y unos cuantos resuellos pulmonares".

Antes del juego, como era usual, Blass y Clemente se encontraron en el cuarto del entrenador del Estadio de los Tres Ríos. A Clemente, Tony Bartirome le estaba dando un masaje en el cuello. Blass estaba sentado cerca, intentando tranquilizar sus nervios. Esas dos horas antes de caminar hacia el montículo era la peor parte del día para él. Intentaba sacar el partido de su mente hojeando la revista *Penthouse*, una publicación de desnudos. Bartirome le echó una mirada a Blass mientras repasaba las fotos de las mujeres denudas y luego se volvió hacia Clemente y le dijo "Bien, Robby, mira en lo que se va hoy nuestro maldito dinero, este pervertido". En cuanto a Blass, sólo el estar cerca de Clemente lo tranquilizaba. Cada vez que aparecía su turno en la rotación, se fijaba en la alineación, veía el nombre de Clemente y decía para sí: "Robby está jugando, hay calma en el jardín derecho".

Blass se enfrentó a Cuéllar en la tarde del 12 de octubre con el estadio de los Tres Ríos repleto a su máxima capacidad de 50.403 personas. La Cruz Roja no intervino, pero Blass y Clemente sí lo hicieron. En la primera entrada, Clemente empujó una carrera para darle a los Piratas una ventaja que nunca perdieron. En la quinta, bateó un sencillo para extender su racha de bateo de la Serie Mundial a diez juegos. En la segunda parte de la séptima, con los Piratas arriba 2–1 en un cerrado duelo de lanzadores, le hizo un feroz *swing* a un tirabuzón de Cuéllar pero falló en batearlo directamente, picándolo en un rebote alto hacia el montículo. Cuéllar casualmente esperaba esa misma jugada, y cuando se volvió para lanzar a primera, allí estaba Clemente corriendo desaforadamente por la línea hacia primera como si creyera poder llegar antes que la bola. Cuéllar apresuró su tiro y sacó a Boog Powell de la almohadilla, permitiéndole a Clemente tocar la base por el error del tiro. De todas las jugadas anteriores y posteriores, ésta es la única que perturbaba a Earl Weaver, el mánager de los Orioles —no un jonrón ni una gran atrapada ni un gran tiro, sino la vista de Roberto Clemente haciendo a sus treinta y siete años una carrera enloquecida hasta primera en un roletazo de rutina al *pitcher.* "La jugada más memorable de la serie", diría Weaver décadas después. "La que yo creo que la cambió completamente, la clave de la serie, cuando [Clemente] hizo una carrera espectacular luego de tocar la pelota y devolvérsela a Cuéllar en el montículo. Cuéllar se tomó su tiempo, miró hacia arriba, y Clemente ya estaba corriendo a primera, y eso lo sorprendió y erró el tiro…" Tal como resultó, ésta es la jugada equivalente de la rolita que Clemente le bateó a Jim Coates en la segunda parte de la octava entrada en el séptimo juego de la Serie Mundial de 1960, la bola que Skowron había fildeado a la línea de la primera base pero cuya jugada no pudo completar, creando las condiciones para el dramático jonrón de tres carreras de Hal Smith.

Cuéllar, turbado, le dio ahora base por bolas a Stargell en cuatro tiros, haciendo entrar al primera base Bob Robertson con corredores en primera y segunda. Robertson hasta ese momento no había hecho ni un solo *hit* en la serie: había bateado una línea para un *out* y lo habían ponchado dos veces en tres previos turnos al bate contra Cuéllar. El primer tiro fue bola, la próxima la bateó *foul.* Desde el *dugout* de los Piratas, Danny Murtaugh advirtió que Brooks Robinson estaba trampeando por dos o tres pasos, como había dicho que haría contra el gran bateador derecho jugando adentro y pegado a la línea. Murtaugh le hizo señas al instructor de tercera base Frank Oceak, quien de inmediato hizo una señal al plato. Robertson no dio muestras de haber recibido la señal, así que Oceak prosiguió de nuevo con sus movimientos. Desde la segunda base, Clemente se dio cuenta de la confusión y se llevó las manos a la cabeza intentando ganar tiempo.

Pero era demasiado tarde; Cuéllar ya se impulsaba. Vino un tirabuzón, unas pocas pulgadas afuera, y ahí mismo salió remontándose hasta los asientos del jardín derecho. Sólo en el momento en que Roberto pisaba el plato y Stargell lo felicitaba con las palabras "¡ese es el modo de tocar la pelota!", cayó en cuenta de que lo había hecho. "Suponen que no vi las señas", dijo tímidamente cuando llegó al *dugout*. "Posiblemente", respondió Murtaugh, sonriendo.

Ese fue el juego, los Piratas ganando 5–1. Blass cubrió la distancia y dio sólo tres *hits,* incluido un cuadrangular solitario a Frank Robinson. Dijo que era el mejor juego en el que había pitcheado.

Pocos períodos de la historia norteamericana implicaron más cambios culturales que los once años que median entre las apariciones de los Piratas en las series mundiales de 1960 y 1971. Las revoluciones sociales de la década del sesenta fueron triviales y profundas, sencillas y complejas, tanto en el béisbol como en la sociedad en general. Mediaba un largo trecho de Deacon Law a Dock Ellis. El equipo de los Piratas de 1960 estaba aún arraigado en la vieja escuela. Diez jugadores de esa nómina habían nacido en la década del 20 y unos cuantos eran veteranos de la segunda guerra mundial. Eran blancos, con el pelo cortado a lo alemán, la mayoría con apodos como Tiger y Rocky y Vinegar Bend y Smoky. De esa escuadra, sólo quedaban dos jugadores cuando los Piratas volvieron a la gloria del béisbol en 1971: Bill Mazeroski, héroe de la serie de 1960, y Roberto Clemente. Maz, ahora de treinta y cinco años y próximo a la jubilación, estaba hecho al molde de la vieja escuela, con su mentón cuadrado y su herencia de minero de carbón de Virginia Occidental, pero se había adaptado con bastante comodidad a los nuevos tiempos. Se sentaba en el banco, la mayor parte de las veces, y aleccionaba a los jóvenes Dave Cash y Rennie Stennett, y bromeaba con los más jóvenes acerca de Clemente y de los viejos tiempos. Cuando el altivo Clemente, sensible respecto a su modesto total de jonrones, intentó hacerles la historia a los muchachos de uno de sus antiguos vuelacercas, Maz respondió "Naah, él no bateó ése muy bien" —provocando en Clemente una reacción jocosa sobre el "tonto polaco", Manny Sanguillén, el entusiasta receptor panameño, adoraba a Clemente, pero una vez se dirigió a él en la casa club y le anunció que Maz era su héroe, "muy bien, polaco", le respondió Clemente.

Había muchas razones por las que Clemente se sentía más a gusto con los Piratas de 1971 que con el equipo anterior. Mucho de ello tenía que ver con él: tenía más años, sabía más, se sentía más estable y más seguro. Pero también tenía que ver mucho con la composición del equipo. En la nómina de 1960, había sólo cuatro jugadores de color durante la temporada —Clemente, Gene Baker, Joe Christopher y Román Mejías, y sólo Clemente tenía mucho tiempo de juego. El equipo de 1971 estaba dominado por negros y latinos: Dave Cash, Roberto Clemente, Gene Clines, Vic Davalillo, Dock Ellis, Mudcat Grant, Jackie Hernández, Al Oliver, José Pagán, Manny Sanguillén, Willie Stargell, Rennie Stennett y Bob Veale. Más tarde en la temporada, en el primer juego de septiembre contra los Filis, sin fanfarria y sin llamar la atención fuera de la casa club, los Piratas en efecto habían puesto en el terreno la primera alineación de negros y latinos en la historia de las ligas mayores: Stennett en segunda, Clines en el central, Clemente en el derecho, Stargell en el izquierdo, Sanguillén de receptor, Cash en tercera, Oliver en primera, Hernández de siore y Ellis en el montículo. Hebner, el titular de la tercera base estaba fuera por una lesión menor y a Bob Robertson, que usualmente jugaba primera contra los zurdos (el zurdo Woody Fryman estaba en el montículo por los Filis), Danny Murtaugh lo envió a descansar.

Eso sólo duró una entrada —los Filis sacaron a Ellis en la segunda al apuntarse cuatro carreras— pero fue otro hito en el largo camino recorrido desde que Jackie Robinson entró en los Dodgers en 1947, y Curt Roberts rompió la barrera del color en los Piratas en 1954, y Clemente jugó como el único titular negro del equipo durante todo el resto de los años cincuenta. Así como los deportes estaban un paso por delante de la sociedad en materia de derechos civiles, la transformación racial de los Piratas avanzó a más celeridad que las actitudes de los fanáticos de Pittsburg. La correlación se estableció de manera anecdótica, no metodológica, pero el fervor de los fans de Pittsburg, una ciudad predominantemente de obreros blancos, pareció declinar en la medida en que cambiaba la composición racial del club. Bruce

Laurie, que asistió a la escuela graduada en Pittsburg durante esa era, vivía en un apartamento de la calle Dithridge Norte y con frecuencia se encontraba a un "tipo robusto y grandotote llamado Jim" en el primer piso, que "se sentaba en una silla de playa en las noches de verano con un par de cervezas Iron City y una radio" —pero nunca escuchaba un juego de pelota. Como Laurie, que llegó a ser profesor de historia de la Universidad de Massachussets-Amherst, contaba años después la escena: "siempre que le preguntaba a Jim el puntaje de un partido de los Piratas, nunca respondía, hasta que un día cuando le pregunté por qué no seguía los juegos de los Piratas. 'Demasiado oscuro', me dijo con un resoplido 'hay muchos negros'. Yo creo que el sentimiento era ampliamente compartido".

El miércoles 13 de octubre, el cuarto juego de la Serie Mundial de 1971 fue histórico en el béisbol por una razón más prosaica, pero tan importante que cambiaría el deporte. Había habido 397 partidos en las series mundiales en el transcurso de casi setenta años, y ésta era la primera vez que se celebraba de noche. El predominio de jugadores negros y latinos en el equipo no hacía a los Piratas menos populares esa noche. El juego celebrado a la hora de mayor teleaudiencia los días laborables atrajo la mayor cantidad de público en la historia de Pittsburg (51,378 espectadores) y la mayor audiencia en la historia de la televisión nacional, más de 61 millones. Los ricos Orioles sacaron su cuarto *pitcher* para la ocasión, Pat Dobson, que tenía un simple récord de 20–8 con dieciocho juegos completos y un promedio de carreras limpias permitidas de 2,90, lo cual lo habría convertido en el as del equipo de Pittsburg. Los Piratas contaban con Luke Walker, que ganó diez juegos ese año en su camino a una carrera de 45–47. Un lanzador resultó ser la comidilla del partido, pero no fue ni Dobson ni Walker, sino Bruce Kison, lanzador lateral de veintiún años para los Piratas que entró con dos *outs* en la primera entrada y lanzó seis y un tercer *inning* de blanqueada, permitiendo tan sólo un *hit* y sin darle base por bolas a nadie, aunque sería difícil decir que él había precisado el control, ya que le pegó con la pelota a tres bateadores. Parecía menos nervioso tocante a enfrentarse a los bateadores veteranos de los Orioles de lo que estaba respecto a casarse al final de la semana. Luego de saltar a una ventaja de 3–0 en la primera flaqueza de Walker, los Orioles nunca volvieron a amenazar otra vez y perdieron la ventaja para siempre en la segunda parte de la séptima entrada en un sencillo del bateador emergente Milt May, otro novato pirata de veintiún años, que le daría la victoria al equipo.

Clemente volvió a brillar, bateando tres *hits*. Se mostraba tan ardiente que el organista del Tres Ríos tocaba el tema musical de "Jesucristo superestrella" siempre que se dirigía al plato. Los escuchas del Baltimore, que fueron a observar a los bateadores Piratas antes de la serie, no tenían la mínima idea de cómo lanzarle a Clemente. Prueben abajo y afuera, aconsejaron, y si eso no funciona intenten otra cosa. "¿Cómo lanzarle a Clemente? No había manera de hacerlo", observaría tiempo después Earl Weaver. "Pero intentamos lanzarle adentro, ponerlo en una situación difícil; pero él bateaba cualquier cosa. No podíamos sacarlo *out*". La mejor jugada contra Clemente esa noche la hizo John Rice, el árbitro de la línea del jardín derecho. En la tercera entrada, con los Piratas a la zaga aún 3–2, Dobson intentó lanzarle a Clemente afuera, pero éste siguió el tiro, y bateó la pelota a la línea del jardín derecho. La pelota pasó la cerca de diez pies en el rincón del terreno, pero quedaba por resolver si había sido buena o *foul*. Rice lo llamó *foul*. Don Leppert, el instructor de primera base, insistió en que era bueno, y corrió hacia Rice para discutir el punto, discusión a la que no tardó en unirse un Clemente furioso. Desde la mayoría de los puntos parecía una bola en territorio bueno, un jonrón. Leppert insistió entonces y décadas después de que él vio la pelota picar en territorio bueno. El problema era que había una brecha entre la cerca y las tribunas de aproximadamente veinte pulgadas, y esa brecha hacía difícil seguir la raya blanca que estaba pintada debajo del poste de *foul*. Según unos cuantos lanzadores de relevo de los Piratas que tenían una perspectiva bastante cercana de la pelota, fue ciertamente *foul* por no más de una o dos pulgadas.

Después de la discusión, Clemente volvió al plato y sonó otro *hit*, un sencillo. Kison era la noticia principal, pero en el estrado de la prensa comenzaba a hacerse más audible el comentario sobre las maravillas del hombre más viejo en el terreno. No sólo estaba bateando todo lo que los Orioles le lanzaban, y haciendo grandes tiros desde el jardín derecho, sino que también estaba corriendo extraordinariamente en las bases, tomándole una base extra esa noche a Paul Blair, así como el día anterior se habia hechado a correr para frustrar la doble matanza, junto con la energía que desplegó en la rolita que perturbó a Cuéllar "El mejor pelotero de la Serie Mundial, tal vez de todo el mundo, es Roberto Clemente", escribió Dick Young. "Por lo que me toca puedo darle el automóvil [como el jugador más notable] ahora mismo".

En el quinto partido, los Orioles retornaron a Dave McNally, pero los Piratas sacaron a su quinto abridor diferente, uno por cada juego. Esta vez fue Nelson Briles, que era el equivalente de Vinegar Bend Mizell para el equipo en 1971: un veterano que venía de los Cardenales de San Luis para estabilizar la alineación. Briles había lanzado en seis temporadas para los Cards, y había ganado diecinueve juegos en 1968, su mejor temporada. Luego los funcionarios de las ligas mayores, reaccionando al notable predominio de los *pitchers* ese año y la falta de anotación resultante, rebajaron el montículo del lanzamiento. Briles sufrió más que la mayoría debido al cambio, hasta que alteró su modo de lanzar en un esfuerzo para replicar la acción de su antigua curva de abajo a arriba. Su nuevo movimiento lo dejó desequilibrado, dando tumbos desde el montículo. En un partido se cayó once veces. Contra los Orioles el jueves 14 de octubre, se cayó tres veces —lo cual superó por uno al número de *hits* que le regaló a los bateadores del Baltimore. Briles era virtualmente imbateable. Sólo le permitió sencillos a Brooks Robinson en la segunda y a Boog Powell en la séptima, y dejó sólo dos corredores en base al lanzar una blanqueada 4-0. Cuando vino su turno al bate en la octava, los fanáticos del Pittsburg se levantaron para darle una atronadora ovación y a Briles lo venció la emoción. Entre sus muchos talentos, Briles era un actor que podía servirse de sus emociones para apreciar una escena. En la universidad, en Chico State en California, él incluso había representado el papel protagónico, Joe Hardy, en *Damn Yankees*, y ahora, aunque sin vender su alma, estaba viviendo su propio momento de Joe Hardy. Los fans no podían verlo, pero Briles lloraba mientras permanecía de pie en el plato y pensaba en las luchas de los últimos dos años y en todas las personas que lo habían ayudado a llegar a este punto, empezando por su instructor en la escuela secundaria.

Clemente sobresalió en la mitad de la quinta entrada, impulsando una carrera decisiva y extendiendo su racha de bateo en la Serie Mundial a doce juegos consecutivos. "Le está mostrando a los otros cómo comportarse en el juego, ¿no es cierto?," dijo Lee McPhail, veterano ejecutivo del béisbol, en la tribuna de la prensa después de terminado el partido. Había algo en Clemente que sobrepasaba las estadísticas, entonces y siempre. Algo por lo que los expertos del béisbol aman este deporte es precisamente por sus cifras. Les bastan los números que toman de una pizarra de anotaciones y de las estadísticas anuales y calculan la situación de los jugadores que consideraban subestimados y sobreestimados y declaran quién tiene el mayor valor real para un equipo. Para algunos diestros practicantes de esta ciencia, Clemente salía muy bien, pero no era el más grande: él rara vez recibía bases por bola, tenía pocos jonrones, robaba demasiadas pocas bases. Esta perspectiva es legítima. Pero para la gente que aprecia a Clemente esto es como unos químicos que intenten explicar a Van Gogh mediante el análisis de los ingredientes de su pintura. Clemente era arte, no ciencia. Siempre que se dirigía lentamente al cajón de bateo o trotaba en el jardín derecho, acaparaba la escena como sólo lo sabe hacer un gran actor. Era difícil quitarle los ojos de encima, porque podía hacer cualquier cosa en un terreno de béisbol y comportarse con extraordinaria nobleza. "El resto de nosotros éramos simples jugadores", diría Steve Blass. "Clemente era un príncipe".

El príncipe era un incordio en el camerino después del juego, que puso a los Piratas en ventaja de tres a dos en la serie. "Siempre he sentido que me han dejado atrás", le dijo Clemente al cuerpo de prensa nacional que se reunía en torno a él. Y luego vino su largo lamento — de cómo estaba cansado de leer que él tenía el segundo lugar entre los mejores, o de oír que tenía uno de los mejores brazos, en lugar del mejor brazo; o que él era un hipocondríaco, cuando en verdad pronto dejaría atrás a Honus Wagner como el pelotero que más ha jugado con el uniforme de los Piratas; como algunos jugadores sólo se tiraban de cabeza por una pelota en la Serie Mundial, pero que él siempre jugaba de ese modo, el Clemente que ustedes vieron en esta serie era el Clemente que jugaba todos los días; como nunca obtenía suficiente respaldo porque era negro y puertorriqueño; y como era realmente una persona feliz, no un aguafiestas, pero que sólo sonreía cuando la ocasión exigía sonreír. Roy McHugh lo tomó todo con cierto sentido del humor. Él había oído esto muchas veces antes. McHugh creía que la prensa de Pittsburg le daba a Clemente una mejor impresión de lo que ésta se merecía, y que era una duplicidad de los periodistas metropolitanos intervenir y pretender que lo entendían de un modo en que los periodistas locales no lo hacían —pero todo ello era parte de las típicas evasiones del periodismo deportivo. Y Clemente sabía precisamente lo que estaba haciendo. Su pasión al jugar se había convertido en un acto, en un ritual, parte de lo que significaba ser Clemente. "Cuando él era más joven, Clemente alcanzaba alturas apasionadas de elocuencia cuando abordaba el tema de ser incomprendido," pensaba McHugh. "Los ojos negros le fulguraban, la voz le subiría hasta el grito. Ahora era simplemente un actor que pasa por una actuación, aderezándola con sutiles toques de humor y no inconsciente del efecto que tiene en el público".

El efecto principal que Clemente tenía en su público era acrecentar los comentarios sobre sus proezas al final de una larga carrera desempeñada en la relativa oscuridad de Pittsburg. Si él hubiera pasado sus años de béisbol en Nueva York, Boston, Chicago o Los Ángeles, ya para entonces habría sido un icono, una leyenda viva, y ahora se le presentaba la oportunidad de recuperar el tiempo perdido. Cuando un periodista visitante le preguntó a un hombre de Pittsburg en el palco de la prensa si Clemente alguna vez había corrido y lanzado y bateado de este modo antes, la respuesta fue sencilla, sí, todos los días. Pero los cronistas deportivos de fuera de la ciudad no lo habían visto jugar todos los días, hasta ahora. "Él quiere que se le aprecie", escribió Steve Jacobson del *Newsday*. "Es por eso que juega de manera tan vigorosa, viejo y enloquecido zanquilargo que se precipita hacia las bases, que se quema en tiros desde el jardín derecho y se comporta por lo general como si su reputación estuviera en peligro todos los días". De la manera en que Clemente se estaba desenvolviendo, escribió Bob Maisel del *Sun,* podría extender su racha de bateo en la Serie Mundial hasta llegar al centenar de *hits*. "Súmalo todo y te da el mejor jugador que pueda haber en este deporte. Tiene licencia para herir tus sentimientos", elogiaba Jim Murray a Clemente luego de hacer su versión de Carl Sandburg sobre Pittsburg: "Es aquí donde fundían el acero que forjaba los cañones, y que tendía los carriles del tren. Ruda ciudad americana, que relumbra en el cielo de Estados Unidos. Un millón de hombres en pulóver con el emblema del Tick Tock Lounge estampado en la espalda. Una ciudad que necesitaba afeitarse dos veces al día. Duro carbón y hierro derretido. El tendón de América. Desbordaba poder, con tipos que mojaban buñuelos en café caliente, y trabajaban en las fábricas hasta que el sudor les corría negro por la espalda y se les metía en los ojos... Pero el jugador más grande que esta ciudad jamás haya visto no salió de los crisoles de los pozos de las minas ni de los barcos cargados de mineral, sino de los cañaverales del Caribe". Era común que las series mundiales produjeran un héroe improbable mientras los grandes nombres resultaban un fiasco, añadía Murray. "Es grato ver a un gran jugador viviendo a la altura de su grandeza. Es tiempo de que 60 millones de personas participen de una leyenda y no sólo esta ruda ciudad de E.U.A. Es grato ver a un gran artista haciendo temblar a su adversario y no tan sólo derrotándolo en un juego".

Había dos notables jardineros derechos en la serie de 1971, cuando los equipos regresaron a Baltimore para el sexto partido, la competencia en alguna medida ya se había convertido en una prueba de fuerza entre Roberto Clemente y Frank Robinson, dentro y fuera del terreno. Desde la primera práctica en Baltimore antes del primer juego, Clemente se había quejado del estadio Memorial, diciendo que el jardín era el peor de las grandes ligas, lleno de agujeros y de zanjas que hacían difícil correr la pelota, y con unas luces puestas de tal modo que dificultaban ver la bola en el aire. Los cronistas deportivos le comentaron las críticas a Robinson, quien dijo que apreciaba a Clemente y que no quería empezar un pleito, y luego en esencia empezó uno al añadir: "Por qué hasta mediados del año pasado Roberto jugó en un hoyo de carbón [Forbes Field]. Cierto, hay sombras en nuestro parque. No obstante, se supone que él sea un gran jardinero. Debe adaptarse. Si tiene algún problema... díganle simplemente que me observe en el jardín y que se ponga donde yo me pongo".

Robinson, un año más joven que Clemente, había entrado con los

Reds en 1956, un año después de que Clemente comenzara con los Piratas, y durante las próximas diez temporadas sus carreras habían seguido rutas paralelas como dos de los mejores jardineros poseedores de las cinco destrezas que jamás se hubieran visto en el deporte. Pero ambos jugaban a la sombra de Mays y Mantle, y en aquellos primeros años, antes de que a F. Robby lo cambiaran para Baltimore en 1966, tuvieron que competir no sólo entre sí sino con Henry Aaron sólo para alcanzar un lugar en la alineación inicial en el equipo de las estrellas de la Liga Nacional. Robinson carecía del estilo de Clemente, pero siempre lograba hacer el trabajo, y ardía con la misma acometividad. Cada uno había madurado como el líder indiscutible de su equipo, el jugador en quien sus compañeros confiaban tanto física como emocionalmente. Ambos tenían sorprendentemente voces muy bien timbradas de segundo tenor, y no obstante hablaban con confianza y con autoridad. Su capacidad de liderazgo era evidente y había sido probada durante la liga de invierno en Puerto Rico el año anterior, cuando Robinson dirigió a los Cangrejeros de Santurce, el equipo original de Clemente, y éste dirigió a los Senadores de San Juan. El *establishment* de las ligas mayores aún no contemplaba la posibilidad de que un negro latino dirigiera un equipo, pero la idea de un mánager afroamericano estaba ahora dentro del ámbito de la discusión, y el hombre de quien más a menudo se hablaba al respecto era de Frank Robinson. Durante la serie, en efecto, Robinson había sido noticia un día al decir que había cambiado de opinión y ahora pensaba que no quería "pasar por las tensiones, las agonías y las frustraciones de la dirección" en las grandes ligas. "¡Eso de dirigir no es para mí, punto!" anunció. (Nunca diga punto: cuatro años después, Robinson se convirtió en el primer mánager negro en las mayores, asumiendo la dirección de los Indios de Cleveland, y más de tres décadas después de *eso*, seguía destacándose como el talentoso mánager de los sorprendentes Nacionales de Washington.)

En su magistral sexto juego, Clemente no pudo haber actuado mejor, pero Robinson hizo lo que tenía que hacer. En tanto los Piratas sacaron a Bob Moose, su sexto abridor en seis juegos, la alineación del Baltimore retornó con Jim Palmer, que se mantuvo durante nueve buenísimas entradas, yéndose la anotación empatada 2-2 cuando el juego entró en extra *inning*. Clemente abrió el juego con un retumbante triple de primera entrada. Después de fallar con su teoría de abajo y afuera, los Orioles habían decidido finalmente tirarle dentro, así que Palmer entró y Roberto haló la bola hasta la línea del jardín izquierdo para correr tres bases, pero él estaba congelado en tercera cuando Willie Stargell lo ponchó. En la tercera entrada, fue al plato por segunda vez. "Y ahora aquí viene Bobby Clemente", anunció Bob Prince en la radio. "Si alguna vez ha habido una *vendetta*, podría ser esta. Palmer le lanza… Y hay un imparable hacia el fondo del jardín derecho. Frank Robinson va por ella. Él está en la cerca. No puede cogerla. Se ha ido y es un jonrón. Bobby Clemente sigue aniquilando totalmente el pitcheo del Baltimore".

Esa jugada le dio a los Piratas una ventaja de 2-0. Moose lanzó bien, blanqueando a los Orioles durante cinco entradas, pero se fue en la sexta, refunfuñando por los cantos de bola y *strikes* del árbitro del plato John Kibler. Contaba con el apoyo de su mánager, Murtaugh, quien, según Tony Bartirome, que estaba sentado junto a él en el *dugout*, "se estaba enojando realmente con el arbitraje detrás del plato". Irónicamente, fue el canto de un *strike* el que más molestó a Moose. Don Buford, del Baltimore, en el intento de inducir una base por bolas, arrojó el bate y comenzó a correr hacia primera base luego de un tiro con tres bolas y un *strike*, pero Kibler lo cantó como *strike*, de manera que Buford regresó al plato y no tardó en batear el próximo tiro muy por encima de la cabeza de Clemente para un jonrón, marcando así la recuperación de los Orioles. En la primera parte de la novena entrada, con Belanger en primera, Buford hizo un dobletazo al derecho —pero Clemente estaba allí, y un tiro perfecto le impidió que anotara.

Para relevar a Palmer en la décima, el Baltimore recurrió a dos de sus ganadores de veinte juegos, Dobson y McNally. Dobson le regaló un sencillo a Dave Cash, que robó segunda, poniendo la carrera del gane en posición anotadora. En la mayoría de las situaciones tal robo sería benéfico, pero aquí tuvo el mismo efecto de bumerang que el *strike* que le cantaron a Buford en la sexta. Con la primera base abierta y dos *outs*, los Orioles intencionalmente le dieron base por bolas al bateador que menos querían enfrentar: a Clemente.

Weaver trajo a McNally para que le lanzara a Stargell, a quien también le dieron base por bolas, pero Al Oliver elevó para finalizar el *inin*. Frank Robinson fue el primer bateador por los Orioles en la segunda parte de la décima. Él no había conseguido un solo *hit* en cuatro veces al bate, pero ahora le negoció al *pitcher* una base por bolas, luego corrió a tercera en un sencillo de Rettenmund, y estaba a noventa y nueve pies del plato cuando Brooks Robinson elevó un flai hasta el jardín central.

El elevado fue tan débil que Brooks Robinson se sintió decepcionado mientras corría a primera, creyendo que su compañero de equipo no podría ser capaz de pisar y correr para anotar carrera. Si la pelota se la hubieran bateado a Clemente en el derecho, no habría habido debate: quieto en base. Pero Billy Hunter, el *coach* de la tercera base, calculó que éste podría ser su única oportunidad. En el jardín central estaba ahora Vic Davalillo, que había entrado en el juego como bateador emergente en la novena entrada. Ellos podían desafiar su brazo, aunque él casi había paralizado al corredor en tercera en el sencillo de Rettenmund. Frank Robinson apenas si había evitado que Richie Hebner lo tocara fuera de base con un temerario deslizamiento de cabeza. Hunter se volvió a él y le dijo "¡Ahora vas tú!" Robinson ya había decidido que él iba a entrar de todos modos. Davalillo, con el rabo del ojo, vio el toque del corredor mientras atrapaba la bola. Decidió que estaba demasiado lejos para llegar al plato con un flai, así que disparó un tiro de picada hacia el plato. Hunter, siguiendo el tiro desde cerca del cajón de la tercera base, pensó que F. Robby estaba *out* en *home* si la pelota hacía un auténtico rebote hacia Sanguillén, el receptor. Sanguillén, con la atención dividida entre la pelota y la sombra del corredor que se precipitaba hacia él, también pensó que tenía tiempo de hacer la jugada. Pero la pelota dio en la hierba frente al plato y picó arriba, con un rebote lento, obligando a Sanguillén a saltar y luego a tirarse hacia atrás para intentar tocar al corredor. F. Robby, corriendo desbocadamente por la línea con sus piernas zanquilargas de treinta y seis años se deslizó sin riesgo sobre la base. Se acabó el juego. La serie estaba ahora empatada tres a tres.

En el camerino de los visitantes antes de que comenzara el séptimo partido el domingo 17 de octubre, Clemente fue de un jugador al otro, asegurándole, "No te preocupes", dijo, una y otra vez. "Vamos a ganar este juego. No hay problema".

Dos de sus mejores amigos del equipo, Pagán y Hernández, que integrarían el lado izquierdo del jardín, se sentían afortunados de estar allí. Pagán, sabiendo que él abriría en tercera contra el zurdo Cuéllar, estaba tan ansioso en el hotel antes del juego que decidió tomar temprano un taxi en lugar de esperar por el autobús del equipo. Hernández se fue con él. Mientras el taxi, desde el centro de la ciudad, tomaba velozmente hacia el norte y luego al este rumbo al estadio Memorial —a demasiada velocidad para el gusto de Pagán—, un Volkswagen escarabajo se llevó una señal de pare, obligando al taxista a girar bruscamente y a dar un súbito frenazo, que hizo que el vehículo girara tres círculos completos antes de detenerse. Muy cerca se la vieron, y sin embargo, la carnavalesca expedición en aquel taxi podría haber sido justamente la sacudida que José Antonio Pagán y Jacinto Zubeta Hernández necesitaban para sobresalir en el más importante partido de sus vidas.

La multitud que llenaba el estadio a capacidad de sus 47.291 asientos comenzó un griterío antes del lanzamiento de apertura y se mantuvo vociferando todo el tiempo. Era Cuéllar y Blass otra vez, y ambos lanzadores estaban en control de la situación. Cuéllar retiró a los primeros once Piratas en el orden en que fueron apareciendo hasta llegar a Clemente, que girando el cuello, hizo su regia entrada al plato con dos *outs* en la cuarta entrada. Éste era un encuentro cargado de animosidad, Clemente vs. Cuéllar. El invierno anterior en Puerto Rico, Clemente había dirigido a Cuéllar en los Senadores, y la cosa no había ido bien. Cuéllar pensaba que Clemente exigía demasiado, y así lo decía. Esta fricción entre ambos sólo logró agravarse por esa insignificante jugada del tercer partido, cuando Clemente desconcertó al lanzador con su carrera loca a la primera base. Ahora bien, los Orioles aún estaban siguiendo su plan de lanzarle a Clemente adentro. Cuando Cuéllar lo hizo, Clemente bateó la pelota y la haló a 390 pies por encima de la barda del jardín izquierdo, dándole a los Piratas una ventaja de 1-0. Al sonido del bate, un impulso eléctrico recorrió el *dugout* del Pittsburg. Robby había dicho todo el tiempo que él ganaría este campeonato.

Murtaugh miró a su alrededor y se dio cuenta que el jonrón había "puesto en marcha una reacción en cadena" entre sus jugadores. Ahora ellos se lo creían.

Cuéllar, inalterado esta vez, siguió siendo virtualmente imbateable, eliminando a diez de los próximos once bateadores hasta que Stargell anotó un sencillo en la octava entrada. Le siguió Pagán, el socio puertorriqueño de Clemente, el veterano de trece años que se había recuperado de un brazo fracturado en agosto para compartir el tiempo en tercera con Hebner. Murtaugh le hizo la seña de bateo y corrido a Oceak, quien se la retransmitió a Pagán. Stargell ya había doblado por segunda cuando la recta de Pagán cayó fuera del alcance de Rettenmund en lo último del centro izquierda, y le dio tiempo a hacer todo el trayecto hasta el plato cuando el torpedero se trabó al sacar la pelota de su guante. La notación fue de 2-0 a favor de los Piratas en la segunda parte de la octava entrada.

Blass era aún más eficaz que Cuéllar, trabajando con una urgencia que Jim Murray decía que lo hacía parecer que "lanzaba en medio de un enjambre de abejas". Weaver había intentado distraerlo en la primera entrada, saliendo del *dugout* para quejarse de que Blass no estaba tocando la goma al lanzar. Weaver tenía razón, Blass confesaría después. Él había caído en el hábito de ir deslizando el pie derecho fuera de la goma antes de soltar la pelota, y por el resto del partido tuvo que estar acordándose de no hacerlo. Pero Blass estaba de nuevo en su propio mundo, hecho un manojo de nervios y absolutamente imparable, blanqueando a los Orioles a través de las primeras siete entradas. "A duras penas me podía estar quieto", dijo después. "Me mantenía regresando a la casa club entre innins y debo haber abierto siete Coca-Colas, pero no me tomé ninguna". En la segunda parte de la octava, el receptor Elrod Hendricks logró hacer un primer sencillo, y Belanger lo siguió con un sencillo débil al centro. Cuéllar, de tercer bate, roleteó al montículo, y Blass, ignorando los gritos de Sanguillén de tratar de forzar en tercera, prefirió un *out* seguro a primera. Corredores en segunda y tercera, un *out*. Buford roleteó a Robertson en primera, que pisó la almohadilla para el segundo *out*, permitiendo a Hendricks anotar.

Blass lideraba ahora 2-1, un corredor en tercera, dos *outs*. Estaba tan nervioso que apenas se podía mantener de pie, y hacía giros de 360 grados en el montículo antes de acercarse a la goma para enfrentarse a Davey Johnson. Jackie Hernández, de torpedero, se acordaba de los informes del buscador de talento Howie Haak en que decía que Johnson halaba la pelota, en consecuencia se movió unos pocos pies hacia tercera. A principios de año, después de cometer un error que le costó un juego, Hernández había estado inconsolable en el vestidor. "¡Soy un don nadie!", había dicho cabizbajo. Fue Clemente quien lo buscó y le reafirmó que él era un miembro importante del equipo y que todo el mundo comete errores. Todo lo que le pedían era que hiciera todo lo posible. Cuando Earl Weaver cuestionó cómo los Piratas podían ganar con Hernández de siore, Clemente volvió a salir en su defensa. Ahora, con un corredor en tercera y la serie en la balanza, Hernández estaba tan confiado que *quería* que la pelota viniera hacia él. Y así pasó: Johnson dio un batazo hacia el fondo del estadio y Hernández se movió con pericia a la derecha para fildear la bola y hacer el tiro largo para sacar el tercer *out*. Quedaba una entrada.

En la primera parte de la novena, Blass estaba tan nervioso que no podía ver a su equipo batear. Se fue a la casa club y vomitó —estaba tan alterado que no podía estarse quieto. Cada vez que retiraban a uno de los Piratas, se sentía "muerto de miedo". Tuvo que forzarse a caminar y salir del *dugout* al montículo. Los fans de los Orioles hacían un clamoreo ensordecedor. Boog Powell, Frank Robinson y Rettenmund iban al plato, con Brooks Robinson en reserva por si alguien se embasaba. Toda la tarde había estado nublada, pero de repente salió el sol. Blass se preparó para lanzar *strikes* a la espera de lo mejor. Todos ellos no podrían batearle jonrones, se dijo en son de broma para sí, porque después del primer jonrón, Murtaugh lo sacaría. No hubo jonrones, ni *hits*, sólo Blass, una última vez, eliminando el tuétano de la alineación y con el último *out* brincó y saltó hasta que cayó en brazos de Manny Sanguillén. Clemente se fue a toda carrera desde el jardín derecho y fue saltando los peldaños para entrar en delirante camerino donde Bob Prince, el Pistolero, estaba buscando entrevistas.

—No puedo creerlo. No sé qué decir —le dijo Blass a Prince—. Ha sucedido lo increíble. Un muchacho flacucho de Connecticut…

—¿Hubo momentos en que te preocupaste realmente? —preguntó Prince.

—Hubo varios. Uno fue la resbaladiza a Davey Johnson, pero él perdió el tiro. ¡Yo no podía creerlo! Cuanta gente tiene esta clase de oportunidad.

Blass, empapado en champaña, se encaminó a despachar el resto de la prensa. En un momento levantó el teléfono que sonaba y respondió "Wally's Delicatessen", luego en el estilo de Bob Newhart continuó…"¿Qué? ¿Usted quiere hablar con Clemente? Deletréelo, por favor. ¿Clemente qué?

Willie Stargell llegó del brazo de Jackie Hernández. Clemente estaba de pie cerca. Acababan de nombrarlo el jugador más notable de la serie, habiendo terminado con un promedio de 414 puntos, *hits* en cada partido, extendiendo su racha de la Serie Mundial a catorce, dos dobles, un triple y dos jonrones, junto con carrido de bases, fildeo y tiros estelares. Roger Angell, el cronista de béisbol para el *New Yorker*, describió la ejecutoria de Clemente durante los siete partidos como "algo cercano a la absoluta perfección" —y nadie disintió. Prince se dirigió a Clemente en el camerino. "Y aquí conmigo ahora, el más grande de los jardineros derechos del béisbol. Bobby, felicitaciones por una gran Serie Mundial…"

—Gracias, Bob —le dijo Clemente a Prince—. Y antes de decir nada en inglés, me gustaría decirle algo en español a mi madre y mi padre en Puerto Rico…

Un efusivo Blass intervino y dijo: "Sr. y Sra. Clemente, ¡nosotros también lo queremos!" Fue un gesto espontáneo y jubiloso, pero Blass se sentiría un poco turbado después siempre que pensaba en esa interrupción.

Luego de diecisiete temporadas en las ligas mayores, éste era el momento de Clemente, cuando el mundo, escuchando y atendiendo al fin, lo había visto realizar su mejor actuación, al conducir a su equipo a lo largo de los siete partidos —y él tomó la decisión consciente de hablar primero en español. Era uno de los actos más memorables de su vida, un simple instante que tocó los corazones de millones de personas en el mundo de habla hispana. "En el día más grande de mi vida, para los nenes la bendición mía y que mis padres me den su bendición…"

Más tarde, cuando las cámaras de televisión se habían ido, Clemente se subió en un banco del camerino, rodeado de reporteros, y se explayó una vez más en un monólogo que fluctuaba entre el orgullo, la furia y la gracia: "Ahora la gente de todo el mundo conoce la manera en que juego", comenzó. "Mentalmente, para mí, seré una persona completamente diferente. Por primera vez, no tengo ningún remordimiento". ¿Completamente diferente? Las palabras eran las mismas, que seguían evocando su pasado subvalorado, pero había una sonrisa apenas reprimida al proseguir. Quería que la gente supiera, otra vez, que él jugaba de este modo todo el tiempo, durante toda la temporada, en todas las temporadas. Y que él no era hipocondríaco. Y que podía halar la pelota cuando quería. Y que estaba cansado de los periodistas que añadían algunos "peros" modificativos a sus comentarios sobre él. Él no jugaba para sí, dijo. Se sentía feliz de que los Piratas hubieran ganado porque era un esfuerzo de equipo que había tomado el año entero y era extraordinario para los fans de Pittsburg. Este triunfo era más satisfactorio que el de 1960. George Hanson del *Montreal Star* estaba a la orilla del grupo, no lejos de Manny Sanguillén.

—Lo está diciendo muy bien ¿eh? —dijo Sanguillén—. Todo lo que está diciendo es cierto, sabes. Es extraño que tuviera que recordárselo a la gente. Todo el mundo debería saberlo.

En la Casa Blanca, el presidente Nixon le hizo una llamada a Danny Murtaugh, el mánager del equipo ganador, y le dijo que él creía que era una victoria del equipo aunque Roberto Clemente y Steve Blass fuesen tan notables. En un clásico momentito de Nixon como experto en deportes, también dijo que estaba impresionado con la manera en que el segunda base, Dave Cash, había jugado todo el año. Murtaugh le agradeció al presidente por robarle el tiempo a sus importantes deberes para llamar. Nixon luego telefoneó a Earl Weaver en el otro camerino. El mánager del Baltimore llamó a su padre, un cobrador de parquímetros jubilado y un republicano de San Luis: "¡Oye, Pop, acabo de hablar con tu jefe!" El Secretario de Estado William P. Rogers, que asistió al partido, se llegó a ver a Weaver. Poco tiempo después, Nixon y Rogers tuvieron una breve conversación telefónica, registrada por el sistema de grabaciones de la Casa Blanca.

NIXON: Viste un buen partido, ¿cierto?
ROGERS: Un gran partido. Fui a los camerinos como usted lo hubiera hecho… estaban tan contentos de que usted hubiera llamado…
NIXON: Dos grandes equipos y cualquiera de los dos lo habría logrado, pero hombre…
ROGERS: Bueno, estoy de lo más feliz de ver al Pittsburg ganar porque ese Clemente es tan extraordinario.
NIXON: Oh, Dios mío. Increíble. Increíble. Realmente…

Los Piratas para ese entonces ya estaban en el vuelo fletado de regreso a Pittsburg. Blass, la estrella del pitcheo, y su esposa, Karen, estaban sentados cerca del ala. Clemente y Vera, un poco más hacia el fondo. Blass miraba por la ventana, tratando aún de procesar lo que había sucedido, cuando oyó una voz familiar. Clemente estaba de pie en el pasillo. "Blass, ven acá", le dijo. "Déjame darte un abrazo".

Ese abrazo, diría Blass más tarde, fue su confirmación.

Tres días después, en la tarde del 20 de octubre, Clemente estaba en el restaurante Mamma Leone's de Nueva York para aceptar el premio de la revista *Sport* como el jugador más notable de la serie. El premio era un auto nuevo, un Dodge Charger. Entre los muchos invitados y periodistas que asistían al evento dentro del restaurante tenuemente iluminado se encontraba Stu Speiser, un abogado litigante que se especializaba en accidentes aéreos. Viendo a los Clemente por primera vez, Speiser pensó que "parecían personas irreales, esculpidos en bronce en lugar de ser seres humanos de carne y hueso como el resto de los que los rodeaban". Aun en su traje de calle, de Clemente "emanaba fuerza e intensidad". Tenía un carisma que Speiser sólo había visto una vez antes en un atleta, en Pelé, el gran futbolista brasileño. Al igual que los demás en el grupo, Speiser esperaba muy poco más allá de unos cuantos chistes y tragos y palmadas en la espalda, todas las humoradas regulares del mundo deportivo. Pero Clemente tenía un propósito más serio. Habló con el "corazón a punto de estallar" recordaba Roger Kahn, el sensible cronista de los Dodges de Brooklyn, que podría haber incluido a Clemente en su renombrado libro *The Boys of Summer* si los Dodgers no hubieran desprotegido al joven jugador.

En el transcurso del último año, los discursos de Clemente, incluso en su segunda lengua, se habían hecho más agudos y más poderosos. Tenía una meta específica, la creación de una ciudad deportiva en Puerto Rico, pero también una necesidad más urgente, la que por primera vez había expresado en un discurso en Houston en febrero de 1971, antes de comenzar la temporada de su campeonato, cuando recibió el premio Tris Speaker. "Si uno tiene la oportunidad de mejorar el camino para los que vienen detrás, y uno no lo hace, está malgastando su tiempo en esta tierra", había dicho entonces, y ese dicho se había convertido en su mantra. Ahora, en Mamma Leone's, dijo que se sentía complacido por la atención que había recibido, porque podía encauzarla hacia un mejor uso, convirtiendo su idea de una ciudad deportiva en una realidad.

"La Serie Mundial es lo máximo que jamás me sucediera en el béisbol", dijo. "Mentalmente, ha hecho por mí más que cualquier otra cosa antes. Me dio la oportunidad de hablarles a los periodistas más que antes. No quiero nada para mí, pero sí puedo ayudar a mucha gente. Se gastan millones de dólares para controlar el problema de la droga en Puerto Rico. Pero atacan el problema después de que ya está ahí. ¿Por qué no lo atacan antes de que empiece? Intenten educar a los niños para que no se hagan adictos, y eso hará que se interesen en los deportes. Hay que darles un sitio para que aprendan a jugar. Quiero tener tres terrenos de béisbol, una piscina, una cancha de baloncesto, una de tenis, un lago donde los padres y los hijos puedan reunirse... uno de los mayores problemas que tenemos hoy es que los padres no tienen tiempo para los hijos y pierden el control sobre ellos..."

Desde el público, Speiser notó que a Clemente el llanto le quebraba la voz mientras hablaba de los niños pobres de Puerto Rico y la necesidad de tratar a todas las personas con dignidad. Él no pensaba malgastar su tiempo en esta tierra. "Si consigo el dinero para empezar esto, si me dicen que nos darán dinero este año y tengo que estar allí. Abandono mi carrera ahora mismo". Clemente prosiguió. "No basta ir a un campamento de verano y tener uno o dos instructores por un tiempito y luego volver a casa y olvidarse de todo. Uno visita una ciudad deportiva que tiene gente como Mays y Mantle y Williams y los niños nunca lo olvidarán. Siento que los Estados Unidos deberían hacer algo como esto en todas partes. Si yo fuera el presidente de los Estados Unidos, construiría ciudades deportivas y metería allí a niños de todas las clases. Lo que queremos hacer es intercambiar niños con todas las ciudades de los Estados Unidos y mostrarles a todos los niños como vivir y jugar con otros niños. Yo he estado yendo a diferentes ciudades, a diferentes barrios. Me reúno con niños y les hablo de la importancia de los deportes, de la importancia de ser un buen ciudadano, de la importancia de respetar a su madre y a su padre. Me gusta reunirme con los padres y los hijos y hablarles. Luego vamos al terreno y les muestro algunas técnicas para jugar béisbol."

12

El último saludo

CUANDO CLEMENTE REGRESÓ A PUERTO RICO ESE invierno, buscó solaz en los rituales de su vida en la Isla. Llevaba a la familia en auto hasta la finca, su retiro rural a la sombra de la selva tropical de El Yunque, y de regreso a casa luego, de un fin de semana largo, se detenía a comprarle jueyes a Don Palito, su vendedor preferido que tenía su puesto junto a la carretera. Momen tenía pasión por los jueyes, que al parecer le provocaban un insaciable apetito y los compraba por docenas y docenas. La escala en Don Palito era una gran aventura para Robertito, Luisito y Ricky. Ellos se quedaban mirando fascinados al enjambre de criaturas vivas que se movía dentro de las grandes cajas donde los transportaban. Pero en esta ocasión, una vez que la familia estuvo de vuelta en la casa de la loma, Roberto y Vera se distrajeron por unos minutos y la jaula se abrió y los jueyes que pronto habrían de hervir emprendieron una fuga masiva, escabulléndose en busca de la libertad. La mayoría de los fugados fueron atrapados por el hambriento pelotero, pero una semana o más después los niños se encontraron con un juey errante mientras jugaban en los remotos linderos de la casa.

Todo el mundo quería pasar por casa de Clemente ese invierno, crustáceos y humanos por igual. Su hogar en Río Piedras se convirtió "en una especie de museo", decía él, con "personas del pueblo e incluso turistas" que llegaban noche y día, "y deambulan por nuestros dormitorios" o simplemente deteniéndose afuera, en la calle, hasta que puedan echarle un vistazo al Magnífico. El gobernador lo mandó a buscar, el administrador de los parques deportivos necesitaba de su ayuda, todos los clube cívicos de San Juan tenían que honrarlo, en todos los banquetes esperaban que hablara. Estas peticiones eran tan constantes que Clemente regresó a la finca sólo una vez más. Finalmente, cuando noviembre estaba por acabarse, él y Vera se escaparon al embarcarse en una gira de un mes por Sudamérica. Visitaron Caracas, Río de Janeiro, São Paolo, Buenos Aires, Santiago y llegaron a Lima en un vuelo de Avianca la mañana del 17 de diciembre. Cuando estaban en la recepción del Gran Hotel Bolívar, en la histórica Plaza San Martín del centro de Lima, recibieron un mensaje de la familia en Puerto Rico. Don Melchor había sufrido un colapso y estaba internado en el hospital. Sin deshacer el equipaje, los Clemente regresaron al aeropuerto y tomaron el primer vuelo de regreso a Puerto Rico. En su momento de triunfo luego de la Serie Mundial, Momen había pedido la bendición de su padre, pero ahora parecía que el triunfo del béisbol y todas las celebraciones que siguieron habían resultado un poquito excesivas para el viejo que estaba a punto de cumplir ochenta y siete años.

Tan pronto como Clemente regresó a San Juan, fue a ver a su padre al hospital. Aunque bien entrado en la ancianidad, Melchor aún parecía indestructible, con un cuerpo endurecido por décadas de trabajo en el cañaveral y de recorrer diariamente millas de los polvorientos caminos vecinales. Sus órganos se habían debilitado, pero los médicos dijeron que la enfermedad no ponía en peligro su vida; todo lo que necesitaba era medicinas y reposo absoluto. En una de las visitas, Clemente comenzó a hablar con el paciente de la cama de al lado que compartía el cuarto con su padre. El hombre dijo que sufría de grandes dolores y que estaba en el hospital para someterse a una operación de la espalda. Las palabras espalda y dolor captaron la atención de Clemente, que no tardó en tender una manta en el suelo del baño donde le estiró las piernas al hombre y le dio masajes en la espalda con sus dedos mágicos mientras Vera vigilaba la puerta para cerciorarse de que no vinieran médicos ni enfermeras. Al día siguiente, el hombre dijo que se le había quitado el dolor y que se sentía como si anduviera por el aire. "Dios te bendiga", le dijo a Clemente, y prorrumpió en lágrimas.

Por todo la zona de San Juan se había corrido la voz de los poderes curativos de Roberto Clemente. Enfermos y adoloridos amigos de amigos hacían peregrinaciones a la casa de la loma a todas horas del día y de la noche en busca del toque mágico, y si Clemente estaba disponible, los trataba. Si sólo él pudiera aliviar sus propios dolores y problemas de manera tan eficaz. Le había vuelto el insomnio, y se quedaba en pie la noche entera, todas las noches, hasta las cuatro o las cinco de la mañana. Robertito, que ahora tenía casi siete años, también padecía de insomnio, y a veces bajaba furtivamente las escaleras para encontrar a su papá jugando al billar. Vera no tenía este problema, pero se quedaba despierta muchas noches para acompañar a Roberto mientras trabajaba la carpintería y otras artes manuales. Él tenía ahora dos especialidades: mesas y otros muebles que hacía de la madera que recogía en la playa del Atlántico; y lámparas de cerámica que adornaba con canicas que calentaba en el horno hasta que explotaban. Pero su horario agitado y la falta de sueño le estaban haciendo sus estragos. Había rebajado diez libras, ahora pesaba 175, y le dolía el estómago. A Vera se le habían presentado también dolores de estómago. Las solicitudes seguían llegando y a Clemente le costaba mucho trabajo decir que no.

"Desde que regresé a Puerto Rico, he tenido mis problemas", dijo Clemente una noche de enero de 1972 en un banquete de padres e hijos en San Juan. El discurso lo grabó un amigo, el locutor Ramiro Martínez, que lo siguió a todas partes donde él fue ese invierno.

"Creo que la Serie Mundial fue demasiado para mi padre", continuó Clemente. Habló del profundo amor que sentía por sus padres: "el padre y la madre más extraordinarios que jamás hayan vivido", dijo esto como una introducción a los temas de los deportes, la competencia, el país, el trabajo en equipo y la paternidad. Aunque sus discursos extemporáneos tenían el ritmo de un flujo de conciencia, integraban los hilos dispares de su vida —como puertorriqueño y como ciudadano norteamericano, como pelotero que amaba su deporte, como negro y latino, como un ex marine, como alguien que creía en los que parecían destinados a perder, y como alguien que rehusaba ser subestimado o desconocido. "Toda mi vida tengo que darle gracias a Dios por haberme hecho un deportista, porque amo la competencia y creo que la competencia es parte de nuestro actual modo de vida", dijo. "Amo la competencia porque cuando compito lo hago para sentirme orgulloso de nuestro país. A veces me encuentro preguntándome por qué algunas personas aún tienen que luchar por sus derechos. Como ustedes saben, yo he estado luchando por mis derechos toda mi vida. Creo que todos los seres humanos son iguales. Al mismo tiempo, también tenemos problemas porque somos una gran nación". Pese a todos los problemas de Clemente para ajustarse a la cultura y al idioma de su vida en el béisbol en los Estados Unidos, se sentía muy genuinamente parte de ese país. "Soy de Puerto Rico, pero soy también un ciudadano americano", continuó. "Tenemos la oportunidad de viajar. Yo acabo de venir de América del Sur. He estado en Europa... Puedo decirles una cosa, no cambiaría este país por ningún otro país. Nosotros, a pesar de todo, tenemos el mejor país del mundo y ustedes deberían creerlo".

La victoria de la Serie Mundial estaba aún en su mente. "Siempre me digo a mí mismo que los atletas deberían pagarle al público para que viniera a vernos jugar. Porque si ustedes ven lo que vimos en la Serie Mundial, lo que vemos cuando jugamos béisbol. Pienso que no tengo dinero para comprar los sentimientos que había dentro de la casa club. Este año espero tener la oportunidad de ver a Willie Stargell tener la temporada más grandiosa que le haya visto tener a un jugador..." Esto era un gesto de buena voluntad hacia su amigo y compañero de equipo que había estado eclipsado en la serie luego de haber estado conduciendo a los Piratas durante gran parte del año. Jamás se olvidaría de la imagen de Stargell y Jackie Hernández yendo del brazo hacia el camerino después del séptimo juego, un verdadero cuadro de solidaridad.

La vida es nada, todo se acaba. Sólo Dios hace al hombre feliz —así decía el estribillo del himno preferido de su madre. Pero Clemente buscaba el significado perdurable de la vida que se fugaba. "Como ustedes saben, él tiempo se va rápido", le dijo al público de San Juan. "Y vivimos la vida realmente muy aprisa. Uno quiere tener la oportunidad de tener hijos... Llegamos a casa del trabajo, y a veces nuestros niños ya están durmiendo. Volvemos al trabajo, y nuestros niños ya están en la escuela. A veces oímos hablar de lo malo que son nuestros niños, lo mala que son las escuelas americanas. Este es un mundo grande y vamos a tener nuestros problemas, pero creo que podemos ayudar a nuestros jóvenes con dificultades. Podemos darles amor y más atención a nuestro hogar, a nuestros nenes, a nuestra familia y a nuestros vecinos. Somos hermanos. Y no digan, 'bueno, yo no quiero hacerlo. Alguien más lo hará', porque ustedes son ese alguien…" Su mensaje final se hacía más urgente cada vez que él lo decía. Si tienes la oportunidad de ayudar a otros, y no lo haces, estás malgastando tu tiempo en la tierra.

En su decimoctava primavera con los Piratas, después de todo lo que él había logrado, Clemente prefería vivir como un novato. Muchos veteranos alquilaban casas en las playas o en los campos de golf en torno a Bradenton, la ciudad de la Costa del Golfo que había sido la sede de la la Liga de la Toronja durante cuatro años, pero Clemente se quedó en el cuarto 231 del cuarto piso del dormitorio de Pirate City en la calle 27 del Este. Al atardecer, después de terminada la práctica, se veía rodeado de jugadores jóvenes y de otros satélites que querían empaparse de sus consejos. "Un montón de jóvenes sencillamente nos sentábamos allí y lo escuchábamos", decía Fernando González, un jugador novato del cuadro natural de Arecibo, Puerto Rico, que había admirado a Clemente desde que tenía diez años y coleccionaba autógrafos cuando los equipos de la liga invernal se detenían en El Gran Café de su pueblo en los viajes en autobús entre San Juan y Mayagüez. "Clemente conversaría sobre el modo en que iba a desarrollarse el béisbol… de situaciones en los partidos… de casi todo".

También rondando por ahí estaba Roy Blount Jr., que venía a Bradenton para escribir un reportaje sobre el héroe de la Serie Mundial de 1971 para la revista del *New York Times*. Mientras escribía bajo el oportuno pseudónimo de C.R. Ways, que resultaba ser el nombre de su perro, Blount tomaba nota de cómo Clemente "andaba por las instalaciones de *Pirate City* con sus camisas de cuellos gigantescos y sus pantalones brillantes, un pelotero de las grandes ligas tan vital como pocos…" Si bien visitó devotamente las estaciones del *via crucis* de Clemente —sus dolencias y quejas, su descontento que se remontaba a la votación por el JMV en 1960, su disgusto porque lo citaran en un inglés chapurreado— Blount encontró divertido el excéntrico estilo de Clemente, que consideraba representativo de los jugadores latinos que "en los 20 años que han pasado desde que comenzaron a entrar con cierta afluencia en el béisbol americano procedentes de Cuba, México y Sudamérica, le han añadido más color e inesperado drama personal al deporte que cualquier otro grupo étnico". El titular del artículo decía "NADIE HACE NADA MEJOR QUE YO EN EL BÉISBOL" DICE ROBERTO CLEMENTE... BIEN, ÉL TIENE RAZÓN. Pleno reconocimiento en Nueva York, al fin, justo lo que Clemente siempre había querido. El artículo tenía el amable toque de Blount y era en extremo preciso, no obstante reflejaba una actitud que podía enojar a Clemente. Las peculiaridades de su personalidad eran irresistibles, pero Clemente quería sobre todo que lo trataran con seriedad, no como un estereotipo, aunque los estereotipos fuesen ciertos.

Se produjo otro cambio de guardia en los Piratas. Murtaugh se fue, otra vez, su carrera coronada por un segundo campeonato, y Bill Virdon, que se había preparado para el puesto en San Juan, era ahora el mánager del Pittsburg. Acaso la única situación tan ingrata como dirigir un equipo que se encuentre en el sótano es dirigir a los ganadores de una Serie Mundial. Virdon heredó una piquete talentoso, que no obstante no tenía ningún lugar adonde ir excepto hacia abajo. Su mejor jugador, Clemente, estaba casi tan viejo como él y retrasado esa primavera por dolores de estómago. "El otro día cuando me llamaste había salido a comprar un [mezcladora] Osterizer", le escribió Clemente a Vera una noche de principios de marzo. "Es la única vez que he salido desde que llegué. He tratado de controlarme los nervios para ver si eso me ayuda el estómago". Aun si lo de la mezcladora parecía una mentirilla de un marido ausente, el problema del estómago era real.

La vida de Clemente era mucho más que el béisbol en ese momento de su carrera. En su carta a Vera le escribía sobre los planes de abrir una clínica quiropráctica. "Si Dios quiere, podemos adelantar esta propuesta de la clínica", decía. Ya él había comprado una casa de una planta al pie de la loma donde vivía en Río Piedras, para atender a los vecinos, un modesto comienzo para su idea más ambiciosa de dirigir algún día un balneario quiropráctico. También le preocupaban sus planes para una ciudad deportiva para los jóvenes pobres de San Juan. Y Jim Fanning, entonces el gerente general de los Expos de Montreal, dijo que Clemente lo llamó cuatro o cinco veces esa primavera a la espera de persuadirlo de que los Expos mudaran su sede de entrenamiento de primavera para San Juan. Sin embargo, en lo que respecta al béisbol, Clemente se mantenía a la búsqueda de nuevos métodos para ampliar su poder de concentración. Al final de una tarde después de la práctica, cuando los jugadores de las ligas mayor y menor se habían retirado a la casa club, Harding Peterson, el director de la sucursal y buscador de talento, salió al terreno y se sorprendió de ver una figura solitaria en la distancia, cerca del cajón de bateo. "Es Clemente y no hay nadie con él, y está parado en el plato", recordaba Peterson. "Y da una zancada, pero no abanica el bate, luego hace una zancada y abanica, y corre tres cuartos del camino a primera. Yo no quiero molestarlo, pero subo hasta el cajón de bateo y le digo, "Oye, Roberto, no quiero interrumpirte, pero ¿qué estás haciendo? Y él me responde, 'Bueno, sé que vamos a abrir contra los Mets. Me estoy imaginando que veo los mismos *pitchers* que veré el día de la apertura' ". Peterson se dio cuenta que en la cabeza de Clemente, Tom Seaver estaba en el montículo, lanzando resbaladizas abajo y afuera.

La temporada debía comenzar el 5 de abril, pero no hubo juegos ese día, y ninguno por los próximos nueve. Por una votación de 663 contra 10, los jugadores respaldaron irse a la huelga hasta que los dueños convinieran en hacer mejoras en los planes de salud y de pensiones. Fue la primera huelga general en la historia de las grandes ligas, y reflejaba la transformación de la asociación de los jugadores en el tiempo, poco más de cinco años, transcurridos desde que los contrataran a expertos laborales Marvin Miller y Richard Moss. Poco antes, el Tribunal Supremo de Estados Unidos había ratificado una vez más la exensión antimonopolista en el béisbol, decidiendo el caso de Curt Flood en contra del jugador, pero la lucha por la libertad de los peloteros no se acabó, y el tribunal le había instruido al béisbol organizado que resolviera el problema por sí mismo. Clemente apoyó vigorosamente la huelga, aunque le había traspasado el trabajo de representante de los jugadores de los Piratas a Dave Giusti, el lanzador de relevo. La huelga terminó abruptamente en una victoria para los jugadores, y los Piratas abrieron la temporada en Nueva York contra Seaver y los Mets el 15 de abril. La pantomima del entrenamiento de primavera de Clemente no sirvió de nada cuando él salió sin un solo *hit* en cuatro veces al bate.

Tan sueltos como estaban los Piratas en 1971, el equipo de 1972 estaba aún más suelto. Era virtualmente la misma cuadrilla, pero más confiada y más cómoda después de ganar el campeonato, y la cultura se iba haciendo más informal año tras año. Desde la perspectiva de principios del siglo veintiuno, cuando los chivitos parecían venir con la entrega del uniforme de una liga mayor en algunos equipos, es difícil imaginar que Reggie Jackson y sus Atléticos de Oakland estuvieran rompiendo con más de medio siglo de tradición esa primavera al dejarse crecer la barba. Los Piratas todavía se afeitaban, pero el irreprensible Dock Ellis se estaba dejando crecer un vistoso afro, y el sprevaleciente espíritu anticonvencional significaba que no había jerarquías respetables en la casa club, incluido el viejo Clemente. Ellis y Sanguillén parodiaban al "Abuelo", cojeando y quejándose cuando lo veían que se dirigía al cuarto del entrenador. Clemente tenía sus propias payasadas; disfrutaba apretarse la nariz para imitar el tono nasal del médico del equipo, el Dr. Finegold. (Esta costumbre tenía un éxito asegurado en casa, donde el pequeño Robertito decía, "haz como el Dr. Finegold" y luego se caía al piso riéndose hasta llegar al borde de las lágrimas). Giusti y Clemente se la pasaban parloteando entre sí. "La escena entre ellos llegó a ser casi un ritual para nosotros", recordaba Steve Blass. "Se suscitaba cualquier tema y de repente ellos estaban dándose gritos e insultándose mutuamente. Robby había sido nuestro representante antes que Dave y cuando surgía algo, él decía 'cuando yo era el representante de los jugadores nunca teníamos esa clase de problemas, pero le dan a un italiano esa pequeña responsabilidad y ¡miren lo que ocurre!' "

Acrecentada su confianza por su impecable actuación en la Serie Mundial, Blass tuvo un brillante comienzo en 1972 y se mantuvo fuerte todo el año, encabezando uno de los equipos más serios en la historia del Pittsburg. No había puntos débiles en la rotación: Blass ganaría diecinueve juegos con un promedio de 2,49 carreras limpias, seguido por Ellis con quince triunfos y 2,70; Briles, catorce y 3,08; Moose, trece y 2,91 y Kison, con nueve y 3,26. Desde el *bullpen,* Virdon se volvió hacia el efectivo dúo izquierdo-derecho, compuesto por Giusti, que tenía veintidós salvados, y Ramón Hernández, que tenía catorce. Clemente desde luego creía que él podía pitchear mejor que cualquiera de ellos. "Ven acá, Blass, te voy a decir una jodía cosa", le diría, mientras hacía calentamiento antes de un partido. "Fíjate en este endiablada serpentina" —y soltaría lo que Blass consideraba como el patético intento de una curva. "Robby", le diría Blass, "no podrías ponchar a nadie con eso ni aunque tu vida dependiera de ello".

Entre los muchos personajes de la casa club, el tercera base Richie Hebner se destacaba debido a su trabajo fuera de temporada como enterrador en Massachussets. Cuando los jugadores contrarios se deslizaban a tercera, Hebner bromearía de que él daba descuentos a los jugadores de las mayores. Clemente sentía que lo unía un vínculo especial con Hebner puesto que ambos habían servido en la Infantería de Marina, pero le espantaba la ocupación de su compañero. "Él me decía, '¿tú cavas tumbas?' Yo le decía, sí, alguien tenía que cavarlas", recordaba Hebner. Clemente, decía él, parecía escéptico. " '¿Tú entierras gente?' preguntaba. Yo le decía. 'Sube en medio del invierno y puedes abrir una tú mismo, y después me podrás decir si soy un mentiroso de mierda". Un día, Clemente había estado durmiendo una siesta en el cuarto del entrenador con una toalla encima de la cabeza y cuando se despertó vio a Hebner observándolo. "¿Qué estás haciendo?", le preguntó Clemente. "Creí que estabas muerto", le respondió Hebner de golpe. "Te estaba midiendo, socio, para ver el tamaño de la caja en que te iba a poner".

Aunque había pasado sin un *hit* en los primeros dos partidos, Clemente no tardó en avivarse en el cajón de bateo esa temporada y comenzó a golpear su usual andanada de imparables. Cuanto mejor era el lanzador, tanto mejor bateaba Clemente. Bob Gibson, jonrón; Don Sutton, jonrón; Ferguson Jenkins, triple. A través de los primeros días de julio, estaba jugando cinco o seis veces por semana, y Virdon lo hacía descansar en los partidos diurnos luego de haber jugado la noche anterior, o en la mitad de un doble juego. El estómago aún lo molestaba, y se mantuvo perdiendo peso hasta que finalmente un dolor en el talón lo obligó a abandonar completamente la alineación. Perdió doce juegos consecutivos hasta el 23 de julio, cuando comenzó e impulsó dos carreras, pero tuvo que salir por el dolor y estuvo fuera de nuevo hasta la primera quincena de agosto. Lo seleccionaron para participar en el juego de las estrellas del 25 de julio en Atlanta, que tuvo lugar más tarde de lo usual debido a la huelga de abril, pero se retiró de la competencia por lesiones.

Con Stargell, Oliver, Hebner, Robertson, Sanguillén, Cash, Davalillo, Clines y Stennett bateando la pelota, los Piratas estaban tan cargados que siguieron ganando sin Clemente, y para el 20 de agosto tenían treinta partidos por encima de los 500 puntos con un récord de 72-42. Clemente regresó a la alineación durante el último viaje de la temporada a la costa occidental y lentamente a su bateo habitual. Fernando González, el joven puertorriqueño, se había incorporado al equipo luego de un breve desempeño en las menores, y rápidamente se convirtió en el aguijón de Sanguillén [para fastidiar a Clemente]. "Oye, Roberto", lo llamaba Sanguillén en español durante un vuelo de Pittsburg a Montreal en septiembre, "Fernando dice que tú no eres un buen pelotero. Que él te ha estado mirando jugar y que no eres nada bueno".

González se vio en una situación muy embarazosa. Él había venerado a Clemente desde que era un niño, y ahora aquí estaba en el mismo avión con él y parecía que Clemente estaba tomando a Sanguillén en serio. "Yo sé, yo sé", dijo Clemente, "¡Yo no logro el reconocimiento que merezco!" Al día siguiente en la casa club de los visitantes, González se acercó a Clemente y se excusó. "Yo no dije nada de eso", refiriéndose a lo dicho por Sanguillén. "No les prestes atención", la aseguró Clemente. "A ellos les encanta joderme".

Gonzáles se sentaría en el banco junto a Clemente después de eso, intentando aprender tanto como podía. Después de Montreal, los Piratas llegaron a Chicago el 12 de septiembre, y para entonces nadie podía darle un *out* a Clemente. Bateó con éxito tres veces de cuatro turnos al bate en el primer partido, luego tres de tres con un jonrón y un triple, y un jonrón que decidió el partido contra Ferguson Jenkins al día siguiente. En una de las primeras entradas, González vio a Clemente dejarse pasar una recta por la esquina derecha del plato. "Sé que puedes batear eso como una bola buena", le dijo González en el banco en la próxima entrada. "Más adelante en el juego verás por qué se la di", le repondió Clemente. En la séptima, subió a batear con un hombre en base y Jenkins lanzó el mismo tiro al mismo punto y Clemente lo bateó sobre la cerca en el centro derecho. "Cuando volvió al banco, me dijo. 'Es por eso que yo le di ese tiro en mi primer turno al bate' ", recordaba González, "Él estaba haciendo cosas esa vez que nunca le había visto hacer a nadie y no se las he visto hacer a nadie desde entonces. Era como una computadora. Estaba programado para jugar béisbol. Siempre sabía lo que tenía que hacer".

Lo que tenía que hacer ese año era acumular 118 *hits* para llegar a los tres mil, una marca que entonces sólo habían alcanzado diez peloteros en la historia de las ligas mayores: Ty Cobb, Stan Musial, Tris Speaker, Honus Wagner, Hank Aaron, Eddie Collins, Nap Lajoie, Willie Mays, Paul Waner y Cap Anson. Luego de pegar ocho *hits* en doce veces al bate en Chicago, Clemente estaba a catorce *hits* del número mágico. Cuatro *hits* contra los Cardenales, tres contra los Mets, uno contra Montreal y la distancia se acortó a sólo seis *hits* mientras los Piratas hacían su última visita del año a Filadelfia. Para entonces el equipo se había adueñado del título de la División Oriental de la Liga Nacional en su camino a un récord de 96-59.

Antes de la serie contra los Filis, Clemente había llamado a sus amigos Carolyn y Nevin Rauch en Kutztown y les había pedido que se reunieran con él en Filadelfia. Cuando llegaron al hotel donde se hospedaban los Piratas, se dieron cuenta de que no habían hecho reservaciones, pero Clemente insistió que se quedaran en su suite. "Nos quedamos y hablamos y hablamos y hablamos", contaba después Carolyn Rauch. "Y luego él se levantó y nos estábamos preparando para ir al juego, y dijo 'quiero hablar contigo, Carolina'. Uno nunca sabía lo que venía después. Me dijo. 'quiero que tú y tu familia vengan a Puerto Rico para las fiestas [de Año Nuevo]' Yo pensé, sí seguro, podemos hacerlo. Sobra tiempo para hacer arreglos. Y él agregó. 'Pero prométeme aquí mismo, ahora mismo, que vendrás y que traerás a [sus hijas] Carol y Sharon' ".

Recordando la escena más de tres décadas después, Carolyn Rauch dice que todavía siente escalofríos al pensar en eso. "Yo le dije, 'muy bien, Roberto, nos encantará ir'. Y él agregó, te voy a decir por qué. No voy a estar allí. Algo va a ocurrir y quiero que estés con mi familia".

Esa noche en el estadio de béisbol, los Rauch se preguntaban lo qué él quiso decirles. ¿Por qué quería que ellos fueran a Puerto Rico si él no iba a estar allí? ¿Qué significaba que algo iba a ocurrirle? ¿Sabía ya él algo acerca de un viaje? ¿Tenía que ver con el béisbol?

Contra los Filis, Clemente bateó dos *hits* el 26 de septiembre, dos el 27, y uno al día siguiente, llegando a 2.999 *hits* luego de dos turnos al bate, cuando Virdon lo sacó para que pudiera llegar alcanzar el hito en presencia de los fans del partido en Pittsburg. ¿Qué significaban los tres mil *hits* para Clemente? "Llegar a los tres mil *hits* significa que has jugado un montón", le dijo a los reporteros en Filadelfia. "Para mí significa más. Sé cómo soy y por lo que he pasado. No quiero lograr los tres mil *hits* para darme golpes de pecho y gritar, 'iOigan, lo logré!' Lo que significa es que no fracasé. He visto a montones de jugadores que vienen y se van. Algunos fracasaron porque no tenían la capacidad. Y algunos fracasaron porque no tenían las ganas".

Para los juegos de béisbol, el estadio de los Tres Ríos lleno a capacidad reunía a 47.971 personas. Apenas la mitad de ese número acudió al estadio la noche del 29 de septiembre para ver a Clemente buscar su trimilésimo *hit* frente a los Mets y a Tom Seaver. Clemente versus Seaver era un encuentro equilibrado entre dos jugadores talentosos, inteligentes y voluntariosos. Seaver estaba asombrado de las poderosas manos de Clemente y cómo podía pararse allí, "lejos del plato, con ese grandísimo bate, y esas manos poderosas y controlarlo como un bárbaro, bateando bolas al costado del plato". Había un punto, fuera a nivel de las rodillas, donde Seaver pensaba que Clemente era vulnerable. Si se la pasan por ese exacto punto, contemplaría el tiro y no lo batearía. Pero si ese punto se te escapa, la pelota saldría aullando hacia el jardín derecho.

El drama esta vez casi llega a un rápido e insatisfactorio final. Clemente subió al plato en la primera entrada, reconoció una ovación de la multitud, y luego le bateó con fuerza a una recta de Seaver. Él apenas tocó la pelota. Esto había sucedido antes en la carrera de Clemente. Aunque esta vez la pelota rebotó un poco alto y se fue un poco lejos, el juego era una reminiscencia del *hit* que salió rebotando entre el montículo y la primera base en la octava entrada del séptimo partido de la Serie Mundial de 1960, y la bola que bateó directo a Mike Cuéllar en el tercer partido de la serie de 1971. Luego de que la pelota pasó por encima de Seaver, el segunda base Ken Boswell se movió para hacer la jugada, pero se le salió del guante y Clemente llegó a primera. La luz de la pizarra de anotaciones de inmediato encendió una H intermitente para anunciar el *hit*. Se destapó un estruendo y rollos de papel sanitario empezaron a rodar desde las tribunas.

¿Terminaría la búsqueda de los tres mil con aquel magro *hit* dentro del cuadro? El primera base Ed Kranepool le tiró la pelota al árbitro, quien se la entregó a Don Leppert, instructor de primera base, quien le dio una nalgada a Clemente. Pero en el palco de la prensa, Luke Quay del *McKeesport Daily News,* el anotador oficial del juego, saltó alarmado. La pizarra de anotaciones estaba equivocada; él no lo había clasificado como *hit*. "Error, segunda base. Error, Boswell", anunció Quay desde el micrófono del palco de la prensa. Las luces de la H se apagaron en la pizarra de anotaciones y la E de error se iluminó. Más papel sanitario, seguido por un resonante abucheo. Éste no era un día para bateo de ninguna clase. Seaver y Nelson Briles miraban el duelo con el *pitcher,* en el cual Seaver prevalecía 1-0, ponchando a trece y permitiendo sólo dos *hits,* a Oliver y Hebner. Clemente tuvo otra oportunidad de un *hit*. Seaver se apareció con una resbaladiza abajo y afuera —el mismo tiro que él había concebido en su pantomima antes de la temporada— y Clemente la tiró al mismo fondo del derecho, pero Rusty Staub le había estado jugando hacia la línea e hizo la jugada.

Después del partido, Clemente estaba en su peor humor, sintiéndose agraviado otra vez. Aun ahora, con otro anillo de la Serie Mundial y un hito inevitable al alcance de la mano, la ira seguía siendo el combustible que lo impulsaba, como Roy McHugh había observado antes. Pero ¿estaba realmente irritado o esto era sólo un show? Cuando Dick Young del *New York Daily News* llegó al camerino de los Piratas, Clemente estaba en la piscina de hidromasaje, con la cabeza fuera del agua y un sonrisa sardónica en el rostro. Dijo que estaba celebrando que le hubieran robado su trimilésimo *hit* "los idiotas de la cabina de la prensa".

—¿Usted cree que fue un *hit?* —preguntó alguien.

—¿Creo? Sé que fue un *hit*. Todo el mundo se dio cuenta que fue un *hit*.

—Pero Boswell mismo admitió que era un error —le dijeron a Clemente.

—Ése es un mentiroso de mierda. De todos modos, me alegra de que no lo cantaran un *hit*. Me han estado jodiendo toda mi vida, y esto lo prueba.

Luego le señalaron que Luke Quay era el anotador oficial. Clemente simpatizaba mucho con Quay y creía que siempre había sido justo con él. Olvídese de eso de que "me quieren joder". De pronto, Clemente sufrió un cambio de humor. Esto era algo que todos los cronistas deportivos le conocían a lo largo de los años. Explotaba, pero la ira se le pasaba, y si le demostraban que estaba equivocado, se excusaba. Cuando el show se acabó, cogió una pelota y escribió… *Fue un hit. No, fue un error. No, fue superman Luke Quay. A mi amigo Luke con los mejores deseos. Roberto Clemente.*

A las once de la mañana siguiente, una muchacha de catorce años llamada Ann Ranalli y dos amigas de la escuela parroquial de San Bernardo en Mount Lebanon tomaron un tranvía en el centro de Pittsburg, se bajaron cerca de Grant Street, y caminaron sobre el puente del estadio de los Tres Ríos. Las muchachas llevaban bolsas de papel de estraza llenas de confeti que habían fabricado de tiras del *Pittsburgh Press* la noche antes. Ranalli amaba el béisbol y amaba a Clemente aun más. Había algo inusual en él, pensaba ella. "Él era excéntrico… Siempre parecía ser él mismo, dentro y fuera del terreno". Ella quería estar allí vitoreándolo cuando él obtuviera su *hit* número tres mil. En este día brumoso y nublado, entraron en el estadio y subieron hasta las gradas del jardín derecho para encontrar asientos. No había problemas. Ranalli se quedó desilusionada cuando miró a su alrededor y vio un público tan exiguo. ¿Dónde estaba la gente?, pensó. ¿Cómo se les ocurriá faltar? La asistencia oficial fue de 13.177 personas. Los compañeros de equipo de Clemente se sentían igualmente confundidos de ver que el estadio estaba virtualmente vacío mientras ellos se calentaban. Pero era un sábado de fútbol universitario. "Pittsburg era una ciudad tan fanática del fútbol, aun con los buenos equipos que teníamos", recordaba Richie Hebner. "Era un día mierdero, nublado. Un sábado por la tarde. Sólo trece mil personas en las tribunas. Debía haber habido más. Allí estaba un tipo que había jugado dieciocho temporadas para ellos. Pero el fútbol universitario estaba en la televisión, no había mucha plata y las fábricas de acero luchaban por sobrevivir".

Aquellos que fueron al estadio ese día, como Ranalli y sus amigas, eran en su mayoría fanáticos rabiosos de Clemente, entre ellos unas pocas docenas que habían venido de Puerto Rico. Desde el momento en que Roberto salió del *dugout,* fue recibido con gritos y saludos, y todos sus movimientos fueron seguidos por Luis Ramos, un fotógrafo del periódico *El Nuevo Día* de San Juan. Ramos más tarde calculó que había tomado veinticinco rollos de película de 300 milímetros con su cámara Nikon con una lente de 4,5. "Tenía que tomarlo desde una distancia de cien pies", recordaba. "Cada vez que levantaba un bate, yo disparaba la cámara. Y me mantuve haciéndolo cuando estaba en el círculo de espera, en el *dugout,* en fin, no le perdí pie ni pisada". En la cabina de la prensa, junto con la voz de Pittsburg, Bob Prince, el partido estaba siendo narrado para Puerto Rico por los locutores de habla hispana Felo Ramírez y Carlos De Jesús. Era Dock Ellis contra el zurdo Jon Matlack por los Mets, quien después de ir 0–3 en un breve llamado a las mayores el año anterior había retoñado en 1972 con quince triunfos. En la primera entrada, Chuck Goggin, que acababan de llamar de las menores para jugar segunda base para los Piratas, obtuvo su primer *hit* en las grandes ligas. Doug Harvey, el árbitro de la segunda base, detuvo el juego y le dio la pelota. Había hecho el primero, le faltaban dos mil novecientos noventa y nueve para empatar con el gran Clemente, diría Goggin después. Al paso al que iba le tomaría tres mil años. No más magia en esa entrada. A Clemente lo poncharon.

Ramírez, el Vin Scully de los narradores deportivos latinos, estaba en el micrófono cuando Clemente subió al plato por segunda vez. "El público está concentrada en el boricua detrás del plato", empezó Ramírez. *Boricuas* es un término con el que a menudo los puertorriqueños se identifican; es el nombre que los indios taínos le daban a la

Isla*. "Están esperando por el tiro de Jon Matlack. El cuarto *inin*, segunda parte del cuarto inin. Y el *pitcher* se impulsa, lanza bola rápida y es un *strike*. El tiro estaba en las rodillas. Matlack listo de nuevo. Clemente listo en el plato… como siempre, muy distante del plato. Y el *pitcher* se impulsa despídanse!, y lanza". Golpe del bate. La voz de Ramírez se alza y sube con el vuelo de la pelota. "Un doble para Roberto Clemente contra la barda! ¡No-no-no! ¡No-no-no! ¡Un doble para Roberto Clemente! ¡Un doble completamente claro contra la barda! En el tiro de Jon Matlack. Señoras y señores, ¡los fans se vuelven locos aquí en el estadio de los Tres Ríos! Todo el mundo está de pie. Gran emoción. Le están entregando la pelota a Roberto Clemente. Él se quita la gorra. Saluda al público y recibe las felicitaciones del siore, Jim Fregosi, que lo saluda como el mejor. Los fans están de pie. El entusiasmo es gigantesco aquí en Tres Ríos. Estamos presenciando un momento histórico, un momento histórico en el béisbol".

Fue una curva afuera que iba justo donde Matlack quería que fuese hasta que Clemente la bateó contra la barda del jardín izquierdo. En el entusiasmo del momento, Don Leppert, el árbitro de la primera base, sacó un paquete de tabaco de mascar Mail Pouch y fue a meterse un rollito en la boca cuando Clemente se le acercó y le dio la pelota. Leppert se guardó el pedazo de historia en el bolsillo trasero para protegerlo. En el *dugout,* mirando al principesco Clemente de pie en la segunda base, Al Oliver se sintió vencido por la emoción. "Me electrizó seriamente ver a un tipo que conozco, que nunca obtenía el crédito que verdaderamente merecía, de pie en la segunda base, significaba mucho para mí como un joven jugador. Y nunca olvidaré cómo me hizo pensar, aquí está un tipo que se ha cuidado, y dije, él será una buena meta para mí. A mí me hizo más bien que a él. Clemente parecía imperturbable."

Cuando se acabó la entrada. Clemente se encaminó despacio hacia su puesto en el jardín derecho. Ramos lo siguió pasó a paso con sus lentes de distancia. En las bancas del jardín derecho, Ann Ranalli estaba exaltada. Ella había querido que el *hit* número tres mil de su

---

* Boricua es el nombre indígena para llamar al nativo de Puerto Rico. El nombre de la isla en lengua taína era Borinquen. (N. del T.)

héroe hubiera sido algo más que una rola lenta, más que un sencillo, y ella había conseguido lo que quería: un gran batazo justo entre el jardín central y el izquierdo. Ahora, mientras Clemente, con su andar atlético y grácil, se dirigía hacia ellas en las tribunas de la derecha, Ranalli y sus amigas bajaron corriendo hasta la barra y lo bañaron de confetis. Algunos fueron a dar al suelo. Cerca, algunos fanáticos de Puerto Rico estaban vitoreándolo a gritos. De frente a las gradas, con la espalda hacia el plato, Clemente se quitó la gorra y la levantó. Luis Ramos captó el momento para siempre, en lo que llegaría a ser la foto más famosa que él jamás hubiera tomado. Desde atrás, el No. 21 saludando con su gorra en alto. Ramos pensó que Clemente estaba levantando la gorra hacia Dios. Los fanáticos puertorriqueños pensaron que era un reconocimiento de sus vítores. Y Ann Ranalli dio por cierto que el saludo era para las tres fans de la clase de octavo grado del San Bernardo. Con el paso del tiempo parecería que su gesto tenía un significado más profundo, que él estaba diciendo adiós.

Virdon envió un reemplazo por Clemente en la próxima entrada y esperaba mantenerlo en descanso durante los tres últimos partidos de la temporada, hasta que el director de relaciones públicas del equipo, Bill Guilfoile, descubrió que una aparición más de Clemente en el terreno rompería el récord de Honus Wagner, como el pelotero que más partidos había jugado para los Piratas. Clemente no sentía ninguna urgencia de jugar; quería descansar para las semifinales de división contra los Rojos de Cincinati, pero en una de las últimas entradas contra los Cardenales el 3 de octubre, el penúltimo juego de la temporada, Virdon envió a Clemente al jardín derecho por esa sola entrada, y el récord se rompió: había jugado 2.433 partidos para los Piratas. No un mal récord para un hipocondríaco, diría él.

Contándolo todo, había sido un año difícil para Clemente. Había jugado sólo 102 partidos y alcanzado un promedio de bateo de 312 puntos, una cifra que la mayoría de los jugadores envidiarían pero que era baja para él. Su fildeo era superior, como de costumbre, lo bastante bueno para que ganara su duodécimo guante de oro. Pero su empuje final para alcanzar los tres mil *hits* lo había dejado con poca energía para las semifinales, y eso salió a relucir pronto al enfrentarse a los ascendentes Rojos de Johnny Bench, Joe Morgan, Pete Rose y Tony Pérez. Él no concectó ni una vez en siete veces al bate en los dos primeros juegos en que los equipos quedaron empatados, luego se calentó en los próximos dos, con un doble y un jonrón, pero no pudo hacer nada para cambiar el curso de la serie de cinco partidos. Luego que Bench empató el decisivo quinto juego con un jonrón en la novena entrada, los Piratas terminaron perdiendo 4-3 con un tiro descontrolado de Bob Moose. Más tarde en la casa club, todo el mundo parecía deprimido, excepto Clemente. Pronunció un inspirado discurso sobre el año próximo, luego se encontró a Moose solo en un rincón, hundido en la desesperación. "No te preocupes más por eso", le dijo Clemente. "Se acabó. Se acabó".

Al término de las semifinales se dijo que Clemente quería jubilarse, pero la prueba de que él tenía intenciones de seguir jugando la aportó Rex Bradley, el experto en bates de la Hillerich & Bradsby. Bradley hizo el viaje de Louisville a Cincinati durante las semifinales sólo para hablar con Clemente acerca de sus bates. "Él quería que le hiciéramos un nuevo modelo", recordaba Bradley. Sería una versión refinada de los bates Frenchy Uhalt sin perilla que Clemente había estado usando durante años. El nuevo modelo sería un C276, y Clemente lo quería más pesado que nunca, de treinta y ocho onzas. Bradley le prometió hacerle dos bates inmediatamente y enviárselos a Puerto Rico para que los probara durante el invierno. Si a Clemente le gustaban, le encargaría unas cuantas docenas.

El tema de la jubilación lo abordó Sam Nover de la WIIC-TV, quien grabó una hora de conversación con Clemente el 8 de octubre, una entrevista muy amplia que fue tal vez la más reveladora de su carrera. "Bobby, a los treinta y ocho años de edad y dieciocho en las grandes ligas, y habiendo alcanzado todo lo que querías alcanzar en el béisbol, me pregunto si la idea de que uno de estos días todo se va a acabar te ha entrado en la cabeza", comenzó Nover. "¿Tienes alguna idea cuándo esto terminará, y cuando termine, qué vas a hacer con tu vida? ¿Qué te gustaría hacer?"

Sin dar ningún indicio de que planeara jubilarse, Clemente aprovechó la oportunidad para ahondar en su filosofía de la vida y de la felicidad. "La gente siempre me pregunta, '¿Cuánto dinero tienes? ¿Te sientes seguro?' Yo no me preocupo por eso. La única cosa que me preocupa es ser feliz. Si puedo vivir. Si puedo por ejemplo conservar la salud, puedo trabajar. No me importa ser un conserje. No me importa conducir un taxi. Mientras tenga un empleo decente, trabajaré. Conozco a estos jugadores que han sido ricos y lo han perdido todo y se matan por el dinero. Para mí, eso no es importante. Gano mucho dinero, pero al mismo tiempo vivo la vida de una persona ordinaria. No soy un tipo importante. Fuera del parque de béisbol nunca me vas a ver tratando de montar un show o de llamar la atención, porque ése es mi modo de ser. Soy un tipo tímido y tú me ves con la misma gente todo el tiempo. Si quieres ser mi amigo tienes que probarme que quieres ser mi amigo y tienes que estar consciente de que necesito mucho tiempo cuando juego béisbol. Ahora bien, en el invierno puedo dedicarte el tiempo que quieras, pero en el verano tengo que andar aprisa. Así pues yo te diría que no me preocupo de lo que voy a hacer después que deje de jugar a la pelota. Probablemente me quedaré haciendo algo en el béisbol. Pero no me preocupa ni lo uno ni lo otro. Sólo me preocupa mantenerme saludable y vivir lo bastante para educar a mis hijos, hacerlos gente de respeto. Y para mí ésta es mi mayor preocupación: vivir para que mis niños sean personas a quienes la gente mire con respeto y que ellos respeten a los demás".

Clemente tenía por delante un invierno atareado. La aerolínea Eastern lo había contratado por tres años como un asesor especial de deportes, lo cual significaba que la compañía podía usar su nombre en promociones y llamarlo para hablar en convenciones y en reuniones de ventas. A cambio, Eastern auspiciaría las clínicas de béisbol para niños de pocos recursos en Puerto Rico, que Clemente veía como precursoras de su sueño más ambicioso de una ciudad deportiva. Ya había comenzado la planificación para inaugurar una de estas "clínicas" en octubre y a principios de noviembre en Carolina, Ponce, Mayagüez, Arecibo y Aguadilla. Clemente también le había pedido a su amigo Ramiro Martínez que lo ayudara a organizar un Día de Celebración de Bob Prince para fines de octubre. *¡Arriba!* Clemente creía que Prince siempre lo había tratado con justicia y quería mostrarle su aprecio al Pistolero en San Juan. (Cuando llegó el momento, Clemente demostró cuan profundamente apreciaba a Prince al obsequiarle una de sus más valiosas posesiones: el bate de plata que le habían dado por ganar su primer título de bateo en 1961.) Y había más cosas: Osvaldo Gil, presidente de la Federación de Béisbol Aficionado de Puerto Rico, le había pedido que dirigiera el equipo puertorriqueño en el campeonato mundial de Nicaragua, un trabajo que le tomaría tres semanas en noviembre y principios de diciembre.

El 14 de octubre, la noche antes de salir para Puerto Rico, Clemente se reunió con varios compañeros del equipo para celebrar los veintiséis años de Al Oliver, en el apartamento que éste tenía en la sección Greentree de Pittsburg. "Todos conversaban", contaba Oliver después hablando de la fiesta. "Eso es una cosa de los Piratas, todos nosotros podemos conversar. Disfrutamos el conversar, y realmente nos llevábamos muy bien... Roberto me acuerdo que estaba echando un sermón. Siempre lo hacía. Él daba sermoncitos. Esta vez estaba hablando de la vida, de la gente que se las arregla, de eso era de lo que hablaba, de cómo él no podía entender el por qué la gente no podía salir adelante. Yo estaba escuchándolo en el rincón de los devotos. Él tenía la tendencia de usar las manos cuando hablaba, y ponía una pasión en todo lo que decía".

Tarde esa noche, antes de dispersarse, Oliver les pidió a sus compañeros que se pusieran a su alrededor. "Muy bien, tomémonos una foto", dijo. "Podría ser la última vez que estemos todos juntos".

13
Temblor

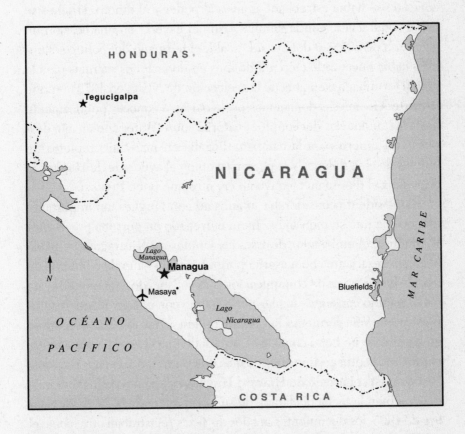

TRES DÍAS ANTES DE NAVIDAD, A LAS CINCO Y TREINTA
de un viernes por la tarde, el presidente Richard Nixon redactó una
nota de felicitación para su amigo Howard Hughes. Nixon estaba en la
Florida, relajándose en el complejo al que llamaban la Casa Blanca del
Sur en Key Biscayne, que él compartía con su leal amigo Charles

(Bebé) Rebozo. Hughes, el multi-multimillonario recluso, estaba en Managua, Nicaragua, escondido en una suite del séptimo piso del Hotel InterContinental, donde supervisaba sus empresas mercantiles desde una habitación penumbrosa donde trataba solamente con sus secretarios, sus guardias de seguridad y los enfermeros que a su insistencia tenían que ser mormones. Era el mismo hotel que Roberto Clemente había dejado catorce días antes luego de dirigir el equipo puertorriqueño en el Campeonato Mundial del Béisbol Aficionado.

Nixon y Hughes se habían conocido durante mucho tiempo, y su conexión se había estrechado gracias al poder y al dinero. Hughes se había congraciado con la familia Nixon al hacerle en una ocasión un préstamo de 205.000 dólares a Donald, el hermano del político. También había encauzado cien mil dólares en donaciones secretas para la recién terminada campaña de la reelección de Nixon en 1972 (aunque la existencia de esas donaciones no se darían a conocer públicamente hasta las audiencias del comité senatorial sobre Watergate un año después). El dinero para la campaña llegaba en maletines repletos de billetes de cien dólares, y la persona a quien el ayudante de Hughes le entregaba el dinero en efectivo no era otro que Bebé Rebozo.

El presidente consideraba su amistad con Hughes tan importante que quería que su mensaje le fuera entregado en persona por Turner B. Shelton, el embajador de Estados Unidos en Nicaragua. Se había hecho necesaria una nota escrita porque Nixon —aún disponiendo de uno de los sistemas de comunicación más sofisticados del mundo— no había podido conseguir hablar por teléfono con el tipo obsesivo compulsivo que veía gérmenes por donde quiera, y que se había escondido en la suite de un hotel como si se tratara de una cueva. La ocasión era el próximo septuagésimo cumpleaños de Hughes, o al menos eso creía Nixon. Hasta el origen de Howard Hughes estaba envuelto en el misterio: si bien la fecha declarada de su nacimiento era el 24 de diciembre de 1905, los documentos legales de Texas registraban otra fecha, el 24 de septiembre. En cualquier caso, Nixon estaba equivocado respecto a la edad. Hughes tenía sólo sesenta y siete.

"Setenta años es un hito importante en la vida de cualquier hombre, y especialmente usted tiene mucho que mirar hacia atrás con orgullo y mucho que mirar hacia delante con placer desde esa ventajosa perspectiva", escribió Nixon. "Siento mucho que las circunstancias no me permitan felicitarle por teléfono en este importante cumpleaños, como habría deseado hacer, pero confío en que la calidez de mis buenos deseos puedan ser transmitidos también por este medio. No sólo valoro grandemente su apoyo, sino que siento también un enorme respeto por las contribuciones que ha hecho a la nación durante el curso de su larga y brillante carrera. Pat se une a mí en desearle un cumpleaños muy feliz, y muchos más por venir. Cordialmente, Richard Nixon".

El saludo de cumpleaños fue enviado de Key Biscayne a la Casa Blanca y luego transmitido por teletipo desde el Situation Room a la residencia del embajador en Managua. Shelton había de entregar personalmente la nota en el hotel a la mañana siguiente. Eso nunca ocurrió.

Éste era el comienzo de un alegre fin de semana en Managua, el pico de la temporada de Navidad. Las luces de colores adornaban las tiendas a lo largo de la Avenida Central y fulguraban desde el hotel en forma de pirámide que se alzaba en lo alto de la colina. Los parrandistas de las fiestas deambulaban todavía por las estrechas calles de la ciudad vieja tarde en la noche. Durante días, había hecho calor y una insólita calma, luego de la peor sequía del siglo, pero ahora, pasada la medianoche, en los primeros minutos del 23 de diciembre, un viento súbito, frío y fuerte, empezó a soplar. Los animales pudieron advertirlo. Y Pedro Chamorro, con el instinto alerta del director de un periódico de oposición, en guardia contra el peligro, también advirtió algo. Las hojas susurraban como si quisieran decir algo, pensó él. Luego vino el primer temblor y la tierra se sacudió de lado a lado. Pronto un segundo retumbo, más vertical que horizontal, como si una criatura monstruosa emergiera a la superficie desde las profundidades del subsuelo. Más tarde un tercer temblor, vertical también, más violento que el segundo —y en un atronador espasmo la ciudad se derrumbó. El temblor, que alcanzó la magnitud de 6.5 en la escala de Richter, arrasó 350 manzanas cuadradas en dos terroríficas horas. Ahora explotaban cañerías, estallaban incendios, los escombros y el hollín hacían el aire irrespirable; la gente corría, se tambaleaba, gritaba, se arrancaba las ropas incendiadas, había pavor y sangre por todas partes. El reloj del pináculo de la catedral de la Inmaculada Concepción en el epicentro del terremoto se detuvo exactamente a las doce y veintisiete.

Cuando comenzó la oscillación, el embajador Shelton estaba en su residencia de la sección El Retiro sobre una colina que domina la ciudad y había acabado de encender la radio para oír las noticias. Las sillas comenzaron a volar, y también los cuadros, las mesitas, la cristalería, todo andaba suelto. Se apagaron las luces. Él corrió a la planta alta para ver como estaba su esposa, que se encontraba a salvo, y luego regresó a su estudio, donde tenía un generador y una radio de emergencia. Dentro de unos pocos minutos, supo que la embajada norteamericana se encontraba en la zona de mayor destrucción. Su secretaria, Rose Marie Orlich, se había quedado atrapada adentro, una entre las miles de víctimas probables. Shelton envió un mensaje en clave Morse que llegó a la estación radiotransmisora del Departamento de Estado en los suburbios de Washington: *Embajada destruida. Necesitamos ayuda. Más [información] después.*

El líder militar de Nicaragua, Anastasio Somoza Debayle, se encontraba al lado [de la residencia del embajador] en la espaciosa casa de una planta con su esposa, Hope, y sus tres hijos más pequeños, [de los cinco que tenían]. Al primer temblor salieron corriendo de la casa a un pasillo. El segundo temblor y el tercero, muy violento, los vapulearon tanto, dijo Somoza después, que "creíamos que éramos trocitos de hielo en una coctelera". Cuando el retumbo cesó, Somoza se subió a un auto que usaba como supremo comandante de las Fuerzas Armadas de Nicaragua y comenzó a operar la radio, poniéndose en contacto con la policía y el cuartel maestre de la Guardia Nacional. Supo que el edificio de la Guardia en el centro de la ciudad había sido destruido, y que había numerosas bajas, y el centro nacional de comunicaciones, instalado en el Palacio Presidencial, también había quedado fuera de servicio. Decidió establecer un centro de emergencia en su casa, que sólo había sufrido daños menores. Somoza no era el presidente de Nicaragua —había renunciado al título temporalmente para cumplir con un requisito constitucional— pero no había duda de que era quien gobernaba el país. A principios de mes, en efecto, el gobierno de Nixon le había brindado la protección de un jefe de estado cuando visitó el centro Espacial Kennedy para observar el lanzamiento nocturno del Apolo

17, el último vuelo tripulado a la luna. Ahora, con la crisis del terremoto, Somoza abandonó todas las pretensiones y asumió el control absoluto.

En el Hotel InterContinental, se produjo una gran conmoción en medio de la oscuridad que siguió al terremoto. Con su ancha base y su forma de pirámide, el edificio no se había derrumbado, aunque tenía varias grietas y los pisos superiores estaban ligeramente inclinados. Los ascensores eran inútiles debido a la falta de fluido eléctrico. Los huéspedes bajaron por las escaleras de emergencia, abriéndose paso entre muebles en desecho que estaban siendo almacenados en los descansos de varios pisos. Julie Sinkey, una azafata de Pam Am, bajó a gatas las escaleras y salió afuera en bata de dormir. Estaba dormida cuando el temblor echó abajo una pared divisoria, de suerte que cuando se levantó de la cama podía ver a la gente de la habitación contigua. De algún modo, al salir, se había acordado de traer consigo una cámara de diez dólares, y desde la cuesta de la colina tomó fotos del infierno que se había desatado en el antiguo centro de la ciudad. Se decía que Howard Hughes tenía miedo de morir en un desastre natural, pero cuando éste ocurrió, permaneció tan inmutable que a su personal le costó trabajo convencerle de que abandonara su acogedora suite. "Estaba tranquilo, tan tranquilo", recordaba su ayudante John Eckersley. "Todo el mundo diciendo que debíamos evacuar inmediatamente, pero él decía que no. Quería estar seguro de que era absolutamente necesario". Su retraso le dio tiempo a los ayudantes de empacar sus ropas y medicinas, que estaban esparcidas por la suite. Estaba tan frágil que lo bajaron cargado por la escalera a oscuras y lo pusieron en una limosina Mercedes-Benz en el estacionamiento del hotel. Al amanecer lo trasladaron a la vecina residencia de Somoza, el mismo hombre que diez meses antes lo había invitado a convertir a Nicaragua en su escondite cuando había tenido que huir de las Bahamas. El caudillo y el súper millonario fóbico tenían unas cuantas cosas en común, sobre todo que ambos eran amigos del presidente de los Estados Unidos.

El 23 de diciembre, los Clemente despertaron en su casa de la loma en Río Piedras, con las noticias del devastador terremoto. Para ellos ésta no era una tragedia distante, sino tan cercana en el tiempo y en la memoria que lo sentían como un desastre que le hubiese ocurrido a la familia. La ciudad vieja, las tiendas donde Roberto había comprado la ropa fina para Vera, toda en ruinas. ¿Qué le había ocurrido a tanta gente que había conocido durante su estancia de mas de tres semanas en Nicaragua? Los comerciantes, los fanáticos del béisbol, los dueños de restaurantes, los trabajadores y los campesinos que tanto le recordaban a los pobres de Carolina, aquellos a quienes les había repartido monedas por las mañanas, y al muchacho del hospital que esperaba que las piernas artificiales le sirvieran para poder ser el cargabates del equipo puertorriqueño de béisbol amateur el próximo año. ¿Qué le habría pasado? "Tan pronto como oímos la noticia del terremoto a primera hora esa mañana nos entristeció mucho porque conocimos allí a mucha gente buena y sentíamos que habíamos perdido a alguien — usted sabe, un pariente o alguien cercano. Nos sentimos muy comprometidos con esto", dijo más tarde Vera Clemente. Roberto quería saber más de lo que los medios de prensa de San Juan podían decirle. Sus amigos en la estación de radio local le dijeron que no tenían ninguna comunicación directa con Nicaragua.

Clemente terminó por encontrar a un operador de radioaficionado que estaba recibiendo informes detallados del terremoto. Un equipo de operadores de radio de San Juan a Chicago a Caracas a la estación de onda corta del Departamento de Estado en Washington había formado una cadena con un managüense que se había identificado como "Enrique", que estaba transmitiendo en español desde una unidad móvil dentro de un camión mientras recorría las ruinas de la ciudad. Aún había pequeños temblores, reportó Enrique. Parecería que hubiera entre cinco y seis mil personas muertas. Tal vez cien mil personas sin hogar. Dos de los tres hospitales principales quedaron destruidos, junto con el palacio presidencial, las oficinas del periódico *La Prensa y Novedades*, la embajada de los Estados Unidos, y dos de los tres principales hoteles, el Balmoral y el Gran Hotel. La principal estación de bomberos se derrumbó, dejando atrapado el equipo esencial y haciendo más difícil combatir los incendios. Incluso una estatua gigantesca del padre de Somoza se cayó de su pedestal. "La gente corre por las calles como zombies, aterrorizados. Los edificios grandes están agrietados", informaba Enrique desde su radio móvil. "Las gentes salen de sus casas con caras brazos y piernas ensangrentadas. Nunca hemos visto una catástrofe como ésta".

¿Qué es lo que necesitan?, preguntó Clemente. De todo, fue la respuesta: comida, ropa, suministros médicos.

La campaña de socorro se había puesto en marcha. A las siete y treinta de esa mañana, un télex del embajador Shelton en el que solicitaba ayuda médica inmediata había llegado al escritorio del coronel Maurice Berbary en el Comando Sur de los Estados Unidos en la Zona del Canal de Panamá. Si bien unidades sanitarias tácticas más grandes se preparaban a volar desde Fort Hood en Texas y desde la base Mac-Dill de la Fuerza Aérea en Tampa al día siguiente, Berbary había montado al primer equipo médico de cuarenta y seis hombres en un gigantesco C-130 que había salido rumbo a Managua antes del mediodía. La Cruz Roja y otros grupos voluntarios se dirigían a la devastada capital desde Ciudad de México, América del Sur, los Estados Unidos e incluso Europa. Sólo un año antes, a raíz de la crisis humanitaria en Biafra, un pequeño grupo de médicos franceses había creado una nueva organización de asistencia médica llamada Médicos sin Fronteras, y al enterarse del terremoto de Managua entraron en acción por primera vez.

Fue exactamente entonces, doce horas después del temblor, cuando muchos iban al rescate de Managua, que Howard Hughes escapó de allí. Somoza hubiera querido que Hughes ayudara en las tareas de recuperación. Pero tan pronto como el general le hizo saber a su huésped que la pista del Aeropuerto Internacional Las Mercedes parecía no haber sufrido daños, Hughes y su séquito se encaminaron directamente al aeropuerto. Cuando llegaron allí, uno de sus ayudantes le pidió a un agente local de autos de alquiler, que era también un radioaficionado, que enviara un mensaje a la Florida. Después de algunos problemas con el equipo, se encontró un segundo operador radioaficionado y se envió el mensaje críptico que, como él recordaría después, decía algo así: *Estamos bien. Saliendo en el jet Lear. Destruya todos los registros y las radiografías. Diríjase inmediatamente a Miami. Al llegar a Miami llame al 31 Los Ángeles para el destino final.* Y con eso, Howard Hughes huyó de Managua en su momento de mayor necesidad. Los soldados norteamericanos que llegaban de la Zona del Canal en el primer C-130 recordaban haber visto despegar al avión privado de propulsión a chorro poco después que ellos aterrizaran.

En ese primer largo día del desastre de Managua, la atención del presidente Nixon en su recinto de Key Biscayne y millones de fanáticos de los deportes en Estados Unidos estaban concentrados en algo más: la primera ronda de los semifinales de la Liga Nacional de Fútbol. El interés era especialmente intenso en Pittsburg, donde los resurgentes Steelers eran los anfitriones de los Raiders de Oakland en el estadio de los Tres Ríos. Los Steelers habían sido perennes perdedores, conocidos por las palizas que les propinaban, y que ellos devolvían con creces al otro equipo, pero ahora, por primera vez desde 1947, estaban jugando en la postemporada. Luego de llamar a Henry Kissinger en Washington, D.C., Nixon hizo arreglos para almorzar y ver el juego en la sala de su casa de vacaciones en el 516 de Bay Lane. Fue un combate defensivo con poca acción hasta el final. Cuando quedaban un minuto y trece segundos, el mariscal del Oakland, Ken Stabler, corrió treinta yardas para anotar, dándoles a los Raiders una ventaja de 7–6. Luego cuando el Pittsburg estaba en el último aliento, se hizo una de las jugadas más memorables en la historia de la Liga Nacional de Fútbol.

Cuarta y diez, el balón en la yarda cuarenta de los Steelers, otras sesenta yardas para anotar. Quedan veintidós segundos. Art Rooney, el dueño del Pittsburg, resignado a perder, estaba tomando el ascensor desde su palco para dirigirse a la casa club a pronunciar un discurso de consuelo. Bill Nunn Jr., el ex editor de deportes del *Pittsburgh Courier*, y ahora encargado de personal de los Steelers, pensaba que el juego se había acabado y se sentó en la tribuna del equipo maldiciendo al defensa por el descalabro que le permitió a Stabler anotar. Terry Bradshaw, el mariscal de tercer año, llamó a jugar: opción 66. *Bradshaw va atrás, buscando, buscando... dispara... balón en el aire.* El pase era para el mediozaguero Frenchy Fuqua, pero Jack Tatum, el temible jugador del Oakland, se abalanzó justo en el momento en que el pase llegaba allí, y la pelota rebotó varias yardas y fue atrapada a nivel del tobillo por el novato corredor Franco Harris, que la barrió a través del terreno y hasta la línea lateral para obtener el tanto ganador.

Myron Cope, la figura deportiva de Pittsburg que había escrito el primer artículo sobre los dolores y achaques de Clemente para *Sports Illustrated* en 1966, era ahora el comentarista de fútbol para el equipo de los Steelers. Había salido de la cabina de transmisión dos minutos antes de que se acabara el juego y estaba en el terreno, de pie detrás de la esquina de la diagonal, cuando Franco se dirigió estrepitosamente hacia él. Luego de hacer algunas entrevistas en medio de la algarabía que había en el camerino de los Steelers, Cope fue a comer y luego se dirigió a los estudios de la WTAE-TV para escribir un comentario para el noticiero de las once en punto. Mientras tecleaba en su máquina de escribir, recibió una llamada de una mujer llamada Sharon Levosky, quien dijo que estaba celebrando con un grupo de delirantes fans de los Steelers en el bar Interlude del centro. A uno de sus amigos del bar, Michael Ord, se le había ocurrido un nombre para la milagrosa atrapada de Franco —la Inmaculada Recepción— y le había dicho que llamara a Cope para divulgar el término. A Cope le pareció que era una frase de la que valía la pena apropiarse, así que la escribió en su comentario, y de ahí en adelante prendió. A partir de entonces, la Inmaculada Recepción significa sólo una cosa para cualquier fanático del fútbol profesional: acaso la última jugada más sorprendente en la historia de este deporte.

Si uno fuera a señalar el momento en que el fútbol profesional sobrepasó de manera permanente al béisbol como la pasión deportiva de Pittsburg, cuando los Steelers se convirtieron en una tradición de triunfo en lugar de derrota, podría ser éste. La Inmaculada Recepción trascendió incluso al jonrón de Maz en la segunda parte de la novena entrada del séptimo juego de la Serie Mundial de 1960. Fue la comidilla del oeste de Pensilvania durante todo el fin de semana y de toda la semana a través de Navidad y los días que precedían al próximo juego contra los Dolphins de Miami la víspera de Año Nuevo. El desastre en los escombros que rodeaban la catedral de la Inmaculada Concepción en Managua parecía muy, pero muy remoto.

A lo largo de todo el día Clemente había estado siguiendo los informes de los radioaficionados desde Managua y pensando en lo qué él podía hacer para ayudar. Llamó a su amigo Osvaldo Gil, el presidente del béisbol amateur que había estado junto con él en Nicaragua. "¿Qué debemos hacer?", le preguntó. Antes que Gil pudiera responder, Clemente añadió. "No sé lo que tú vas a hacer, pero yo voy a hacer algo". Luis Ferré, en su última semana como gobernador de Puerto Rico, y Rafael Hernández Colón, como gobernador electo, habían hecho públicas manifestaciones de pesar y habían prometido ayudar a Nicaragua. Esa noche, Roberto y Vera fueron a El Carretero, un club nocturno del que él era dueño en Carolina, luego se dirigieron al centro al hotel San Jerónimo para un banquete en el cual él iba recibir otro galardón. Estaba cansado, pero sentía el deber de asistir. Vera llevaba puesto el elegante vestido bordado que Roberto le había comprado en Managua. Ruth Fernández, la cantante y activista política que acababa de ser electa al Senado puertorriqueño, estaba allí, junto con Luis Vigoreaux, una personalidad de la televisión local. Se juntaron con los Clemente para conversar acerca del terremoto y Vigoreaux sugirió que como figuras bien conocidas de la comunidad deberían asumir papeles prominentes en la campaña de socorro. Clemente, como un héroe nacional, encabezaría este empeño. Acababa de nacer lo que llegó a ser conocido como el Comité Roberto Clemente Pro-Nicaragua.

A la mañana siguiente, un domingo, día de Nochebuena, el presidente Nixon desayunó a las ocho y cuarenta y cinco en su bungalow de Key Biscayne. Los periódicos de la mañana estaban llenos de informes sobre la devastación en Nicaragua. Según el diario que llevaban sus secretarios, Nixon comenzó a hacer llamadas telefónicas tan pronto terminó de desayunar. Había dos personas en Managua con las que él especialmente quería conectarse. Primero intentó comunicarse con el general Somoza en su residencia, pero la llamada no se pudo concretar. Luego, dos minutos después, según el diario, "el Presidente hizo una llamada de larga distancia a Howard R. Hughes, presidente de la Hughes Tool and Manufacturing Company, en Managua, Nicaragua". Esa llamada tampoco obtuvo respuesta, puesto que Hughes para entonces ya se había ido. Media hora después, el presidente finalmente localizó a Somoza. Su preocupación era personal y política. Nixon había conocido a Somoza en 1955 cuando siendo vicepresidente de Estados Unidos hizo una gira por América Central. Dieciséis años después, como presidente, había recibido a Somoza en una cena en la Casa Blanca. El general había llegado con seis cajas de puros para

Nixon y un prendedor de oro para la Primera Dama. Nixon, en su brindis, había felicitado a Somoza por "un cuarto de siglo de servicio a la causa de la paz y la libertad". Ahora, en su llamada a la zona de desastre, Nixon se sintió tranquilo de saber que Somoza y su familia estaban a salvo. Pero le preocupaba que el caos en la ciudad pudiera dar lugar a perturbaciones civiles y una oportunidad a los opositores de Somoza. Su temor instintivo era que el tumulto pudiera conducir a una sublevación comunista.

Junto con los equipos médicos y los ingenieros de combate, Nixon despacharía un batallón de paracaidistas para mantener el orden en la capital.

En la Casa Blanca, el general Alexander M. Haig Jr., asesor militar del Presidente en el equipo de Seguridad Nacional, estaba recibiendo cada una hora partes actualizados sobre la situación de Nicaragua. A las cinco y quince de la mañana, el primero de catorce C-141, que despegaron con intervalos de una hora, salió de la base MacDill de la Fuerza Aérea con suministros médicos, equipo para un hospital de campaña, y comunicaciones de emergencia. Los aviones, le informaron a Haig, habían de regresar con "aproximadamente un centenar de familiares del personal diplomático norteamericano y miembros de ese personal cuyas tareas no fueran esenciales, así como ciudadanos norteamericanos particulares que quisieran ser evacuados". La gente en todas partes estaba haciendo lo que podía por ayudar. En Atlanta, los obreros de un almacén del Ejército pasaron el día llenando de agua más de mil envases de cinco galones. Los cuerpos de bomberos de Nueva Orleáns se dedicaron a la recogida de alimentos y suministros. La Prensa Asociada informaba que la congregación de una iglesia en Mountainview, Ohio, "había donado toda su ofrenda del día de Nochebuena". Las oficinas de Lanica, la aerolínea nacional nicaragüense, servían como sede de la campaña de socorro de la Cruz Roja en Miami, cuya vasta población latina respondió generosamente a la crisis, algunas personas se aparecieron con sus pavos y cerdos de Navidad.

En San Juan, Clemente y Ruth Fernández hicieron un llamado público de ayuda a través de la WAPA-TV, obteniendo espacio entre transmisiones de carreras de caballos en el hipódromo El Comandante de Carolina. Anunciaban que el estacionamiento del estadio Hiram

Bithorn, el parque de béisbol de la liga de invierno del San Juan y el Santurce, se usaría como punto de recolección de ayuda durante todo el Día de Navidad. Para entonces, Clemente había logrado una conexión directa de radioaficionado con un hospital de Masaya, a trece millas de Managua, y le dijeron cuánto necesitaban medicinas y equipos de radiografías. Masaya misma había sufrido una poderosa sacudida. El tamaño del pueblo, conocido por sus artesanías, casi se había duplicado hasta llegar a más de sesenta mil debido al éxodo de la capital. Muchas casas allí tenían banderas rojas colgadas de las ventanas para indicar que había sobrevivientes dentro. Las condiciones no podían ser más precarias. Clemente decidió alquilar un avión para que los suministros llegaran más pronto a Nicaragua.

En la mañana de Navidad, Pedro Chamorro circuló por Managua en su motocicleta, abriéndose paso entre lo que él llamó la zona del escombro. Nadie estaba pensando en la fiesta religiosa del día, hizo notar él. "Sin embargo, en las aceras, patios y parques de la ciudad caída, los que aún se reunían compartían sus cosas —y la tierra paró de temblar". Su ciudad, observaba el director de *La Prensa*, parecía "aplastada por una especie de incomprensible paz". Soldados nicaragüenses estaban apostados en las esquinas de las calles en la sección del centro, haciéndose más evidentes frente a los bancos y los edificios del gobierno. El hedor de la muerte era intolerable. En algunas cuadras, centenares de cuerpos mutilados aún cubrían las calles y muchos más seguían atrapados debajo de los escombros. "Estamos luchando contra el tiempo", dijo Jorge Cogna, un voluntario de la Cruz Roja procedente de Ciudad de México. A los funcionarios de salubridad les preocupaba que se presentara un brote de fiebre tifoidea y de otras enfermedades si los cadáveres no eran recogidos y enterrados pronto. En contraste con la solidaridad que presenció Chamorro, el general Somoza creyó que la mejor política era instruir a las agencias de servicio que dejaran de alimentar a los pobres y los hambrientos en el centro de la ciudad; era, arguyó, un asunto de salud pública, el único modo de obligar a la gente a obedecer sus órdenes de evacuación y de salir de los barrios peligrosos. Se impuso un toque de queda a las seis de la tarde, pero tarde en la noche se oyó en la ciudad el eco de detonaciones. Habían empezado algunos saqueos, la gente se llevaba cualquier cosa que pudieran encontrar entre los escombros. Somoza dio ahora otra orden. Instruyó a sus guardias a abrir fuego contra los saqueadores.

El amanecer del 26 de diciembre "despuntó con la llegada de los paracaidistas", recordaba Chamorro. Eran tropas norteamericanas traídas desde Panamá para incrementar la guardia de Somoza. Pero la tensión sólo aumentaba. Chamorro, en su estilo lírico, describía "los miles de miles de manos que se extendían hacia el vacío, pidiendo comida, que se guardaba en los mismos lugares que las limusinas… bajo custodia de los tanques del gobierno. No han repartido la comida. No han repartido la comida". La paradoja se hizo más absoluta; más ayuda, menos ayuda. Chamorro estaba sorprendido de cómo "las cajas de medicina y alimento seguían llegando al aeropuerto y en los hospitales de campaña ondeaban banderas de todos los países. "Sin embargo, mientras la ayuda llegaba, los residentes salían. Procesiones de personas dejaban la ciudad por las tres carreteras, las alambradas de púas se extendían alrededor de las partes más destruidas y podía oírse el sonido de las explosiones de dinamita derribando paredes y hundiendo tejados. Autobuses, camiones, pequeños carros cargados con pinturas, aparadores, tijeras, valijas, baúles, rodaban sobre las cenizas y las piedras en busca de una salida". Un inmenso pueblo de tiendas de campaña se estaba levantando a orillas de la ciudad. En el cementerio general, cavaron una fosa común y enterraron los primeros mil cadáveres. A la mayor parte de la ciudad antigua la declararon zona contaminada. Los ingenieros del Ejército de EE.UU., siguiendo un método reticular cuadra por cuadra, comenzaron a despejar sistemáticamente el terreno bajo un calor de 100° F. Las cuadrillas de demolición usaban palas mecánicas y dinamita para nivelar cualquier estructura que hubiera quedado en pie después del terremoto. Se regaba cal sobre los escombros. Por primera vez, al día siguiente de Navidad, los buitres empezaron a sobrevolar en círculos, atraídos por el olor de la muerte.

Clemente pasó el día en el estacionamiento del estadio Hiram Bithorn en la sección de Hato Rey de San Juan, frente al centro comercial Plaza de Las Américas. A partir de las ocho de esa mañana, la acción parecía orbitar en torno a él, todo el ruido incesante, el bullicio de la gente que entraba y salía, trayendo alimentos y dinero en efectivo. De continuo, Clemente tomaba el micrófono e instruía a las personas respecto a la forma de hacer sus donaciones. "No den el dinero que no puedan dar", decía. "Si pueden dar dinero, entonces no hay problema, hagan sus cheques a nombre del Comité Roberto Clemente de Ayuda a Nicaragua, no a nombre de Roberto Clemente. Muchísimas gracias". La disposición de ánimo era urgente, apremiante, siempre había algo más que hacer, preparaban los huacales, las cajas, los camiones, los suministros médicos y las cuadrillas de jóvenes estudiantes aptos para descargar aquí y cargar allá. Ya se había recogido para bastante más de un viaje. El comité había llegado a un acuerdo con una compañía de transporte aéreo radicada en Miami para fletar un Lockheed Constellation conocido como el Super Snoopy para tres viajes de ida y vuelto entre San Juan y Managua, al costo de 3.700 dólares cada uno.

Al final de día, Clemente y Ruth Fernández fueron al Canal 4 para volver a promover la campaña de socorro, esta vez en el programa de televisión de las 8 PM de Luis Vigoreaux. El programa era como una comedia del absurdo en contraste con la seriedad de los acontecimientos de Nicaragua. Se llamaba *Sube, nene, sube*, y consistía en la participación de parejas en una competencia de palo ensebado en que la mujer le gritaba a su novio palabras de aliento —*Pa'arriba, Papi, pa'arriba*— mientras él intentaba alcanzar la bandera plantada en el tope del tubo. Si él tenía éxito, se ganaban una luna de miel con todos los gastos pagos. Fue después de ese segmento del show que Vigoreaux desvió su atención al terremoto de Managua. Explicó la magnitud del desastre y dijo que todos los latinos se estaban uniendo para ayudar a sus hermanos y hermanas de Nicaragua. Fernández habló luego. "Quiero decirle al pueblo de Puerto Rico, que la mejor manera de servir a Dios es sirviendo a los demás".

¡Arriba! ¡Arriba! Durante todos esos años, esa había sido el exuberante saludo de Bob Prince en la radio siempre que Roberto Clemente de los Piratas de Pittsburg se levantaba del círculo de espera y se encaminaba al plato. Día tras días, año tras año, durante dieciocho temporadas, Clemente había estado a la altura del desafío *¡Pa'arriba, Papi, Pa'arriba!* Fernández se dirigió a Clemente para que hablara. Él se concentró en lo que significaba el desastre para los jóvenes y cómo

ellos habían respondido. Era obvio que el sueño de Roberto de una ciudad deportiva para los niños puertorriqueños seguía estando entre sus prioridades. "Quiero aprovechar esta oportunidad para agradecerle al pueblo de Puerto Rico", dijo. "Los adolescentes han sido muy útiles en recoger las cajas y en guardarlo todo para los aviones. Son niños de doce a dieciséis años y nos han ayudado muchísimo… Los jóvenes de Puerto Rico son los que han demostrado su mayor preocupación con esta situación".

Para entonces, Howard Hughes, luego de hacer escalas para reabastecerse de combustible en Florida, Terranova e Irlanda, había llegado al aeropuerto de Gatwick, en el límite sur de Londres. Las autoridades lo detuvieron dentro de su Lockheed Jet de diez plazas por más de media hora mientras determinaban su identidad. Su pasaporte norteamericano estaba vencido. Gracias a la intervención de sus patrocinadores locales, N.M. Rothschild & Sons, los banqueros londinenses, aprobaron finalmente su ingreso y lo condujeron en una flotilla de cuatro Rolls-Royce sedanes hasta el hotel Inn at the Park, que domina Hyde Park, donde lo instalaron en una suite de 2.500 dólares la noche. Esa ala del hotel fue sellada, se bloquearon todas las salidas de incendio y los guardias de seguridad de Rothschild patrullaban las aceras debajo con walkie-talkies. Un huésped adinerado del Canadá, hospedado en una suite del mismo rango del otro lado del piso de Hughes, se indignó al descubrir que los guardias, en un exceso de celo, se habían llevado un mazo de faisanes que había cobrado en una cacería durante el fin de semana y que orgullosamente había colgado del balcón del hotel. Los reporteros de Fleet Street y los equipos de televisión se agolpaban afuera, registrando cualquier indicio noticioso acerca de Hughes. En un punto, y al parecer sin ironía, un ayudante salió y le dijo a los periodistas reunidos allí que su jefe esperaba "vivir una vida más normal, si la gente lo dejaba".

El primer paso para vivir una vida más normal, sugirieron los funcionarios de la embajada de EE.UU., podría ser el que Hughes llenara un formulario y pagara 12 dólares por llegar sin un pasaporte válido. En Managua, un reportero del *New York Times* fue hasta el Hotel InterContinental e intentó imaginar cómo había estado el lugar repleto y bullicioso diez meses antes cuando Hughes había llegado de las Bahamas, y ahora se levantaba aquí "oscuro y vacío", contemplando la ciudad derrumbada.

Los voluntarios en San Juan trabajaron toda la noche para cargar el Super Snoopy con suministros donados para la campaña de socorro. Había un aparato de radiografías y otro equipo médico para el hospital de Masaya. El avión saldría al amanecer del día siguiente. Raúl Pelligrina, comandante de la Guardia Nacional de Puerto Rico y amigo íntimo de Osvaldo Gil, había convenido en acompañar a la tripulación y supervisar la entrega en Managua, junto con Ana Salaman, una enfermera titular de Carolina. Los Clemente vinieron al aeropuerto para verlos despegar en la fría y brumosa mañana. Vera recordaba haber mirado a su esposo mientras el avión corría por la pista y preguntarse si era una lágrima lo que veía en sus ojos.

Nicaragua es el país más grande de América Central, aproximadamente del tamaño de Iowa, pero el menos poblado. En 1972 tenía aproximadamente 2 millones de habitantes, un cuarto de los cuales vivían en el área metropolitana de Managua. La gente se destacaba por su belleza, la nación por su pobreza. Más de la mitad de la población era analfabeta. Al igual que en otros países de América Central, Nicaragua tenía su propia historia, peculiar y difícil, con Estados Unidos. Durante muchos años los intereses norteamericanos habían codiciado a Nicaragua como una vía de acceso al Pacífico y al golfo de California, y fue la primera ruta que se propuso de un canal interoceánico que finalmente se construiría en Panamá. En 1855 un aventurero norteamericano de Tennessee, William Walker, invadió el país con la idea de transformarlo en una colonia esclavista y, por breve tiempo, antes de que lo expulsaran, estableció el inglés como el idioma oficial y se proclamó emperador. Los *Marines* llegaron a Nicaragua en 1909 y estuvieron allí gran parte del tiempo hasta 1933. Tres años después de haberse ido, comenzó el reinado de la familia Somoza. Al escribir acerca del dominio singular de los Somoza en Nicaragua por casi cincuenta años, Tom J. Farer, profesor de la Universidad de Denver, dijo una vez: "Si El Salvador era el país de las catorce familias, Nicaragua era el país de una sola". El primer Anastasio Somoza gobernó por veinte años hasta que fue asesinado en 1956, pero el poder se transmitió a sus hijos.

Anastasio Somoza Debayle, que sería el último del linaje de los Somoza en gobernar, ascendió al poder en 1967. Hablaba inglés con fluidez, fue a la preparatoria en Long Island y en Washington, D.C., y era miembro de la clase de 1946 de la U.S. Military Academy. Se graduó con el número 752 de 875 cadetes, pero sobresalió en tiro al blanco y táctica militar. En Nicaragua, Somoza también se destacó por usar el poder para obtener ganancias económicas. Para 1972, se calculaba que él y su familia controlaban el 25 por ciento del producto nacional bruto. Los Somoza poseían ranchos ganaderos, plantaciones cañeras y cafetaleras, centrales azucareros, destilerías y agencias de venta de automóviles, textileras, hoteles, aerolíneas y un periódico, *Novedades*, en tanto poseía también vastas extensiones de tierras en las afueras de Managua. Examinando retrospectivamente los años del gobierno de Somoza, una comisión sobre Centroamérica presidida por Henry A. Kissinger declaró que "la avaricia galopante del general desalentaba la inversión extranjera, distorsionaba la economía y progresivamente concentraba en sus manos el capital y las oportunidades de inversión". El egoísmo de la familia Somoza, afirmaba la comisión, alcanzaba su plenitud en la persona de Anastasio, "cuyos logros le daban nuevo sentido al termino cleptocracia, es decir el gobierno como robo".

Para el 27 de diciembre, el quinto día después del terremoto, la codicia de Somoza y sus compinches resultaba obvia. Los voluntarios de la Cruz Roja se preguntaban adónde estaba yendo toda la ayuda. El dinero parecía desaparecer. Raúl Pelligrina regresó a San Juan esa noche luego de un viaje de ida y vuelta a Managua con la primera entrega de Puerto Rico. Fue directamente del aeropuerto a la sede del comité de socorro, en el exterior del Hiram Bithorn, y apenas si pudo contener su desilusión. Era pasmoso, le dijo a Clemente. En el momento en que aterrizaron, los soldados de Somoza rodearon el avión e intentaron cogerlo todo. Nicaragua estaba en el caos. Nadie sabía si la ayuda estaba llegando a la gente que la necesitaba. Pelligrina, respondiendo a la fanfarronada de los militares, les dijo que si no lo dejaban pasar, él volvía a cargar su avión y regresaba a San Juan y le decía al gran Roberto Clemente lo que estaba sucediendo. Finalmente, Tachito, el hijo de Somoza, vino a ver quién le estaba importunando a sus soldados. Al oír mencionar el nombre de Clemente, Tachito cedió y les dejó ir a Masaya. Pero fue un forcejeo de principio a fin, y a Pelligrina le pareció que a la mayoría de los suministros los estaban desviando. Osvaldo Gil estaba cerca mientras Pelligrina contaba esta historia. Clemente guardó silencio, pero era obvio lo molesto que estaba, dijo Gil. Se le podía ver en los ojos. Cuando Pelligrina terminó, Clemente, alzando la voz, dijo que tenían que hacer algo para conseguir que la ayuda llegara a los que la necesitaban. Si tenía que viajar a Managua él mismo para cerciorarse de que Somoza y sus guardias no se la robaran, entonces eso era lo que haría.

A diario habían estado llegando a Managua misiones especiales durante esa semana que media entre Navidad y la víspera de Año Nuevo. El mismo día que el Super Snoopy voló de Puerto Rico con el primer embarque del comité de socorro de Clemente, llegaba de Jamaica un pequeño vuelo fletado en que viajaban Bianca Jagger, su marido Mick Jagger de los Rolling Stones, y algunos suministros médicos. Bianca, que entonces sólo tenía veintidós años, había crecido en Managua y estaba preocupada por sus padres divorciados, con ninguno de los cuales había podido comunicarse desde que se produjera el terremoto. Su madre, Doris Macías, administraba una tienda en la vieja sección de Managua, donde todo estaba en ruinas. Madre e hija compartían el interés en la política y un intenso rechazo a Somoza; durante una protesta estudiantil cuando era una adolescente, la Guardia Nacional de Somoza le había echado a Bianca gases lacrimógenos. Lo que ella vio tan pronto aterrizó en el aeropuerto después del terremoto sólo intensificó sus sentimientos. Los soldados estaban en todas partes, recordaba ella en una entrevista con el periodista Kurt Jacobsen, pero estaban confiscando los suministros y llevándoselos para unos almacenes del gobierno. Cerca, del otro lado de las alambradas, centenares de personas estaban gritando por agua y comida, y sus súplicas eran desatendidas. Con la ayuda de un periodista británico, los Jaggers recorrieron la ciudad en busca de los padres de Bianca. Resultó que su madre y su padre habían salido de Managua ilesos y estaban quedándose en León, donde ellos se les reunieron dos días después. Pero sus experiencias durante esos pocos días en su ciudad natal afectaron tanto a Bianca Jagger que persuadió a su marido y a los Rolling Stones a realizar un concierto en beneficio del pueblo nicaragüense. Ella dijo que jamás se olvidaría de la arrogancia del régimen de Somoza, ni del "hedor de la carne quemada" que resultaba intolerable mientras transitaban a través de las ruinas.

Desde el Norte, pocas horas después de los Jaggers, llegaba un equipo de treinta y tres médicos organizado por funcionarios de salud del condado de Rockland en Nueva York. Al final de un largo vuelo, cuando el avión de la Pan Am estaba descendiendo, el Dr. Hart Achenbach advirtió una grieta dentada que corría paralela a las costas del lago Managua, la cual se extendía por millas y era tan profunda que no se le podía ver el fondo. Se quedó pasmado al darse cuenta de que los terremotos realmente sí abren el suelo y se tragan personas y edificios en sus gigantescas fauces. Una vez que el avión tocó tierra, los médicos fueron recibidos por el hijo de Somoza, que les preguntó si traían alambre de púas para que él y sus soldados los pusieran alrededor del cargamento. Ésta era la misma exigencia que le habían hecho al comandante Pelligrina cuando la ayuda de Clemente llegó de Puerto Rico. Los norteamericanos ignoraron al joven Somoza y cargaron cuatrocientas cajas de un hospital móvil en unos camiones que habían concertado para que esperaran por ellos.

Una vez que establecieron sus tiendas de hospital en las inmediaciones del centro, a los médicos los agobió el hedor. "El olor era increíble. Había montones de muertos, aunque no los veíamos, podíamos olerlos", recordaba Achenbach. "Era nauseabundo. Cogíamos pañuelos, los mojábamos y nos los poníamos en la cara". Su colega, el Dr. Frederick Zugibe, inspector a cargo de salud pública del Condado de Rockland, predijo que los médicos y las enfermeras se verían abrumados por la cantidad de pacientes, pero había más muertos que heridos. Ellos sí trataron a unos 250 managüenses y recibieron a unos veinticinco bebés, pero lo que Zugibe más recordaba era que algunos de sus pacientes habían sido heridos por los soldados, no lesionados por el terremoto. "La mayoría de los individuos que yo traté eran heridos de bala", recordaba. "Les dispararon por saquear. Era sorprendente. Muchachitos. Recuerdo que tuve que operar a varios niños para extraerles las balas".

Aproximadamente al mismo tiempo en que el Dr. Zugibe estaba extrayéndole balas a un joven paciente en la tarde del 28 de diciembre, el presidente Nixon llamaba a Maurice J. Williams en su retiro de vacaciones en Martinsburg, Virginia Occidental. Williams era administrador adjunto de la Agencia de Estados Unidos para el Desarrollo Internacional, y el Presidente lo había acabado de escoger para que lo representara en la escena del terremoto. "Quiero que vayas a Managua y te encargues de la campaña de socorro", dijo Nixon. "Estoy preocupado de que los comunistas puedan tomar el país. Somoza es amigo personal mío; te daré una carta para que tú se la lleves".

Williams tomó un vuelo de Washington a Panamá y luego llegó a Managua en un helicóptero militar. Sus primeras impresiones fueron semejantes a las de todos los demás: desolación, ruinas humeantes, hedor atroz. Visitó los hospitales de campaña y notó que había muchos heridos a causa de heridas de bala. Tal vez, pensó, ha habido un intento de revuelta, como Nixon había temido. Luego fue a la colina a visitar a Somoza, llevando con él la carta del Presidente. Lo primero que advirtió fue un pelotón de soldados de infantería de los EE.UU. armados y acampados en el lugar —allí, supuso, por órdenes del presidente Nixon. "¡Qué personaje!", diría Williams más tarde refiriéndose al general nicaragüense. "Somoza me impresionó como un tipo empresarial. Ciertamente tenía extensos intereses en monopolios comerciales y al parecer estaba ordeñando económicamente al país". Williams intentó establecer una rígida rendición de cuentas de la ayuda norteamericana. "Sin embargo, descubrí que los suministros de socorro de otros países y de agencias privadas estaban siendo recibidas por un hijo de Somoza, un joven con uniforme de teniente del Ejército, que los guardaba en un almacén privado fuera de la ciudad. Uno percibía la ineficacia y la corrupción".

Clemente estaba determinado a que sus propios esfuerzos no resultaran víctimas de la corrupción. A varios amigos en aquellos últimos días de 1972, les hizo la misma petición: Voy a Nicaragua, ven conmigo. Llamó a su amigo Les Banos, el fotógrafo de Pittsburg, le explicó su disgusto por la corrupción en Managua, y le dijo "¿por qué no vienes y tomas fotos?" Si no fuera por la Inmaculada Recepción, le respondió Banos, él iría sin dudarlo, pero debido a que los Steelers ganaron tendría que cubrir su próximo juego de semifinales contra los Dolphins la víspera de Año Nuevo. Clemente se dirigió entonces a Orlando Cepeda, que estaba viviendo en Puerto Rico luego de la temporada más difícil de su carrera. A Cepeda lo habían cambiado de los Bravos de Atlanta para el Oakland en junio, pero tuvo que someterse a una cirugía de la rodilla después de sólo tres veces al bate con los Atléticos y nunca más regresó al terreno de juego. Luego de quince temporadas productivas en las grandes ligas y un total de 358 jonrones y 1.261 carreras impulsadas, Cepeda se encontró luchando por conservar su carrera como pelotero. Oakland lo había puesto en *waivers* al final de la temporada, y ni un solo club se había interesado en él. Ahora, después de Navidad, le llegaba la humillante noticia de que los Atléticos le otorgaban la liberación incondicional. Eso con frecuencia significaba que se había terminado una carrera, pero Cepeda, a los treinta y cinco años, no estaba dispuesto a abandonarla. Quería ejercitar sus piernas problemáticas para volver a estar en forma, y en cualquier caso le gustaba estar en Puerto Rico durante la temporada navideña, y fue por eso por lo que dijo, no, lo siento, cuando su amigo le pidió que lo acompañara a Nicaragua. No era fácil decirle que no a Roberto Clemente. "Él estaba furioso conmigo por no ir", recordaba Cepeda.

Luego de unos días, el lugar donde se recogían las donaciones de socorro para el terremoto se mudó del estacionamiento del Hiram Bithorn a un terreno más grande frente al [centro comercial] Plaza Las Américas, porque San Juan y Santurce volvían a jugar en el estadio. En la práctica, los Senadores eran los Piratas del Sur, nutrido con los compañeros de Clemente del Pittsburg, entre ellos Richie Zisk, Rennie Stennett, Milt May y Manny Sanguillén. Antes del primer partido, una noche de esa semana, Clemente se tomó un receso de su trabajo voluntario y visitó la casa club, donde inmediatamente cayó en la cómoda rutina de hacer bromas en una mezcla de español e inglés, sobre todo con Sanguillén, su querido hermanito de Panamá.

—Sangy, ¿qué posición juegas en la liga de invierno?—le preguntó Clemente, mirando impasiblemente a Sanguillén.

Él sabía la respuesta. Algunos artículos de las secciones deportivas de esa semana contaban que el impetuoso receptor estaba aprendiendo a jugar de jardinero.

—*Right field* —le dijo Sanguillén—. Juego veinte partidos en el derecho y uno en el izquierdo.

El primer amago de sonrisa se asomó en el rostro de Clemente.

—Sangy, o juegas *left field* o vuelves a cachear. No tienes ningún chance de ocupar mi puesto.

—Juego *right field* bastante bien ahora—respondió Sanguillén—. No tan bien como tú, pero bastante cerca. Puedo ser el mejor jardinero derecho de la liga cuando tú te vayas.

Ahora Clemente se estaba riendo.

—Nunca te le acercas, Sangy. Además, yo pienso que soy mejor *catcher* que tú.

Cuando Clemente decía algo así, nadie podía estar seguro si estaba bromeando. Él creía que podía hacerlo todo. Siempre insistía en que podía lanzar una curva mejor que el *pitcher* Steve Blass. Por supuesto que no podía, ni podía cachear tan bien como Sanguillén, pero ése era Clemente. Al menos no se sentía lastimado por no ser reconocido universalmente como el mejor lanzador o receptor del mundo. Pero la idea misma de Sangy en el jardín derecho desafiando su posición, no era en modo alguno un asunto de risa, no más ahora de lo que fue un mes antes cuando Edgard Tijerino, el cronista deportivo nicaragüense, sugirió que un joven jardinero cubano tenía un brazo que podía igualarse al de *El Magnífico*. Pero la belleza de Sanguillén estaba en que él podía aliviar con facilidad cualquier tensión que Clemente sintiera en el momento. Ahora Clemente estaba bromeando con él otra vez acerca del mono que había traído de Nicaragua después del torneo de béisbol aficionado. En la casa, él llamaba al mono Teófilo, pero cuando Sanguillén estaba cerca siempre bromeaba de que el nombre del mono era Sangy. Sangy se está portando mal, decía. Sangy mordió a uno de los niños y se volvió loco en la casa de don Melchor e hizo un reguero de frutas, verdaderas y falsas. Tuve que entregarlo al zoológico. Luego Clemente le dijo: vuelvo a Nicaragua, Sangy. Ven conmigo. Pero Sanguillén tampoco podía ir. Tenía algunos partidos más de béisbol que jugar en el jardín derecho.

Y allí estaba Osvaldo Gil, su compatriota en el viaje a Nicaragua. "Valdy, ¿Vendrás conmigo?," le preguntó Clemente, y Gil, sin pensarlo dos veces, le dijo, seguro. Pero esa noche, cuando le contó a su mujer que se proponía regresar a Managua con Roberto Clemente, ella se fue al cuarto sin decir una palabra. Cuando Osvaldo entró, se la encontró llorando. Se sentía triste, le dijo, porque apenas llevaban unos meses de casados cuando él se fue para Nicaragua la primera vez, y ahora se iba de nuevo. Gil se dio cuenta de que ella tenía razón. A la mañana siguiente, en el Plaza las Américas, le dijo a Clemente, "hablé con mi mujer, y no voy".

—¿Y tú eres el que dice que no debemos escuchar a las mujeres?— le respondió Clemente, recordándole con un toque de sarcasmo cómo Gil, durante su anterior viaje a Managua, lo había provocado tanto por consultar reflexivamente con Vera antes de tomar una decisión.

—Pero tienes razón —le dijo Clemente a Gil—. No debes ir. Yo me las arreglo.

14

El Rincón de la chatarra

EN EL AMPLIO MUNDO DE LA AVIACIÓN, EXISTEN pequeñas zonas oscuras de desesperación. Una de ellas, a principio de los años setenta, era un espacio al fondo del Aeropuerto Internacional de Miami conocido como el Rincón de la chatarra* Se decía que uno podía comprar cualquier cosa por una birria en ese sitio y, ocasionalmente, hasta aviones que tenían una razonable oportunidad de levantar vuelo. El lugar parecía como un cementerio mecánico, con chirriantes y destartalados equipos de vuelo que incluían modelos DC-3, DC-6, Lockheed Constellations y DC-7, pero en efecto era más un bazar de la industria aeronáutica. Los que se conocían en el giro como empresarios irregulares hacían negocios aquí, comprando, vendiendo, y alquilando aviones a cualquiera que buscara una ganga. Fue en el Rincón de la chatarra que un empresario de veintiséis años llamado Arthur S. Rivera compró otro avión viejo el 12 de julio de 1972. Este DC-7 movido por cuatro motores Curtis Wright 988 con hélices Hamilton Standard duplicaría la flota de cargo de Rivera, agregándose a su DC-3 bimotor en el transporte de mercaderías entre San Juan, su base de operaciones, y otras islas del Caribe.

Rivera había obtenido cuatro años antes la clasificación de piloto comercial, pero no sabía nada sobre los DC-7, que excedían en más de cinco veces el peso de un DC-3, de manera que no podía llevarse su

---

* En inglés "Cockroach Corner", que traducido literalmente sería "rincón de las cucarachas" o "cucarachero", al parecer es una corrupción idiomática de "corossion corner", nombre con que se designaba una suerte de hangar donde se almacenaban y se *oxidaban* aviones en desuso. (N. del T.)

avión a Puerto Rico, y lo dejó en el "Rincón de la chatarra" hasta algún momento de septiembre en que, por fin, encontró a un piloto. Cuando lo llevaron de la Florida a la Isla, Rivera fue sentado en el asiento de la derecha como copiloto. Estacionaron la aeronave en una rampa de carga en el Aeropuerto Internacional de San Juan en Isla Verde, y allí permaneció todo el otoño. No tardó en correrse la voz de la insensatez de Rivera, el único DC-7 en el aeropuerto. El avión tenía un número de registro, N500AE, pero parecía capaz de cualquier cosa menos de volar. Entre otras deficiencias, se decía que su hélice No. 3 estaba puesta en bandera, indicando con ello un mal funcionamiento del motor. "Nunca se había visto que volara y todo el mundo se preguntaba lo que el Sr. Rivera iba a hacer con el avión. Probablemente, hasta el propio Rivera se preguntara lo mismo", comentó posteriormente Michael Pangia, abogado especializado en aviación del Departamento de Justicia. Lo que Rivera hizo fue remozar el exterior de la aeronave. Le dio al fuselaje una nueva capa de blanco plateado y le añadió el jactancioso toque de un relámpago naranja con bordes negros, que corría horizontalmente a lo largo de ambos lados del aparato, por encima de las ventanillas y zigzagueaba debajo de la cabina. A la punta de las hélices le aplicaron la misma combinación de colores, creando el efecto de las rayas de un tigre. Con esa remodelación superficial, Rivera puso avisos en los periódicos locales, en los que anunciaba que su empresa —que él la llamaba American Air Express Company— disponía de un DC-7 para fletes. El teléfono de su oficina doméstica en la calle Loiza en Santurce no sonó ni una vez.

En la mañana del sábado 2 de diciembre, Rivera y un pariente, que sabía aún menos que él de los DC-7, sacaron el avión para lo que se llamaba una carrerita, queriendo decir que lo rodarían por la pista, a fin de calentarle los motores, pero no intentarían volar. A juzgar por los resultados, esta práctica fue un fiasco. Rivera, en el asiento del piloto, se olvidó de cerrar el tubo de paso de la bomba hidráulica, lo que dio lugar a que perdiera el control del timón. Apagó los cuatro motores en el intento de desacelerar el impulso del avión, pero terminó metiéndose en una zanja de drenaje. Cuando se vino a detener, la nariz del avión estaba inclinada hacia abajo y tenía las alas tan bajas que dos hélices tocaban el suelo. El que un DC-7 se hundiera en una zanja no era cosa que pasara a diario, y todos los que trabajaban en el aeropuerto se enteraron del "incidente" (como lo llamaron, más bien que un accidente), especialmente por haber bloqueado la pista de maniobras durante varias horas y haber obligado a los controladores a desviar el tránsito aéreo hasta que trajeran una grúa para sacar al avión de la zanja y remolcarlo ignominiosamente hasta la rampa del este. Si los funcionarios de la Administración Federal de Aviación (FAA, por su sigla en inglés) en San Juan necesitaban un recordatorio para seguir observando de cerca las idas y venidas de Arthur Rivera, esto se los daba, pero con su historial aéreo, uno podría suponer que ninguna otra amonestación habría sido necesaria.

Desde el momento en que llegó de Atlanta y comenzó a transportar carga desde el Aeropuerto Internacional de San Juan en noviembre de 1969, Rivera había sido una irritación constante para los inspectores de la Oficina Distrital de Normas de Vuelo de la FAA. Día tras día, el ofrecía su DC-3 en alquiler para hacer viajecitos de Puerto Rico a St. Thomas a St. Croix y de regreso a San Juan, transportando ropa deportiva, alfombras, lencería y equipajes. Pero, pese a repetidas advertencias de los funcionarios federales de la aviación, Rivera rehusó obtener la debida certificación de empresario comercial, actuando en cambio como si estuviera meramente volando el avión para su propia recreación personal. Esto le permitía evitar inspecciones más frecuentes y las normas de vuelo mucho más estrictas de la aviación comercial. Respondiendo a la denuncia de un competidor con licencia, la FAA finalmente llevó a cabo una investigación formal, y reunió una lista de sesenta y seis viajes ilegales que Rivera había hecho, y emitió una orden de emergencia en agosto de 1970 en que revocaban su licencia de piloto. Al dar ese paso, la FAA dijo que "el conocimiento y la experiencia de aviación de Rivera era relativamente limitado" y que él era "una persona en extremo independiente y terca que no oía consejos".

Esa caracterización era demasiado parca. Para Rivera, los reguladores federales eran soldados enemigos cuyo sólo propósito era cerrarle su negocio. Un encuentro típico ocurrió en la tarde del jueves 2 de abril de 1970, cuando él llegó al Aeropuerto Internacional de San Juan procedente de St. Thomas y estacionó su DC-3 en su lugar acostumbrado en la rampa Este de la estación de cargo. Los representantes del

Servicio de Aduanas y de la FAA lo estaban esperando. Cuando Rivera se bajó de la cabina, el inspector Juan L. Villafañe le pidió ver los documentos y manuales del aeroplano.

—Ustedes siempre la cogen conmigo, y por cuenta de eso estoy perdiendo dinero —les respondió irritado Rivera, según el posterior testimonio del funcionario de aduanas, Abraham Irizarry. Luego Rivera cerró con candado la puerta de su avión. Cuando Villafañe le hizo notar que para ese vuelo él necesitaba un copiloto y le preguntó dónde estaba esa persona, Rivera dijo que estaba encerrado dentro del avión. Luego de mucha resistencia, los inspectores entraron en la aeronave y encontraron 224 piezas de equipaje, una carga que Rivera transportaba para la Caribair Airlines, pero ni rastro del copiloto. Al pedirle qué explicara la desaparición del copiloto, Rivera pretendió que "había escapado por el escotillón". Luego, en lo que los inspectores interpretaron como una amenaza de violencia, Rivera le dijo a Villafañe que se cuidara si caminaba por las calles del centro de San Juan.

El jefe de la oficina de normas de vuelo de la FAA en San Juan era entonces William B. Couric, graduado de ingeniería de la Universidad de Miami y piloto de guerra jubilado que había llevado a cabo misiones de combate en la segunda guerra mundial. Couric era tan riguroso que su sobrenombre de trabajo era Deputy Dog en honor del pequeño personaje de los dibujos animados que insistía en hacerlo todo conforme a las reglas. La relación de Couric y Rivera adquirió un poquito la naturaleza de un dibujo animado, con el inspector en constante, pero frustrante batalla para mantener al irresponsable piloto dentro de una conducta aceptable. Couric había aconsejado a Rivera muchas veces antes de proceder a retirarle su licencia de piloto, instándolo en vano a que cumpliera con las normas. En cada discusión, Couric reportaría más tarde, Rivera "daría muestras de mal genio y alzaría la voz". Luego de que se emitiera la orden de emergencia, Rivera simplemente la ignoró, frustrando aún más a Couric. Una tarde, Couric confrontó a Rivera luego de observar que aterrizaba su DC-3 en el aeropuerto, a la llegada de lo que probablemente era otro viaje ilícito. "¿Por qué sigues volando?", le preguntó Couric. Rivera fingió que él no sabía nada de la Orden de Emergencia. Cuando Couric le entregó una copia, Rivera dijo que él se había esforzado mucho para obtener su licencia y que no la entregaría.

En lugar de reformar su conducta delincuencial, Rivera pasó a la ofensiva. Empezó a vigilar a Couric en el aeródromo, deteniendo ocasionalmente su auto para tomar fotos, como si estuviera haciendo una labor de policía. Al parecer la conducta de Rivera "no tenía ton ni son", le escribió Couric en un memo a sus superiores. "Sus acciones parecen irracionales y puede que necesite un examen psicológico". Pero Rivera dirigía sus memos y sus cartas aún más arriba. Le escribió lo que más tarde fue descrito como "una extensa diatriba" a Alexander P. Butterfield, el administrador de la FAA en Washington, en la cual acusaba a los funcionarios de la aviación federal de llevar a cabo una campaña personal para cerrarle su negocio. Él no era más que un pequeño empresario que intentaba alcanzar el sueño americano, afirmaba, mientras los investigadores en San Juan eran corruptos y recibían sobornos de sus competidores. Apuntado aún más arriba, le envió un telegrama de dos páginas al presidente Nixon en el cual exponía las mismas razones. No hay ninguna prueba de que Butterfield o Nixon leyeran las quejas de Rivera ni tomaran ninguna decisión al respecto, pero algo sí sucedió a raíz de eso que asombró y desilusionó a Couric y a su personal. Un juez del tribunal de apelaciones, si bien dictaminó que Rivera había violado la Regulación de la Aviación Federal 121.3(f) por no tener una certificación adecuada para realizar vuelos comerciales, redujo sin embargo la pena de revocación a una suspensión de 180 días de su licencia de piloto. Rivera convenció al tribunal que el gobierno no debía privarlo de su medio de vida.

A Couric no tardaron en promoverlo y transferirlo a otro puesto en Miami, pero Rivera se quedó a la espera de realizar su sueño, llegar a expandir su flota con el DC-7 que había encontrado en el Rincón de la chatarra.

El enfrentamiento de voluntades entre Arthur Rivera y los reguladores aéreos de San Juan tuvo lugar en el contexto de un trágico accidente que estremeció al mundo de la aviación a principios de la década. El 2 de octubre de 1970, por el tiempo en que Rivera ignoraba la orden de emergencia de Couric, dos bimotores Martin 404 salieron de Kansas llevando a miembros del equipo de fútbol americano del Wichita State a un partido contra el Utah State en Logan, Utah. La primera escala del vuelo de Wichita a Denver pasó sin contratiempos. Era un día radiante de otoño, y en el último tramo, el piloto de uno de los aviones decidió mostrarles a sus pasajeros una vista mejor de los brillantes colores de la estación mientras cruzaban la divisoria continental. Él entró volando en un desfiladero, sin darse cuenta hasta que era demasiado tarde que estaba atrapado. La próxima cresta montañosa estaba demasiado próxima para que el avión pudiera ganar suficiente altura para sobrevolarla. El piloto se ladeó abruptamente para intentar virar en redondo, pero el motor de la aeronave se ahogó y el avión se estrelló en una zona boscosa cerca de la base del Monte Trelease. De las cuarenta personas a bordo sólo ocho sobrevivieron, y el interés en el desastre aumentó debido al gran número de atletas universitarios que se encontraban entre los treinta y dos muertos.

Durante la investigación, surgieron varios problemas como factores del accidente. La tripulación tenía un entrenamiento mínimo en la aeronave que, además, estaba sobrecargada, y el piloto había cometido el error fatal de intencional e innecesariamente volar en una zona problemática. Pero más allá de todo eso, los funcionarios federales de la aviación llegaron a darse cuenta de que este caso era sintomático de un problema más grande. Las compañías de transporte aéreo, especialmente las empresas de carga, se valían de un expediente para burlar las regulaciones de la aviación comercial. En el caso específico del Wichita State, el departamento de atletismo no contrató a una aerolínea regular para el vuelo a Utah, sino que se dirigió a una empresa llamada Golden Eagle Aviation. En lo que se conoce como un contrato de arrendamiento a secas (*dry lease*). La Golden Eagle le arrendó el avión al Wichita State, convirtiendo a la universidad en el empresario virtual de la nave. En efecto, era un trato donde la Golden Eagle decía que su mano derecha alquilaba el aeroplano, de manera que quedaba fuera de su responsabilidad, y su mano izquierda proporcionaba los servicios del piloto. Esto resultaba más barato que fletar un avión de una aerolínea comercial, pero también era irresponsable. Las compañías que se valían de este tipo de contratos podían argüir que sus vuelos no eran operaciones comerciales, ya que los clientes que firmaban los contratos no volaban —y esto le permitía a todos los implicados evadir las Regulaciones Federales de la Aviación para los vuelos comerciales. Fue sólo después de la tragedia del Wichita State que la FAA llegó a estar plenamente consciente de cuán endémico era este mecanismo, particularmente en el Sur y en el Caribe, y se sintió compelida a ponerle fin.

Usto E. Schulz, el segundo funcionario en orden de importancia en la seguridad de vuelos de la FAA en Washington, dijo que el accidente del Wichita State "fue un tema que se incluyó en la agenda para discutirlo con los jefes de la división de campo en una reunión nacional celebrada en 1970 y orientada desde la sede central para llevar a cabo un empeño coordenado y cooperativo". A lo largo de los próximos dos años, la FAA emitió una serie de acciones reguladoras. La última y más general fue la SO 8430.20C, una disposición redactada por Schulz el 25 de septiembre de 1972 que vino a ser conocida como el Decreto del Sur. El propósito de la disposición era obvio en su primer título: "Observación continua de aeronaves grandes movidas por turbinas." Estaba concebida para la región sur de la FAA, que incluía el Rincón de la chatarra de Miami y Puerto Rico, y se leía como si pudiera haberse escrito teniendo presente a Arthur Rivera.

Un programa especial de observación de sesenta días, apuntaba la disposición, había dejado establecido sin duda alguna que "un número considerable de empresarios de aeronaves grandes y de aeronaves movidas por turbinas que carecían de licencia" estaban transportando pasajeros y carga en violación de las regulaciones federales. Para detener esta práctica, el Decreto del Sur instruía la continua vigilancia de todas las aeronaves que "no puedan ser genuinamente identificadas como empresas de transporte aéreo, transportadoras comerciales, clubes de viaje, taxis aéreos o empresarios de ejecutivos". En otras palabras, cualquier avión que despertara la mínima sospecha. A los controladores del tránsito aéreo se les instruyó que informaran a los inspectores de la Oficina Distrital de Normas de Vuelo siempre que un avión sospechoso arribara o partiera. Los inspectores sobre el terreno estaban encargados de ver que el piloto cumplía con las regulaciones comerciales, que el avión era capaz de volar y que la carga estaba equilibrada. Las investigaciones serían más efectivas si las oficinas distritales llevaban a cabo sus inspecciones a horas inesperadas, de noche y durante los fines de semana. La supervisión era una prioridad esencial, decía la disposición, que sólo cedía en importancia a las investigaciones de accidentes.

Como era de esperar, diferentes distritos respondieron a la disposición de diferentes modos. La Oficina de Normas de Vuelo del Distrito de San Juan interpretó la orden de manera bastante vaga, pidiéndole a los controladores del tránsito aéreo que le avisaran al personal de la inspección sólo en caso de que advirtieran algo "nuevo o extraño" en los vuelos que llegaban, no en los que salían.

Después que al DC-7 de Rivera lo remolcaron de la zanja de drenaje, los inspectores de Leonard Davis examinaron el avión y llegaron a la conclusión de que había sufrido considerables daños: dos gomas habían estallado, había aspas dobladas en las hélices No. 2 y No. 3, parálisis súbita de los motores 2 y 3, roturas de las líneas hidráulicas en el tren de aterrizaje derecho, y daños en el vacío de aceite del motor No. 3. Rivera contrató a dos mecánicos, Rafael Delgado Cintrón y Francisco Matías, que eran empleados de otras aerolíneas en el Aeropuerto Internacional de San Juan, para hacer algunas reparaciones. Delgado Cintrón determinó que sólo tenían que reemplazar las dos gomas y una hélice, y reconfigurar la otra. De lo que se desprende de este examen, no hubo súbita detención de motores, o sea que no habían daños graves, de manera que Rivera no tendría que emprender el costoso reemplazo de los motores. Dos semanas después del incidente del remolque, el 17 de diciembre, mientras Delgado Cintrón y Matías trabajaban en el avión supervisados por Rivera, se encontraron con el inspector Vernon Haynes de la FAA, que estaba llevando a cabo supervisiones de rutina ese día. Haynes le sugirió a Rivera que ya era hora de reemplazar los motores, haciéndole notar que habían rebasado el tiempo de vida útil recomendado por el fabricante. Pero no le extendió una notificación condicional en la que exigía que las reparaciones de los motores se hicieran antes del próximo vuelo, sino que marcó "satisfactorio" y "no se requiere ninguna acción ulterior" en los formularios de inspección de la FAA. La semana siguiente, George Mattern, el inspector principal de mantenimiento de la Oficina de Normas de Vuelo, también se reunió con Rivera y "discutí con él las posibilidades de cambiar los motores". Esto no era obligatorio, dijo Mattern, pero tenía sentido.

Dos inspectores de la FAA también conversaron con Rivera, en los días cercanos a Navidad, respecto a hacer una prueba de funcionamiento antes de llevar al DC-7 a ninguna misión. "El avión debe estar listo para una prueba de vuelo", dijo un inspector, luego de observar el trabajo de reparación. Pero Rivera no podía hacer la prueba de vuelo él. Ni siquiera sabía como rodar su propio avión, mucho menos volarlo.

Al acercarse la víspera de Año Nuevo, los Clemente estaban dedicados de lleno a la campaña de socorro para las víctimas del terremoto, en la que trabajaban desde las ocho de la mañana hasta pasada la media noche. La actividad parecía adquirir su propia dinámica, impulsándoles hacia delante, a un ritmo en que una tarea se confundía con otra. Cuando Roberto no estaba en la sede del comité en Plaza de las Américas, estaba viajando por la Isla, combinando las clínicas de béisbol para niños con las promociones locales en pro del socorro. Él estaba en la carretera cuando el Super Snoopy salió en su segundo viaje a Managua, y se enojó aún más cuando se enteró de que los soldados habían vuelto a retener al comandante Pelligrina y a los suministros en el aeropuerto. Por el lado de Puerto Rico, la campaña de socorro era un éxito conmovedor. Se habían recaudado más de 100.000 dólares en efectivo y cheques. El alimento, la ropa y los suministros médicos entraban tan rápidamente como salían.

A las nueve y treinta de la mañana del sábado 30 de diciembre, Roberto y Vera fueron a la rampa sur de la zona de cargo del Aeropuerto Internacional de San Juan al tiempo que preparaban al Super Snoopy para su tercer vuelo a Nicaragua. En la pista se amontonaban centenares de cajas, muchas más de las que podían llevarse en este viaje. Y venían más suministros en camino. En la rampa este, al doblar de la esquina, Rafael Delgado Cintrón, el mecánico, trabajaba en el DC-7 de Arthur Rivera. Aproximadamente a las diez, Delgado

Cintrón vio que se acercaba una furgoneta con carga que se destinaba a Nicaragua. Al parecer, al chofer lo habían enviado al sitio equivocado para hacer su entrega, confundiendo el DC-7 con el Super Snoopy. Rivera, que estaba de pie cerca de allí, advirtió la presencia de la furgoneta, y de inmediato se dio cuenta de lo que pasaba y vio en ello una oportunidad. Se dirigió a la rampa sur y se encontró a un grupo de personas reunidas, entre ellos a Roberto Clemente, y les avisó de la furgoneta que había hecho el giro equivocado. "Él se acercó y se nos presentó", recordaba Vera Clemente. "Le dijo a Roberto que tenía un avión, un DC-7 de carga. Que nos ofrecía sus servicios. Nos dio dos tarjetas y yo guardé una y Roberto otra. Su tarjeta comercial era blanca con letras rojas y el nombre de la empresa era American Air Express Leasing. Arthur Rivera, presidente. Y luego dos números de teléfono. Nos dijo, 'estoy a su disposición a cualquier hora, hoy, mañana, cuando ustedes me necesiten. Estoy listo'. Roberto le preguntó. '¿A qué hora cree que podemos salir?' Y Rivera le contestó, 'a cualquier hora, en el momento en que usted decida' ".

Rivera luego invitó a Clemente a que fuera a ver su avión. Recorrieron el trayecto en auto hasta la rampa este —y allí estaba el DC-7 recién pintado de blanco plateado con el relámpago anaranjado y las puntas de las hélices anaranjadas y negras. Un mecánico de uniforme blanco estaba de pie cerca de la escalerilla. Vera se quedó abajo mientas Roberto subió y entró. A él le pareció bien, para lo poco que sabía de aviones. Rivera le dijo que estaba listo para fletarlo pero que no tenía prisa. Él proporcionaría la tripulación y esperaría en Nicaragua todo el tiempo que a Clemente le llevara hacer su negocio, un día, o dos o tres —todo por 4.000 dólares. Clemente cerró el trato con un estrechón de manos, sin firmar ningún contrato oficial. Rivera dijo que reuniría la tripulación y llamaría a Clemente más tarde ese día cuando estuvieran listos los últimos detalles.

Roberto y Vera regresaron a la rampa sur, vieron despegar el Super Snoopy y luego atravesaron en auto la ciudad hasta el puerto en el Viejo San Juan, donde estibadores voluntarios estaban cargando más materiales de ayuda a los damnificados del terremoto en el carguero *San Expedito,* un buque de bandera panameña propiedad de una empresa empacadora de San Juan. Los Clemente se encontraron en el muelle con una multitud de periodistas, entre ellos Rosa Sabalones, que tomó fotos de la escena para el *San Juan Star;* y Efraín Parrilla, que escribió el artículo. "Clemente le dijo a los periodistas antes de zarpar que el barco llevaba 210 toneladas de ropa y 36 toneladas de alimentos", escribió Parrilla, añadiendo:

> Se espera que el barco llegue al puerto nicaragüense de Blue Field el miércoles, dijo Clemente, y que se le ha avisado a la Guardia Nacional del país para que proporcione el transporte para la carga desde el muelle hasta Masaya, una ciudad cercana a Managua.
>
> Masaya es la ciudad más próxima a Managua que cuenta con un hospital, y gran parte de la ayuda extranjera que está llegando a Nicaragua se está llevando allí, dijo Clemente.
>
> El gobierno nicaragüense está presionando a los sobrevivientes del terremoto del sábado pasado a que abandonen la ciudad a fin de evitar los riesgos sanitarios y para facilitar el trabajo de las cuadrillas que están demoliendo los edificios en ruinas.
>
> Clemente dijo que el barco llevaba la cuarta carga de ayuda humanitaria enviada de la Isla desde que ocurrió el terremoto. Agregó que los otros tres cargamentos se habían enviado en un avión fletado, y que el comité planeaba enviar otra carga área.

La frase "otra carga aérea" era una referencia al acuerdo con Arthur Rivera.

Después de la conferencia de prensa en el puerto, los Clemente regresaron a su casa en Río Piedras, donde Roberto hizo una llamada a casa de los Rauch en Kutztown. Quería cerciorarse de que Nevin y Carolyn y sus hijas Carol y Sharon vendrían de Pensilvania a celebrar el Año Nuevo en Puerto Rico. Carol, que acababa de terminar sus estudios subgraduados en la universidad con una especialidad en español, respondió al teléfono en la cocina. Roberto siempre la llamaba a ella y a su madre por el mismo nombre, Carolina, el nombre de su pueblo natal. La conversación osciló entre el inglés y el español, y aunque algo de lo que Clemente dijo parecía confuso, al menos en lo tocante a quien estaría dónde y cuándo, su entusiasmo era el habitual. Tendrían una gran celebración, dijo, en honor de la graduación de Carolina y de su trimilésimo *hit* y por el nuevo año 1973. Compraría un cerdo grande y jugoso para asarlo. Pero eso tendría que esperar hasta que él volviera de Nicaragua. Salía al día siguiente y regresaría el Día de Año Nuevo. Tenía que cerciorarse de que la ayuda humanitaria estaba llegando a la gente. Entonces, cambiando ligeramente su historia, dijo que tal vez Carolina debiera ir a Nicaragua con Vera. Podrían ir de compras. La ropa hecha a mano en Managua era muy linda. ¿No podría ser eso un magnífico regalo de graduación? Un viaje relámpago, tal vez de un día para otro, y luego regresar al siguiente. En cualquier caso era estupendo que vinieran y alguien estaría en el aeropuerto de San Juan para recogerlos. Todo saldría bien.

Las cosas en la vida siempre le salían bien a los Clemente, aunque pareciera tan fluida y espontánea.

De regreso al aeropuerto, Arthur Rivera estaba cavilando. Había cerrado un trato, pero no tenía tripulación. Sabía que no podía pilotear el DC-7, y no había pilotos en San Juan, al menos ninguno que él conociera, que pudiera pilotearlo. Tenía el número de teléfono de un piloto experimentado de Miami, y le hizo una llamada pero no pudo localizarlo. Unas pocas horas después, dio la casualidad que aterrizó un DC-3 procedente de St. Thomas y rodó hasta estacionarte cerca del avión de Rivera. El piloto, Jerry C. Hill, vio el DC-7 mientras caminaba desde el avión hasta el vestíbulo de la terminal de carga y dijo en alta voz, "yo solía volar uno de estos".

Una vez más Rivera aprovechó la oportunidad. Un piloto caído del cielo; ¡qué golpe de suerte! Éste podría ser el hombre para llevar a Roberto Clemente.

—Oiga —le dijo Rivera a Hill—. ¿Quiere un trabajo?

15
Diciembre 31

VERA CLEMENTE SE ENCONTRABA DE PIE EN LA COCINA preparando el almuerzo. Era bien entrada la mañana de ese domingo, el último día del año, y en la casa de la loma reinaba el silencio. Los niños se estaban quedando con la madre de Vera en Carolina. Roberto estaba en el cuarto, con las cortinas bien corridas, intentando descansar antes del viaje a Nicaragua. Ángel Lozano, miembro de la campaña de socorro que acompañaría a Clemente en la misión, había llamado varias veces esa mañana con la misma noticia. Se había acercado en varias ocasiones al DC-7 en la zona de carga y nada estaba listo; tomaría horas antes de que el avión saliera. Desde las amplias ventanas de su cocina, Vera podía mirar al norte a través de las copas de los árboles hacia el aeropuerto de Isla Verde y, más allá, al océano Atlántico. El cielo invernal se veía plomizo, el mar parecía verde. En silencio, mientras preparaba la comida, una canción le daba vueltas en su mente. Era la "Tragedia del Viernes Santo", una balada popular acerca del DC-4 que se había estrellado en el océano el Viernes Santo de 1952 luego de despegar de San Juan rumbo a Nueva York.

> *Qué triste fue el Viernes Santo*
> *Qué horas de angustia y dolor*
> *Sufrieron nuestros hermanos*
> *Que volaban a New York.*

En el silencio, la letra y música de la canción volvían a su mente con obsesionante recurrencia, pero se trataba solamente de una canción, podría haber sido cualquier canción, podría haber sido "Feliz cumpleaños", tan sólo que se había deslizado en su subconsciente sin que ella pensara en su significado.

Cuando el almuerzo estuvo listo, se fue a buscar a Roberto que apenas había dormido. Mientras comían, repasaron los planes para los próximos días. Los Rauch, que venían de visita desde Pensilvania, habían pasado la noche en casa de Carlos y Carmen Llanos en el Bronx y tomarían un vuelo para San Juan más tarde en el día. La víspera de Año Nuevo era una gran fiesta en Puerto Rico, una ocasión para estar con los amigos y la familia. Había habido tantos días especiales que Roberto había dejado de celebrar en los últimos tiempos. Había pasado por alto su octavo aniversario de bodas el 14 de noviembre y luego la fiesta de Acción de Gracias mientras dirigía el equipo de béisbol aficionado en Nicaragua. Se pasaba la vida diciendo que odiaba separarse de su familia y sin embargo no hacía otra cosa. Vera no le pidió directamente que no se fuera otra vez, pero el mensaje quedaba entredicho al citar ella sus ausencias.

—No te preocupes —le dijo Roberto— cuando estás sano y feliz, todos los días de la vida son iguales.

—Eso es verdad —dijo Vera.

Ella entendía porque ambos pensaban de la misma manera. Él quería decir que todos los días de la vida eran especiales, todos los días que estaban juntos eran especiales, ninguno mejor que los otros. Cuando estuvieron viajando en Europa, sin preocupaciones, esos días fueron maravillosos, pero no diferentes. Muchas veces ella le había oído repetir su mantra: si tienes una oportunidad de mejorar la vida de otros, y dejas de hacerlo, estás malgastando tu tiempo en esta tierra. Yendo a Managua, pensó ella, está haciendo algo bueno por la humanidad. Ella no se sentía contenta de que él se fuera la víspera de Año Nuevo, pero no iba a darle demasiada importancia. Estaría de regreso en un día, bastante pronto.

Jerry Hill, el piloto a quien Arthur Rivera reclutara para el viaje, había regresado al Aeropuerto Internacional de San Juan a las seis de la mañana luego de un viaje de ida y vuelta a Miami. No había dormido durante toda la noche y necesitaba algún descanso antes de salir para

Managua. En lugar de buscar un motel, Hill se durmió en la cabina del DC-7. En su prisa de encontrar un piloto a última hora, Rivera no se había molestado en verificar los antecedentes de Hill. En cualquier caso, él tampoco se ajustaba mucho a las normas. Hill le dijo que le gustaban los DC-7, que sabía pilotearlos, y eso fue suficiente. Los archivos de la Administración Federal de Aviación contienen algunos datos de la historia de Jerry Carroll Hill. Tenía cuarenta y siete años, piloto veterano que nació en Texas, comenzó a volar en California y ahora vivía en Miami y "parecía haber tenido tiempos mejores" decía un informe. Estaba preparado para pilotear un DC-7, con unas tres mil horas de vuelo en la aeronave, dos tercios de ese tiempo como piloto al mando. Pero por el tiempo en que Rivera lo contrató, la Airlift International lo había suspendido y estaba en peligro de perder su licencia comercial, y enfrentaba cargos por trece violaciones ocurridas entre octubre de 1971 y enero de 1972. Estaba divorciado y su ex esposa no quería saber nada de él.

Éste era el piloto que dormitaba en la cabina y que ahora tenía la tarea llevar a Roberto Clemente y a un avión cargado de ayuda humanitaria a través del Mar Caribe. Rivera sería el copiloto, aunque la suma de su experiencia ascendía al vuelo en que el había traído el avión desde el Rincón de la Chatarra de Miami y luego el episodio del incompetente rodaje del aparato a principios de mes. Necesitado de encontrar un ingeniero de vuelo, Rivera primero intentó reclutar a Rafael Delgado Cintrón, el mecánico de Caribair, pero el jefe de Delgado Cintrón no lo dejaría libre ese día. Desesperado, Rivera le pidió a Delgado Cintrón el número de Francisco Matías, otro mecánico de Caribair. Matías sabía volar en un avión monomotor, pero no tenía diploma de ingeniero de vuelo. Como hombre de cuarenta y dos años y padre de cuatro hijos con otro bebé en camino, le pareció que podía hacer uso de un dinero adicional si aceptaba el trabajo de Rivera, y convino rápidamente en unirse a la tripulación.

Aún estaban cargando el DC-7 mientras Hill dormitaba. A media mañana, José Fonet, que trabajaba en el aeropuerto, subió dentro y despertó al capitán para decirle que había llegado otro camión con ayuda humanitaria. Hill estaba tan cansado que no mostró ningún interés en supervisar aquel esfuerzo de última hora. El avión ya estaba lleno, con ciento noventa y ocho paquetes de arroz, trescientas doce cajas de leche evaporada, 320 cajas de habichuelas, 70 cajas de aceite vegetal, 90 cajas de fiambres, y 60 cajas de harina de maíz. Y ahora se presentaba otra camioneta para una carga final: 16 sacos de azúcar de 60 libras cada una, además de otros sacos de arroz, habichuelas, leche, azúcar, pasta y cepillos de dientes, y suministros médicos. Raymond Cintrón, inspector de rampa para la policía del aeropuerto, ayudó a montar la carga de último momento junto con su supervisor. Como ya no quedaba espacio de almacenamiento, fueron amontonándolo peligrosamente delante de una malla de acero cerca de la mampara divisoria. Luego encima de la carga pusieron una llanta de repuesto. No le prestaron ninguna atención al centro de gravedad del avión. Rafael Vázquez, un trabajador de la Texaco en el aeropuerto, vino alrededor de las doce y cuarenta y cinco a suministrar cinco galones de aceite de aviones No. 120. Vázquez dijo que cuando entró al avión se quedó pasmado de ver que "la carga no la habían amarrado". El avión no se suponía que llevara más de 40.000 libras. En la declaración de embarque que Rivera llenó en la Oficina de Aduana calculaba el peso total en 39.288 libras, pero esa declaración era falsa. Después los funcionarios de la FAA determinaron que el avión, cargado de manera inadecuada, tenía por lo menos 4.193 libras por encima del máximo permisible de peso bruto.

En algún momento después de las tres de la tarde, Rivera llamó a Clemente desde el aeropuerto y le dijo que estaban casi listos. Habían preparado un plan de vuelo, el avión estaba cargado y contaban con una tripulación completa. Clemente estaba en la casa lustrando sus botas y conversando con Vera y su amigo Cristobal Colón, el gerente regional de ventas de los productos Goya que había estado ayudándole en la campaña de socorro. Colón, conocido por su apodo de Caguitas, había llegado a la casa, acompañado de su pequeño hijo. Ángel Luis. El tiempo vuela, le dijo Clemente, y Caguitas insistió en llevarlos hasta el aeropuerto. Clemente iba sin equipaje. Se llevaba lo que necesitaba en el maletín de piel de cocodrilo que había comprado en Nicaragua durante el torneo de béisbol un mes antes. En el viaje desde la colina hacia Isla Verde, Caguitas no cesó de preguntarle a su hijo: "Ángel Luis, ¿quién va sentado al lado tuyo?" El niñito respondería con orgullo: "Roberto Clemente".

Llegaron al aeropuerto alrededor de las cuatro y los llevaron a la rampa de carga. Al avión lo estaban abasteciendo de combustible y había aún más papeleos que llenar, de manera que Clemente, Vera y Ángel Lozano se dirigieron a un restaurante cercano para comer algo. Cuando volvieron, Caguitas Colón parecía alarmado. Era la primera vez que le había echado un buen vistazo al DC-7, y no le gustó lo que vio. El relámpago anaranjado no lo impresionó. Estaba preocupado con las llantas. Las ruedas del aterrizaje estaban tan aplastadas que parecían casi planas, y la rueda delantera estaba virtualmente fuera de lugar. "Cuando vi todo esto me quejé con Clemente y le aconsejé que el avión no era seguro y que lo habían cargado inadecuadamente", diría Colón más tarde. Él esperaba que Clemente se olvidara del DC-7 y tomara un vuelo de Pan American a Miami y desde allí otro a Nicaragua. "Roberto dijo, 'no te preocupes, ellos saben lo que están haciendo' ".

Había tantas cosas que Clemente no sabía: el Rincón de la chatarra de Miami, las aerolíneas irregulares, el Decreto del Sur de la FAA, las sesenta y seis violaciones de transporte de Arthur Rivera, el incidente de la zanja, los problemas y la falta de sueño del piloto Hill. La completa ineptitud del copiloto y del ingeniero de vuelo. El desequilibrio y el sobrepeso de la carga. Todo estaba mal, pero la única señal evidente eran las llantas, la punta del témpano, y aunque su amigo Caguitas sacó a relucir el problema, Clemente decidió no preocuparse por las llantas. Cuando dijo que la tripulación sabía lo que estaba haciendo, Vera se lo creyó. Poco después de las cinco, ella se despidió de Roberto y se fue con Colón hasta el otro extremo del aeropuerto, donde tenía que recoger a los Rauch, que llegarían en un vuelo procedente del JFK de Nueva York. Ya había llegado un avión de Nueva York, pero los Rauch lo perdieron, de manera que llegarían dos horas después.

A las 5:30 PM, según los registros de la FAA, el DC-7 de Rivera, identificado como N500AE, llamó a la torre de control del tránsito aéreo y solicitó instrucciones de rodaje desde la zona de carga de la Pan American. La torre dirigió el avión a la Pista 7.

En la estructura de la Administración Federal de Aviación, los controladores del tránsito aéreo y los inspectores de seguridad funcionaban bajo diferentes jerarquías. Los inspectores de la Oficina de Normas de Vuelo estaban situados en un edificio separado del aeropuerto de San Juan. Los controladores del tránsito aéreo no eran policías: sus deberes ya eran bastante arduos en el manejo del despegue y aterrizaje de los aviones. Cuando Hill llamó por radio a la torre y pidió instrucciones de rodaje, no era asunto de los controladores del tránsito verificar primero si el avión estaba en condiciones de volar. Ese era el trabajo de la Oficina de Normas de Vuelo, al menos en teoría.

Es difícil imaginar un avión más necesitado de inspección que el DC-7 de Arthur Rivera ese último día de 1972. Como un avión de carga de servicio irregular comprado en el Rincón de la chatarra de Miami, parecía llenar todos los requisitos de los aviones que debían ser vigilados conforme a las directrices del Decreto Sur. Pero Leonard Davis, que dirigía la Oficina de Normas de Vuelo en San Juan, dijo que no tenía la empleomanía para verificar todos los vuelos que salían. Los inspectores de la oficina sí estaban al tanto de Rivera y habían estado vigilando su avión desde el accidente del rodaje, y hasta habían sugerido que reemplazara uno de los motores y llevara a cabo un vuelo de prueba. Pero ahora que Rivera está listo para salir, sin el motor nuevo, sin ningún vuelo de prueba, con un piloto cansado, él mismo como un copiloto novato, un mecánico como ingeniero de vuelo, un avión tan sobrecargado que las llantas se le habían hundido y el famoso Roberto Clemente a bordo —ahora no había inspectores de normas de vuelo por los alrededores. Era la víspera de Año Nuevo. A nadie le habían asignado la supervisión ese fin de semana. George E. Mattern, que había llegado a San Juan en octubre como el inspector general de mantenimiento de aviación, era el inspector de reserva. Había ido a trabajar el sábado para chequear a otro empresario irregular y luego lo habían llamado para que viera los restos de una avioneta que se había estrellado en la playa cerca del Caribe Hilton en el Condado, una sección balneario de San Juan. El domingo por la noche estaba de regreso en su casa de Río Piedras. La mayoría de sus colegas estaban en una fiesta de fin de año.

Luego de rodar por la Pista 7, Hill hizo algunas verificaciones finales en la cabina, que le mostraron que había un problema con las bujías de encendido en el cilindro No. 5. El avión se detuvo en la pista por veintiún minutos, luego llamaron por radio a la torre pidiendo instrucciones para rodar de regreso a la zona de carga de Pan Am. Cuando Hill salió para inspeccionar las bujías de los otros cilindros, encontró que la mayoría de ellos estaban malos. Hill y Matías, el mecánico que fungía de ingeniero de vuelo, abrieron las tapas de los motores No. 3 y no. 4 y estuvieron trabajando en ellos por más de tres horas. Delgado Cintrón, el otro mecánico de Caribair que no podía hacer el viaje, salió de trabajar y vino a ayudarlos. Cuando se hicieron todas las reparaciones, Delgado Cintrón subió a medias la escalerilla. Clemente le entregó un pedazo de papel en el cual había escrito el número de teléfono de su casa, y le pidió al mecánico que llamara y le dijera a Vera cuando el avión salía para Nicaragua si es que salía.

Mientras estaba de pie en la escalerilla, Delgado Cintrón le echó una última mirada a la escena interior: Arthur Rivera sentado en el asiento de la derecha de la cabina y Jerry Hill en el asiento del capitán. Clemente estaba sentado en el banco inferior de la cabina, mirando hacia la carga. Ángel Lozano y Francisco Matías, estaban de pie cerca, no posicionados aún. En los últimos días, Clemente le había pedido a tantos amigos que lo acompañaran: Orlando Cepeda, Manny Sanguillén, Osvaldo Gil, pero todos ellos declinaron. Ángel Lozano fue el único que convino en ir. Tenía treinta y tres años, casado con dos hijos, y administraba su propia compañía de camiones, que transportaba las provisiones de Pueblo Foods. Al igual que Clemente, él había estado trabajando muchas horas diarias en la campaña de socorro.

Tres horas y media después del primer intento de despegue, al DC-7 lo autorizaron de nuevo a tomar la Pista 7. Antonio Ríos, que trabajaba para la aerolínea Eastern en la Puerta 12, vio el avión de Rivera mientras pasaba rodando junto a su rampa. Debe llevar una gran carga, pensó Ríos, "porque la proa casi tocaba el suelo".

Setenta y tres grados. Nubes dispersas. Visibilidad, doce millas. Ya ha pasado bastante tiempo desde la caída del sol, pero los objetos aún pueden verse en la distancia.

—Torre de San Juan, Douglas quinientos alfa eco listo para partir por la pista siete —informó Hill a las nueve y dieciocho.

—Douglas cinco nueve alfa eco pista siete despejada para el despegue —respondió el controlador del tránsito aéreo Dennis A. McHale.

—Roger, es Douglas *quinientos* alfa eco —dijo Hill, corrigiendo el número.

—Quinientos alfa eco, muy bien, ¿usan VFR [regulaciones visuales de vuelo, por su sigla en inglés]?

—Afirmativo.

—Muy bien.

Un vuelo de Eastern Airlines llamó por radio desde la pista:

—Torre, Eastern nueve sesenta y cuatro listo…

—Muy bien, Eastern nueve sesenta… uhh…mantenga su posición tan sólo un minuto… tengo a un DC-7 rodando justo a su derecha creo yo…

—Muy bien —dijo el piloto de Eastern.

El controlador llamó a Hill:

—Alfa eco, ¿estás detrás del jet? ¿Puedes hacer allí tu primer rodaje?

—El siete veintisiete va primero —respondió Hill.

—Conforme. Eastern nueve sesenta y cuatro, él está avisado que estás delante de él, puedes rodar sobre la pista despejada para el despegue en la Pista Siete…

—Correcto, despejada para el despegue, nueve sesenta y cuatro… aquí vamos —reportó el piloto de Eastern.

—Y, uhh, quinientos alfa eco, en posición de rodaje y espere.

Eran las nueve y diecinueve. Gary Cleaveland reemplazó a McHale como controlador desde tierra en la torre del tránsito aéreo.

Treinta segundos después, Cleaveland dijo:

—Douglas quinientos alfa eco. Pista Siete despejada para despegue.

—Alfa eco, Roger.

El avión a chorro de Eastern ya estaba para entonces por encima del océano.

—Eastern nueve sesenta y cuatro, contacto de salida, buen día —dijo el controlador.

—Nueve sesenta y cuatro, Feliz Año Nuevo, señor —respondió el piloto de Eastern.

A las nueve y veinte el DC-7 comenzó a rodar por la Pista 7.

Juan Reyes, un oficial de seguridad del aeropuerto, por casualidad observaba la maniobra. El avión no parecía tener la velocidad necesaria para despegar, pensó él, y "por el ruido de los motores parecía como si estuviera haciendo mucho esfuerzo".

Gilberto Quiles, un limpiador de Pan Am, percibió que el avión tenía problemas por la manera en que retumbaba en su lento paso por la pista.

Antonio Ríos, empleado de Eastern, notó cómo el avión se mantenía rodando por la pista, seis mil, siete mil, ocho mil pies. Al llegar al final de la pista, Ríos escuchó varios petardazos a intervalos de cinco segundos en el ala izquierda.

Rafael Delgado Cintrón estaba cerca de Ríos en la zona de carga de Eastern. "Estaban casi al final de la pista… oí como unos… tres petardazos… que alteraban el ruido del motor y una explosión grandísima. Luego silencio.

Al final de la pista, casi a nueve mil pies de donde había comenzado el rodaje del despegue, el avión se alzó con gran dificultad. Los testigos desde el suelo ya no podían verlo después de que apenas sobrevolara las palmas del lindero oriental del aeropuerto. Desde su eminencia en la torre de control, Cleaveland notó que el DC-7 no estaba ganando altura mientras volaba aproximadamente a una milla más allá de Punta Maldonado y luego se inclinaba hacia el norte y hacia fuera sobre el océano. En ese punto, conforme a sus cálculos, el avión no estaba a más de doscientos pies sobre el agua y parecía que descendía.

La radio carraspeaba.

—Torre, éste es quinientos alfa eco de regreso.

—Cleaveland no pudo oír la transmisión, Quinientos…uhh…alfa eco, diga otra vez.

Nada más que silencio. McHale, rastreando en el radar, observó como el N500AE hacía una curva hacia el norte y luego desaparecía súbitamente de la pantalla.

Cuando, más temprano en la noche, el vuelo de Eastern procedente de Nueva York llegó por la banda derecha del aeropuerto, Vera estaba a la puerta a la espera de sus amigos Carolyn y Nevin Rauch y de sus hijas Carol y Sharon. Los Rauch estaban encantados y sorprendidos de verla, considerando lo que se había demorado el avión y lo ocupados que habían estado los Clemente con la campaña de socorro a los damnificados del terremoto. Cuando preguntaron por Roberto, Vera les dijo que estaría probablemente a mitad de camino a Nicaragua, pero que regresaría al día siguiente si no había

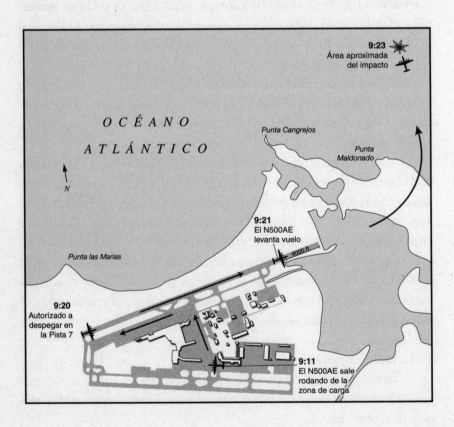

ningún problema con Somoza, y tendrían una gran celebración cuando él volviera.

Vera es una mujer cálida con una risa contagiosa y un carácter sencillo que hacía que la gente se sintiera cómoda. Uno de los pequeños chistes que compartía con sus amigos era intentar encontrar la llave precisa en su llavero. Había tantas llaves, de varias puertas y de sistemas de seguridad y de verjas, que ella siempre tenía que probar unas cuantas antes de encontrar la correcta. Cuando llegaron a la casa de Río Piedras, pudieron oír que sonaba el teléfono mientras Vera manipulaba sus llaves. Cuando entraron, el timbre había cesado de sonar. "Me pregunto si era Roberto", dijo Vera.

Carolyn y Nevin estaban hambrientos y querían sacar a Vera a comer. Ella estaba cansada, y no se sentía de buen humor, pero sus amigos creían que le sentaría bien. Carolyn hizo una llamada y encontró un restaurante de mariscos que servían hasta tarde. Vera convino en ir, pero les pidió que se detuvieran primero en la sede de la campaña de socorro en Plaza de Las Américas. Algo le decía que ella debía estar allí en ausencia de Roberto. "Sentía la responsabilidad sobre mis hombros", diría más tarde. Estaba lloviendo. Luego de visitar la sede en Hato Rey y de cenar en El Pescador en Santurce, se dirigieron a la casa de los Zabala en Carolina.

Los niños estaban durmiendo. Robertito se había puesto nervioso antes de irse a dormir. "¿Por qué Papi se va?", le había preguntado a su abuela materna. "Ese avión se va a estrellar". Robertito había estado ansioso durante días. Una de las últimas cosas que había hecho antes de que se lo llevaran de casa de sus padres el día anterior fue meterse a escondidas en el vestidor detrás del dormitorio de sus padres y registrar la gavetita divisoria donde su *pai* usualmente guardaba los boletos de avión. A Robertito nunca le gustaba que su padre volara, y con frecuencia intentaba esconderle los boletos en un fútil intento de retenerlo en casa. Esta vez no había ningún boleto. Él le había advertido a su padre que no fuera, y ahora su premonición era más fuerte. La Sra. Zabala le dijo que no fuera tonto, que todo saldría bien. Pero después, antes de que Vera y sus amigos llegaran, ella se sintió oprimida por una sensación extraña. Sentía como si su corazón se llenara de tristeza. Se fue a la cocina y lloró. Algo malo ocurría, pensó, pero no dijo nada. Cerca, en su casa de la calle Nicolás Aguayo, Melchor Clemente también era presa de lúgubres presentimientos. Él había tenido un sueño con Momen.

La radio estaba encendida en la casa de los Zabala, pero era sólo un ruido de fondo, nadie estaba escuchándola. El salón estaba lleno de gente conversando. Vera, su madre, su hermano Orlando, y su esposa. Algunos vecinos. Nevin y Carolyn Rauch y sus hijas. Unas cuantas veces Vera creyó oír a un locutor mencionar el nombre de Roberto Clemente, pero eso no era nada extraordinario; él estaba en las noticias todos los días por su campaña de socorro. El teléfono sonaba constantemente. Carol, que ahora hablaba español con fluidez, respondió en una ocasión. Había una música atronadora de fondo, y la conexión no era buena, pero ella pensó que había oído decir algo de un accidente aéreo. En el momento en que le entregó el teléfono a Orlando, la persona que llamaba colgó. Una de las amigas más íntimas de Vera, la madrina de Ricky, su hijo más pequeño, llamó tres veces. Parecía vacilante, evasiva, preguntaba cómo estaba Vera y luego colgaba. Los Navarro, amigos de Roberto de Carolina, vinieron de súbito a hacer una visita. Se sentaron en la sala y no hablaron. Era como si todo el mundo esperara que Vera supiera algo.

Luego llamó Fafa, la sobrina de Roberto. Estaba tosiendo y llorando. "¿Han oído las noticias?", le preguntó a Vera. Algo acerca de un accidente del avión que iba a Nicaragua. Al principio, Vera estaba incrédula, pero luego Carol tomó el teléfono. Cuando la noticia se corrió por la sala la reacción fue la misma. No puede ser cierto. El avión de Roberto estaría llegando a Managua a esta hora. "Todos dijeron, '¡eso no puede ser cierto! ¡eso no puede ser cierto!' ", recordaba Carolyn Rauch. La cuñada de Vera llamó al aeropuerto y obtuvo la primera confirmación incompleta. Era un avión de carga con cinco personas a bordo rumbo a Nicaragua. En el último cuarto, Robertito oyó a su madre llorar y temió lo peor.

Vera cogió las llaves de su auto y corrió hacia la puerta, seguida por Nevin, Carolyn y Carol. Ellos no quería que condujera, pero ella insistió. Ella sabía el camino a la casa de los padres de Roberto en El Comandante.

Matino Clemente, el hermano de Roberto, estaba en la casa de su suegro cuando oyó la noticia en la radio. Miró hacia Isla Verde y vio haces de luz que recorrían el cielo nocturno. Él y su hermano Osvaldo llegaron a casa de sus padres antes que Vera. Melchor y Luisa estaban durmiendo. Matino despertó a su padre y lo sacó afuera para darle la noticia. El viejo estaba devastado, pero no sorprendido. Él lo había soñado, dijo. Luisa finalmente salió de la cama y advirtió que tenía la casa llena de gente. ¿Qué está pasando? Matino le dijo que era una parranda, una visita sorpresiva que se le hacía a una familia durante la temporada navideña. ¿Y dónde está la música? Matino conversó con Osvaldo y finalmente decidieron que tenían que decírselo. Ella oyó la noticia sin decir una palabra, y luego se derrumbó en medio de profundos y desgarradores sollozos. Era 31 de diciembre, el último día del año. Ese mismo día dieciocho años antes, Luisa había perdido a su primer hijo, Luis Oquendo.

A la hora en que Vera y los Rauch llegaron, la calle estaba llena de gente. Casi enseguida una caravana de autos salió para Isla Verde. Se dirigieron al aeropuerto, donde reinaba una confusión general, las sirenas aullaban y había policías por todas partes. ¿Se había estrellado el avión en Nicaragua? No, al despegar, aquí en San Juan. Se dirigieron hacia el océano cerca de dónde el avión podría haberse caído. Debajo de la lluvia, ya se estaba reuniendo un gentío en la playa Piñones cerca de Punta Maldonado. Los autos de la policía enfocaban sus luces hacia el océano. Vera conocía bien la zona; era el lugar preferido de Roberto para recoger maderas arrojadas por el mar.

Sentado en un auto no lejos de allí estaba George Mattern, el inspector de la FAA. Estaba en su casa de Río Piedras tomando una ducha, cuando su *beeper* se disparó. Él no tenía teléfono, así que salió en busca de ayuda. Recorrió la calle de arriba a abajo, pero no había nadie en las casas, todos estaban de fiesta en alguna otra parte. Finalmente, una cuadra más allá, encontró a un vecino que lo dejó usar el teléfono. Llamó a la oficina y le dijeron que había habido un accidente aéreo. Y de que una "persona famosa" estaba a bordo. Se cayó en la zona de los Piñones. Vaya para allá tan pronto pueda. Conduciendo por las carreteras secundarias que bordean la playa, se tropezó con su jefe, Leonard Davis. Las historias ya se propagaban por la playa. José Ayala, de Punta Maldonado, estaba en la cama cuando oyó un avión que volaba con los motores chisporreteando que de pronto dejaron de funcionar. Gregorio Rivera había visto los restos del avión que flotaban en el agua aproximadamente una milla mar afuera, pero unos pocos minutos después habían desaparecido.

Vera se sintió desfallecer; Melchor se sentía débil. Un sobrino tomó las llaves del auto de Vera y los trajo de regreso a la casa pasadas las dos de la mañana.

En Puerto Rico, la víspera de Año Nuevo es una de las noches más grandes del año, que se celebra con fuegos artificiales, los tradicionales bailes de calle, y la vibrante música latina. Pero Orlando Cepeda sentía algo pavoroso en el aire mucho antes de oír la noticia del accidente. "Todo estaba callado y triste. La noche se sentía distinta. No había mucha gente celebrando. No habían salido las estrellas. Hombre, no estaba pasando nada". Cepeda, que había reverenciado a Roberto desde que fuera un cargabates zambo para los Cangrejeros de Santurce en 1954, estaba con su mujer en la casa de su hermano cuando se enteró de la noticia. Roberto Clemente no puede morir, pensó. Y se acordó de cómo Clemente había querido que él lo acompañara en el vuelo a Nicaragua.

Osvaldo Gil, que había persuadido a Clemente para que hiciera ese primer viaje a Nicaragua para dirigir un equipo, y que habría acompañado a Clemente en este vuelo de socorro si su esposa no le llega a quitar la idea, estaba celebrando con su familia cuando le llegó la noticia del siniestro accidente. En español, "Gil" se pronuncia casi igual al nombre inglés "Hill". Cuando los primeros informes dieron los nombres de las cinco personas a bordo del DC-7, amigos y asociados oyeron el nombre Hill y temieron que Osvaldo se encontrara entre los muertos. Él se acordaba de un refrán que Clemente le había citado unos pocos días antes mientras conversaban sobre el vuelo: *Nadie se muere la víspera.*

Caguitas Colón estaba en una reunión de familia en su pueblo de Caguas a las dos de la mañana cuando un pariente le dio la noticia. Él había intentado, sin éxito, advertirle a Clemente que el avión parecía inseguro. Ahora recordaba cómo Clemente se había mofado de un peligro con uno de sus dichos coloquiales: *Puedes morirte hasta montando a caballo.* Colón se sintió tan triste que se metió en su cuarto y no quiso salir.

Juan Pizarro estaba en el techo de su casa en Castellana Gardens en Carolina, tratando de corregir el malfuncionamiento de la antena de la televisión, cuando el avión se cayó. Dio la casualidad que él estaba mirando hacia el océano en ese momento, y creyó haber visto una explosión. Unas pocas horas después, cuando oyó que el avión de Clemente se había estrellado, dos ideas acudieron a su mente. Recordaba cuando siendo compañeros de equipo en los Piratas, Clemente le dijo que él iba a morir en un accidente aéreo. Pero también pensó que Clemente no podía morir, que tenía que estar vivo.

José Pagán estaba durmiendo en la casa de su familia en la Barceloneta cuando su padre le dio la noticia. El compañero Pirata recordaba cuando Roberto se había quedado insólitamente dormido en el avión del equipo, pero se había despertado de repente para decir que había estado soñando que se había estrellado un avión y que él había sido el único muerto. Y cómo Pagán había intentado calmarlo diciéndole que con frecuencia él soñaba que era rico, pero que eso no lo hacía tal. Cuando Delia, la esposa de Pagán, oyó la noticia, insistió en que salieran inmediatamente para Río Piedras para estar con su amiga, Vera Clemente.

Pedrín Zorrilla, que le había hecho a Clemente su primer contrato con el Santurce, oyó los boletines en la radio esa noche en su casa de Manatí. La noticia lo dejó sin aire. Clemente, pensaba él, había llegado a ser algo más que un jugador de béisbol. Él ahora era un símbolo, una representación del "sueño de gesta", el candente orgullo de Puerto Rico que cantara el poeta padre de Zorrilla: *tierra, sangre, nombre y raza.*

Eduardo Valero, un veterano cronista deportivo de Puerto Rico, estaba durmiendo esa noche cuando recibió una llamada de un amigo de Virginia. *¿Sabes quién murió? Roberto Clemente.* "Fue como una ducha helada", contaba Valero. Pero él no podía imaginárselo. "¿Quién carajo en la cultura latinoamericana deja a su familia la víspera de Año Nuevo? Si tú encuentras dos, preséntame al otro. Él dejó a su familia para ir allá la víspera de Año Nuevo".

Luis Olmo, uno de los Tres Reyes Magos del béisbol puertorriqueño, y quien abrió el camino de Clemente en las grandes ligas, estaba con la familia de la esposa de su hijo en Naguabo cuando oyó la noticia en la radio. Olmo tenía a Clemente como un hombre apasionado por todo en la vida y hacía una lectura diferente de la pregunta planteada por Valero. "Yo no veo ninguna razón para que él estuviera en ese avión esa noche para ir a Nicaragua", dijo Olmo después. "Esa es la noche de estar con la familia. La razón por la cual él fue, yo no sé. Ésa noche es para pasarla con los seres que amas."

Vic Power, otro de los Tres Reyes, oyó del accidente aéreo unos pocos minutos después de medianoche luego que había terminado de cenar con su esposa y su hijo en un restaurante del Condado. La última vez que había visto a Clemente fue en el avión al regreso de Managua luego del campeonato de béisbol amateur tres semanas antes. Clemente había estado callado durante aquel intrascendente vuelo de regreso, durmiendo. Power había estado inquieto, molesto aún por la espina de pescado en la garganta. Luego Clemente se había ido a dirigir sus clínicas de béisbol juveniles y Power había regresado a dirigir el Caguas. Power no podía creer que su amigo se hubiera ido.

Los Piratas tuvieron ese año una relación de trabajo con los Senadores de San Juan, y el equipo estaba lleno de jóvenes jugadores del Pittsburg. Muchos de ellos se habían reunido la víspera de Año Nuevo en un condominio frente al mar. Chuck Goggin, que había bateado su primer *hit* en las mayores en el mismo juego en que Clemente había alcanzado su tercer milésimo, estaba sentado en la terraza del patio con Richie Zisk y Bob Johnson poco después de medianoche y notó "que había una conmoción en el océano, parecía que había helicópteros y aviones" y luces. No había radios, ni hubo llamadas por teléfono, nadie en la fiesta sabía lo que sucedía. Especularon que debía haber sido un accidente aéreo, o tal vez un bote que se había perdido.

Steve Blass y su mujer tenían una fiesta en su casa del municipio de Upper St. Clair, un suburbio de Pittsburg. Había ocho parejas del barrio, entre ellos Dave Giusti y su esposa. Hacia las dos de la mañana, todo el mundo se había ido excepto los Giusti, que iban a quedarse y a fiestar toda la noche. Luego entró una llamada de Bill Guilfoile, el encargado de relaciones públicas de los Piratas. Hay una noticia no confirmada de que se ha caído un avión cerca de Puerto Rico y de que Clemente iba en él, dijo Guilfoile. Dios mío, pensó Blass, ¡Clemente! Él es invencible. Él no se ha muerto. Él juega hasta que quiera y luego se convierte en gobernador de Puerto Rico. Con la pasmosa noticia, a Blass y Giusti les volvió rápidamente la sobriedad. No sabiendo qué otra cosa hacer, pero deseando hacer algo, fueron hasta la casa de Joe L. Brown, el gerente general, en Mount Lebanon, el municipio contiguo a la zona de South Hills. Brown los hizo pasar y se sentaron a tomar café. Tal como Brown recordaba luego la escena, los tres hombres "hablamos de Roberto y lloramos" mientras recordábamos "la profundidad del tipo, su inteligencia y su humor". Clemente nunca le escondió nada a nadie, creía Brown. Les dio mucho más de lo que ellos tenían derecho a esperar de él. Él le recordaba a Brown un pantera, la gracia y la fuerza de una pantera. Siempre se acordaba del metraje de la Serie Mundial de 1971 en que se veía a Clemente doblando por segunda y deslizándose en tercera. Tan grácil y poderoso, con una pasión tan espectacular. ¡Qué gran tipo!

De allí, Blass y Giusti se fueron hasta casa de Willie Stargell, al otro lado de la ciudad, y los Piratas se consolaron mutuamente hasta que salió el sol, cuando se dirigieron hasta la fiesta anual del Día de Año Nuevo en casa de Bob Prince. El Pistolero había pensado cancelar la fiesta después de oír las noticias, pero decidió que a Roberto le habría gustado que la fiesta se diera. Y así ocurrió, como un velorio.

Los fanáticos de Pittsburg sufrieron una conmoción. En la mañana de Año Nuevo, la madre de Ann Ranalli estaba en la cocina cuando oyó la noticia en la radio. Corrió escaleras arriba para decírselo a su hija, que tres meses antes había tornado el tranvía basta el Estadio de los Tres Ríos y había echado confetis sobre la barra del jardín derecho después que Roberto Clemente alcanzó su trimilésimo *hit*. Ann comenzó a sollozar. Se pasó el resto del día rezando que lo encontraran. "Fue realmente muy duro", diría más adelante. "Él era muy importante para mí".

"*Adiós, amigo Roberto*" decía un enorme letrero lumínico en la cima del monte Washington. El alcalde [de Pittsburg] declaró una semana de duelo. Richard Santry estaba pasándose las fiestas navideñas en casa durante su primer año en la Universidad de Notre Dame. A través de toda su infancia, Santry había observado a Clemente desde los asientos de la Banda Knothole en las gradas del jardín derecho. Él y su padre se sentaban junto a la pantalla y lo saludaban de lejos y a veces Clemente venía a conversar con ellos o lanzaba una pelota en esa dirección. Hay días que uno recuerda toda su vida, diría Santry décadas después. Dónde estaba uno el día en que mataron a Kennedy. Dónde estaba uno el 11 de septiembre. Él siempre recordaría la mañana de Año Nuevo de 1973. "El sonido que recuerdo es la puerta del cuarto que se abría, el chirrido de las bisagras oxidadas. Mi madre se sentó en una cama vacía y comenzó a tocarme con el índice, como jugando. Miré el reloj. Eran las once y veinte o algo así; había dormido muy bien. Las primeras palabras de mi madre fueron 'tengo muy malas noticias'. Me senté y me dijo que Clemente había muerto en un accidente aéreo. Me quedé mirándola, atontado, no totalmente seguro de lo que había oído, a la espera de una conclusión divertida. ¿Qué dices? 'Estaba en un avión que llevaba suministros a Nicaragua y el avión se cayó en el océano, dijo ella. Yo tenía dieciocho años. Me fui al baño… y me senté allí y tuve un ataque de llanto como si un miembro de la familia o mi mejor amigo se acabara de morir".

Nancy Golding se había ido a dormir la víspera de Año Nuevo con su radio encendido. Las cosas suenan más estridentes por la mañana, y cuando ella despertó la radio estaba dando la noticia. Ella no era más que una niña promedio de Pittsburg, y sin embargo dio la casualidad de que vivía cerca del contador de Roberto y los Clemente habían sido tan amable de dejarla entrar en sus vidas. Ella había estado en su casa en Río Piedras y había comido en su cocina y había jugado con sus niñitos. Roberto Clemente está desaparecido y al parecer muerto en un accidente de aviación, decía el locutor de la radio, y ella comenzó a gritar "¡Clemente murió! ¡Clemente murió!"

En Miami esa mañana, William Couric, el funcionario de la FAA que había batallado casi a diario con Arthur Rivera durante el tiempo que ejerció su cargo en San Juan, explotó en un ataque de furia inusual cuando oyó la noticia. ¿Cómo podían haber dejado que aquel avión de carga irregular proveniente del Rincón de la chatarra llegara incluso a rodar por una pista? "¡Si me hubieran oído! ¡Si me hubieran oído!", gritaba. "¡Yo traté! ¡Cómo traté de cerrarle a ese tipo el negocio!

Los tres niños de Clemente, Robertito, Luisito y Ricky, fueron llevados de vuelta a la casa de Río Piedras en las últimas horas de la mañana siguiente. Todo era borroso, pero había unas cuantas imágenes que nunca olvidarían. Una hilera de autos estacionados a ambos lados de la calle por todo el camino hasta la loma. Los cruzan a través del puentecito de la acera hasta la puerta principal. En la puerta hay un gran lazo negro. La policía militar está parada en atención a la entrada. Las banderas de Puerto Rico y los Estados Unidos enmarcan la entrada. La puerta se abre a un mar de caras. *¡Oh, aquí están los nenes!* Y la gente corre a abrazarlos y apretarlos. Finalmente, los llevan al cuarto con su madre y sus abuelos, y su madre comienza a llorar y los abraza muy fuerte e intenta encontrar las palabras.

16

Desde el mar

SEGUNDOS DESPUÉS DE QUE EL N500AE DESAPARECIÓ
de la pantalla del radar, la torre de control del tránsito aéreo de San
Juan activó el sistema de notificación de accidentes, una secuencia de
veinte llamadas telefónicas. La segunda llamada fue al Centro de Res-
cates del Servicio de Guardacostas de EE.UU. situado cerca de los
muelles de los buques cruceros en el Viejo San Juan, a nueve millas al
este del aeropuerto. Puesto que el avión había caído en el agua, no
había nada que el equipo de bomberos del aeropuerto pudiera hacer
más allá de correr hasta la costa e iluminar con reflectores las aguas del
Atlántico. La búsqueda requería botes, aviones, helicópteros, buzos: el
dominio del Servicio de Guardacostas y de la Armada. Un barco y dos
aviones guardacostas salieron a la primera llamada después de las diez
de esa noche, pero los oficiales de búsqueda no habían trazado aún el
zona de probabilidad de detección de manera que los rescatadores
estaban operando a tientas, en medio de una real oscuridad, y no
encontraron nada.

No mucho después de la salida del sol del día de Año Nuevo, se
hizo patente que no se trataba de una búsqueda de rutina. Desde Isla
Verde hasta Punta Maldonado, la costa estaba llena de gente que había
venido a atestiguar lo ocurrido. Las carreteras de doble vía que conducían al mar se iban congestionando cada vez más según avanzaba el día
hasta que por la tarde había un atasco de vehículos de los peregrinos
que acudían al lugar donde había caído su héroe.

"Esa noche en que Roberto Clemente nos dejó físicamente,
comenzó su inmortalidad", apuntaría más tarde el escritor puertorriqueño Elliott Castro, y aquí en Piñones estaba la primera prueba de la

383

transformación del hombre en mito. Aunque el gobernador Luis A. Ferré, en su último día en el cargo, había declarado un período de tres días de duelo, reconociendo con ello que Clemente estaba muerto, muchos puertorriqueños se negaban a creerlo. La vasta multitud en la playa estaba silenciosa, expectante. Esperaban que Roberto saliera caminando del mar. Los hombres llevaban radios portátiles, las mujeres trajeron a sus niños; una visión de forma o de color, y de repente una hilera de personas tomadas de la mano que se apiñaban para echar un vistazo. Un helicóptero del servicio de Guardacostas aterrizó en la playa y se vio rodeado por un gentío mientras se propagaba la falsa noticia de que llevaba un cadáver a bordo. Vera y su suegro, don Melchor, regresaron a la playa y fueron tratados como reyes mientras se mantenían sentados en estoico silencio, tomados de la mano. Vera se debatía entre dos sentimientos: el de no querer creer que el accidente había ocurrido, y el más realista de esperar que los rescatadores encontrarían su cadáver o alguna prueba más tangible de su pérdida. Osvaldo Gil, el amigo de la familia que se encontraba entre los que se unieron con Vera en la playa, recordaba haberle oído decir quedamente dos o tres veces, "si pudieran encontrar al menos una mano".

Manny Sanguillén, el panameño receptor de los Piratas que adoraba a Clemente como a un hermano mayor, se mostró dispuesto a hacer cualquier cosa que pudiera ayudar a la búsqueda. Se puso su traje de baño y salió con un grupo de buzos voluntarios de la localidad que se concentraron en las cavernas submarinas del arrecife de coral que está a unas cien yardas de la costa, un lugar probable para que se enredara un cadáver. El grupo oficial de búsqueda del servicio de Guardacostas y de la Armada incluía tres helicópteros, dos aviones de ala fija, dos pequeños barcos de rescate y el cúter *Sagebrush,* una baliza de 180 pies equipado con un pescante de grúa. El empeño de ese día se vio retrasado debido a mar gruesa, con marejadas de cuatro o cinco pies. Si bien no habían encontrado personas o cadáveres, el equipo de rescate recobró los primeros restos del avión, incluidos cojines de asientos, chalecos salvavidas, una balsa desinflada, documentos, una rueda delantera y un codal, otras dos ruedas, y la billetera de Ángel Lozano, que viajaba en la cabina cerca de Clemente. Descubrieron también una mancha de aceite debajo de la cual sospechaban que podrían encontrar el fuselaje, pero para entonces estaba oscureciendo, así que marcaron la posición de la mancha de aceite para volver al día siguiente.

A las diez de la mañana del segundo día de enero, Hernández Colón prestó juramento como el nuevo gobernador de Puerto Rico. Menos de un mes antes, Clemente había traído una hamaca roja y blanca de Nicaragua de regalo para el político que era también su amigo. Ahora la pérdida del gran pelotero ensombrecía la ceremonia inaugural. Todas las festividades musicales que habían de celebrarse esa noche en La Fortaleza fueron canceladas. Antes de la ceremonia de la juramentación, el *Sagebrush,* al dirigirse al sitio del accidente, pasó a la vista de los partidarios [del nuevo gobernador] que se reunían en la capital. Al inicio del programa, hubo un minuto de silencio en memoria de Clemente. En su discurso, Hernández Colón dijo de él, "Nuestra juventud ha perdido un ídolo y un ejemplo; nuestro pueblo ha perdido a una de sus glorias". El gobernador seguía el tono de los periódicos de Puerto Rico, que esa mañana habían publicado sus panegíricos en la página editorial. "Fuera del terreno" —decía el *San Juan Star* de Clemente— "él era un hombre complejo e intenso que sentía el apremio especial de usar su fama y su prestigio en pro de fines nobles… Era un hombre único, un brillante ejemplo para el resto de nosotros. Un hombre que nos entusiasmó y nos deleitó con sus proezas atléticas y nos ennobleció y nos inspiró con su humanismo".

En las primeras horas de la tarde, se propagó otro rumor por la multitud que se reunía en la playa por segundo día consecutivo. Alguien había visto un cuerpo flotando en el agua a unas cincuenta yardas de la costa a una milla al oeste de Punta Maldonado. Pero una búsqueda de la zona no arrojó ningún resultado. Podría haber sido un tronco, desechos o incluso un pez. A la estación de la Guardia Costera en San Juan la estaban inundando con llamadas de personas que decían que podían ayudar, incluso a miles de millas de distancia. "Parecía como si todos los psíquicos y videntes del mundo estuvieran llamando para decirnos que tenían noticias de Roberto", recordaba el capitán Vincent Bogucki, que entontes comandaba la Guardia Costera en San Juan. "Algunos decían que estaba en una islita y bien, pero que necesitaba ayuda. Teníamos un montón de pistas que no habíamos pedido, y que en alguna medida seguimos".

El capitán Bogucki estaba siendo presionado de todas partes. El presidente Nixon estaba interesado en Clemente y eso significaba que los altos oficiales del Servicio de Guardacostas en Washington tenían que estar al tanto de la búsqueda y solicitaban constantes partes actualizados a San Juan. En Puerto Rico, el accidente aéreo había sobrepasado a la inauguración como la noticia más importante, e incluso todos los funcionarios del gobernador para abajo querían cerciorarse de que se estaba haciendo todo lo posible para encontrar al avión y a sus ocupantes. Bien avanzado el segundo día sin ningún resultado, Vera se puso en contacto con el capitán Bogucki y le pidió que viniera a verla a su casa en Río Piedras. Ella quería saber lo que estaba pasando, y por qué él no hacía más. Él le dijo de la posibilidad de conseguir otro avión, pero no creyó que podía decirle a la Sra. Clemente la dura verdad, que era ésta: el Servicio de Guardacostas está dedicado a la tarea de búsqueda y rescate, no al salvamento. Bogucki y sus hombres ya habían llegado en privado a la sombría conclusión de que no había nada que rescatar, y probablemente no mucho en materia de restos humanos que recobrar. Tal como explicó después el teniente John Parker, uno de los oficiales de Bogucki, "si un avión se rompe en el aire completamente y los cuerpos se salen, es raro recobrarlos. ¿Por qué? Por los tiburones. Suelen estar hambrientos. Es un zona infestada de tiburones". Nada de esto podía decírsele a la viuda. Bogucki le dijo a la Sra. Clemente que él intentaría añadir otro avión a la búsqueda y la invitó a visitar el Centro de Rescate del Servicio de Guardacostas para que viera por sí misma con cuanta diligencia estaba trabajando su equipo.

Al tiempo que Bogucki salía de casa de Clemente, miró a través del cuarto y advirtió que Vera había traído a su vidente particular. "Vi la figura de la persona de espaldas, y tenía un manto rojo", diría Bogucki después. "No me invitaron a conocer a esta persona". Esta vidente estaba entre las que pretendían que Clemente estaba aún vivo. Sus poderes sobrenaturales le decían que estaba confundido y caminando por las calles de La Perla, una pobre barriada costera contigua al Viejo San Juan. Dio la casualidad que Fernando González, el jugador novato de los Piratas natural de Arecibo, estaba en casa de los Clemente y salió a explorar con un grupo de amigos y parientes. "Fuimos a La Perla y lo buscamos", contó González tiempo después. "Y nunca lo encontramos".

No fue la fabricación de un mito sino el puro béisbol el que llevó a los colegas de Jack Lang en el cuerpo de prensa a empezar a llamar a su casa en Huntington Station, Long Island, esa noche. "Me les adelanté. Eso fue lo primero en que pensé", dijo Lang a uno de los que llamaba. Lo que otros querían sugerirle, y en lo que ya él había pensado, era que la Asociación de Cronistas de Béisbol de América (BBWAA, por su sigla en inglés), de la cual él era secretario-tesorero, debería dar el paso extraordinario de instalar de inmediato a Clemente en el Pabellón de la Fama, obviando el requisito de que un jugador debe estar inactivo durante cinco años antes de tener derecho a la consagración. Ciertos logros estadísticos garantizaban virtualmente un lugar en Cooperstown, y uno de esos eran los tres mil *hits*. Clemente murió precisamente con ese número, además de un promedio de .317 en toda su carrera y un armario lleno de guantes de oro que lo reconocían como el mejor jardinero derecho de su generación. Lang ya había hablado con el comisionado Bowie Kuhn respecto a dispensar el período de espera. Sólo había sucedido una vez antes en la historia del béisbol, cuando Lou Gehrig fue elegido por aclamación en 1939 mientras se moría de esclerosis lateral amiotrófica. Once semanas después de que Lang comenzara el proceso, la BBWAA aprobaría por abrumadora mayoría el ingreso de Clemente en Cooperstown, convirtiéndolo en el primer jugador latino en la elite del béisbol de todos los tiempos. Noventa y tres por ciento de los 424 cronistas deportivos apoyarían la moción. La mayoría de los que se opusieron dijeron que no querían romper el requisito de los cinco años.

Clemente nunca había sido un caso fácil de reseñar para los cronistas de béisbol. Durante dieciocho temporadas, lo había consumido el resentimiento porque lo subestimaran, lo llamaran hipocondríaco y lo citaran en inglés chapurreado. Su furia le había servido de motivación en el diamante, aunque eso confundiera a los hombres en la cabina de la prensa. Sin embargo, él usualmente estaba dispuesto a admitir cuando se equivocaba, y era tanto más serio y dedicado que la mayoría de los peloteros, ganándose al final el respeto de aquellos con los que más se enfrentó. Ahora, después del primer ciclo noticioso de relatos sobre el accidente aéreo, todos ellos estaban escribiendo columnas personales en las que elogiaban e intentaban explicar a este hombre complejo. Muchos de ellos repitieron el ciclo dramático de la ira, la comprensión y la pérdida.

"Me acuerdo la primera vez que hablé con él, el día en que me gritó, con la ira brotándole a torrentes de esos feroces ojos negros y tan cerca de mí que casi sentía su calor", escribió Phil Musick en el *Pittsburgh Press*. " 'Ustedes los cronistas son todos iguales', le gritó a Byron Yake de la AP y a mí, y la cólera de su voz dejó helados a las pocas personas que quedaban en la casa club de los Piratas. 'Usted no sabe ni un carajo de mí', le contesté a gritos, bastante asustado de ver como aumentaba la ira en su rostro, temeroso de echarme para atrás". Musick proseguía recordando un día, mucho después, en que se había sentido lo bastante cómodo como para fastidiar a Clemente llamándolo el viejo —«y él se rió, y por un momento no fuimos enemigos naturales. Y cuando me enteré que había muerto, deseé que alguna vez pudiera haberle dicho que era un tipo tremendo, porque lo era, y ahora es demasiado tarde para decirle que hubo cosas que él hizo en el campo de béisbol que me hicieron desear ser Shakespeare".

Milton Richman de la UPI, que siguió toda la carrera de Clemente, dijo que él había visto todos los lados de este hombre complejo. "Uno tenía que estar alrededor de él por un tiempo para verle todos los lados. Lo he visto enojarse por la pregunta perfectamente inocente de un periodista, y como huésped en su casa de Río Piedras, Puerto Rico, así como en otras ocasiones, lo he visto comportarse como uno de los individuos más hospitalarios, solícitos y cooperativos que jamás hayan llevado un uniforme de las grandes ligas".

"Roberto", escribió David Condon en el *Chicago Tribune*, "era amable, generoso, considerado y humilde respecto a sus propias capacidades... No obstante, Roberto era un hombre con una tremenda cólera. Un día en el campo de entrenamiento utilizó un lenguaje que humillaba al trueno mientras insultaba a los periodistas por su excesiva idolatría con los jugadores nativos. Puesto que hablaba con el corazón y su argumento era creíble, Roberto no ofendió a nadie esa tarde".

Milton Gross, del *New York Post,* escribió que a él sí Clemente lo ofendió una vez, pero luego volvió a ganarse su amistad. Unos cuantos años antes, Gross le había hecho una larga entrevista a Clemente en el campo de entrenamiento de Bradenton. Después que el artículo apareció, recibió una carta manuscrita de Clemente en que le decía: "Le di dos horas de mi tiempo, y usted escribe un artículo lleno de sandeces sobre mí. No quiero volverle a hablar nunca más si usted escribe artículos mentirosos. No quiero que vuelva a escribir sobre mí nunca más". La carta dejó a Gross furioso y confundido. Su columna acerca de Clemente había sido "un artículo positivo en la cual intentaba corregir algunas de las críticas injustas que le hacían a Clemente, en particular la historia de que él era un simulador". Gross le contestó a Clemente exigiendo saber lo que él le objetaba al artículo. Semanas después, se encontraron en el camerino de los visitantes en el estadio Shea y Clemente le dijo que su primera carta iracunda la había provocado lo que un amigo de Nueva York le había comentado sobre el artículo. Ahora que ya él lo había leído, "encuentro que no escribiste lo que mi amigo me dijo. Me excuso pues por la carta y te digo que mi amigo ya no es más mi amigo porque no me dice la verdad".

"Fue un momento único en los años que llevo en los deportes; un jugador que admite que puede haberse equivocado", declaró Gross en el encomio que escribió de Clemente en su pagina deportiva dos días después del accidente. "Clemente no me necesitaba, pero percibí que le importaba decirme que él había sido injusto conmigo".

En la noche del 2 de enero, cuando Jack Lang consideró por primera vez el lugar de Clemente en el Pabellón de la Fama y sus colegas estaban escribiendo sus réquiem para los periódicos, el presidente Nixon mencionó en una conversación con su asistente Charles Colson que la Casa Blanca debía colaborar con el mundo de los deportes para crear un Fondo Memorial Roberto Clemente. Nixon ya había dado a conocer un mensaje grabado sobre Clemente —en el que lo llamaba "uno de los más grandes jugadores de béisbol de nuestro tiempo" y "un generoso y bondadoso ser humano"— y había expedido un cheque personal de 1.000 dólares para donarlo a la causa. Había una nobleza respecto a la historia de Clemente que parecía faltar en otros asuntos que Nixon y Colson se ocupaban entonces, Vietnam y Watergate. Nixon ese día estaba obsesionado por las sospechas de que Henry Kissinger, su Asesor de Seguridad Nacional, había estado diciéndole a unos amigos suyos del mundo periodístico que él en privado cuestionaba la decisión del Presidente de bombardear Hanoi durante la Navidad. Haga que el Servicio Secreto intervenga el teléfono de Kissinger, le dijo Nixon a Colson, según el biógrafo Richard Reeves, y Colson regresó con el delicioso informe de que Kissinger había pasado horas hablando con el columnista Joseph Kraft al tiempo que le había insistido a Colson que nunca hablaría con "ese hijo de puta".

A la mañana siguiente, el 3 de enero, el ayudante presidencial Richard A. Moore, le dio seguimiento al tema de Clemente. En un memorando al jefe del personal H. R. Haldeman, Moore sugirió que el Presidente recibiera más tarde ese día a una delegación de los Piratas de Pittsburg. Moore dijo que había hablado con el presidente del equipo, Dan Galbreath, quien le dijo que le gustaba la idea de Nixon de crear un fondo memorial. Si el Presidente tenía el tiempo, Galbreath y unos cuantos jugadores podían estar en la Oficina Oval esa misma tarde. "La visita aparecería en los noticieros de la televisión y sería un estupendo comienzo para el proyecto", apuntó Moore. "Mientras le explican a la prensa en qué consiste el memorial, Galbreath o un jugador pueden aludir al hecho de que el Presidente ya ha hecho una generosa contribución personal". Al final de su memo, Moore añadió una nota especial: "Colson respalda con gran entusiasmo una reunión con el Presidente".

Durante sus discusiones de ese día, Haldeman y Nixon tuvieron a Colson presente, pero no en el contexto de la muerte de Roberto Clemente. Discutieron el papel que Colson y el ex Secretario de Justicia John Mitchell habían desempeñado en el allanamiento de Watergate. Nixon preguntó, "¿Sabe Mitchell que Colson estaba implicado, y sabe Colson que Mitchell estaba implicado?" y Haldeman respondió, "Creo que la respuesta es sí en ambos casos". Por otra parte, a Haldeman le gustó la idea de que el Presidente recibiera a la delegación de los Piratas. Firmó con sus iniciales una casilla en el memo de Moore aprobando una reunión de diez minutos a la cuatro menos cuarto esa tarde.

Con una hora de antelación, Moore fue llamado a la Oficina Oval para aleccionar al Presidente. Le traía a Nixon una lista de tópicos para su entrevista:

A) *Clemente había sido seleccionado por el Presidente para el Equipo Estelar de la Postguerra de la Liga Nacional.*

B) *Además del béisbol, Clemente era conocido por su constante servicio a las causas nobles y por su amor a Puerto Rico, donde era virtualmente un héroe popular. Estaba a bordo del avión porque se había enterado de que algunos embarques previos [a Managua] habían sido desviados por especuladores y quería cerciorarse de que la ropa y la comida llegaba a la gente necesitada. Clemente había sido el principal organizador de una recaudación de 150.000 dólares más toneladas de ropa y alimentos. [Al citar a los "especuladores", el memo evitó decir que estos eran los hijos y parientes del general Somoza, un gran admirador de Nixon que había enviado recientemente una carta respaldando al Presidente para el Premio Nobel de la Paz].*

C) *Algunos miembros del club y otros amigos de Pittsburg volarán a Puerto Rico en un avión fletado mañana para un oficio memorial especial.*

D) *Clemente, de treinta y ocho años, fue campeón de bateo de la Liga Nacional cuatro veces en dieciocho temporadas, seleccionado para participar doce veces en el equipo estelar, fue el jugador más valioso de la LN en 1966, y el JMV en la Serie Mundial de 1971.*

E) *El padre de Daniel Galbreath, John Galbreath, se ha encontrado con el Presidente en partidos de las estrellas y en cenas deportivas. Él ha bautizado a un caballo de carreras con el nombre de Roberto en honor de Clemente.*

A las tres y cuarenta y tres, Galbreath fue conducido a la Oficina Oval junto con los lanzadores Steve Blass y Dave Giusti, que habían dormido poco desde que recibieron la noticia del accidente aéreo. A los camarógrafos de la televisión y al fotógrafo de la Casa Blanca los entraron y los sacaron de la pieza. Nixon impresionó a todos con sus detallado conocimiento de Clemente y de la nómina de los Piratas. Estuvieron conversando hasta pocos minutos pasadas las cuatro.

Para esa hora en las picadas agua del Atlántico aproximadamente a milla y media a la altura de Punta Maldonado, las operaciones de dragado del *Sagebrush* habían sacado un cadáver a la superficie. Lo identificaron como Jerry Hill, el piloto, y lo trasladaron al Hospital Centro Médico de Río Piedras. La autopsia practicada por el patólogo forense Néstor A. Loynaz revelaba el aplastante trauma corporal que experimentaron los ocupantes del avión cuando el DC-7 chocó abruptamente contra el agua, que fue como chocar con una pared de ladrillo a doscientas millas por hora. El cuerpo de Hill estaba roto por todas partes: múltiples fracturas del cráneo y la cara; múltiples fracturas de las costillas y el esternón; rotura completa de la columna vertebral; múltiples fracturas del hueso caudal; amputación completa de la pierna derecha; rotura de la pierna izquierda; cavidades en el estómago y el diafragma; rotura de la aorta; rotura de la vegija. Manny Sanguillén había visto el cadáver en la lancha de rescate antes de que lo trasladaran por aire al hospital y la devastación que presenció convenció a Sangy que nunca encontraría vivo a su amigo Roberto.

Temprano en la mañana del día siguiente, un avión fletado salía de Pittsburg con más de sesenta miembros de la familia de los Piratas para un oficio en memoria del No. 21 en Puerto Rico. El contingente incluía al mánager Bill Virdon y a la mayoría de los jugadores e instructores y a muchas de sus esposas, a los ex directores Danny Murtaugh y Harry Walker, a John y Dan Galbreath, al gerente general Joe L. Brown, al comisionado de béisbol Bowie Kuhn, a Marvin Miller y Richard Moss de la Asociación de Jugadores, y a Preston Pearson, en representación de los Steelers de Pittsburg, que el día en que Clemente murió había perdido el juego de semifinales de la NFL frente a los Dolphins de Miami. El trayecto en el avión fue muy callado, recordaba Richie Hebner, aunque Pearson dio la casualidad que se sentó cerca de Dock Ellis, el irreprimible lanzador, que no podía dejar de hablar. Los hombres del béisbol todos iban vestidos de negro. Después que salieron del avión y se reunieron en el vestíbulo del aeropuerto Internacional de San Juan para una conferencia de prensa, Joe L.

Brown, se adelantó al micrófono. Dirigiéndose a una bulliciosa multitud de periodistas y equipos de televisión locales, así como de curiosos, Brown mostró su más profundo respeto por Clemente, al tiempo que sonaba como si la verdadera familia de Roberto hubiera acabado de llegar al fin para decirle a esta gente quién era él.

—Por favor, nos gustaría empezar. Señoras y señores, cuando ustedes estén listos, comenzaremos, —empezó a decir Brown— Querría decir unas pocas palabras primero. Señores, por favor. No les estoy pidiendo su atención en lo que concierne a la cámara, sólo queremos un poco de silencio, por favor. Me gustaría decir unas cuantas cosas primero. En el avión de Pittsburg viajaron muchos de los más cercanos y queridos amigos de Roberto, que han venido aquí con un propósito: mostrarle su cariño y respeto a Vera y a la familia Clemente. Les pedimos su cooperación respecto a mantener esto como un asunto de familia. Podría haber tal vez algunas preguntas. Intentaré responderlas antes de que ustedes las hagan… Estoy seguro de que van a preguntar acerca del oficio en memoria de Roberto. Se celebrará a las tres y treinta de esta tarde… Si quieren tomar fotos de los amigos y la familia a la entrada o a la salida de la iglesia, están ciertamente en libertad de hacerlo, pero no vayan a tomar fotos dentro. Creo que la mejor manera de que entiendan esto es diciéndoles que detrás de mí está parte de la familia de Roberto. Si les interesa hablarles, les interesa tomarles fotos, estoy seguro de que se sentirán felices, felices no, pero sí complacidos.

El comisionado Kuhn siguió con un discurso breve y bien recibido: "Es un evento muy triste estar aquí en Puerto Rico para este oficio en memoria de Roberto. Muy triste para el béisbol, para Puerto Rico. Él fue verdaderamente un gran hombre en todo sentido".

Dan Galbreath describió su reunión en la Oficina Oval con el presidente Nixon, tal como los ayudantes del Presidente esperaban que hiciera. "Creía que iba a ser una reunión rutinaria, pero estuvimos hablando con el presidente durante veinticinco minutos", dijo Galbreath. "Él mostró un genuino interés por Clemente y desplegó un notable conocimiento sobre su persona, el atleta y el hombre humanitario. Su comportamiento no fue un gesto pasajero. Dijo que él y la Sra. Nixon donaban un cheque de mil dólares… en beneficio de un fondo en memoria de Roberto".

Cuando uno de los reporteros de la Isla le dijo a Galbreath del interés de Clemente en usar parte de los terrenos de la estación naval de San Juan para su sueño de una ciudad deportiva, el presidente del equipo prometió transmitir la información a la Casa Blanca.

Bill Virdon dijo que éstas eran las únicas circunstancias que él se acordara en que el regreso a Puerto Rico no era un placer. Danny Murtaugh, su predecesor, casi no encontró palabras. Recordó la primera vez que había visto a Clemente en 1955 y que entonces se dijo que estaba presenciando jugar a un muchacho que iba a ser uno de los grandes peloteros de todos los tiempos. Gene Clines dijo que Roberto era como un hermano mayor para él. Al Oliver dijo que Clemente fue la más poderosa inspiración en su carrera de béisbol. Blass dijo que él nunca se olvidaría de Roberto mientras viviera. El salón se quedó en silencio mientras Willie Stargell hablaba. Por casi una década, Stargell había sido el otro pilar del equipo de Pittsburg. Él aventajaba a Clemente en estatura, pero siempre lo miraba con respeto.

—Les diré, es realmente difícil poner en palabras todos mis sentimientos por Robby —dijo Stargell—. Desde que empecé a compartir con él, tuve la oportunidad de conocer a un hombre realmente dinámico que andaba erguido en todos los sentidos que ustedes puedan imaginar. Él era altivo, era dedicado. Él era en todos los sentidos en que esto pueda definirse, un hombre. Y creo que la manera en que se fue realmente tipifica la manera en que vivió. Ayudando a otros sin buscar ninguna publicidad o fama. Cerciorándose de prestar una mano y logrando que el trabajo se hiciera… Esa es su grandeza, todos conocemos al pelotero que él fue. Los que no le conocieron como ser humano se perdieron realmente un gran placer al no conocer a este caballero. Yo tuve la oportunidad de jugar con él, de sentarme a conversar con él acerca de las cosas de que conversan los amigos. Y he perdido a un gran amigo. Pero él siempre estará en mi corazón.

La delegación de béisbol ocupó dos autobuses para el breve recorrido desde el aeropuerto hasta la plaza central de Carolina y la misa memorial presidida por el arzobispo Luis Aponte Martínez en la iglesia católica de San Fernando. La multitud se alineaba en las calles del pueblo, y millares de carolinenses llenaban la plaza, casi igual que lo habían hecho ocho años antes cuando Roberto y Vera se casaron en la misma capilla de piedra. A los dolientes que iban entrando en la iglesia les entregaban un programa con una semblanza que un artista había hecho de Clemente y las palabras del himno preferido de su madre: *Sólo Dios hace al hombre feliz. La vida es nada. Todo se acaba. Sólo Dios hace al hombre feliz.* Steve Blass, al hablar en nombre de sus compañeros de equipo en el oficio, leyó un poema que le había dado Bill Guilfoile, el encargado de prensa de los Piratas, una versión ligeramente reconfigurada de un oda a otro héroe del béisbol, Lou Gehrig, que también había muerto joven. Blass estaba más nervioso en el púlpito de lo que nunca se había sentido en el montículo. Durante todo el trayecto en el avión, no había hecho más que pensar en si podría ser capaz de desempeñar este papel. El poema tenía el sentimentalismo del periodismo deportivo de los años treinta, cuando los cronistas con frecuencia se expresaban en rimas, pero Blass le infundió sinceridad a las palabras y varias veces se ahogó de la emoción durante su lectura: *En este silencio en que te honramos / Brille siempre en fulgor nuestra amistad / Y el sentir que nunca pronunciamos / Los Piratas, tus amigos de verdad.* Mientras Blass vacilaba por la emoción, muchos en el público lloraban. "Blass es uno de los tipos más simpáticos que uno jamás haya conocido", recordaba el entrenador Tony Bartirome. "Sin embargo, te sacaba las lágrimas ver que un tipo como ese estaba allá arriba llorando". Nadie tenía los ojos secos en la delegación de los Piratas, recordaba Joe L. Brown.

Manny Sanguillén no asistió al oficio porque prefirió pasarse el día en un bote frente a Punta Maldonado ayudando a los equipos de búsqueda. Sangy se mantuvo agitado y sacudido en el lúgubre mar, con una expresión de pérdida más profunda que cualquier declaración pública. Ocho buzos de la Armada se encontraban en el lugar, bajando en parejas por períodos de quince minutos. Encontraron fragmentos diseminados del avión a 120 pies de profundidad y pudieron recobrar partes de la nariz de la cabina. Aproximadamente a unas doscientas yardas de distancia, la cúter *Sagebrush* al parecer localizaba pedazos más grandes de los restos del avión; los buzos tendrían que esperar hasta el día siguiente para confirmarlo. Se habló también de otro cadáver que apareció flotando en un bolsón coralino más cercano a la costa, pero las turbulentas aguas no dejaron que los buzos se acercaran al principio, y cuando llegaron al lugar, ya no había nada.

Fiel a su ritual diario, Vera había regresado a la playa Piñones por la mañana con amigos y parientes. Ella estaba allí cuando se produjo la conmoción por el presunto avistamiento del cadáver. Ninguna señal de Roberto, vivo o muerto, sólo trapos y trozos de madera. A su regreso, se vio atrapada por el tránsito en las congestionadas carreteras y no pudo llegar a tiempo a la misa memorial en Carolina. No fue una misa fúnebre o un entierro lo que ella se perdió, no había un cadáver que enterrar, y pocos días después hubo otro oficio memorial en el estadio, abierto para todos. Vera llegó a la casa de la loma a tiempo para recibir a la delegación de Pittsburg al anochecer. Estaba de pie en el opulento salón, rodeada de parientes, mientras fue saludando a los visitantes uno por uno, expresándole su gratitud a cada uno de ellos.

Les Banos, el fotógrafo del equipo, se había preocupado en el avión de lo que le diría a Vera cuando la viera. "Estuve pensando en eso todo el tiempo", dijo después. "Luego la vi y le dije 'he perdido a mi mejor amigo'. Y ella me respondió, 'yo también' ". La noche era suave y apacible. Desde el balcón de la casa, los visitantes podían ver el océano donde se había caído el DC-7. Steve Blass ya había sufrido mucho, pero desde una cierta distancia. Esto era lo real. "Vera está ahí. Los niños están ahí. Las emociones son como una herida en carne viva". Dock Ellis, siempre con algo que decir, estaba ahora tembloroso y sombrío. Al Oliver se había contenido durante todo el día. Ahora pensaba en cómo Clemente había tenido que morirse para que la gente se diera cuenta del hombre extraordinario que era, y cómo Roberto le hacía acordar a su padre, que había muerto el mismo día en que a él, a Scoop, como lo conocían, lo llamaron para las ligas mayores. Clemente y su padre eran personalidades muy fuertes que sabían conducirse con dignidad y que hablaban de la vida de la misma manera. "Probablemente no me he echado a llorar más que una o dos veces en mi vida, pero me sentía muy dolido", contó Oliver después. "El equipo fue a la casa y la realidad se impuso. Yo estaba allí de pie pensando en todo lo que había ocurrido, y de repente empezaron a correrme las lágrimas".

*　*　*

Cuando estaba por terminar ese fin de semana, el equipo de búsqueda, reforzado con más buzos y con un sonar sofisticado y con equipo de salvamento, había localizado la mayoría de todo lo que habría de encontrarse. Primero descubrieron partes importantes de la cabina, con el asiento del piloto, instrumentos de vuelo y alambres eléctricos colgando sueltos, junto con algunas secciones del fuselaje y equipo médico derretido. Detrás del asiento del piloto, los buzos recuperaron una camisa y un pantalón con una billetera dentro que perteneció a Jerry Hill. Luego encontraron intacta la sección de la cola, desde la punta hasta las puertas grandes para montar la carga, con el número de cola N500AE claramente visible. A unos 150 pies de la cola encontraron una sección de un ala de veinticinco pies, con el tren de aterrizaje en posición de descenso.

Siguiendo una línea submarina perpendicular a la sección de la cola, detectaron tres motores, todos separados de las alas. El motor No. 1 no mostraba nada inusual. En el motor No. 2, dos hélices estaban dobladas y una aparecía arrancada de cuajo. Estos restos ofrecían más pistas a los investigadores de la Junta Nacional de Seguridad de Transporte para determinar la causa del accidente. El DC-7 de Arthur Rivera era una trampa mortal aún antes de que rodara por la Pista 7, pero, por lo que se desprendía de las pistas que arrojaban los restos, había habido algunos errores de último momento. Al intentar hacer volar a un avión que había sufrido daños anteriormente y que no se había probado, que estaba sobrecargado y desequilibrado, parecía que Hill había sobrealimentado los motores, forzándolos más allá de su capacidad. Sus compañeros de tripulación que estaban para supervisar los instrumentos y las válvulas y que tal vez podían haber evitado que esto ocurriera, no estaban adiestrados para esa tarea.

Los videntes y los psíquicos fueron menos efectivos en localizar a Roberto Clemente. Los rumores y las falsas apariciones continuaron. Ellos no estaban más cerca de encontrarlo que Ricky, su hijo más pequeño, que levantaba el teléfono y fingía que estaba hablando con su padre. No más cerca que los dolientes que comenzaron a remar desde la playa para regar flores en las aguas sagradas. Vic Power había estado convencido de que su amigo estaba vivo hasta que vio una fotografía de algunos restos del avión. Allí estaba el maletín que Clemente había comprado en Nicaragua durante su viaje al campeonato de béisbol, con la cabeza del cocodrilito que él pensaba que lucía ridícula y quería quitársela. *Ohh, baby,* dijo Power, se ha ido. Eso fue el 6 de enero, Día de Reyes. Más tarde ese día, Power se reunió con sus socios peloteros en el estadio Hiram Bithorn para el juego estelar de la liga de invierno de Puerto Rico. El partido se jugó en honor a Clemente, el más grande jugador latino de todos ellos.

La larga y desolada semana terminaba, y al final, después de que su pueblo por millares se alineara a la orilla del Atlántico con la esperanza de que Clemente saliera andando del mar, y millares más hicieran peregrinaciones hasta la cuesta de la loma para pasar junto a su casa como si fuese un santuario, y los videntes dijeran que estaba vivo pero aturdido, y el presidente Nixon se comprometiera desde la Casa Blanca, y los camaradas del Pittsburg llegaran a Puerto Rico para mostrar su pesar y su solidaridad, y el Servicio de Guardacostas de EE.UU. con todos sus barcos y aviones y buzos y equipos, extrajera poco a poco todos los restos y desechos, buscando en una zona de probabilidad de detección que se extendía por millas; a lo último, finalmente, en un arrecife de coral a una milla al este de Punta Maldonado, encontraron un calcetín y Vera reconoció que era de Roberto. Un calcetín, eso fue todo, lo demás para los tiburones y los dioses.

El mito y la memoria

Tres décadas después de la muerte de Clemente, un funcionario del principal museo de arte de San Juan sugirió que el pelotero sería un tema interesante para hacer una exposición. Luego de algunas protestas de la junta directiva del Museo de Arte de Puerto Rico —¿qué tiene que ver el béisbol con el arte?, preguntaron— el proyecto se puso en marcha y dos diseñadores de vanguardia, Néstor Barretto y Jorge Carbonell, fueron invitados a montar la exposición. A Barretto y Carbonell le interesaban el arte y la cultura, la política y la sociología, pero sabían poco de béisbol y menos aún de Clemente; sin embargo, resultaron ser, de hecho, el equipo perfecto para emprender esta tarea. Clemente representa algo más que el béisbol y, aunque fue una persona singular, también representa mucho más que sí mismo.

En vida él fue una obra de arte, después de su muerte se convirtió en un icono cultural. Durante las etapas iniciales del proyecto, Barretto y Carbonell corrieron la voz de que estaban buscando cualquier objeto relacionado con Clemente y no tardaron en verse abrumados por la cantidad y la variedad del material que les enviaron. Millares de personas de Puerto Rico y de todos los rincones de Estados Unidos se presentaron con millares de objetos: pinturas, murales, tarjetas, guantes, relicarios, grabados, estatuas, artefactos, fotografías, canciones. Los relatos que acompañaban cada colección eran espirituales, poéticos y de la sustancia con que se hacen los mitos. Los aspectos míticos del béisbol usualmente recurren a clisés del pasado inocente, la nostalgia de cómo fueron las cosas; el verdor de los terrenos, la comunión de padres e hijos. Pero el mito de Clemente tiende hacia la dirección opuesta, hacia el futuro, no hacia el pasado. Su memoria se mantiene viva como un símbolo de acción y de pasión, no de rememoraciones y añoranzas.

Él rompió las barreras raciales y lingüísticas para alcanzar la grandeza y murió como un héroe. Este término puede usarse indiscriminadamente en el mundo de los deportes, pero en su definición clásica es el nombre que se le da a alguien que da su vida en servicio de otros, y eso fue exactamente lo que hizo Clemente. Él también fue el más grande de todos los jugadores latinos en un deporte que cada vez está más dominado por atletas de habla hispana. Ramírez, Martínez, Rodríguez, Pujols, Rivera, Ortiz, Beltrán, Tejada, Guerrero: estos son los nombres del béisbol actual, entre los 204 latinos que abrieron la temporada de 2005 en las nóminas de las ligas mayores, aproximadamente un cuarto de todos los jugadores.

Puerto Rico mismo se ha orientado fundamentalmente hacia el baloncesto y otros deportes de ritmo más veloz, dejando la obsesión del béisbol más a la República Dominicana y a Venezuela; pero la historia de cómo Clemente fue el mejor de ellos sigue transmitiéndose de generación a generación y de un país a otro. En el momento de mayor gloria de Clemente, en el *dugout* luego de que sus Piratas de Pittsburg ganaran la Serie Mundial de 1971, él enorgulleció a todos en América Latina cuando decidió hablar en español para honrar a sus padres allá en su país. Treinta y cuatro años después, cuando otro latino, Ozzie Guillén, el mánager venezolano del equipo campeón de las Medias Blancas de Chicago, se alzó en la cima del mundo del béisbol, también rindió tributo, revelando que en el estudio de su casa tenía un santuario para la única figura del béisbol que él veneraba por encima de todas las otras: Roberto Clemente.

Por muchos años después de la muerte de Clemente, el jugador cubano Tony Taylor insistía, siempre que visitaban Pittsburg, en llevar a los jóvenes latinos de su equipo hasta la barda del jardín derecho para darles una lección de historia acerca del gran Clemente. Él es la herencia de ustedes, les diría Taylor, pero aun más que eso, él es lo que ustedes pueden llegar a ser.

Agradecimientos

Este libro está dedicado a mi padre, que murió el año pasado a los ochenta y seis años antes de que yo pudiera terminar de escribirlo. A él le debo todo mi amor por el béisbol y todo lo que sé de este deporte. Nació en Boston, pero me enseñó a no apoyar a los Medias Rojas porque fue el último equipo en aceptar la integración racial. Pasó la mayor parte de su juventud en Coney Island, Brooklyn, como un fanático de los Dodgers, y en la familia corría la leyenda de que me tenía en los brazos mientras escuchaba la radio en el momento en que Bobby Thomson pegó *el* jonrón y de que asqueado me dejó caer —o tal vez no hizo más que tirar algunas galletas. Dejó de simpatizar con los Bums cuando canjearon a Jackie Robinson y se mudaron al Oeste. Cuando vivimos en Detroit, se convirtió en un fan de los Tigres. Mi madre sabía que él había ido a un juego cuando volvía a casa con la camisa manchada de mostaza. Una vez en el estadio de los Briggs, viéndoles jugar contra los Medias Rojas, en un partido donde el Detroit iba ganando pero el Boston se mostraba amenazante al final del juego, con las bases llenas y Ted Williams en el plato, se puso a gritar "¡Camínalo! ¡Camínalo!", segundos antes de que un jonrón viniera a estrellarse contra su asiento en las gradas del jardín. Muchos de mis recuerdos de adolescente en Wisconsin son de nosotros dos escuchando los juegos de los Bravos o los Cachorros en la radio. A él le gustaba la voz suave de Lou Boudreau. Le gustaba Rico Carty y Denis Menke y Felipe Alou y Adolfo Phillips y Whale No. 1 y el formidable bateador Billy Williams. Decía que Henry Aaron golpeaba más duro la pelota que ningún jugador que él hubiera visto. Detestaba a los Yanquis, aunque le gustaba Mickey Mantle, Derek Jeter y Joe Torre. Siempre estaba a favor de los perdedores, lo cual significaba que tenía una cierta debilidad por equipos tales como los Piratas de Pittsburg, que es en parte el por qué Roberto Clemente se convirtió en mi jugador preferido.

Los errores sobre béisbol que haya en este libro, y estoy seguro que algunos amantes serios del deporte los encontrarán, mi padre los habría detectado. Mi madre, Mary Maraniss, a quien también le gusta el béisbol —acaso por necesidad, porque ella prefiere a Mozart que a Moe Drabowsky— leyó el manuscrito sólo una vez, pero con su habitual talento de correctora. Tanto ella como yo lamentamos que no pudiera debatir cada página con mi padre. Mi hijo, Andrew Maraniss, aprendió a amar el béisbol por su abuelo, y llegó a trabajar en las grandes ligas y es un fanático de los Cerveceros de Milwaukee, que nunca le perdonará a Rick Manning el que hubiera arruinado la racha de bateo de Paul Molitor. Fue extraordinario que yo pudiera contar con la ayuda de Andrew mientras escribía mi único libro sobre béisbol. La rivalidad de los Yanquis vs. Los Medias Rojas se prolonga en mi familia gracias a mi hija Sarah —que al parecer ha llegado a querer a Jeter y a A-Rod y al club de Nueva York— y a su marido Tom Vander Schaaff, que tiene un excelente gusto para todas las otras cosas pero que sigue siendo leal al Boston.

Hay muchas otras personas a quienes les estoy agradecido. A Palmira Rojas, extraordinaria intérprete y organizadora, que fue además una estupenda guía en Puerto Rico. Por ayudarme a repasar veintenas de documentos en español, no podría haber tenido una traductora más cabal y precisa que Sandra Alboum. Asimismo, Patricia Rengel, de Madison, hizo un trabajo maravilloso al traducir algunos capítulos de *Richter 7* de Pedro Chamorro. Adria Fernández en Managua, Lisa Margot Johnson en Pittsburg, Jim Shelton en Fort Myers y Madonna Lebling en Washington, hicieron magníficos trabajos al rastrear los recortes de prensa. Dale Petroskey y Bill Francis me resultaron de gran ayuda en el Pabellón de la Fama del Béisbol en Estados Unidos, como lo fue Jeff Flannery, encargado de manuscritos en la Biblioteca del Congreso, y Laura J. Brown en la Administración Federal de Aviación. Ramiro Martínez en San Juan, Dwayne Reider en Pittsburg, Squire Galbreath en Columbus y Mike Pangia en Washington, fueron todos muy generosos en darme acceso a sus increíbles colecciones relacionadas con distintos aspectos de la vida y la muerte de Roberto Clemente.

En señalarme la dirección correcta, leer partes del manuscrito o brindarme apoyo moral debo agradecer a Nelson Briles (que murió demasiado joven), Javier Vélez-Arocho, Daniel Rolleri, Luis Ferré, George de Lama, Dawn Law, Chad Schmidt, Gene Collier, Scott Higham, Paul Schwartzmann, Len Coleman, Brad Snyder, Mark London, Howard Fineman, Tom Hinger, Barbara y Ned Nakles, Roy McHugh, Myron Cope, Bill Nunn Jr., Jim Warren (partidario de los Yanquis, pero con vista de águila), Michael Weisskopf (fanático de Sherm Lollar y Jungle Jim Rivera), Beth y Michael Norman (pese a sus desmañados Yanquis), John Feinstein, Carol Rigolot y el equipo Henry House de Princeton, los dieciséis estudiantes de HUM 440, Juliet Eilperin, Edith Eglin, John McPhee, Whitney Gould, socios epistolares Rick Atkinson (un hombre de Mays y Marichal) y Anne Hull, Chip Brown, Bob Woodward, Jim Maraniss, Gigi Kaeser, Scott Garner, Jean y Mike Alexander, Dick y Maryann Porter, Jim Rowen, Paul Soglin, Kim Vergeront y Andy Cohn. Esto no es en modo alguno una biografía autorizada, pero Vera Clemente y sus hijos fueron amables y serviciales a lo largo de todo el proceso. La gente suele decir que doña Vera es la persona más dulce del mundo, y yo convengo en ello. Rafe Sagalyn, mi agente y codueño de un equipo de béisbol de fantasía por veinte años, me ofreció su respaldo desde el comienzo. Mil gracias a James Shokoff (por contribuir su sabiduría del béisbol al manuscrito); como también me lo brindaron David Rosenthal (un gran aficionado del béisbol profesional), Carolyn Reidy, Victoria Meyer y Aileen Boyle de Simon & Schuster, así como el formidable equipo de Rebecca Davis y Roger Labrie, Serena Jones, Leah Wasielewski, Kathleen Rizzo y Carolyn Schogol de esa editorial. No puedo imaginar a nadie para quien me gustaría escribir libros aparte de mi editora, Alice Mayhew, que le aporta una pasión como la de Clemente a su profesión.

Y finalmente, este libro ha sido bendecido por dos bellezas. Mi esposa Linda fue la primera en leer cada capítulo: su mirada, su ingenio y su amor a la vida tan agudos y claros como siempre. Estoy seguro de que ella apreció el hecho de que, a diferencia de mi último libro sobre deportes —cuando nos mudamos a Green Bay durante un invierno para investigar sobre Vince Lombardi— invernáramos esta vez en Puerto Rico. Dicen que escribir un libro es como dar a luz, pero, desde luego, eso es ridículo; ¿cómo podría yo o cualquier otro hombre saberlo? Lo que sí sé es que por mucho que este libro signifique para mí no se compara con la llegada este año de nuestra primera nieta, un bultito pelirrojo llamado Heidi que uno siempre querría tener en los brazos. Fuimos afortunados de vivir cerca durante las primeras seis semanas de su vida, y la recompensa de terminar una jornada de escritura se duplicaba por la perspectiva de una buena dosis de Heidi. ¡Que ojalá disfrute algún día de la narración de un juego de pelota en la radio como el bisabuelo que ella tristemente no conoció, el primer bate zurdo de la Escuela Secundaria Abraham Lincoln de Coney Island, Elliott Maraniss!

Madison, Wisconsin
Septiembre de 2005

Notas

La Biblioteca del Congreso podría parecer un lugar improbable para llevar a cabo una investigación sobre un jugador de béisbol, pero resultó inapreciable en la búsqueda de información sobre Roberto Clemente. Valiéndome de sus ocasionalmente defectuosas máquinas de microfilmes y de su incomparable colección de periódicos, pude sumergirme en viejos ejemplares de un grupo geográfica y sociológicamente diverso de publicaciones que reportaron sobre Clemente en diversas épocas, entre ellas el *San Juan Star,* el *Montreal Gazette, New York Times, New York Herald Tribune, San Francisco Chronicle, Milwaukee Journal, Los Angeles Times, Chicago Tribune, Philadelphia Inquirer, Pittsburgh Post-Gazette, Pittsburgh Press, Pittsburgh Sun-Telegraph* y el *Pittsburgh Courier,* el influyente semanario negro que me abrió un nuevo mundo fascinante al escribir acerca de Clemente y del béisbol de las ligas mayores desde una detallada y singular perspectiva negra. Además, los documentos de Branch Rickey Jr. están archivados en la División de Manuscritos de la Biblioteca del Congreso. La pátina histórica de esos papeles proviene del papel decisivo de Rickey en la integración racial del béisbol al traer a Jackie Robinson a los Dodgers de Brooklyn; pero luego él pasó a dirigir los Piratas de Pittsburg y era el gerente general del club cuando Clemente llegó allí de novato en 1955. Rickey era un meticuloso redactor de notas, y su papelería y archivos fueron de inmensa ayuda en dar a conocer el sentir del béisbol, los Piratas y Clemente durante esa época.

Entre otras importantes fuentes de información se incluyen El Pabellón de la Fama del Béisbol, que conserva ficheros de recortes de prensa, fotografías y material de archivo sobre Clemente; El Archivo Nacional en College Park, que atesora los documentos presidenciales de Richard Nixon y otros materiales relacionados con el terremoto nicaragüense que llevaron a Clemente a la muerte; la Biblioteca Harvey S. Firestone Memorial en la Universidad de Princeton, por su colección de periódicos afroamericanos; el Estudio de Diseño e Investigación Carimar, en el Viejo San Juan, por su archivo especial sobre el arte y la mitología de Clemente; la finca Darby

Dan en Columbus, Ohio, por los archivos personales del ex dueño de los Piratas John W. Galbreath y de su hijo, el ex presidente del equipo Dan Galbreath; las bibliotecas públicas de Pittsburg, Managua y Fort Myers; los archivos noticiosos de *El Nuevo Día* de San Juan, el *Washington Post,* el Chicago Tribune, y el *New York Daily News;* y las colecciones personales de Ramiro Martínez, la familia de Pedrín Zorrilla, Duane Reider, Caguitas Colón, Les Banos, Roy McHugh y, sobre todo, los archivos y recuerdos personales de Vera, la viuda de Clemente.

Rastrear esos registros relacionados con el fatal accidente aéreo a veces parecía un inútil empeño: en la Administración Federal de Aviación y en los sumarios de varios tribunales que oyeron la demanda que siguió sólo podían hallarse los documentos más prescindibles. Entonces, un día en marzo de 2004, visité la oficina del abogado de la aviación Michael Pangia, que había trabajado para el Departamento de Justicia de EE.UU. en los años setenta y que había representado al gobierno en el caso. Luego de conversar con Pangia durante varias horas, me llevó a un armario del sótano y sacó dos grandes cajas rotuladas con la palabra "Clemente" —dentro había copias de todas las deposiciones y apógrafos del proceso, así coma de todos los informes de la FAA y de la Junta Nacional de Seguridad en el Transporte. Una verdadera mina de oro, como suelen decir los reporteros.

Junto con este registro documental, veintenas de individuos fueron entrevistados para este libro. Entre ellos se cuentan: Vera Clemente, Roberto Clemente Jr., Luis Clemente, Matino Clemente, Osvaldo Gil, Caguitas Colón, Vic Power (Victor Pellot), Juan Pizarro, Luis Olmo, Enrique Zorrilla, Diana Zorrilla, Rosa Semprit, Fernando González, Orlando Cepeda, Tony Taylor, Eduardo Valero, Ramiro Martínez, Roy McHugh, Myron Cope, Bill Nunn Jr., George Kiseda, Joe L. Brown, Steve Blass, Richie Hebner, Al Oliver, Bob Veale, Donn Clendenon, Nelson Briles, José Pagán, Don Leppert, Tony Bartirome, Les Banos, Chuck Goggin, Gene Garber, Harding Peterson, Bob Friend, Dick Schofield, Nick Koback, Gene Freese, Ferguson Jenkins, Juan Marichal, Earl Weaver, Paul Blair, Sparky Anderson, Gaylord Perry, Monte Irvin, Don Zimmer, Preston Pearson, Joan Whitman, Chico Fernández, Glenn Cox, Len Harsh, John Yarborough, Pat McCutcheon, Ann Ranalli, Bruce Laurie, Howard Fineman, Juliet Schor, Richard Santry, Richard Moss, Carolyn Rauch, Squire Galbreath, Carol Bass, Anthony Jilek, Maurice J. Williams, Frederick Zugibe, Hart Achenbach, Nancy Golding, Jorge Carbonell, Néstor Barretto, Bernard Heller, John

Heller, Bev Couric, Chico Azocar, Juanita Modale, Stuart Speiser, Jon Hoffman, Gary Czabot, John Parker, Mike Pangia, Vincent Bogucki, Paul Kutch, Chuck Tomasco, Duane Reider, Eliezer Rodriguez, George Shamoon y Rex Bradley.

1: LO DE NUNCA ACABAR

PÁG.

3 *Era bastante más de medianoche:* Entrevistas (entrs.) a Osvaldo Gil, Vera Clemente, Juan Pizarro.

3 *En un mal sueño:* Entrevista (entr.) a Vera Clemente. Durante los años que vivieron juntos, Roberto y Vera con frecuencia hablaban de sueños, y décadas después ella podía recordar vívidamente estas conversaciones, así como sus propios sueños de hace mucho, incluido uno sobre el mono que trajeron de Nicaragua.

4 *Habían pasado tantas cosas desde.* Entr. a Osvaldo Gil.

6 *Martín el loco no es ese loco:* Entr. a Matino Clemente.

6 *No sólo Clemente y sus jugadores:* La Prensa, 10 de noviembre de 1972; Programa, XX Campeonato Mundial de Béisbol Aficionado.

7 *Hughes ocupaba todo el séptimo piso:* Glenn Garvin, *Reason, marzo de 2000; Jay Mallin,* The Great Managua Earthquake, *1972; Drosnin,* Citizen Hughes, 1985; entrevistas a Osvaldo Gil, Vic. Power.

7 *Hacia el final de la mañana del día quince:* Entr. a Osvaldo Gil; UPI, 15 de noviembre de 1972; *Novedades,* 16 de noviembre de 1972; *La Prensa,* 16 de noviembre de 1972. La reseña de *Novedades* parece como si la hubiera escrito el agente de relaciones públicas de Somoza, lo cual en esencia era el caso: "Miles de nicaragüenses vieron una vez más al general Somoza en medio de su pueblo, confirmando con su presencia el amor que el público siente por él…:

9 *Clemente se prendó de la gente:* Entrs. a Vera Clemente, Vic Power, Osvaldo Gil; ¿*Se acuerdan ustedes?* Clemente en Nicaragua con los Senadores de San Juan en 1964, Edgard Tijerino, *La Prensa.* Tijerino escribió del equipo de San Juan ese año: "La alineación que presentó el equipo de Puerto Rico no podía ser más impresionante: Horace Clarke en segunda, José Pagán en campocorto, Clemente en el jardín derecho, Julio LaBoy y Orlando Cepeda alternándose en el izquierdo, Reynaldo Oliver y Marical Allen patrullando el central y una cuadrilla formidable encabezada por Juan Pizarro, Luis Arroyo, Palillo Santiago y Warren Hacker".

9 *Este viaje no fue mejor: San Juan Star,* 16-30 de noviembre de 1972; entrs. a Vic Power, Osvaldo Gil.

10 *Al jardinero Julio César Roubert:* Entr. a Osvaldo Gil.

10 *Su viejo amigo de Puerto Rico:* Entr. a Vic Power.

11 *Una mañana, leyendo:* La Prensa: Entrs. a Osvaldo Gil, Vic Power; Edgard Tijerino, *La Prensa,* "De pie, batea Clemente".

12 *Tijerino le había pasado dos bolas a Clemente sin que éste bateara:* Edgar Tijerino, La última entrevista; Entr. a Osvaldo Gil.

14 *Cuando vio a Julio Parrales se arrodilló junto a su silla de ruedas:* Entrs. a Osvaldo Gil, Vera Clemente.

15 *Un día en la ciudad vieja:* Entr. a Vera Clemente.

16 *Clemente voló de regreso a Puerto Rico:* Entrs. a Vic Power, Osvaldo Gil, Vera Clemente.

16 *Todo parecía andar muy bien:* Entrs. a Vera Clemente, Luis Clemente, Vic Power.

2: DE DÓNDE VINO MOMEN

PÁG.

19 *Era el verano de 1934:* Entrs. a Matino Clemente, Vera Clemente.

20 *Esta anécdota se ha contado:* Entr. a Vera Clemente.

20 *Esclavos fugitivos, conocidos por cimarrones:* Este silencio, Lidia Milagros González, Instituto de Cultura Puertorriqueña, 1998. *El hogar: Una celebración del espíritu y la pasión de Roberto Clemente.*

21 *La industria [azucarera] estaba en franca decadencia:* Economic Existence, Sugar and Labor: 1928–1930s. 35th Annual Report of the governor of Puerto Rico; *Farr's Manual of Sugar Companies.* Department of Labor 1934, report on Sugar Industry.

22 *Para los estándares de Carolina en la era de la gran depresión:* Entrs. a Matino Clemente, Vera Clemente.

24 *Momen fue su apodo:* Entr. a Matino Clemente.

24 *Cuando yo era un niñito:* "A Conversation with Roberto Clemente", Sam Nover, WIIC-TV, 8 de octubre de 1972. Pese a todas sus confrontaciones con los reporteros, Clemente se llevaba bien con Nover. "Bueno, te digo una cosa, te digo la verdad, hay montones de periodistas que no me gustan", le dijo Clemente a Nover. "Creo que si fuera un cronista deportivo, una cosa que intentaría hacer es tener buenas relaciones con los jugadores. Nunca critiqué a un periodista que yo creyera que era sincero al escribir. Pero hay muchos periodistas que ponen la entrevista de la manera en que a ellos les gusta que suene y tú no has dicho eso, ¿ves?"; entrs. a Matino Clemente, Rosa Semprit.

25 *Melchor era un transeúnte cotidiano:* Entrs. a Matino Clemente, Orlando Cepeda, Vera Clemente, Rosa Semprit.

26 *Los Cangrejeros eran más animosos:* Entrs. a Enrique Zorrilla, Juan Pizarro, Diana Zorrilla, Matino Clemente; Tomas E. Van Hyning, *the Santurce Crabbers.*

27 *Irvin dijo más tarde que disfrutaba:* Entr. a Monte Irvin.

27 *Cuando podía, Momen tomaba el autobús:* Conversación con Clemente; Entrs. a Matino Clemente, Juan Pizarro, Monte Irvin.

28 *Cáceres desarrolló una amistad:* Cáceres, *Reader's Digest,* julio de 1973.

29 *Zorrilla garrapateó el nombre:* Entrs. a Enrique Zorrilla, Diana Zorrilla.

30 *En el informe oficial de Campanis:* Álbumes de la familia Zorrilla, Colección de la familia Clemente.

31 *Los tres reyes, en cierto sentido: Chicago Tribune, El Imparcial, San Juan Star, El Nuevo Día, Pittsburgh Courier, Sporting News;* Entrs. a Eduardo Valero, Ramiro Martínez, Osvaldo Gil, Luis Olmo, Vic Power.

40 *Cinco equipos de las grandes ligas expresaron:* Archivos de la familia Zorrilla. Álbumes de familia de Vera Clemente; entrs. a Diana Zorrilla, Luis Olmo, Matino Clemente.

42 *Sus primeros bates fueron variaciones:* Archivos de la Hillerich & Bradsby conservados por Rex Bradley.

3: SUEÑO DE GESTA

PÁG.

43 *Antes de que Momen se fuera de su casa:* Entr. a Matino Clemente. En primavera, era un ritual de familia que Matino y Andrés, los hermanos de Roberto, lo llevaran en auto al aeropuerto para su vuelo a la Florida.

43 *Es difícil de imaginar: Montreal Gazette,* Despacho de Canadian Press, 1 de abril de 1954.

44 *Momen era el jugador más joven: Montreal Gazette:* Entr. a Chico Fernández.

45 *La Liga Internacional de Béisbol estuvo a la altura: Montreal Gazette, 15 de abril de 1954,* la Liga Internacional abre con dos nuevos equipos el 21 de abril; "Playing the Field", Dink Carroll, *Montreal Gazette,* 20 de abril de 1954. Carrollo escribió sobre los Sugar Kings: "El gran nombre en el béisbol cubano actual es Roberto Maduro, presidente de los Sugar Kings. Lo conocimos en la Cena de Cronistas de

Béisbol en Nueva York en febrero y advertimos que hablaba inglés sin la menor traza de acento". "Debería", me dijo sonriendo. "Soy graduado de la Universidad de Cornell". Tom Meany, *Collier's*, julio de 1954.

47 *Hizo algunas filigranas:* Lou Miller, *Montreal Gazette,* 1 de mayo de 1954.

47 *Hubo algunos comentarios:* La discusión comenzó en Nueva York y llegó a Montreal en una columna de Dink Carroll el 5 de mayo. Si Amorós integra el club, escribió Carroll, "los Dodgers tendrían cinco negros en la alineación el día que Don Newcombe o Joe Black estuvieran lanzando. La sugerencia era que uno más era demasiado…"

49 *La casa de huéspedes ofrecía camas:* Entrs. a Chico Fernández, Joan Whitman, Glenn Cox.

51 *De noche, Clemente se sacaba todas sus frustraciones:* Entr. a Chico Fernández.

55 *La Habana no era el país de Momen:* Entrs. a Ramiro Martínez, Chico Fernández; *Montreal Gazette.*

55 *Andy High… visitó Montreal: Montreal Gazette;* entr. a Chico Fernández.

58 *Rickey envió a Haak a Montreal:* Entr. a Howie Haak; Kevin Kerrane, *Dollar Sign on the Muscle;* entrs. a Chico Fernández, Glenn Cox.

60 *Hasta el cargabates:* Entrs. a Don Zimmer, Orlando Cepeda; archivos de la familia Zorrilla.

61 *Extranjeros abrid plaza:* Enrique Zorrilla "Sueño de gesta"; archivos de la familia Zorrilla.

61 *A Mays lo recibieron jubilosamente:* Tom Meany, "Señor Mays Hit in San Juan" *Collier's,* 7 de enero de 1955; archivos de la familia Zorrilla; int. Don Zimmer.

62 *Clemente admiraba a Mays:* Entrs. a Orlando Cepeda, Enrique Zorrilla, Vic Power, Eduardo Valero, Monte Irvin, Luis Olmo; archivo de la familia Zorrilla.

62 *A las once de la mañana del lunes 22 de noviembre:* Notificación No. 29., Oficina del Comisionado, 29 de octubre de 1954; C-41-54, Liga Nacional de Clubes de Béisbol Profesional, Warren C. Giles, Presidente, 3 de noviembre, de 1954 UP, 22 de noviembre, 1954; UP 23 de noviembre de 1954. "El negro puertorriqueño bateó solamente .257 en ochenta y seis juegos la última temporada en Montreal, donde lo usaron fundamentalmente para fines defensivos, pero impresionó a los Piratas y a varios otros equipos con su brillante manera de jugar este verano en la liga invernal puertorriqueña".

63 *La tarjeta de alineación de Herman Franks:* Entrs. a Don Zimmer, Or-

lando Cepeda, Enrique Zorrilla, archivos de la familia Zorrilla; Thomas E. Van Hyning, *The Santurce Crabbers*.

64 *Cuando el viaje se interrumpió:* Entrs. a Matino Clemente, Vera Clemente. Luis era maestro de escuela. Su esposa, Victoria Carrasquillo, estaba temerosa de la operación e intentó disuadirlo de que se sometiera a ella. Lo enterraron en el Cementerio Municipal de Río Grande.

4: EL RESIDUO DEL PROYECTO

PÁG.

67 *Todo esto lo supervisaba:* Papelaría de Branch Rickey, División de Manuscritos, Biblioteca del Congreso, Washington, D.C. (LCMD, por su sigla en inglés); Arthur Mann, *Branch Rickey, American in Action, Branch Rickey's Little Blue Book;* Colección Galbreath, Darby Dan.

69 *Ken Blackburn, su asistente personal:* Memorándum de juego, 18 de enero de 1955. Luego del partido en La Habana, Cuba, entre Cienfuegos y Habana, Papelería de Branch Rickey, LCMD.

70 *Llevaba su propia tarjeta de anotaciones:* Rubén Gómez lanzó ese día, y Clemente se encontraba en la alineación entre Don Zimmer que bateaba en segundo lugar y Buster Clarkson de cuarto bate. Harry Chiti estaba detrás del plato. Rickey en estilo típicamente acerbo no estaba impresionado: "No tenía ninguna vid, parecía lento en sus acciones físicas, y yo no podía dejar de pensar que de alguna manera era indiferente a su tarea".

71 *Se desprende que ésta era la primera vez:* Memorándum del partido entre Santurce y Ponce en San Juan, Puerto Rico, el 25 de enero de 1955, Papelería de Branch Rickey, LCMD.

73 *"El otro es Ron Necciai":* Papelería de Branch Rickey, LCMD. Según el *Little Blue Book* de Branch Rickey, Necciai ponchó en una ocasión a veintisiete adversarios en un juego de la Liga Apalache.

74 *A su regreso a Pittsburg:* "Mack, Rickey Meet at Terry Park", *Fort Myers News-Press,* 29 de enero de 1955; entr. a Len Harsh. El *News-Press* se publicaba siete días a la semana. "Yo era todo el departamento de deportes". Harsh recordaba medio siglo después. "Y hacía suplencias en la crónica roja los domingos por la noche".

76 *A Clemente y a otros prospectos negros:* Entrs. a Len Harsh, John Yarborough, Pat McCutcheon, Bob Veale.

78 *Para el joven Clemente la cultura imperante:* Sam Nover, "Conversation with RC", 1972; entrs. a Vic Power, Ramiro Martínez, Len Harsh.

79 *No resulta claro dónde: Fort Myers News-Press,* 15 de enero de 1955, a 1 de abril de 1955; entr. a Len Harsh. "Él era tan buen pelotero que lo respetaban", dijo Harsh refiriéndose a los fans del sur de la Florida. "Puede que hiciera unas cuantas cosas por las cuales la gente pensara que él era petulante, pero era tan buen petulante que llegó a resultarle natural. Era respetado por cualquiera de ellos".

80 *Roberto, mejor:* Sam Nover, "Conversation with RC", 1972.

81 *Enviaba despachos regulares: Pittsburgh Courier,* abril de 1955.

81 *el viejo Rickey seguía indeciso:* Observaciones del juego entre los Medias Blancas de Chicago y los Piratas de Pittsburg, 23 de marzo de 1955, Fort Myers, Florida, Documentos de Branch Rickey, LCMD.

82 *Roberts era otro: Pittsburgh Courier,* marzo de 1955; Ronald Barlow, "A True Hometown Hero", *Beaumont News* (Pineland, Texas); *Baseball Almanac;* Rich Shrum, *Pittsburgh Post-Gazette,* 25 de abril de 2004; Joe Monaco, *Beaumont Enterprise,* 2 de mayo de 2004.

85 *sólo una batalla perdida:* Ric Roberts, *Pittsburgh Courier,* 14 de abril de 1955. En la columna se decía: "si Jackie Robinson se hubiera quedado con los Monarcas de Kansas City todos los años desde que se les unió en 1945, no habría ganado más de 35.000 dólares. ¡En Brooklyn sus ingresos han ascendido a más de $252.000! Él es un líder en una procesión deslumbrante…"

86 *Rickey empezó a sentir el cruel aguijón:* Carta confidencial de Branch Rickey al Sr. Joe Bradis de la AP. Papelería de Branch Rickey, 30 de julio de 1954, LCMD.

87 *A Freese le gustaba fastidiar a Clemente:* Entr. a Gene Freese.

88 *Con un membrete de Bing Crosby y un logotipo de Hollywood:* Antes de que llegara al escritorio de Rickey, Ken Blackburn, amigo y ayudante del Mahatma, leyó la nota de Crosby y le añadió este mensaje manuscrito: El Sr. Sisler ya le ha escrito al Sr. Crosby respecto a estos muchachos y sus recortes… Ed McCarrick también le está dando seguimiento y volverá a ponerse en contacto con estos chicos cuando regrese a casa, K.B."

88 *Los cascos de bateo de fibra de vidrio y plástico:* Información Financiera Suplementaria *American Baseball Cap Inc.,* Papelería de Branch Rickey, 30 de junio de 1962, LCMD.

89 *Dos semanas después, luego de otra racha caliente:* Bill Nunn Jr., *Pittsburgh Courier;* 16 de junio de 1955. Entr. a Bill Nunn Jr.

90 *"él sólo habla un poco de inglés chapurreado" Pittsburgh Courier,* 16 de junio de 1955; entrs. a Bill Nunn Jr., George Kiseda, Roy McHugh, Nick Koback.

91 *¡Vete a la colina! Le dicen a familia negra:* Pittsburgh Courier, 2 de julio de 1955; *Pittsburgh Post-Gazette*, 25 de abril, 2004. George E. Barbour, reportero del *Courier*, comenzaba su artículo " 'Lo echaré de aquí', así le dijo Richard Cook, burgués de Glenfield, a este reportero de 200 libras cuando fue a la oficina de Cook a enterarse de por qué este último le había aconsejado a una familia negra el viernes pasado que no se mudara en una sección residencial exclusiva de blancos".

92 *El primer amigo de Clemente en Pittsburg:* Entrs. a Duane Reider, Bill Nunn Jr., Bob Friend; Jim O' Brien, *Remembering Roberto*.

93 *Los Garland le habían alquilado cuartos:* Entrs. a Vera Clemente, Bill Nunn Jr., Carolyn Rauch.

93 *Mirando al sur y cuesta abajo:* Observaciones de la geografía y la sociología de Schenley Park sacadas de un paseo ofrecido por Bill Nunn Jr., quien ha vivido por mucho tiempo en esa zona.

95 *Sin ninguna ayuda del equipo de béisbol:* Stefan Lorant, *Pittsburg, The Story of an American City;* Sports Town, Shribman, *Pittsburgh Post-Gazette*, 2004

5: ¡ARRIBA! ¡ARRIBA!

PÁG.

99 *Bob Prince, el comentarista deportivo que narraba jugada por jugada:* Entrs. a Howard Fineman, Richard Santry, Bruce Laurie, Myron Cope, Nelson Briles, Bob Friend, Harding Peterson; baseball Library.com.

102 *Clemente le escribió a Brown una carta:* 26 de febrero de 1960, Colección de Duane Reider, Pittsburg, Pensilvania. El pittsburgués Duane Reider, un fotógrafo de primera clase, ha convertido el segundo piso de la estación de bomberos que ahora es su estudio en un santuario de Roberto Clemente. Junto con una extraordinaria colección de fotografías, él ha reunido pelotas, cartas, incluso un traje azul de rayas finas que Clemente compró en Chicago.

105 *La temporada regular comenzó en el camino:* Pittsburgh Post-Gazette, *Pittsburgh Press*, 12–15 de abril de 1955.

106 *Un rostro en la multitud:* Entr. a Howard Fineman. Como nativo de Pittsburg que llegó a ser un escritor político nacional para *Newsweek*, Fineman estaba fascinado por el papel de las tiendas por departamento en la sociología cultural de su ciudad natal. Los pittsburgueses tenían esta cosa de siempre ser lo más grande o lo mejor entre Chicago y Nueva York. La gente de Pittsburg nunca miraba hacia Filadelfia para nada. Hasta donde sé, Filadelfia nunca existió. Si en Pitts-

burg uno tenía una ambición, era por Nueva York. Una de las cosas en las que Pittsburg era el terreno de entrenamiento era el negocio de las tiendas por departamento. Lo que se llamaba el Triángulo de Oro, la parte principal del centro d Pittsburg, era compacto y, a su manera, parecido a Manhattan. Y era un terreno de entrenamiento para los tipos que terminarían administrando Macy's o cualquier otro negocio por el estilo. Cuando yo era niño [en los años 50 y principios de los sesenta] había cinco tiendas por departamento en el centro de Pittsburg: Kauffman's Gimbels, Horns, Frank and Seder y Rosenbaum's".

107 *Durante el doble juego del Domingo de Pascua:* Entrs. a Bob Friend, Dick Schofield; *Pittsburgh Post-Gazette, Pittsburgh Press,* 18–22 de abril de 1955.

109 *Los Piratas fueron tan uniformes:* Resumen estadístico de los Piratas de Pittsburg como campeones mundiales de 1960, Club de Béisbol de Pittsburg, Colección Galbreath, Darby Dan.

109 *Uno de los artículos semanales de la publicación: Pittsburgh Courier,* Mayo-septiembre de 1960. En su espacio como columnista invitado, el jugador suplente del cuadro Gene Baker, que era muy respetado por todos los conocedores del béisbol, escribió con optimismo sobre el futuro de los negros en la dirección del deporte. "Soy uno de los optimistas a quienes les gusta creer que llegará el día en que los negros serán aceptados en la dirección de los equipos como ahora son aceptados en el terreno de juego. Cuando ese día llegue, querría estar preparado para desempeñar ese papel". Baker ascendió hasta convertirse en buscador de talento y en director de una liga menor de los Piratas, pero nunca vio realizada su aspiración de dirigir un gran club.

111 *"Algunas personas de color…": Pittsburgh Courier,* 25 de junio de 1955. Bill Nunn Jr., director deportivo del *Courier,* se mantuvo en la tradición de su padre, Bill Nunn Sr., que fue por mucho tiempo redactor de esa publicación. El hijo jugó baloncesto en la escuela secundaria Westinghouse y luego en el estado de Virginia Occidental, para regresar a trabajar en el *Courier* en 1948. Era amigo íntimo de la mayoría de los jugadores negros de las ligas mayores, empezando por Jackie Robinson. El espacio de los jugadores de béisbol en el papel de columnistas invitados comenzó con un articulo regular firmado por Robinson que en realidad había sido escrito por Nunn.

112 *Los Piratas tenían varios candidatos: Pittsburgh Post-Gazette,* 2 de septiembre de 1960; *Pittsburgh Courier,* Agosto-septiembre de 1960: Entrs. a Bill Nunn Jr., Roy McHugh, Myron Cope, Bob Friend, Dick Schofield, Joe L. Brown.

114 *Menos de un mes después: Pittsburgh Post-Gazette, Pittsburgh Press,*

15 de agosto-15 de septiembre de 1960; *The Incredible Pirates, We Had 'Em All the Way*. LP (Rare Sport Films Inc., 1960).

6: SOLO EN EL MILAGRO

PÁG.

119 *La última vez que los Piratas jugaron:* Bob Addie, *Washington Post,* 5 de octubre de 1960; Edward Prell, *Chicago Tribune,* 5 de octubre de 1960; *Pittsburgh Press,* 4 de octubre de 1960.

120 *Los combatiremos hasta que se nos caigan los dientes:* Will Grimsley, AP, 4 de octubre de 1960.

121 *Los Piratas ganarían:* Entr. de Bill Nunn Jr.; *Pittsburgh Courier,* octubre de 1960.

122 *Otro informe de* scout *lo llevó a atrincherarse más: Life,* 5 de octubre de 1960.

123 *Entre los que hicieron el viaje:* Entr. a Matino Clemente; *Pittsburgh Courier,* 1 de octubre de 1960. En otro artículo del *Courier* titulado "CINCO JUGADORES TOSTADOS LISTOS PARA LA SERIE" *(Five Tan Players Ready for Series),* Ric Roberts señalaba que "desde 1950, cuando los Yanquis derrotaron a los Filis en cuatro juegos, no hemos visto una serie mundial sólo de blancos. Podemos estar seguros que al menos uno de nuestros héroes estará en el llamado a las armas en el Forbes Field el miércoles 5 de octubre. Más de 40.000 fanáticos de los Piratas saludarán su aparición al bate con el grito en español de ¡Arriba! ¡Arriba!".

123 *Un sujeto llamado Ralph Belcore: Pittsburgh Post-Gazette, Pittsburgh Press,* AP, 5 de octubre de 1960.

124 *Sólo en Pittsburg:* Red Smith, *New York Herald Tribune,* 5 de octubre de 1960.

125 *Habían pegado un telegrama:* Papelería de Branch Rickey, LCMD; *Pittsburgh Press,* 6 de octubre de 1960.

126 *Law podía confundir:* San Francisco Chronicle, Chicago Tribune, New York Herald Tribune, New York Times, 4–7 de octubre; *Los increíbles Piratas,* entrs. a Bob Bob Friend, Roy McHugh, Harding Peterson, Bill Nunn Jr., Dick Schofield.

127 *—¿Tienen dudas?: Pittsburgh Post-Gazette,* Dick Groat, 6 de octubre de 1960.

127 *Al comienzo de la primera entrada:* Descripción del 1 juego sacado de entrs. a Bob Friend, Harding Peterson, Dick Schofield, Roy McHugh, Joe L. Brown; *The Incredible Pirates; Baseball Classics,* Serie Mundial de 1960 (Rare Sports Films Inc.); artículos en *Pittsburgh Press,*

Pittsburgh Post-Gazette, San Francisco Chronicle, New York Times, New York Herald Tribune, Pittsburgh Courier, Chicago Tribune, New York Post y *Washington Post.*

131 *Llovió toda la noche: Pittsburgh Post-Gazette, New York Times, New York Herald Tribune, Pittsburgh Press, Washington Post,* 7 de octubre de 1960.

132 *No culpo a Danny:* Entr. A Bob Friend.

132 *En la confusión de esta matanza: New York Herald Tribune, Washington Post,* 7 de octubre de 1960; *The Baseball Encyclopedia;* Ralph Berger, *The Baseball Biography Project,* SABR.

133 *La estrella al bate: New York Times, New York Herald Tribune, Chicago Tribune, Pittsburgh Post-Gazette, Pittsburgh Courier,* 7 de octubre de 1960. Entr. a Dick Schofield.

136 *Si descartan a los Piratas ahora:* columna de Don Hoak, *Pittsburgh Post-Gazette,* 9 de octubre de 1960.

136 *Para el decisivo cuarto juego:* Descripción del juego a partir de las columnas de Vern Law, Don Hoak y del gobernador de Pensilvania David Lawrence en *Post-Gazette; Washington Post, New York Times, New York Daily News, Chicago Tribune, Pittsburgh Press,* 10 de octubre de 1960; entrs. a Bob Friend, Dick Schofield, Joe L. Brown.

138 *Bob Friend estaba listo:* Entr. a Bob Friend; columna de Don Hoak en el *Pittsburgh Post-Gazette,* 12 de octubre de 1960.

139 *En el vestidor, después del partido:* Ted Meir, Prensa Asociada, publicado en el *San Juan Star,* 12 de octubre de 1960. El artículo del *Star* tiene este titular: "CASEY RECONOCE QUE ROBERTO ES UN BUEN JARDINERO DERECHO" *(Casey Admits Roberto Is Good Right Fielder)*

140 *La atención del mundo: Washington Post, New York Times, New York Herald Tribune, Chicago Tribune,* 12 de octubre de 1960.

141 *El tipo que lanzó más: New York Times,* 13 de octubre de 1960.

142 *El trece de octubre:* Descripción del séptimo juego de la Serie Mundial y lo que sigue al juego tomado de *Baseball Classics, 1960 World Series: The Incredible Pirates,* entrs. a Bob Friend, Dick Schofield, Harding Peterson, Joe L. Brown, Roy McHugh, Myron Cope, Bill Nunn Jr., Howard Fineman, Matino Clemente; *Pittsburgh Post-Gazette, Pittsburgh Press, New York Times, New York Daily News, New York Herald Tribune, Washington Post, San Francisco Chronicle, Chicago Tribune.*

154 *Nunn advirtió que Clemente:* Entrs. a Matino Clemente, Bill Nunn Jr.; *Pittsburgh Courier,* 22 de octubre de 1960. Luego de describir la conducta de Clemente en la casa club y durante el trayecto a su

auto, el párrafo con el que Nunn concluye dice: "Y mientras el auto doblaba la curva y Clemente se recostaba y se relajaba, era obvio que aquí estaba un jugador que había disfrutado mucho más la celebración de su victoria en las calles de Pittsburg que en la casa club que el comparte con sus compañeros de equipo".

7: ORGULLO Y PREJUICIO

PÁG.

157 *Carteles de bienvenida confeccionados a mano: San Juan Star,* 17 de octubre de 1960. "EN CASA DESPUÉS DE LA BATALLA" (*Home from Battle*) dice el cintillo encima de una foto del *Star* que acompaña la historia de primera plana en que aparece Clemente besando a su madre.

158 *Una sola pequeña nota de desencanto:* Jim Douglas, "ROBERTO DICE QUE NO ESTA SEGURO QUE JUGARÁ AQUI" (*Roberto Says He's not Sure He'll Play Here*) *San Juan Star,* 17 de octubre de 1960.

160 *El ganador fue ciertamente uno de los Piratas:* Entrs. a Matino Clemente, Vera Clemente, Roy McHugh, Myron Cope, Bill Nunn, Jr., Bob Friend, Dick Schofield, Joe L. Brown; *San Juan Star,* 18–19 de noviembre, *Pittsburgh Post-Gazette;* Sam Nover, "A Conversation with R", 1972.

162 *"Mi padre era un muchacho":* Entr. a Enrique Zorrilla.

162 *Power y Clemente eran amigos:* Entrs. a Vic Power, Matino Clemente, Luis Olmo, Eduardo Valero; archivo de la familia Zorrilla; Thomas E. Van Hyning, *The Santurce Crabbers.*

164 *El día que llegaron a Fort Myers: New York Times,* 2 de marzo de 1961.

165 *Wendell Smith, el influyente comentarista deportivo negro:* Papelería de Wendell Smith, Pabellón de la Fama del Béisbol, Cooperstown, Nueva York; Brian Carroll, La "última cruzada" de Wendell Smith, 13er Simposio Anual de Cooperstown sobre el Béisbol y la Cultura Norteamericana, Pabellón Nacional de la Farna en el Béisbol; Jack E. Davis, "Baseball's Reluctant Challenge" *Journal of Sports History,* Verano de 1992; *Pittsburgh Courier,* marzo de 1961; *Chicago's American,* enero-agosto de 1961. En un artículo de *Chicago's American* del 3 de abril, "a lo que un pelotero negro se enfrenta hoy en el entrenamiento" (*What a Negro Ballplayer Faces Today in Training*), Smith escribió: "Para el jugador blanco promedio, las seis semanas que pasa entrenándose son meramente un pestañazo de placer en su vida de jugador, pero para su compañero negro es una eternidad de humillaciones y frustraciones".

169 *A Clemente lo describieron como "amargado":* Bill Nunn Jr., *Pittsburgh Courier,* abril de 1961.

170 *Fue a ver a Joe L. Brown:* "A Conversation with RC", Sam Nover, 1972.

171 *Cuando el Booster Club de Fort Myers: Fort Myers News-Press,* 8 de marzo, 1961.

171 *Cuando el Country Club de Fort Myers: Fort Myers News-Press,* 27 de marzo de 1961. El mánager Danny Murtaugh dijo que había tirado "la mejor tanda de su vida", un 104, que se dijo que eran unos cuantos golpes más que los de Joe L. Brown, "quien tuvo unas cuantas dificultades": entrs. a Bob Friend, Dick Schofield.

172 *El cambio era lento: Pittsburgh Courier,* mayo de 1961; columnas de Wendell Smith en *Chicago's American,* abril-agosto de 1961; Carroll, *Wendell Smith's Last Crusade.*

173 *Clemente no iba a ser ignorado: New York Times, Fort Myers News-Press,* 28–29 de marzo de 1961; *New York Times,* 29 de marzo de 1961.

174 *El primer progreso que Sisler logró con Clemente:* Análisis del bateo de Sisler en la papelería de Branch Rickey, LCMD; *Fort Myers News-Press,* 10–30 de marzo de 1961.

175 *Pero para 1961 estaba usando:* Hillerich & Bradsby documentos sobre bates conservados por Rex Bradley; entr. a Rex Bradley.

177 *El escenario de un partido de las estrellas le ofreció: Pittsburgh Courier,* AP, *San Francisco Chronicle, Pittsburgh Post-Gazette, Pittsburgh Press,* 11–12 de julio de 1961.

180 *Una trivial manifestación: New York Times, Chicago's American, Pittsburgh Courier,* 1 de agosto de 1961; entrs. a Bill Nunn Jr., Bob Friend.

182 *Una noche de ese agosto:* Jack Hernon "Roamin Around" *Pittsburgh Post-Gazette,* 13 de agosto de 1961. En esa misma sección deportiva, el *Post Gazette* tenía una foto de Smoky Burgess, Dick Groat, Clemente y Bill Virdon sosteniendo un bate que decía 1.000 *hits.* Clemente había llegado al club de los 1.000 *hits* una semana antes, Burgess un día antes, y Virdon necesitaba cuatro más para unírseles.

184 *Éste no era sólo el ascenso de Clemente:* Entrs. a Orlando Cepeda, Vic Power, Eduardo Valero, Osvaldo Gil, Matino Clemente, Luis Olmo; *El Imparcial, San Juan Star,* 8–9 de octubre de 1961. Una fotografía de primera plana el 10 de octubre mostraba a Cepeda y Clemente dentro del estadio Sixto Escobar, saludando a la multitud. Clemente mantenía su adolorido brazo derecho junto al cuerpo y saludaba con el izquierdo.

8: FIEBRE

PÁG.

187 *Un día de diciembre de 1963:* Relato del noviazgo Clemente-Zabala sacado de varias entrevistas con Vera Clemente y Matino Clemente; también de M.I. Cáceres, *Reader's Digest*, julio de 1973.

193 *Para Steve Blass, un lanzador novato:* Entr. a Steve Blass.

194 *La primera base ese año:* Entr. a Donn Clendenon.

195 *Los Tobs tenían una rivalidad:* Entrs. a Bob Veale, Donn Clendenon.

196 *Se había convertido:* Entr. a Tony Taylor.

197 *"Clemente es un hombre difícil":* Sam Nover, "A Conversation with RC", 1972.

198 *Siempre tuve una teoría:* Entr. a Steve Blass.

198 *Leppert culpaba:* Entr. a Don Leppert.

199 *"eso se convierte en un círculo vicioso":* Myron Cope, *Sports Illustrated*, 7 de marzo de 1966.

200 *Él se metería en una concha:* Bill Mazeroski, *Sport*, noviembre de 1971.

201 *Clemente se ofendió:* Entr. a Roy McHugh.

202 *"Todo el mundo en esa casa club":* Entr. a Tony Bartirome.

203 *Los Piratas estaban en medio: Pittsburgh Post-Gazette, Pittsburgh-Press, San Juan Star.*

204 *En su...:* Al Abrams, *Pittsburgh Post-Gazette*, 7–8 de julio de 1964.

205 *El viaje fue un éxito:* Entr. a Vera Clemente.

206 *Rickey buscaba talentos para el gerente general:* Papelería de Branch Rickey, LCMD.

208 *Aquí, en Carolina,:* Entra. a Vera Clemente, Matino Clemente; *San Juan Star*, 15 de noviembre de 1964.

210 *Una mujer de Nueva York:* Carta a RC, colección de Duane Reider, Pittsburg, Pensilvania.

210 *Clemente organizó un grupo:* Entrs. a Vera Clemente, Juan Pizarro; *San Juan Star*, 4 de febrero de 1965; *San Juan Star*, 15 de febrero de 1965.

211 *¿Qué andaba mal?* Entrs. a Vera Clemente, Juan Pizarro, Eduardo Valero, Ramiro Martínez, Joe L. Brown, Matino Clemente.

9: PASIÓN

PÁG.

213 *Todos los movimientos que Clemente hacía:* Entrs. a Bruce Laurie, Howard Fineman, Rex Bradley, Roy McHugh, Richard Santry, Donn Clendenon; Jim Murray, *Los Angeles Times*, 15 de octubre de 1971.

216 *Durante los primeros dos meses:* Pittsburgh Post-Gazette, Pittsburgh Press, 3–7 de mayo de 1965. El 3 de mayo, en su columna "Sidelights on Sports", Al Abrams escribió desde San Luis: " 'Hat' montó en una cólera monumental. No sólo golpeó y arrojó cosas en el pequeño cubículo en el cual los visitantes se cambiaban, le hizo saber a sus hombre con el lenguaje más vulgar y sulfúrico a su disposición de que distaba de sentirse complacido por la manera en la que habían jugado".

220 *El miedo a la malaria se había disipado hacía mucho:* Entrs. a Vera Clemente, Luis Clemente.

221 *Durante una parada en la sede a fines de septiembre:* Entr. a Gene Garber.

222 *El hogar era ahora una estrafalaria casa modernista:* Observaciones sobre la casa de Clemente en Río Piedras. Entrs. a Vera Clemente, Roberto Clemente Jr. Los estanques del frente se llenaban de ranas que las cazaban los niños del barrio.

223 *Myron Cope… fue una de las visitas ese invierno:* Entrs. a Myron Cope, Roy McHugh, Vera Clemente; Myron Cope, *Sports Illustrated,* 7 de marzo de 1966.

225 *Días después de que Cope se fuera:* Carta de Brown, colección de Duane Reider, Pittsburg, Pensilvania.

226 *Ella le escribió una nota a Phil Dorsey:* Colección de Duane Reider, Pittsburg, Pensilvania.

227 *Lo cierto era que tenía mal genio:* Relato del incidente del puñetazo sacado de entrs. a Bernard Heller, John Heller; *Philadelphia Inquirer,* *Pittsburgh Post Gazette,* 7–9 de mayo de 1966.

230 *El puñetazo pareció más bien instintivo:* Pittsburgh Post-Gazette, 6 de mayo de 1963; *Baseball Classics,* Serie Mundial de 1960; Entrs. a Vic Power, Juan Pizarro, Luis Olmo, Ramiro Martínez.

231 *Carol Brezovec sólo veía:* Entrs. a Carol Brezovec (Bass), Carolyn Rauch, Vera Clemente.

236 *"Así es la historia":* Entr. a Steve Blass.

237 *"Cuando uno hace que el mejor corredor de bases del mundo"* Entr. a Gaylord Perry.

237 *Se sintieran como en casa:* Entrs. a José Pagán, Vera Clemente.

238 *"¡Dolor en el brazo, pamplinas!":* New York Daily News, 18–19 de septiembre de 1966.

239 *Tienen que visitarme:* Entrs. a Carol Brezovec (Bass), Vera Clemente, Roberto Clemente Jr.

10: UN ESCENARIO CIRCULAR

PÁG.

243 *Le preguntaban cómo se sentía:* Entrs. a Tony Bartirome, Bob Veale, Steve Blass, Myron Cope, Roy McHugh, Harding Peterson, Les Banos. El cuarto de entrenamiento, recordaba Bartirome, "era como un cuarto de juegos. Todo el mundo entraba allí, no para tratamiento, sino para joder".

248 *Una preocupación constante:* Tiempo de vuelo de los Piratas calculado a partir del calendario de 1968 y de los registros nacionales de vuelo de 1968; entrs. a Vera Clemente, Bob Veale, José Pagán, Juan Pizarro.

249 *Compraba su colonia:* Entr. a Les Banos.

250 *Cuando un vendedor los recibió:* Sam Nover, "A Conversation with RC", 1972; entr. a Vera Clemente.

251 *Al Oliver, un negro miembro del equipo:* Entr. a Al Oliver.

251 *Lo que Clemente admiraba:* Sam Nover, "A Conversation with RC", 1972.

252 *Los Clemente pasaron veintidós días:* Entr. a Vera Clemente.

254 *"Amor y odio":* Pittsburgh *Press* 14 de abril de 1969, entrs. a Roy McHugh, Juliet Schor; Bill Mazeroski, *Sport,* noviembre de 1971.

256 *Ningún lanzador de la Liga Nacional quería:* Entrs. a Ferguson Jenkins, Tony Taylor; Bill Curry and George Plimpton, *One More July,* 1978.

258 *Otro suceso de esa temporada:* Entrs. a Vera Clemente, Matino Clemente; Bill Christine, *Roberto,* 1973.

260 *El acontecimiento más significativo del béisbol:* Actas de la reunión de la Junta Ejecutiva de la Asociación de Jugadores de Béisbol de las Grandes Ligas, Hotel Sheraton, San Juan, Puerto Rico, 13–14 de diciembre de 1969; entr. a Dick Moss; *San Juan Star,* 12–15 de diciembre de 1969; *New York Times,* 14–15 de diciembre de 1969.

266 *Escuchando la conversación:* Entr. a Enrique Zorrilla.

267 *"No sé por qué me invitaron":* Entr. a Nancy Golding.

269 *En Pittsburg, dos días después:* Pittsburgh *Post Gazette,* Pittsburgh *Press* 15–17 de julio de 1970.

270 *El 24 de julio era la noche de Roberto Clemente:* Recuento de lo sucedido esa noche a partir de las entrs. a Vera Clemente, Luis Clemente, Matino Clemente, Roy McHugh, Al Oliver, Richie Hebner, Howard Fineman, Ramiro Martínez; grabación de Martínez de los discursos, 24 de julio de 1970; *Pittsburgh Post-Gazette, Pittsburgh Press,* 23–25 de julio de 1970.

11: EL DÍA MÁS GRANDE

PÁG.

275 *En Baltimore, la víspera:* Entrs. a Vera Clemente, Carolyn Rauch.

276 *"Nunca me disculpo".* San Francisco Chronicle, Baltimore Sun, Chicago Tribune, Pittsburgh Post-Gazette, New York Times, 5–9 de octubre de 1971.

278 *"La ira, para Roberto Clemente":* Roy McHugh, *Pittsburgh Press*, 15 de octubre de 1971; entr. a Roy McHugh.

278 *Russo y Youse regresaron, Baltimore Sun,* 9 de octubre de 1971.

279 *El primer partido, en la tarde del sábado:* Descripción del partido sacada de las entrs. a Steve Blass, Al Oliver, Richie Hebner, Nellie Briles, José Pagán, Roy McHugh, Joe L. Brown, Tony Bartirome, Harding Peterson, Earl Weaver, Paul Blair, Vera Clemente; *Baltimore Sun, Washington Post, New York Times, Pittsburgh Post-Gazette, Pittsburgh Press, Chicago Tribune,* 10 de octubre de 1971.

281 *No hubo almejas esta vez:* Entrs. a Vera Clemente, Carolyn Rauch.

282 *"Yo tenía la pelota y él todavía estaba deslizándose":* Entr. a Richie Hebner.

283 *Los cronistas de béisbol todos se habían rajado:* David Condon, *Chicago Tribune,* Arthur Daley, *New York Times,* Jim Murray, *Los Angeles Times,* 11–12 de octubre de 1971.

284 *Clemente no podía dormir:* Entrs. a Vera Clemente, Steve Blass.

285 *"Bien, Robby, mira en lo que se va…":* Entrs. a Tony Bartirome, Steve Blass.

286 *Cuéllar apresuró su tiro:* Entr. a Earl Weaver.

287 *"Suponen que no vi las señas":* Pittsburgh Post-Gazette, New York Times, Baltimore Sun, 13 de octubre de 1971.

288 *Eso sólo duró una entrada:* El mejor relato de la alineación de los Piratas compuesta solamente por negros es de Bruce Markesun, un investigador del Salón de la Fama Nacional del Béisbol, en el cibersitio baseballguru.com.

290 *Rice lo llamó* foul: Entr. a Nellie Briles; *Pittsburgh Post-Gazette, Baltimore Sun, Washington Post, New York Times,* 14 de octubre de 1971.

291 *Los fans no podían verlo:* Entr. a Nellie Briles; *Pittsburgh Press, Baltimore Sun, San Francisco Chronicle,* 15 de octubre de 1971.

292 *"El resto de nosotros éramos simples jugadores":* Entr. a Steve Blass.

292 *El príncipe era un incordio:* Newsday, New York Times, New York Daily News, Pittsburgh Press, Baltimore Sun, Chicago Tribune, San Francisco Chronicle, Los Angeles Times, 15 de octubre de 1971.

295 *Clemente no pudo haber actuado mejor:* Entrs. a Earl Weaver, Paul Blair, Roy McHugh, Tony Bartirome, José Pagán; *Baltimore Sun, Pittsburgh Post-Gazette,* 16 de octubre de 1971.

298 *Mientras el taxi… tomaba velozmente hacia el norte:* Ken Nigro, *Baltimore Sun,* 17 de octubre de 1971.

299 *Blass era aún más eficaz:* Entrs. a Steve Blass, Earl Weaver, Richie Hebner, Nellie Briles, Les Banos, José Pagán, Joe L. Brown, Tony Bartirome; *Los Angeles Times, Baltimore Sun, Pittsburgh Press, Pittsburgh Post-Gazette, Chicago Tribune, New York Times,* 17 de octubre de 1971.

301 *"En el día más grande":* Colección de grabaciones de Ramiro Martínez. (En dos armarios de su condominio de los suburbios de San Juan, Martínez conserva el más grande archivo del mundo de grabaciones y videocintas de Clemente. Muchas de ellas fueron grabadas por el propio Martínez en su calidad de locutor de radio. Él era un personaje semejante a Zelig que aparecía al lado de Clemente siempre que pasaba algo importante).

302 *En la Casa Blanca: Pittsburgh Post-Gazette, Baltimore Sun;* cintas de Nixon, Archivo Nacional en College Park. Intercambio entre Nixon y Rogers descubierto y trascrito por James C. Warren del *Chicago Tribune,* uno de los principales expertos en las voluminosas cintas de Nixon.

303 *Tres días después, en la tarde del 20 de octubre:* Archivo de Ramiro Martínez; *New York Times,* 21 de octubre de 1971; Roger Kahn; entrs. a Stuart Speiser, Vera Clemente.

12: EL ÚLTIMO SALUDO

PÁG.

307 *Momen tenía pasión por los cangrejos:* Entr. a Roberto Clemente, Jr.

308 *Visitaron Caracas:* Colección de la familia Clemente, documentos de viaje; entr. a Vera Clemente.

309 *"Creo que la Serie Mundial":* Colección de grabaciones de Ramiro Martínez.

311 *Clemente prefería vivir:* Entrs. a Richie Hebner, Fernando González, Al Oliver.

311 *También rondando por ahí estaba Roy Blount Jr:* C.R. Ways, *New York Times Magazine,* 9 de abril de 1972.

312 *En su carta a Vera:* Colección de Duane Reider, Pittsburg, Pensilvania. La carta fue escrita a mano en el papel timbrado de Pirate City.

314 *El equipo de 1972 estaba aún más suelto:* Entrs. a Steve Blass, Tony Bartirome, Les Banos, Richie Hebner, Al Oliver, Nellie Briles.

316 *"Oye, Roberto", lo llamaba Sanguillén en español:* Entr. a Fernando González.

317 *"Nos quedamos y hablamos":* Entr. a Carolyn Rauch.

318 *Apenas la mitad de ese número: Pittsburgh Post-Gazette, Pittsburgh Press;* entrs. a Richie Hebner, Tony Bartirome, Steve Blass, Matino Clemente, Les Banos, Nellie Briles; Tom Seaver, "Recollection at the Hall of Fame Gathering" en la National Geographic Society, Washington, D.C., febrero de 2003.

320 *A las once de la mañana siguiente:* Relato del trimilésimo *hit* de Clemente a partir de entrs. a Ann Ranalli, Steve Blass, Richie Hebner, Nellie Briles, Tony Bartirome, Les Banos, Roy McHugh, Chuck Goggin, Bill Nunn Jr.; *El Nuevo Día,* (Luis Ramos); *Pittsburgh Press; Pittsburgh Post-Gazette,* 30 de septiembre de 1972 y 1 de octubre de 1972; colección de grabaciones de Ramiro Martínez (transmisiones de Felo Martínez). Al explicar por qué Clemente era su jugador preferido, Ann Ranalli, que más tarde se casaría con el cronista deportivo Peter King, dijo: Uno nunca sentía que él estuviera jugando un partido para los medios de difusión. Siempre parecía ser él mismo, dentro y fuera del terreno, lo cual era admirable. Pittsburg no era una plaza fuerte de béisbol, ni respaldaba particularmente al equipo. Yo daba la casualidad que era fanática y tenía más entusiasmo y él era la pieza central de los juegos".

324 *La prueba de que él tenía intenciones:* Entr. a Rex Bradley, archivos de los fabricantes de bates Hillerich & Bradsby.

326 *La noche antes de salir:* Entr. a Al Oliver.

13: TEMBLOR

PÁG.

327 *Tres días antes de Navidad:* Documentos de la presidencia de Nixon, Archivo Nacional, carpeta de Nicaragua, Telegrama, 22 de diciembre de 1972. Un gomígrafo junto al membrete de la Casa Blanca dice: Embajador/llevar en persona/Presidente. El telegrama está dirigido al Sr. Howard Hughes/ Hotel InterContinental/Managua, Nicaragua. Se hicieron copias para R. Woods/R. Price/J. Andrews/R. Ziegler/H. Klein.

329 *Los parrandistas de las fiestas deambulaban todavía:* Narración de los primeros momentos del terremoto a partir de una entr. a Anthony Jilek; Documentos de la Presidencia de Nixon, carpeta de Nica-

ragua, Archivo Nacional; Pedro Chamorro, *Richter 7* (Traducción de Patricia Rengal); *Washington Post, New York Times,* 24 de diciembre de 1972; Nicholas Daniloff, UPI, Washington, D.C., 23 de diciembre de 1972.

331 *Los Clemente despertaron en su casa:* Entrs. a Vera Clemente, Ramiro Martínez, Osvaldo Gil.

333 *La campaña de socorro se había puesto en marcha:* Noticias del Comando Sur, Quarry Heights, Zona del Canal, 5 de enero de 1973; Informe de la situación, División del Personal de Comunicaciones, Departamento del Ejército, Nicaragua, Archivo Nacional en College Park.

334 *Los soldados norteamericanos que llegaban:* Entr. a Gary Czabot.

334 *La atención del presidente Nixon:* Diario del presidente Nixon, Documentos de la presidencia de Nixon, Archivo Nacional, Washington, D.C. (NARA), 23 de diciembre de 1972. Apuntes en diario: 9:35: el Presidente tomó su desayuno; 11:15: El Presidente conversó con el primer médico de la Casa Blanca, mayor general Walter Tkach; 12:53, el Presidente tuvo una conversación de larga distancia con su Asistente para Asuntos de la Seguridad Nacional, Henry A. Kissinger, en Washington, D.C.; 1:05 El Presidente almorzó. El Presidente vio por la televisión el partido de fútbol [americano] entre los Raiders de Oakland y los Steelers de Pittsburg.

334 *Cuarta y diez:* Entrs. a Myron Cope, Bill Nunn Jr., Les Banos; *Pittsburgh Post-Gazette, Pittsburgh Press,* 24 de diciembre de 1972.

336 *"No sé lo que":* Entrs. a Osvaldo Gil, Vera Clemente; archivo de Ramiro Martínez.

336 *El presidente Nixon desayunó a las ocho y cuarenta y cinco:* Diario del presidente Nixon, Documentos de la Presidencia de Nixon, carpeta de Nicaragua, NARA; Memorándum para Al Haig, Asunto: Terremoto en Nicaragua, Consejo de Seguridad Nacional, NARA, 24 de diciembre de 1972.

337 *En San Juan, Clemente y Ruth Fernández:* Entrs. a Vera Clemente, Osvaldo Gil, Ramiro Martínez; colección de cintas grabadas de Ramiro Martínez.

338 *Pedro Chamorro circuló por Managua:* Pedro Chamorro, *Richter 7.*

339 *Clemente pasó el día:* Entrs. a Vera Clemente, Osvaldo Gil; colección de cintas de Ramiro Martínez.

341 *Howard Hughes, luego de hacer escalas para reabastecerse de combustible: Times of London, New York Times, Miami Herald,* AP, 24–26 de diciembre de 1972.

343 *La avaricia galopante del general* [*Somoza*]: Entrs. a Osvaldo Gil, Vera Clemente, Ramiro Martínez.

344 *Bianca, que entonces sólo tenía veintidós años:* Kurt Jacobsen "A Conversation with Bianca Jagger, Human Rights Advocate", *Logos Journal,* otoño de 2003.

345 *Una vez que el avión tocó tierra:* Entrs. a Dr. Hart Achenbach, Dr. Frederick Zugibe; Hart Achenbach, M.D. *Tales of the Curious Traveler.*

346 *El presidente Nixon llamaba:* Entr. a Maurice J. Williams; Diario del Presidente Nixon, Documentos de la Presidencia de Nixon, NARA.

347 *Ven conmigo:* Entrs. a Les Banos, Orlando Cepeda, Chuck Goggin, Vera Clemente, Osvaldo Gil.

14. EL RINCÓN DE LA CHATARRA

PÁG.

351 *Uno podía comprar cualquier cosa por una birria:* Entrs. a Mike Pangia, Jon Hoffman, Stuart Speiser.

352 *A juzgar por los resultados, esta práctica fue un fiasco:* Memo de Pangia, archivo de Pangia, Administración Federal de la Aviación, Departamento de Justicia de EE.UU.

353 *Desde el momento en que llegó:* Informe de la Junta Nacional de Seguridad en el Transporte, Accidente del Douglas DC-7CF, Contenido de Archivo de Accidentes Aéreos, San Juan, Puerto Rico, 31 de diciembre de 1972.

354 *Couric era tan riguroso:* Entr. a Bev Couric (esposa de William Couric); Junta Nacional de Seguridad en el Transporte (NTSB, sigla en inglés), Archivo de Accidentes Aéreos.

355 *Rivera pasó a la ofensiva:* NTSB, Alexander P. Butterfield, FAA vs. Arthur S Rivera, Docket SE-1399.

355 *Enfrentamiento de voluntades:* Entrs. a Stuart Speiser, Jon Hoffman, Mike Pangia; Informe de Speiser (50 pp.), Tribunal de Distrito de EE.UU; Demanda legal (p. 382); Informe investigativo de la FAA, 11 de mayo de 1970, Oficina de Acatamiento y Seguridad.

357 *Usto E. Schulz:* Testimonio procesal de Schulz: Vera Christina Zabala de Clemente et al., Acusadora, vs. McDonnell Douglas Corp. et al, y otros casos consolidados, Acusados. Apógrafo del juicio oral ante el Hon. Sr. Juan R. Torruelella, juez federal de Distrito con sede en San Juan, Puerto Rico, noviembre de 1975.

357 *Que vino a ser conocida:* Departamento de Transporte, FAA, Región Sur, 25 de septiembre de 1972, archivo de Pangia.

358 *Rivera contrató a dos mecánicos:* NTSB, Archivo de Accidentes Aéreos, deposiciones de Rafael Delgado Cintrón y de Francisco Matías.

359 *Los Clemente estaban dedicados de lleno:* Entrs. a Vera Clemente, Osvaldo Gil; Archivo de Accidentes Aéreos, Deposiciones de Delgado Cintrón. Testimonio ante el tribunal federal de distrito. Vera Zabala de Clemente, noviembre de 1975.

360 *Los Clemente se encontraron en el muelle:* Entr. a Vera Clemente; *San Juan Star,* 30 de diciembre de 1972.

361 *Roberto hizo una llamada:* Entrs. a Carolyn Rauch, Carol Brezovec (Bass), Vera Clemente.

362 *De regreso al aeropuerto* NTSB, Archivo de Accidentes Aéreos, deposiciones de Delgado Cintrón y Matías.

15. DICIEMBRE 31
PÁG.

363 *Vera Clemente se encontraba de pie en la cocina:* Entr. a Vera Clemente; letra de una canción por el Trío Vegabajeño.

364 *Jerry Hill, el piloto a quien Arthur Rivera reclutara:* Apógrafos del proceso del accidente, testimonio de Delgado Cintrón, Matías, Vera Clemente; NTSB, deposiciones en el Archivo de Accidente Aéreos.

365 *El avión ya estaba lleno:* declaración de embarque presentada a la FAA, San Juan, NTSB, Archivo de Accidentes Aéreos, archivo de Pangia.

366 *Clemente estaba en la casa:* Entrs. a Vera Clemente, Cristobal Colón; testimonio, apógrafo, Vera Clemente, Tribunal Federal para el Distrito de Puerto Rico, número de los expedientes civiles 778–73, 779–73, 999–73, 1000–73, 1096–73.

367 *A las 5:30 PM:* según los registros de la FAA: Archivo de Accidentes Aéreos, Historical de vuelo; Memo de Pangia, archivo de Pangia; apógrafo, testimonio de George E. Mattern, Tribunal Federal del Distrito.

369 *Clemente le entregó:* NTSB, declaración de la entrevista con Rafael Delgado Cintrón. El mecánico fue probablemente la última persona fuera del avión que vio a Clemente vivo. "Ya habían quitado la escalerilla, pero él la volvió a poner y le dijo adiós a todo el mundo y… el Sr. Clemente me pidió el favor de que llamara a su esposa y me dio el número de teléfono. ¿Vio usted dónde él estaba sentado? Sí, él estaba sentado en el banco delatero de la carga".

370 *"Torre de San Juan, Douglas"* NTSB, Archivo de Accidentes Aéreos, Declaración de testigos: Juan Reyes, Gilberto Quiles, Antonio Ríos, Rafael Delgado Cintrón, Dennis A. McHale, Gary Cleaveland.

372 *Los Rauch estaban encantados:* Entrs. a Carolyn Rauch, Carol Brezovec (Bass), Vera Clemente.

375 *Matino despertó a su padre:* Entrs. a Matino Clemente, Carolyn Rauch, Carol Brezovec (Bass), Vera Clemente; apógrafo de testimonio, George E. Mattern, Tribunal Federal del Distrito para el Distrito de Puerto Rico, causas civiles números 778–73, 779–73, 999–73, 1000–73, 1096–73.

376 *"Todo estaba callado y triste":* Reacciones a la noticia del accidente tomadas de las entrs. a Orlando Cepeda, Osvaldo Gil, Cristobal Colón, Juan Pizarro, Enrique Zorrilla, Diana Zorrilla, Eduardo Valero, Luis Olmo, Vic Power, Chuck Goggin, Steve Blass, Joe L. Brown, José Pagán, Ann Ranalli, Richard Santry, Nancy Golding, Bev Couric, Vera Clemente, Luis Clemente.

16. DESDE EL MAR

PÁG.

383 *Una secuencia de veinte llamadas telefónicas:* Registro de Notificación de Accidente, 1 de enero de 1973, Ident. de la aeronave N500AE NTSB, Archivo de Accidentes Aéreos; Departamento de Transporte, Centro de Telecommunicaciones del Servicio de Guardacostas de los EE.UU., Parte 1, 1 de enero de 1973.

383 *"Esa noche en que Roberto Clemente":* Elliott Castro, *Home: Una celebración del espíritu y la pasión de Roberto Clemente,* Museo de Arte de Puerto Rico.

384 *Vera se debatía entre dos sentimientos:* Entrs. a Vera Clemente, Osvaldo Gil, Carolyn Rauch.

384 *El empeño de ese día se vio retrasado:* Parte del Servicio de Guardacostas de EE.UU., 1–2 de enero de 1973; AP, 1 de enero de 1973; *San Juan Star, El Nuevo Día,* 1–3 de enero de 1973; Entrs. a John Parker, Vincent Bogucki, Fernando González, Vera Clemente.

387 *No fue la fabricación de un mito: Newsday,* AP, *Pittsburgh Press, Chicago Tribune, New York Post,* 3–4 de enero de 1973.

389 *...el presidente Nixon mencionó:* relación de la Casa Blanca y Roberto Clemente tomado del Diario del presidente Nixon, Documentos de la presidencia de Nixon, NARA, Informe acerca de la muerte de Roberto Clemente. memorándum de Richard A. Moore para el Presidente, 3 de enero de 1973; Memorándum de Richard A. Moore para

H.R. Haldeman, 3 de enero de 1973; Richard Reeves, *President Nixon: Alone at the White House.*

392 *Para esa hora en las picadas aguas del Atlántico:* Instituto de Medicina Legal, Centro Médico Hospital, Río Piedras, Puerto Rico, Autopsia No. 31-ML-73.

392 *Temprano en la mañana del día siguiente:* Entrs. a Richie Hebner, Al Oliver, Preston Pearson, Les Banos, Steve Blass, Vera Clemente, Ramiro Martínez, Eduardo Valero, Fernando González; apógrafo de la conferencia de prensa tomada de la colección de grabaciones de Ramiro Martínez.

397 *Cuando estaba por terminar ese fin de semana.* Centro de Telecomunicaciones del Servicio de Guardacostas de EE.UU., partes 5–6; NTSB, Archivo de Accidentes Aéreos; entrs. a Osvaldo Gil, Vic Power, Vera Clemente.

La carrera de Roberto Clemente en cifras

AÑO	CLUB	CLASE	JUEGOS	V. AL BATE	DOBLES	TRIPLES	JON.	CAR. IMP.	PROM. BAT.	AVG.
1954	Montreal	AAA	87	148	38	5	3	2	12	.257
1955	Pittsburg	NL	124	474	121	23	11	5	47	.255
1956	Pittsburg	NL	147	543	169	30	7	7	60	.311
1957	Pittsburg	NL	111	451	114	17	7	4	30	.253
1958	Pittsburg	NL	140	519	150	24	10	6	50	.289
1959	Pittsburg	NL	105	432	128	17	7	4	50	.296
1960	Pittsburg	NL	144	570	179	22	6	16	94	.314
1961	Pittsburg	NL	146	572	201	30	10	23	89	.351
1962	Pittsburg	NL	144	538	168	28	9	10	74	.312
1963	Pittsburg	NL	152	600	192	23	8	17	76	.320
1964	Pittsburg	NL	155	622	211	40	7	12	87	.339
1965	Pittsburg	NL	152	589	194	21	14	10	65	.329
1966	Pittsburg	NL	154	638	202	31	11	29	119	.317
1967	Pittsburg	NL	147	585	209	26	10	23	110	.357
1968	Pittsburg	NL	132	502	146	18	12	18	57	.291
1969	Pittsburg	NL	138	507	175	20	12	19	91	.345
1970	Pittsburg	NL	108	412	145	22	10	14	60	.352
1971	Pittsburg	NL	132	522	178	29	8	13	86	.341
1972	Pittsburg	NL	102	378	118	19	7	10	60	.312
18 AÑOS TOTALES			2433	9454	3000	440	166	240	1305	.317

Campeón de bateo de la Liga Nacional: 1961, 1964, 1965, 1967

Campeón de bateo de la Liga de Invierno de Puerto Rico: 1956–57

JMV de la Liga Nacional: 1966

JMV de la Serie Mundial; 1971

Líder en asistencias en el jardín de la Liga Nacional: 1958 (22); 1960 (19); 1961 (27); 1966 (17); 1967 (17)

Partícipe de los juegos estelares (o de las estrellas.): 1960–1971

Guante de oro: 1961–72

Bibliografía

La fuente que consulté más que cualquier otra fue un viejo y maltratado ejemplar de tapas verdes de *The Baseball Encyclopedia: The Complete and Oficial Record of Major League Baseball,* publicado por Macmillan y editado por David Biesel, Audra Chastain, Lawrence S. Graver, Jane Herman, Fred Honig, Casey-Kwang-Chong Lee, Fred C. Richardson y Eleanor Widdoes, con Joseph L. Reichler como asesor especial de la edición. Esta enciclopedia fue mi fuente primaria de estadísticas para todos los peloteros de las ligas mayores desde Roberto Clemente hasta Mose J. (Chief) Yellowhorse. Ha sido revisada en muchas ocasiones desde que apareció por primera vez, pero yo usé la edición de 1976, que bastaba para abarcar a todos los jugadores que intervinieron en la vida de Clemente. Siempre que me acercaba a consultar este grueso volumen lo hacía lleno de expectativas y con cierto placer, aunque me lastimó seriamente la vez que me cayó en un pie.

A Clemente lo movía un impulso natural a honrar a las personas que habían desbrozado el camino antes que él, y animado por ese espíritu me gustaría hacer una mención especial de Bruce Markesun, un verdadero hombre del béisbol, por su libro *Roberto Clemente: The Great One,* y a Kal Wagenheim, cuyo amor a Puerto Rico y su profundo conocimiento del país reluce en sus muchos libros sobre la isla y en particular en su *Clemente!* También me he beneficiado de las obras sobre Clemente de Phil Musick, Bill Christine y Jim O'Brien. La más hermosa y en muchos sentidos la más profunda publicación sobre Clemente es *Home: A Celebration of Roberto Clemente's Spirit and Passion,* que acompañó a una extraordinaria exposición en el Museo de Arte de Puerto Rico.

La información que aparece en la Internet debe examinarse con cautela, pero en el curso de mi investigación me he encontrado allí con tres fuentes confiables y de primera calidad a solo un clic de distancia. El Baseball Almanac (baseball-almanac.com) es una fuente abundante de calendarios y resultados. La Baseball Library (baseballLibrary.com), que suple de precisas minibiografías y de cronologías diarias, además de la famosa Society for American Baseball Research, hogar de una banda insa-

433

ciable de intelectuales del deporte que, generosamente, comparten cada vez más sus informes con todos en la Red.

LIBROS

Baldassaro, Lawrence, *The American Game*, Carbondale, Ill.: Southern Illinois University Press, 2002.

Barretto, Néstor y Jorge Carbonell, *Home: A Celebration of Roberto Clemente's Spirit and Passion*, San Juan: Museo de Arte de Puerto Rico, 2002.

Brosnan, Jim, *The Long Season*, New York: Harper & Row, 1960.

Carríon, Arturo Morales, *Puerto Rico: A Political and Cultural History*, New York: Norton, 1983.

Chamorro, Pedro, *Richter 7*, Managua, Nicaragua: Ediciones El Pez y la Serpiente, 1981.

Christine, Bill, *Roberto!* Pittsburgh: Stadia Sports Publishing, 1973.

Cope, Myron, *Broken Cigars*, Englewood Cliffs, N.J.: Prentice-Hall, 1968.

———, *Double Yoi!*, Pittsburgh: Sports Publishing LLC, 2002.

Cruz Baez, Ángel David, *Atlas de Puerto Rico*, Miami: Cuban American National Council, 1997.

Einstein, Charles, *Willie's Time*, New York: Lippincott, 1979.

González Echevarría, Roberto, *The Pride of Havana*, New York: Oxford University Press, 1999.

Kerrane, Kevin, *Dollar Sign on the Muscle*, New York: Simon & Schuster, 1984.

Lorant, Stefan, *Pittsburgh: The Story of an American City*, Derrydale Press, 1999.

Mann, Arthur, *Branch Rickey: American in Action*, New York: Houghton Mifflin, 1957.

Markesun, Bruce, *Roberto Clemente: The Great One*, Pittsburgh: Sports Publishing LLC., 2001.

Marsh, Irving T., *Best Sports Stories of 1961*, New York: Dutton, 1961.

Morales Carríon, Arturo, *Puerto Rico: A Political and Cultural History*, New York: Norton, 1983.

Musick, Phil, *Reflections on Roberto*, Pittsburgh: Pittsburgh Associates, 1994.

———, *Who Was Roberto?* Garden City, New York: Associated Features, 1974.

O'Brien, Jim, *Remember Roberto*, Pittsburgh: James O'Brien Publishing, 1994.

Pittsburgh Pirates 1956, New York: Big League Books, 1956.

Pittsburgh Pirates 1957, New York: Big League Books, 1957.

Pittsburgh Pirates 1958, New York: Big League Books, 1958.

Pittsburgh Pirates 1959, New York: Big League Books, 1959.

Rickey, Branch, y John J. Monteleone, *Branch Rickey's Little Blue Book,* New York: Macmillan, 1995.

Robinson, Jackie, *I Never Had it Made.* New York: Putnam, 1972.

Rodríguez-Mayoral, Luis, *Aún escucha las ovaciones,* Carolina, PR.: Ciudad Deportiva, 1987.

Shribman, David, *Sports Town,* Pittsburgh: *Pittsburgh Post-Gazette,* 2004.

Speiser, Stuart M., *Lawsuit,* New York: Horizon Press, 1980.

Thomas, Clarke M., *Front-Page Pittsburgh,* Pittsburgh: University of Pittsburgh Press, 2005.

Van Hyning, Thomas E., *The Santurce Crabbers,* Jefferson, N.C.: McFarland & Company, 1999.

Wagenheim, Kal, *Clemente!* New York: Praeger, 1973.

———, *Puerto Rico: A Profile,* New York: Praeger, 1970.

Wendell, Tim, *The New Face of Baseball,* New York: HarperCollins, 2003.

ARTÍCULOS DE REVISTAS

Caceres, M.I., "The Unforgettable Roberto Clemente", *Reader's Digest,* julio de 1973, 113–117.

Cohn, Howard, "Roberto Clemente's Problem", *Sport,* mayo de 1962, 54–56.

Cope, Myron, "Aches and Pains and Three Batting Titles", *Sports Illustrated,* 7 de marzo de 1966, 76–80.

Feldman, Jay, "Clemente Went to Bat for All Latino Players", *Smithsonian,* septiembre de 1993, 128–136.

Mazeroski, Bill, "My 16 Years with Roberto Clemente", *Sport,* noviembre de 1971, 60–63.

Milagros González, Lydia, *Este Silencio,* San Juan: Instituto de Cultura Puertorriqueña, 1998.

Sanguillén, Manny, "Manny Sanguillén Remembers Roberto Clemente", *Baseball Digest,* mayo de 1973, 40–42.

Ways, C.R., "Nobody Does Anything Better than Me in Baseball, Says Roberto Clemente", *New York Times Magazine,* 9 de abril de 1972, 38–48.

Wulf, Steve, "Arriba, Roberto", *Sports Illustrated,* 29 de diciembre de 1992, 114–128.

Índice general

Acerca del autor

David Maraniss es editor asociado de *The Washington Post* y autor de algunos libros elogiados por la crítica que se encuentran en la lista de los más vendidos: *They Marched Into Sunlight, When Pride Still Mattered,* y *First in His Class.* Ganó el Premio Pulitzer 1993 de periodismo en la categoría de información nacional, y ha sido finalista del mismo en otras tres ocasiones. Reside en Washington, D.C., y en Madison, Wisconsin, con su esposa Linda, con quien tiene dos hijos mayores.